킹덤 매뉴얼

킹덤 매뉴얼 (Kingdom Manual)

Written by Kee Young Pi
All rights reserved.
Copyright ⓒ 2026
237, Dongil-ro, Seongdong-gu, GwangJin-Gu, Seoul, Korea

초판 발행   2026년 3월 15일

지은이 피기영

발행처 라이프링크
디자인 D. HJ
주소 서울특별시 성동구 동일로 237
전화 010-2017-7182(영업부)
송금계좌 110-426-278232(신한은행)

ISBN 979-11-952532-4-1 (03230)

구별된 그리스도인을 위한 지침서

킹덤 매뉴얼
KINGDOM MANUAL

피기영 지음

2011년 겨울 중요한 집회가 대한민국의 서울에서 열렸습니다. 집회를 통해서 많은 사람이 대한민국의 영적 부흥을 위해 눈물로 간구(懇求)를 하면서 새로운 결단과 헌신을 다짐했습니다. 그리고 집회 마지막 날 30명의 목회자가 하나님 앞과 사람 앞에서 언약식을 치루었습니다. 서로를 부둥켜 안고 사랑한다고 고백하면서 눈물로 하나가 되는 경험을 했습니다. 언약식은 숭고했고 아름다웠습니다. 하나님의 거룩한 군사가 모여 대한민국의 부흥을 위해 출사표를 던지는 분위기였습니다.

이런 분위기라면 대한민국을 완전한 부흥의 불길에 휩싸이도록 하기에 충분했습니다. 하나님의 뜻을 이루어 드리기 위해 하나로 뭉쳐지는 것을 경험하는 뜻깊은 시간이었습니다. 어떤 어려움이 다가와도 언약식에 참석한 사람들만 있으면 능히 이겨내고 승리할 것 같았습니다. 그렇게 언약식은 우리가 예상한 것보다 더 강렬한 인상을 주고 마쳐졌습니다. 집회는 성공적이었고 큰 열매가 맺어진 것 같았습니다.

그리고 두 달 정도 지났습니다. 사역에 함께 했던 단체들의 성도들과 사역자들이 분열을 경험했습니다. 아주 사소한 일들로 인해 서로를 불신하게 되었고 상처와 아픔이 난무했습니다. 국가 부흥을 위해 하나되어 달려가겠다고 한 헌신과 결정은 한순간 분열로 인해 무효가 되었습니다.

언약은 파기되었고 모임은 붕괴 직전의 상태가 되고 말았습니다. 불과 두 달이라는 짧은 시간 안에 놀라운 은혜도 경험했고, 큰 절망도 맛본 것입니다. 하나님께서 계획하신 국가적인 사명을 위해 서로를 존중하며 격려하고 사랑하겠다는 결심은 일시에 물거품이 되고 말았습니다. 결단은 무너졌고, 헌신은 저급하게 취급되고 만 것입니다.

이런 상황 속에서 이런 질문이 떠올랐습니다.

"집회 마지막 날 가졌던 언약식은 진정 우리에게 어떤 의미였던 것인가?"

"진정으로 성경에서 말하는 언약이란 무엇인가?"

이 교재는 하나님께서 말씀하신 성경 안의 여러 개념을 알아가는 과정에서 많은 믿음의 사람들의 실패와 어려움을 통해 탄생한 열매입니다. 여러 단체가 아픔을 겪고 상처를 경험한 것은, 성경에서 말하는 개념에 대하여 성숙하지 못한 이해 때문이라는 것을 뒤늦게 알게 되면서 교재가 반드시 출판되어야 한다고 생각했습니다.

우리가 언약을 지키지 못했던 이런 실수를 다음 세대들과 국가적 부흥을 위해 달려가는 또 다른 단체와 리더들이 반복하지 않기를 바라는 마음을 이 교재에 담았습니다.

성경은 하나님이 누구시고 이 시대에 무엇을 원하시는지에 관하여 놀라운 통찰력과 지혜를 가져다줍니다. 우리는 지난 15년 가까이 국가 변혁이라는 사역을 감당해 오면서 경험했던 많은 것들 가운데 말씀에서 언급하는 가장 중요한 개념들에 대해 함께 나눌 것입니다. 지난 시간 동안 하나님께서는 언약이 무엇인지 우리를 훈련하셨습니다. 언약을 시작으로 많은 개념에 대해서 서서히 알아가게 되었습니다. 어떤 개념은 이해하기까지 몇 년이 걸리기도 했습니다. 그 개념들은 삶의 영역에 있어서 매우 실제적인 부분이었습니다.

한국에서 선한 영향력을 끼치고 계시는 유명한 선교사님께서 **KDM KOREA**를 대단히 귀하게 생각하고 계셨습니다. 한 집회에서 선교사님께서 통역을 마치시고 같은 테이블에서 식사할 기회가 주어졌습니다.

“왜 KDM KOREA는 크게 컨퍼런스를 하지 않습니까?

제가 세계적인 종들의 통역을 하고 있지만

KDM KOREA에서 선포되는 말씀은 정말 탁월하십니다.

제가 보기에 가장 뛰어난 말씀을 전하십니다.

사람들에게 소개하고, 큰 집회를 열어서 사람들을 헌신자들로 모이게 해서

단체를 크게 세워나가면 되지 않습니까?”

저희를 아끼고 사랑하시는 선교사님의 마음을 읽을 수 있었습니다. 식사 자리는 시간적인 제약이 있어서 어떻게 해야 가장 빠르게 선교사님께서 알아들으실 수 있을까 잠시 고민을 하던 중에 이런 대답이 생각났습니다.

“선교사님! 제가 아주 간략하게 설명해 드리겠습니다. KDM KOREA에는 교재가 있습니다. 이 교재를 가지고 아주 치밀하게 16주에 걸쳐서 여러 목사님과 사모님, 전도사님, 선교사님, 집사님, 권사님, 청년들이 모여서 공부했습니다. 필독 도서를 2주일에 한 권씩 읽어야 했고(총 7권), 성경을 매일 10장씩 읽어야 했습니다. 심지어 24시 생활 점검표까지 작성하면서 열심히 공부했습니다. 16주간의 공부를 마쳤을 때 성령님의 감동이 있었습니다.

'다시 공부해라.'

저는 황당했습니다.

저희 단체에서 함께 사역하시는 여러분이 유명한 단체들에서 수년씩 훈련을 받으

셨습니다. 목회를 수십 년씩 하신 분들이 계셨고 한 분야에서 전문가인 분들도 많았습니다. 저조차 온누리교회 일대일 제자 양육을 5, 6년 가르쳤습니다. 유명한 선교단체 교재를 개정하는 데에도 동참했습니다.

그런데 주님께서는 '다시 공부해라'라고 말씀하셨습니다. 그래서 한두 달 쉬는 시간을 보내고 다시 50명이 모여서 공부를 시작했습니다. 필독 도서를 2주일에 한 권씩 또 읽고, 성경을 매일 10장씩 읽고, 24시 생활 점검표까지 작성하면서 똑같이 치밀하게 하나하나 빠지지 않고 공부했습니다.

그렇게 두 번에 걸쳐서 교재를 공부하는데 1년이라는 시간이 지나갔습니다.

일 년이 지나자, 성령님께서 또다시 이런 감동을 주셨습니다.

'너희들은 이 교재에서 설명하고 있는 개념을 잘 모르고 있다.

다시 공부해라.'

이때는 말로 할 수 없을 정도로 힘들었습니다.

함께 하는 분들에게 또다시 이 말을 전한다면 저는 역적이 되는 상황이었습니다. '더 할 것이 없어서 저런가 보다'라는 말을 들을 것 같았습니다. 두 달 정도 방학을 맞아서 쉬는 기간이 저에게는 너무나 끔찍했습니다. 어떻게 말씀드려야 할지 걱정이 태산이었습니다. 그렇지만 성령님께서는 우리가 개념들을 정확하게 이해하지 못하고 있다는 것을 분명하게 말씀하셨습니다.

결국에는 어렵게 KDM KOREA 식구분들에게 한 번 더 교재를 공부해야 한다고 부탁을 드렸습니다. 성령님께서 분명하게 말씀하셨다고 전달했습니다. 그때 큰 소동이 있었습니다. 특히 목사님들이 불편하게 생각하셨습니다. 많은 분이 그만

두시겠다고 연락을 해 오셨습니다. 그래도 제 말을 경청하시고 다시 시작하는 것을 동의해 주시는 분들이 계셨습니다. 이제는 정말 마지막 같았습니다. 더 이상 뒤로 물러날 수 없는 사면초가(四面楚歌)에 빠진 것이었습니다.

급하게 국가 변혁을 위해 달려 나가야 하는데, 사역이 지역마다 빠르게 확장되어야 나라를 변혁시킬 수 있는데, 똑같은 교재를 가지고 일 년 반이 되도록 세 번이나 반복하고 있는 저의 모습이 참담하고 부끄러웠습니다.

그렇지만 같은 교재를 다시 공부하는 것을 결심했던 터라 똑같이 치밀하게 2주에 한 번씩 필독 도서를 신중하게 선정해서 읽게 되었습니다. 이번까지 합하면 무려 21권째가 되는 것이었습니다. 그리고 성경을 다시 읽었습니다. 24시 생활 점검표도 똑같이 하게 되었습니다.

세 번째 학기가 시작되었습니다. 그리고 몇 주가 지났습니다. 그때 성령님께서 이런 감동을 주셨습니다.

'이제야 너희가 이것을 조금 이해하기 시작했단다.'

얼마나 감격했는지 모릅니다. 함께 고생하면서 공부를 하신 분들도 저와 비슷한 느낌을 받았습니다. 그리고 이구동성으로 이런 말씀을 하시기 시작했습니다.

'이제야 이 교재가 무엇을 이야기하는지 조금 알겠습니다.'

똑같은 교재를 세 번 반복해서 일 년 반 동안 파고들었습니다.
표면적으로 이해하지 않고 깊이 이해하고 싶었습니다. 하나님께서 은혜를 주셔서 가능했습니다."

저의 이야기를 들은 선교사님께서는 많이 놀라시는 표정이었습니다. 그렇습니다. 어떤 개념들을 이해하는데 저희는 많은 시간이 필요했습니다. 처음 시작하는 단계에서 개념을 정확하게 이해하는 것이 얼마나 중요한지 깨닫게 된 것입니다. 오랜 시간이 흐르면서 개념들이 하나하나 이해되고, 깊은 깨달음을 얻기 시작했습니다.

언약, 데스티니, 제단, 킹덤, 합법적 삶, 국가, 부르심, 선교, 비전, 영토, 성령님, 관계, 문화, 종교, 공의, 정의, 제자, 다스림, 경제 원리, 교육, 정치, 과학기술, 가정, 예술의 영역들과 치유, 예언, 방언과 같은 은사에 대한 부분들, 영광, 일, 성품, 사역, 영적 전쟁, 하나님의 시간, 경계, 남성, 여성, 군사, 마지막 때, 이스라엘, 부흥, 변혁과 같은 전반적인 개념들에 대한 재정립이 시작되었고, 그것들을 하나하나 배웠고, 깨달아갔습니다.

한 걸음씩 나아가면서 이 개념들을 공부하다 보면 놀라운 흐름이 있다는 것을 발견하게 됩니다. 엄청난 개념들을 자연스럽게 이해하고 적용할 수 있는 어떤 법칙이 있다는 사실을 깨닫게 된 것입니다. 이 교재는 저희가 깨달은 많은 개념 가운데 가장 중요한 다섯 가지 개념을 정리한 것입니다.

이 다섯 가지 개념은 하나님께서 이 땅에서 일하시는 참고서나 지침서 같은 역할을 합니다. 그래서 우리는 이 교재의 제목을 『킹덤 매뉴얼(Kingdom Manual)』로 선정했습니다. 킹덤 매뉴얼은 하나님께서 이 땅을 통치하는 가장 중요한 다섯 가지 개념을 알아가는 과정입니다.

이 개념들은 지난 시간 KDM KOREA가 많은 시행착오를 겪을 때 하나님께서 하늘의 문을 여시고 가르쳐 주신 가장 중요한 내용입니다. 이 개념들을 통해서 하나님께서 소망하시는 일을 성취하신다는 것을 알게 되었습니다. 성경에 모든 인물이 이 개념들을 알아가는 과정을 통해 하나님의 일을 생명 다해 감당할 수 있었습니다.

지금 교재가 소개되는 것이 너무나 감사할 뿐입니다. 이 교재가 전국에 계신 많은 단체와 교회에 소개될 때 엄청난 변혁(Transformation)이 일어나기 시작할 것입니다.

변혁은 반드시 과정을 거쳐야 일어납니다. 갑자기 변혁이 생겨나지는 않습니다.

> **로마서 12:2** "너희는 이 세대를 본받지 말고 오직 마음을 새롭게 함으로 변화를 받아(be transformed by the renewing of your mind) 하나님의 선하시고 기뻐하시고 온전하신 뜻이 무엇인지 분별하도록 하라"

변혁은 우리의 생각(Mind)을 새롭게 할 때 일어납니다. 그것은 이 세상의 개념이 아닌 하나님 왕국의 생각, 개념, 뜻, 의도를 새롭게 깨달을 때 가능한 것이라고 바울은 고백하고 있습니다. 저희는 지난 15년 동안 우리가 지금까지 이 세상의 영향을 받아 생각해 왔던 잘못된 개념들을 다시금 하나님이 원하시는 개념으로, 성경적 세계관인 하나님 왕국(Kingdom of God)의 관점으로 새롭게 정립하는 시간을 가졌습니다. 미성숙의 과정을 거치면서 하나하나 개념이 정리되어 이제 대한민국 교회에 이 교재를 소개하게 되었습니다.

이 개념들을 이해하기 시작한 사람들의 무리가 비록 적을지라도 이들의 삶을 통해 누룩이 온 땅에 퍼지듯이 직장, 단체, 가정, 교회, 지역, 도시에서 놀라운 일들이 일어나기 시작할 것입니다. 하나님 왕국의 문화가 점차 한 나라 안에 확산되기 시작하면서 많은 사람들이 구원을 받고, 성장해 가면서 사회와 국가에 진정한 변혁이 시작될 것입니다. 또한 많은 선교단체와 교회 그리고 성도에게도 큰 유익이 될 것입니다.

이 교재를 통해 여러분의 삶의 모든 영역에서 변화를 체험하고 하나님의 영광을 경험하기를 진심으로 소망합니다.

2011년 시작된 국가 사역이 이제 2026년이 되었습니다. 지난 15년 동안 정말로 많은 일이 있었습니다. 대한민국 곳곳에 제단이 세워지기를 위해 쉼없이 기도해 왔습니다. 전 세계적으로 일어나고 있는 부흥의 소식들(우크라이나, 이란, 대만, 인도네시아, 나이지리아, 우간다 등)은 우리를 흥분시켰습니다. 특히 아시아 국가에서 들려오는 놀라운 부흥의 소식은 다시 한번 대한민국 교회가 깨어 일어날 때임을 알려주었습니다. 동일한 부흥과 변혁이 한국에서 다시 일어나기를 오랜 시간 고대해 왔습니다.

성경의 모든 인물, 도시, 나라들은 하나님과 언약적 관계를 맺음으로 사역을 시작한다는 개념은 우리에게 많은 도전을 주었습니다. 그러나 문제는 언약에 관해 개념적으로 명확하고 분명하게 이해하는 것과 살아내는 것은 전혀 다른 차원의 이야기였습니다. 실제 삶에서 언약을 살아내는 것은 오롯이 우리의 몫이었습니다.

2011년 단체가 시작될 때 몇 분이 찾아오셨습니다. 장소를 빌려달라는 이야기였습니다. 작은 교회지만 감사함으로 장소를 빌려주었습니다. 이미 대만에서 큰 부흥의 현장을 목격한 강사들은 우리에게 많은 도전을 하셨습니다. 모임에 참석한 분들은 흥분했고, 국가적 부흥에 관한 소망이 불같이 일어났습니다. 집회가 끝나자 많은 목회자의 가슴속에서는 국가 부흥에 동참해야겠다는 결심들이 선 것처럼 보였습니다. 모임을 주관한 국제 리더가 저를 따로 불렀습니다. 그러면서 자신이 섬기는 국제 사역 단체가 한국에 세워지기를 진심으로 원한다고 하면서 저를 대한민국의 대표로 세우고 싶다는 요청을 하셨습니다. 저는 대답을 할 수 없었습니다.

그리고 6개월이 지난 후, 다시 장소를 빌려달라는 요청이 있었습니다. 집회 장소로는 공간이 작은 교회여서 이렇게 중요한 모임은 큰 교회를 빌려서 하는 것이 더 좋을 것 같다고 말씀을 드렸습니다. 하지만 국제 리더가 이 장소를 하나님께서 원한다고 하셔서 부득이하게 장소를 빌려드렸습니다. 대한민국에 부흥을 사모하는 사람들이 몰려왔습니다. 작은 공간에 꽉 들어찬 분들을 보면서 감동이 밀려왔습니다. 이분들의 가슴속에는 대한민국에 부흥이 임하기를 소망하는 열정으로 가득 차 있었습니다. 집회가 끝나고 리더는 저를 또 불렀습니다. 그리고 저에게 한국의 대표가 되어달라고 요청을 해왔습니다. 그러나 저는 이 중요한 사역을 감당할 역량이 되지 않는다고 정중하게 사양했습니다.

그러자 꼭 자신의 나라에 방문해 달라고 부탁을 해 오셨습니다. 매년 중요한 컨퍼런스가 열리는데, 참석해 달라는 요청이었습니다. 몇 개월이 지나고 아프리카에서 열리는 집회에 참석했습니다.

하나님의 임재가 집회 장소에 너무나 강하게 임하고 있었습니다. 제 가슴속에는 대한민국의 부흥을 향한 열망이 타올랐습니다. 그리고 집회를 통해 국가 사역에 헌신하게 되었습니다. 집회가 마무리되고 리더는 저에게 대한민국의 대표가 되어달라고 부탁을 해왔습니다. 세 번째 정중한 부탁에 그렇게 하겠다고 답변을 드렸습니다.

그 후 15년이 흘렀습니다. 말할 수 없을 정도로 많은 일이 있었습니다. 특히 대한민국에서 연합 사역에 가장 걸림돌이 되는 것이 '분열'이라는 것을 깨닫는 시간이었습니다. 귀한 사명을 감당하고자 하는 취지는 좋았지만, 우리 단체도 분열의 직격탄을 맞았습니다. 내, 외적으로 쉼 없이 어려움을 겪었습니다. 내적으로는 미성숙했고, 갈등이 반복되었습니다. 외적으로는 다른 단체와 사람들로 인해 질시와 중상 그리고 모략에 시달리는 시간이 반복되었습니다.

국가 부흥의 꿈을 품고 모임에 헌신하면서 7, 8년을 달려왔지만 정작 대한민국에 국가적 영적 돌파는 이루어지지 않았습니다. 우리 스스로 전쟁에서 참패한 패잔병처럼 느껴졌습니다. 많은 사역자가 단체에 들어왔지만 대부분 떠났습니다. 함께했던 사람들이 하나 둘 떠날 때는 가슴이 찢어지는 것 같았습니다. 이제 더 이상 달려갈 수도, 그럴 힘도 없는 시점에 도달했습니다. 긴 시간 고민을 한 후 함께했던 분들에게 정직하게 고백했습니다.

"우리 단체는 곧 없어질 것입니다."

지난 7, 8년 동안 비가 오나 눈이 오나 변함없이 전국에서 모여들었던 사역자들에게 이렇게 선포하고 저는 국가 사역을 내려놓았습니다. 봄 학기가 시작되는 시즌이었지만, 오랜 시간 함께 기도하며, 공부해 온 스쿨을 더 이상 열지 않았습니다. 그런데 뜻밖에 이상한 일이 벌어졌습니다. 이십여 명의 목사님들과 성도분들이 찾아온 것입니다. 저는 그분들에게 이렇게 말씀을 드렸습니다.

"모임은 없어졌습니다. 국가 사역 단체도 문을 닫았습니다."

그러자 한 목사님께서 저에게 이렇게 부탁하셨습니다.

"목사님! 목사님께서는 사역을 포기하셨지만,
저희는 국가 부흥을 포기하지 않았습니다.
부탁이 있습니다. 저희라도 모여서 기도할 수 있게 장소만 빌려주십시오!"

그래서 장소 사용을 허락해 드리고 저는 제 목양실에 들어가 있었습니다. 남은자들이었던 이분들은 여느 때와 같이 2, 3시간 뜨겁게 기도를 드렸습니다. 저는 제 사무실에서 고스란히 기도 소리를 듣고 있었습니다. 국가를 위해서 간절히 기도하는 기도 소리로 인해 도무지 제 일에 집중할 수가 없었습니다. 마음이 편치 않았습니다.

그 다음 주에도 찾아오셨습니다. 그 후에도 변함없이 이십여 명이 모여서 나라를 위해 기도하셨습니다. 그런데 이분들의 기도 제목에는 저에 관한 내용이 포함되어 있었습니다. 제가 마음을 돌이켜 다시 모임에 참석하게 해 달라는 내용이었습니다.

저는 밖에서 들리는 기도 소리에 귀를 막았습니다. 그리고 결심했습니다.

"여러분들이 아무리 기도해도 저는 안 돌아갑니다.

대한민국에는 분열과 시기, 질투의 영이 너무 강해서

연합 사역을 진행한다는 것은 어불성설(語不成說)입니다."

한 학기가 거의 끝나갈 시점에도 전국에서 찾아온 분들의 기도는 뜨겁게 타올랐습니다. 그날도 저는 제방에 있었습니다. 그때 성령님의 감동이 있었습니다.

"멀리서 온 지체들인데 네가 손수 음식을 마련해서 식사를 대접하면 어떻겠니!"

이분들의 점심을 준비하라는 것이었습니다. 성령님의 감동을 부인할 수는 없는 터라 이분들이 기도하실 때 저는 주방에 가서 직접 식사를 준비했고 이분들을 대접했습니다.

한 학기가 끝났습니다. 여름이 지나고 다시 가을에 접어들면서 또다시 찾아오셨습니다. 저는 장소를 빌려주었고, 식사를 마련해 드렸습니다. 어느덧 일 년이라는 시간이 흐르고 있었습니다. 성령님께서 어느 날 저에게 이렇게 감동의 마음을 주셨습니다.

"이들과 함께 너는 국가 사역을 감당할 것이다. 이 사람들이 바로 너와 함께

언약의 군대가 될 것이다. 너 또한 저들의 동역자가 되어 나의 일을 성취할 것이다."

저는 큰 충격과 감격에 휩싸였습니다. 산산조각이 난 단체를 보며 국가 사역을 감당할 어떤 동력(動力)도 저에게는 전혀 남아 있지 않았습니다. 마음에는 상처만 남았고 국가적 사명을 감당하고 싶은 마음도 시들어 버렸습니다. 문제는 더 이상 사람들을 믿을 수도 없었다는 것입니다. 국가 사역 단체를 이끌고 가기에는 개인적으로 연약하고 미성숙했습니다. 냉철하게 판단하자면 저의 역량이 너무나 부족했던 것입니다.

그런데 성령님은 지난 일 년 동안 대표가 부재한 상황에서도 언약의 동반자들을 남겨 두셨습니다. 이분들은 비가 오나 눈이 오나 한결같이 모임에 참석했습니다. 대표도 참석하지 않는 모임에 국가 부흥을 위해 울면서 기도해 온 분들이셨던 것입니다.

지난 15년 동안 아시아의 부흥이라는 큰 비전을 가지고 달려왔습니다. 중간에 포기도 했었습니다. 그런데 하나님께서는 함께 할 수 있는 언약의 동지(同志)들을 붙여 주셨습니다. 언젠가 대한민국에 부흥이 다시 임한다면 이분들이 국가 부흥의 주역들로 기억될 것입니다. 저는 마음을 다잡고 다시 시작할 수 있었습니다.

이 교재는 2016년에 이미 완성되었습니다. 그러나 성령님께서는 상업적으로 출판하지 말고, 한국교회에 알리지도 말라고 당부하셨습니다. 저는 그 이유를 압니다. 이 교재에 언급된 내용과 우리의 삶에 간극(間隙)이 너무나 컸기 때문입니다. 그래서 교재가 완성된 후 지난 10년 동안 이 책의 내용을 살아 내는 것에 모든 마음과 뜻과 정성을 다했습니다. 이제 때가 되자 하나님께서는 전국에 책을 출판하라는 감동을 주셨습니다.

저희가 성숙해져서가 아닙니다. 단체가 엄청나게 커져서도 아닙니다. 연약한 부분이 다 회복된 것은 더더욱 아닙니다. 아직 저희는 너무 미숙합니다. 그러나 하나님께서는 한국교회에 많은 유익을 끼치게 될 것이라고 말씀해 주셨습니다.

이 교재가 개교회를 유익하게 했으면 좋겠습니다. 목회자와 성도가 한마음으로 연합하는 일이 일어나기를 기도하고 있습니다. 개인적 신앙에 머물러 있는 그리스도인들이 국가적 부르심에 동참했으면 좋겠습니다.

성도와 목회자가 언약의 동반자가 되면 교회는 견고하게 설 것입니다. 교회들이 건강해지면 지역이 변화될 것입니다. 그 결과 나라의 영적 대기가 바뀌게 될 것입니다.

하나님께서는 인간을 통해 당신의 뜻과 목적을 성취하십니다. 이 땅에 그리스도인은 하나님을 예배하고(Altar) 섬김으로 다스리는(Basileia, Kingdom) 신성한 부르심(Destiny)에 응답해야 합니다. 이 모든 일은 합법적 삶(Legal Life)으로 열매를 맺어야 합니다. 이 일들은 언약(Covenant)을 통해 시작될 것입니다.

부디 지난 15년 동안 저희가 몸부림치면서 살아내려 했던 삶의 씨앗이 귀한 열매로 맺혀지기를 소망하면서 두 번째 서문을 마칩니다.

CONTENTS

PART 1

언약 (Covenant)

PART 1

언약 (Covenant)

성경의 모든 인물, 도시, 나라들은 하나님과
언약적 관계를 맺음으로 사역을 시작한다.
하나님과 언약을 맺음으로 어떤 상황속에서도 구원을 받는다.

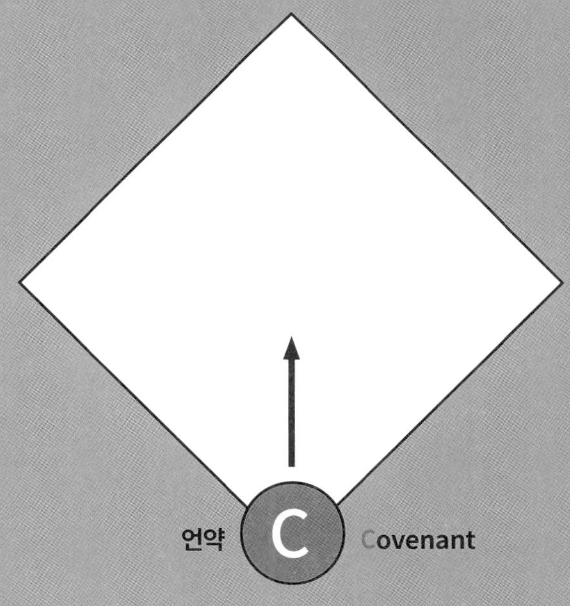

시편 111:9
"여호와께서 그의 백성을 속량하시며 그의 언약을 영원히 세우셨으니
그의 이름이 거룩하고 지존하시도다"

언약이란 무엇인가?

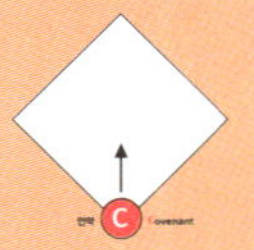

성경의 모든 인물, 도시, 나라들은 하나님과
언약적 관계를 맺음으로 사역을 시작한다.
하나님과 언약을 맺음으로 어떤 상황 속에서도 구원을 받는다.

1. 언약을 놓쳐버린 대한민국

여러분은 언약을 무엇이라고 생각하십니까? 21세기를 살아가는 많은 기독교인에게 언약은 매우 익숙한 단어입니다. 그러나 한편으로는 언약의 본질적 의미가 상실되었다는 사실을 인식하고 있는 성도들의 수는 매우 적습니다. 우리가 성경을 읽다 보면 한 가지 분명한 사실을 깨닫게 됩니다. 그것은 성경의 모든 인물, 도시, 나라들은 하나님과 영원한 언약적 관계를 맺음으로 사역을 시작한다는 것입니다. 또한 어떤 상황과 환경에서도 언제나 하나님의 '구원하심'을 경험합니다.

시편 111:9 "여호와께서 그의 백성을 속량하시며 그의 언약을 영원히 세우셨으니
그의 이름이 거룩하고 지존하시도다"

아무리 우리가 국가 변혁을 위해서 갈망을 해도, 우리가 24시간 쉬지 않고 기도를 해도, 우리가 원하는 국가적인 부흥을 이루기 위해서는 몇 가지 분명한 조건들이 있습니다.

그 조건 중 하나는 언약에 대한 정확한 이해입니다. 우리가 언약에 대한 분명한 개념을 이해하지 못하면 국가 부흥은 일어나기 어려울 것입니다. 하나님 왕국(Kingdom of God)[1]은 영적으로 하나가 될 때 드러나는 현상입니다.

초대교회의 역사를 살펴보면 우리는 그 당시 성도들이 기쁨과 어떤 특별한 사랑의 감정으로 하나가 되었다고 생각합니다. 그러나 더 깊은 이면에는 초대교회 성도들은 언약에 대한 명확한 이해가 있었습니다. 언약적 관계를 기반으로 세워진 공동체였기 때문에 하나님께서 일하셨던 것입니다.

조금 가혹한 말이지만 사실 대한민국 교회는 언약을 잘 이해하지 못하고 있습니다. 대한민국 교회는 언약의 무게감을 상실했습니다. 언약을 귀하게 대하지 못했고, 그 중요성을 인식하지 못했습니다. 언약을 제대로 이해하지 못한 것이 현재 한국교회 성도들이 직면한 가장 서글픈 현실입니다.

전 세계에 오직 대한민국만이 남과 북이 분단된 나라로 살아가고 있습니다. 또 전라도와 경상도가 첨예하게 대립하고 있는 것이 이 나라의 실상입니다. 진보 진영과 보수 진영은 끊임없이 대립하고 있습니다. 분열과 단절은 민족의 수치임에도 불구하고 지금까지 계속되고 있습니다. 이것이 언약을 잃어버린 대한민국의 현실입니다.

언약은 말 그대로 서로를 절대적으로 묶어주는 것입니다. 언약은 언약을 맺은 당사자들의 모든 것을 서로 묶고 또 나누는 것입니다. 그래서 함부로 언약을 맺지도 않을뿐더러, 한 번 언약을 맺으면 자손 대대로 지속될 정도로 중요한 것입니다.

역사상 가장 강력한 일을 감당한 사람들은 이 땅의 원리나 기준을 가지고 사역하지 않았습니다. 이 땅의 관례를 무시하고, 세상의 흐름을 거슬러 올라갔던 사람들입니다. 이들은 철저하게 하늘의 원리(Kingdom Principles)로 살아왔습니다. 하늘을 경험했고, 하늘의 문이 열리는 것을 직접 체험한 분들이었습니다. 언제나 하나님과 동행하면서 하나님의 임재와 영광을 맛본 자들이었습니다. 하늘이 이 땅에 침노하는 것을 경험하고 하나님의 얼굴을 직접 대면한 사람들이었습니다.

---

1) 'Kingdom of God'을 '하나님 왕국'으로 통일해서 사용한다.

- "어떻게 하늘의 영광을 이 땅으로 끌어올 수 있었던 것입니까?"

- "그 영광을 어떻게 지속시킬 수 있었던 것입니까?"

- "저들은 무엇을 의지한 것입니까?"

- "무엇이 그들로 하여금 하나님의 뜻과 목적을 이 땅에 성취하는데 가능하게 한 것입니까?"

그것은 바로 하나님의 통로로 쓰임 받은 사람들이 무엇보다 먼저 언약에 대해서 정확하게 알고 있었다는 것입니다. 하나님께서는 당신의 뜻과 목적들을 이 땅에서 이루시기 위해서 사람을 택하십니다.

> **마태복음 6:33** "그런즉 너희는 먼저 그의 나라와 그의 의를 구하라 그리하면 이 모든 것을 너희에게 더하시리라"

하나님께서 사람을 택하실 때는 언제나 언약이라는 통로를 통해서 먼저 관계를 맺으십니다. 즉 다시 말하면 하나님께서는 항상 언약 관계를 맺은 사람을 통해서 일하셨고, 지금도 일하고 계시고, 앞으로도 일하신다는 것입니다.

언약 관계에 대해서는 여러 방식으로 설명할 수 있습니다. 그러나 언약 관계가 성립되면 결과적으로 그 어떤 혈연관계보다 구속력, 책임감이 강해진다는 사실입니다. 다시 말해서 자신의 혈연보다 언약으로 묶인 사람들이 더 우선시된다는 말입니다. 여기서부터 언약이 얼마나 중요한지 인식할 수 있는 시발점이 됩니다.

연습 (Exercise)

> **사무엘상 20:16** "이에 요나단이 다윗의 집과 언약하기를 여호와께서는 다윗의 대적들을 치실지어다 하니라"

사무엘상 20장 16절에서 누가 누구와 언약을 맺었습니까?　＿＿＿＿＿＿＿＿＿

사무엘상 22:8 "너희가 다 공모하여 나를 대적하며 내 아들이 이새의 아들과 맹약

하였으되 내게 고발하는 자가 하나도 없고 나를 위하여 슬퍼하거나 내 아들이 내

신하를 선동하여 오늘이라도 매복하였다가 나를 치려 하는 것을 내게 알리는 자

가 하나도 없도다 하니"

사무엘상 22장 8절에서 사울은 요나단과 다윗이 언약을 맺은 것을 알았습니까?

요나단과 다윗은 서로 언약을 맺었습니다. 사울은 자신의 아들인 요나단이 더 이

상 자신에게 결속된 관계가 아니라 다윗에게 결속된 사이라는 사실을 알았습니다.

이것이 바로 언약의 파트너(covenant partner)인 것입니다. 하나님 안에서 언약 관계로

묶이면 혈연보다 우선시된다는 사실은 고대 사회에서는 공통으로 인식하고 있었던

개념이었습니다.

2. 언약을 맺은 아브라함 (Abraham)

언약 관계를 통해 하나님과 동행한 사람 중에 대표적인 사람 하나가 바로 아브라

함입니다.

창세기 12:1 "여호와께서 아브람에게 이르시되 너는 너의 고향과 친척과 아버지의

집을 떠나 내가 네게 보여 줄 땅으로 가라"

창세기 12장 1절 말씀은 하나님께서 아브라함을 부르신 첫 장면입니다. 하나님께

서는 아브라함에게 고향, 친척, 아버지의 집을 떠나라고 분명하고 정확하게 명령하셨습니다. 그러나 이 말씀을 이해할 때 가족을 배반하고 하나님과 함께 가자고 하시는 말씀으로만 이해하면 안 됩니다.

이 말씀의 본질적인 의미는 하나님과 아브라함이 언약의 관계가 형성되면서 그 언약의 무게감과 책임감, 구속력, 결속력을 통해서 본토 친척을 떠나는 것이 자연적인 현상이라는 것입니다. 즉 혈연관계가 중요하지만, 언약 관계가 더 중요해서 언약 관계를 맺은 당사자의 요구를 들어주는 것이 더 우선한다는 말입니다.

창세기 12장의 장면을 언약 관계라는 관점으로 보아야 제대로 이해할 수 있는 것입니다. 하나님께서는 아브라함에게 언약이 무엇인지 분명하게 가르치기 원하셨습니다. 하나님께서는 아브라함과 진정한 언약 관계를 맺으려고 하셨습니다. 아브라함이 하나님과 언약 관계를 시작하려고 하는 시점에는 아들이나 딸이 없었습니다. 75세의 나이임에도 불구하고 그 어떤 자녀도 없었습니다. 하나님께서는 본토, 친척, 아비 집을 떠나라고 아브라함에게 요구하셨습니다.

그러나 언약 관계를 정확하게 이해하지 못한 아브라함은 친척을 떠나라고 하신 말씀을 정확하게 이행하지 못하고 조카 '롯'을 데리고 떠납니다. 하나님께서는 언약 관계를 세우기 위해서 아브라함이 혈연을 떠날 것을 요구하셨지만, 아직 언약에 대한 이해가 미성숙했던 아브라함은 그의 혈연이었던 친척 '롯'과 함께 본토를 떠났습니다. 그러나 창세기 15장에서 하나님과 아브라함은 희생 제물을 통해서 확실한 언약 관계로 나아갑니다.

창세기 15:1-18 "이후에 여호와의 말씀이 환상 중에 아브람에게 임하여 이르시되 아브람아 두려워하지 말라 나는 네 방패요 너의 지극히 큰 상급이니라 아브람이 이르되 주 여호와여 무엇을 내게 주시려 하나이까 나는 자식이 없사오니 나의 상속자는 이 다메섹 사람 엘리에셀이니이다 아브람이 또 이르되 주께서 내게 씨를 주지 아니하셨으니 내 집에서 길린 자가 내 상속자가 될 것이니이다 여호와의 말</blockquote>

씀이 그에게 임하여 이르시되 그 사람이 네 상속자가 아니라 네 몸에서 날 자가 네 상속자가 되리라 하시고 그를 이끌고 밖으로 나가 이르시되 하늘을 우러러 뭇별을 셀 수 있나 보라 또 그에게 이르시되 네 자손이 이와 같으리라 아브람이 여호와를 믿으니 여호와께서 이를 그의 의로 여기시고 또 그에게 이르시되 나는 이 땅을 네게 주어 소유를 삼게 하려고 너를 갈대아인의 우르에서 이끌어 낸 여호와니라 그가 이르되 주 여호와여 내가 이 땅을 소유로 받을 것을 무엇으로 알리이까 여호와께서 그에게 이르시되 나를 위하여 삼 년 된 암소와 삼 년 된 암염소와 삼 년 된 숫양과 산비둘기와 집비둘기 새끼를 가져올지니라 아브람이 그 모든 것을 가져다가 그 중간을 쪼개고 그 쪼갠 것을 마주 대하여 놓고 그 새는 쪼개지 아니하였으며 솔개가 그 사체 위에 내릴 때에는 아브람이 쫓았더라 해 질 때에 아브람에게 깊은 잠이 임하고 큰 흑암과 두려움이 그에게 임하였더니 여호와께서 아브람에게 이르시되 너는 반드시 알라 네 자손이 이방에서 객이 되어 그들을 섬기겠고 그들은 사백 년 동안 네 자손을 괴롭히리니 그들이 섬기는 나라를 내가 징벌할지며 그 후에 네 자손이 큰 재물을 이끌고 나오리라 너는 장수하다가 평안히 조상에게로 돌아가 장사 될 것이요 네 자손은 사대 만에 이 땅으로 돌아오리니 이는 아모리 족속의 죄악이 아직 가득 차지 아니함이니라 하시더니 해가 져서 어두울 때에 연기 나는 화로가 보이며 타는 횃불이 쪼갠 고기 사이로 지나더라 그 날에 여호와께서 아브람과 더불어 언약을 세워 이르시되 내가 이 땅을 애굽 강에서부터 그 큰 강 유브라데까지 네 자손에게 주노니"

희생 제물을 반으로 쪼개고, 그 피가 흘러 땅에 흥건해진 곳을 밟고 지나가면서 아브라함은 하나님과 이제는 돌이킬 수 없는 언약의 관계로 들어가 버립니다. 희생 제물을 반으로 쪼갰다는 것은 언약이 생명을 대신할 정도로 중요하다는 것이며, 말씀에는 드러나 있지 않지만, 그 이면에는 언약이 파기 되면 희생 제물이 반으로 쪼갬을 당하듯이 아브라함 자신도 그렇게 쪼개질 것을, 즉 죽음을 경험할 것을 분명히 알고 있었다는 말입니다.

하나님께서는 창세기 15장 1-18절에서 아브라함과 언약을 맺으면서 세 가지 복을 약속합니다. 그것은 무엇입니까?

____

____

____

하나님께서는 언약 관계를 통해서 아브라함에게 세 가지 복을 약속하십니다.

첫째, 상속자 / 아브라함의 씨가 태어날 것을 언급하셨습니다. '후계자(창 15:3-4)'를 약속하신 것입니다.

둘째, 자손 / 자손이 하늘의 별들과 같이 많게 될 것을 약속하셨습니다. 이것은 '후손(창 15:5)'을 약속하신 것입니다.

셋째, 땅 / 아브라함의 자손들이 '영토'를 얻는다는 약속입니다. 자손들이 정착해서 살 수 있는 어떤 특정 '지역(창 15:18)'을 약속하신 것입니다.

창세기 15장에서 하나님께서는 아브라함과 언약 관계를 이루시고, 세 가지 중요한 약속을 성취하시겠다고 말씀하셨습니다. 아브라함은 분명히 하나님의 음성을 들었습니다. 또한 쪼갠 고기 사이로 횃불이 지나가는 것을 목격했습니다. 그럼에도 아브라함은 그때까지도 언약 관계가 무엇인지 정확하게 인식하지 못했습니다. 언약 관계를 이해하는데 미성숙했다는 말입니다.

3. 언약의 미성숙성 (Immaturity of Covenant)

아브라함의 언약 이해가 미성숙했다는 결정적인 증거는 바로 아내 사라의 몸종인 하갈과 동침한 사건입니다. 만약 아브라함이 하나님과 언약을 맺었다는 사실과 하나님께서는 언약을 반드시 지키시고, 성취하시는 분이라는 것을 믿었다면 하갈과 동침하는 일은 결단코 없었을 것입니다. 언약 관계 안에서 하나님께서는 아브라함과 약속을 반드시 지킬 것을 말씀하셨지만, 아브라함은 하나님에 대해서 확신이 없었습니다.

하나님과의 언약 관계가 제대로 이행되지 않을 경우, 그 결과는 혹독합니다. 아브라함은 하갈과 결국 동침하게 되었고 하갈은 임신해서 자녀를 낳았습니다.

> **창세기 16:15-16** "하갈이 아브람의 아들을 낳으매 아브람이 하갈이 낳은 그 아들을 이름하여 이스마엘이라 하였더라 하갈이 아브람에게 이스마엘을 낳았을 때에 아브람이 팔십육 세였더라"

창세기 15장에서 하나님과 아브라함이 언약 관계를 맺었을 때 아브라함의 나이는 불분명합니다. 75세에 하란을 떠나 가나안 땅에 정착 중이었던 것을 고려한다면 시간이 몇 년 지났을 것으로 예측할 수 있습니다. 그런데 아브라함이 이스마엘[2]을 낳았을 때 나이가 86세였다고 성경은 분명하게 기록하고 있습니다. 15장에서 하나님과 아브라함의 언약 관계는 아직 갈 길이 멀리 남아 있었던 것 같습니다.

아브라함이 미성숙할 때 언약의 관계를 이해하지 못하고 몸종 하갈과 동침한 사건은 4천 년이 흐른 지금에 이르러서 하갈의 아들 이스마엘의 자손들로 인해 아브라함

---

[2] 아브라함과 이스마엘의 삶에 관해서는 성경과 꾸란/하디스의 내용에 모순되는 점이 많다. 많은 사람들이 성경에 언급된 이스마엘과 이슬람 역사에서 언급된 이스마엘이 같은 인물인 것으로 본다. 그러나 성경과 꾸란의 내용을 살펴보면 이스마엘에 대한 이야기가 상당부분 일치하지 않는다. 성경의 이스마엘과 꾸란의 이스마엘은 다른 인물인 것이다. 그러나 우리가 명확하게 알 수 있는 것은 성경에 언급된 이스마엘의 아들들(창 25:13-18)이 지금의 중동지방에 널리 분포해 살았다는 사실이며, 무함마드에 의해 시작된 이슬람을 대부분 받아들였다는 사실이다. 성경에 언급된 이스마엘의 자손들이 시간이 흐르면서 이슬람으로 개종했다는 사실에 대해 거의 모든 학자들이 인정하고 있다.

의 후손으로 태어난 수많은 자손이 끊임없이 죽임을 당하고, 협박을 당하고, 테러로 극심한 곤경에 처하게 되었습니다. 또한 영적으로 접붙임을 받은 기독교인들도 죽어 나가는 원인 제공을 한 것입니다.

아브라함은 언약을 이해하지 못했습니다. 아브라함은 언약 예식을 치른 이후에도 하나님과의 언약 관계 안에서 인생을 살아가지 않았습니다. 그런데 이스마엘을 낳은 지 14년이 흐른 뒤에 아브라함은 자신의 씨에서 생명이 태어나는 것을 두 눈으로 목도(目睹)하게 됩니다.

인간의 이성과 지혜로는 불가능한 일이 현실이 되었습니다. 하나님의 약속대로 이삭이 태어나고, 아브라함은 하나님께서 반드시 언약을 성취하시는 분이라는 사실을 경험하게 됩니다. 이제는 하나님이 어떤 분이신지 아브라함이 명확하게 알게 된 것입니다. 우리는 이런 질문들을 할 수 있습니다.

- 하나님께서 하루라도 빨리 아브라함의 상속자가 태어날 것이라는 약속을 성취하셨다면 오늘날 20억이 넘는 이스마엘의 자손들은 안 태어났을 것 아닙니까?
- 아브라함과 창세기 15장에서 약속하신 세 가지 약속 중 하나인 아들을 주겠다고 하시면서 시간을 이렇게까지 길게 끄실 필요가 있었을까요?
- 언약의 성취가 늦어져서 오늘날 이스라엘과 이스마엘 자손 간에 이렇게 심각한 전쟁과 갈등의 문제가 생긴 것은 아닙니까?

사람들은 이렇게 반문할 수 있습니다. 그러나 하나님께서는 왜 아브라함의 아들 이삭을 아브라함이 100세가 되던 해에 주신 것입니까? 그것은 언약이라는 엄청난 약속을 아브라함으로 하여금 제대로 이해시키려고 하시는 하나님의 마음이었습니다.

왜냐하면 아브라함이 언약을 이해하는 것이 결국 하나님의 구속의 역사를 이루는 첫 단추였기 때문입니다. 결과적으로는 이스마엘이 태어나고 시간이 지나면서 지금의 중동을 중심으로 여러 나라에 분포해서 살게 되었고 결국 대부분의 이스마엘의 자손들이 이슬람으로 개종했으며 무려 20억이라는 무슬림이 지구상에 살아가고 있습니다. 하나님께서 이런 상황이 벌어지는 것보다 더 중요하게 생각하셨던 것은 바로 아브라함 자신이 하나님을 향한 언약 관계를 이해하는 것이었습니다. 언약을 지키지 못해 벌어진 부작용보다 더욱 중요한 것이 바로 언약에 대한 정확한 이해였습니다.

하나님께서는 아브라함이 언약 관계를 온전히 경험하고 그래서 하나님과의 약속을 반드시 이행하고, 지켜나갈 사람으로 세우려고 하셨던 것입니다.

우리가 여기서 분명하게 깨닫게 되는 것은 언약 관계를 세워나가는 것이 20억이라는 이스마엘 후손들의 출현보다 훨씬 더 중요하다는 것입니다. 하나님께서는 한 사람을 택하시고, 그와 언약 관계라는 어마어마한 관계성을 중심으로 하나님의 뜻을 이루시기 때문입니다.

인간적인 관점으로는 하나님께서 이스마엘이 태어나는 것을 막으시고, 아브라함에게 상속자를 바로 주셨더라면 오늘날 이스라엘과 이스마엘 자손 간의 갈등은 없었을 것입니다. 그러나 하나님께서는 아브라함이라는 한 사람을 택하셔서 그와 온전한 언약을 맺음으로 예수 그리스도의 구속의 역사를 성취하고자 하셨습니다.

그런 이유로 아브라함의 손자인 야곱이 이스라엘로 이름을 바꾸고, 야곱의 아들 12명이 이스라엘의 12지파가 되고, 모세를 통해 이스라엘의 기초를 세우시고, 다윗을 통해서 메시아 탄생을 계시하시고, 결과적으로 예수 그리스도께서 아브라함의 족보에서 태어나게 된 것입니다.

하나님의 관점으로 역사의 흐름을 살펴보면 아브라함이 언약 관계 안에서 성숙해지는 것이 인류를 구원하시고자 하시는 하나님의 계획에 더 가치 있는 일이었음에 틀림이 없습니다. 하나님께서는 엄청난 일을 준비하게 하시고, 성취할 한 사람이 필요했던 것입니다. 그가 비록 미성숙해서 가끔은 하나님의 일을 망치는 것처럼 보였지만, 하나님께서는 기다려 주셨고, 인내하시면서 한 사람 아브라함을 세워나가셨습니다. 언약 관계가 성숙해지는 것을 통해 드디어 하나님께서는 아브라함을 통해 인류 구속 역사의 첫 단추를 끼우실 수 있었던 것입니다. 오늘날에도 언약적 미성숙으로 인해 많은 관계가 어려움을 겪고 있습니다.

여러분은 언약적 미성숙으로 인해 관계가 깨지거나 어려워진 경험이 있으십니까? 함께 공부하는 분들과 이 부분에 대해서 나누시기 바랍니다.

____

____

____

4. 언약의 의미(Meaning of Covenant)

이스라엘은 지구상에서 유일하게 하나님과의 언약적 관계를 기반으로 탄생한 나라입니다(창32:28). 그래서 모든 민족 가운데 이스라엘만이 하나님과의 언약에 의해서 민족의 정체성이 확립되었습니다. 아브라함과 모세와 맺은 하나님의 언약은 유대인들이 누구이며, 하나님께서 그들을 어떻게 세워나가시며, 변화시키려고 하시는지 정의하고 있습니다.

많은 고대 민족이 언약을 이해하고 있었지만, 그 누구도 유대인들보다 언약에 대해서 더 잘 이해하고 있지는 못했습니다. 성경의 많은 부분은 하나님께서 이스라엘 백성들에게 언약 안에 살아간다는 것이 무엇인지를 가르치시고, 살아내게 하기 위해 쓰인 것입니다. 그래서 언약은 하나님과 동행하는 데 있어서 가장 본질적이며, 기본적인 것입니다.

말씀은 우리와 예수님과의 관계를 결혼에 비유하고 있습니다. 우리는 신부이며, 예수님은 신랑이십니다. 이것이 바로 언약 관계인 것입니다.

고린도후서 11:2 "내가 하나님의 열심으로 너희를 위하여 열심을 내노니 내가 너희를 정결한 처녀로 한 남편인 그리스도께 드리려고 중매함이로다 그러나 나는"

에베소서 5:31-32 "그러므로 사람이 부모를 떠나 그의 아내와 합하여 그 둘이 한 육체가 될지니 이 비밀이 크도다 나는 그리스도와 교회에 대하여 말하노라"

다음 글을 읽으십시오.

우리 하나님은 언약을 지키시는 분입니다.

기독교는 하나님과의 언약 관계를 기초로 하고 있습니다. 하나님은 아브라함, 노아, 모세, 다윗, 이스라엘 그리고 교회와도 언약을 세웠습니다. 개인이든, 나라든 하나님과의 언약 안에서 관계가 이루어졌습니다. 하나님은 그의 백성과 언약하시는 분이십니다. 그리고 우리의 구원자이신 예수 그리스도는 새 언약을 주셨습니다. 그렇지만 현재 교회의 가장 큰 과제는 기독교인으로서의 언약 관계를 이해해야 한다는 것입니다. 우리는 언약이란 개념이 없는 사회에 살고 있습니다. 지금 이 시대에는 언약을 맺지 않습니다. 심지어 결혼 서약도 그것이 무엇을 의미하는지 정확하게 모르고 있습니다. 우리는 언약의 유업을 잃어버린 세대에 살아가고 있습니다.

그러나 기독교인들이 하나님과의 교제가 언약을 토대로 형성된 것을 잘 이해하고, 언약의 토대를 깊이 깨닫게 되면, 모든 신앙생활에 엄청난 변화가 찾아오게 되고, 하나님과 동행하는 데 있어서 우리가 살아가는 모든 관점, 영역에서도 큰 변화를 겪게 될 것입니다. 변화를 경험한 신앙생활을 하게 될 때 우리는 종교적 감정, 교리가 아닌 하나님과 우리가 맺은 언약을 토대로 살아가게 됩니다. 그러면서 우리는 하나님과 동행할 때 더 깊은 신뢰, 확신, 안정감, 평안, 강력한 권위를 가지고 나아갈 수 있습니다. 우리의 삶을 하나님께 완전히 맡기고 두려움과 세상의 유혹으로부터 벗어날 수 있는 유일한 길은 언약 관계 안에서 자신을 하나님께 드리는 것입니다.

하나님은 언약에 스스로 묶이십니다. 이것은 다른 말로 하면 하나님께서 하신 약속은 반드시 지키신다는 것입니다. 언약을 알면 하나님께서 우리에게 무엇을 보증하셨고, 우리가 이 세상을 살아갈 때 어떻게 하면 견고히, 강하게 나아갈 수 있는지 명확하게 알게 됩니다. 그러나 언약을 모르면 인생의 수많은 어려움을 당하게 됩니다. 언약을 이해하지 못하면 사실상 하나님과 동행하기가 힘듭니다. 수많은 기독교인이 하나님이 누구신지, 그 언약이 얼마나 가치 있고, 무게가 있는지 모르고 살아갑니다. 그렇게 신앙생활을 하게 되면 심각한 왜곡이 일어나게 됩니다.

서양의 문화는 언약의 관계가 아니라 계약의 관계입니다. 세부 사항까지 기록합니다. 계약의 속성이 그렇습니다. 속이지 않도록 아주 세세히 챙깁니다. 그래서 사회계약이 강력하게 세워져 있다고 볼 수 있습니다. 그러나 계약은 언약과는 다릅니다. 우리는 서구사회가 끼친 계약적 사고방식을 제거하고, 하나님이 말씀하신 언약으로 돌아가야 합니다.

언약의 의미를 이해하기 위해서는 언약이 생성된 문화를 이해해야 합니다.

언약의 개념을 세우신 분도 하나님이시고, 우리 인류에게 허락하신 분도 하나님이십니다. 사람이 하나님께 나올 때 하나님께서는 언약을 세우셨습니다. 그리고 지금도 하나님께 나아가는 자들에게는 언약을 세우십니다. 언약은 우리가 하나님의 뜻과 마음을 성취해 드리는 데 가장 중요한 시작이며 도움입니다.

「메시아닉 교회」로버트 하이들러

하나님은 언약을 지키시는 분, 스스로 언약에 묶이시는 분이라는 부분에 관해서 설명해 보시기 바랍니다.

5. 언약의 개념 이해 [3]

1) 히브리어

언약은 히브리어로 '브리트(ברית, berit)'입니다. 브리트와 함께 쓰인 대표적인 단어들로 '브리트 브나이(언약의 자손)', '브리트 밀라(언약 의식, 할례)'와 같은 것들이 있습니다. 브리트의 어원이 되는 단어가 '바라(ברה)'입니다. 뜻은 '고기(meat)를 자르다', '끊다', '새기다'입니다. '언약을 맺다'에서 '맺다'라는 단어는 '카라트(כרת)'입니다. 이 단어는 '쪼갠다'라는 뜻이 있습니다. 그러므로 '언약을 맺는다'의 어원적 의미는 '고기를 쪼갠다'라는 뜻입니다.

사람과 맺으시는 하나님의 언약을 묘사할 때, 이 단어는 하나님의 주권과 재가(裁可, 승인, approval)에 의존하는 협약을 가리키는 것입니다. 성경에서 하나님의 언약이 성취되기 위해서 하나님께서는 누구도 의존하실 필요가 없으십니다. 그래서 "해가 져서 어두울 때에 연기 나는 화로가 보이며 타는 횃불이 쪼갠 고기 사이로 지나더라(창15:17)"라는 표현을 통해 우리가 알 수 있는 사실은 쪼갠 고기 사이로 횃불만 지나갔다는 것입니다. 이 뜻은 하나님만 지나가셨다는 것입니다.

2) 헬라어

히브리어 '브리트'를 헬라어로 번역할 때 유대인들은 신중에 신중을 거듭했습니다.

---

3) R. C. 스프로울 『언약』에서 발췌

▶ 디아데케(διαθήκη)

‘언약’으로 번역된 단어 중에 헬라어 ‘디아데케(διαθήκη)’가 있습니다. 이 단어의 뜻은 ‘계약’, ‘언약’, ‘유언’, ‘협정’, ‘배치’, ‘배열’입니다. 특별히 신약성경에서 ‘유언’으로 번역된 구절이 나옵니다. 이 단어가 ‘디아데케’입니다.

> **히브리서 9:16-17** “유언은 유언한 자가 죽어야 되나니 유언은 그 사람이 죽은 후에야 유효한즉 유언한 자가 살아 있는 동안에는 효력이 없느니라”

‘디아데케(διαθήκη)’는 ‘유언자’, ‘처분하다’, ‘지명하다’, ‘만들다’, ‘정돈하다’, ‘배치하다’, ‘언약을 맺다’, ‘계약하다’라는 의미를 가진 ‘디아티테마이(διατίθεμαι)’에서 유래되었습니다. ‘디아티테마이(διατίθεμαι)’는 ‘맡기다’(눅22:29), ‘세우다’(행 3:25), ‘유언자’(히 9:16, 17)라는 뜻으로 사용합니다. ‘통하여’, ‘때문에’라는 헬라어 전치사 ‘디아(δια)’와 ‘놓다’, ‘만들다’, ‘세우다’, ‘수립하다’라는 뜻의 ‘티데미(τίθημι)’의 합성어에서 파생되었습니다. 이 ‘디아데케’라는 단어는 치명적인 약점 두 가지가 있습니다.

첫째, 신약에서 번역된 ‘유언’이라는 말이 구약의 언약 개념과 많은 차이를 보인다는 것입니다. 헬라 문화권에서는 유언은 유언자가 살아 있는 한 그 사람에 의해 언제든 변경될 수 있었습니다. 유언자가 유언을 한 후에 지정된 상속자가 마음에 들지 않으면 바꿀 수 있었습니다. 그러나 하나님께서는 언약을 파기하는 백성을 징벌하시지만 당신이 맺으신 언약의 약속을 결코 바꾸지 않으십니다.

둘째, ‘디아데케’라는 단어가 굳이 사용된 이유가 무엇인지에 대해서 오늘날 많은 기독교인이 의아해 할 수 있다는 것입니다. 유언은 유언자가 죽기 전까지는 효력이 없습니다. 그러나 언약을 맺은 백성들은 언약의 축복을 상속받기 위해 그분의 죽으심을 기다릴 필요가 없습니다. 그분은 죽으실 수 없기 때문입니다.

▶ 신데케(συνθήκη)

'언약'이라는 뜻을 가진 또 다른 헬라어 단어는 '상호 동등한 관계에서 동등한 권리와 목적과 기원과 의무를 지는 두 사람 간의 계약'을 의미하는 '신데케(συνθήκη)'가 있습니다. '신(συν)'이라는 접두어는 '함께(with)'라는 뜻입니다. 그래서 동등한 파트너들 사이의 협약이라는 개념을 포함하는 것입니다. 이것은 '어느 한쪽의 일방적으로 계약'이라는 의미의 '디아데케(διαθήκη)'와는 많은 차이가 있는 것입니다.

▶ 디아데케를 선택한 이유

그래서 초대교회 성도들은 신약성경을 헬라어로 기록할 때 '신데케'보다는 '디아데케'가 원래의 히브리어 단어 '브리트'와 더 가깝다고 생각했던 것입니다. '디아데케'라는 단어가 선택된 궁극적 이유는 그 단어 속에 '주권적인 성향'이라는 요소가 들어있기 때문입니다. 자신의 재산을 누구에게 줄지 결정하는 주권적인 권한의 의미를 지닌 '디아데케'가 선택된 것입니다. 이스라엘 사람들은 하나님과 백성과의 언약이 절대적으로 동등한 두 당사자 간의 결속이 아니라 우월한 존재와 종속적인 존재 간에 맺어졌다는 것을 분명히 알았기 때문입니다.

창조주 하나님과 피조물인 인간과의 언약은 결코 수평적이거나 동등할 수 없습니다. 하나님은 스스로 온전하시기에 언약하신 것을 온전히 완성하시지만, 유한한 인간은 절대로 지킬 수 없기 때문입니다. 그러므로 성경에 나타난 '언약'은 인간이 쓸 수 있는 단어가 아니라, 하나님만 쓰실 수 있는 단어이며 그분에게만 해당하는 단어입니다. 그러한 이유로 신약성경에서는 '신데케'라는 단어가 나오지 않는 것입니다.

6. 고대 사회에서 언약을 맺는 세 가지 이유

서로 하나로 묶어주는 것이 언약입니다. 내가 가지고 있는 모든 것을 너에게 주고,

너에게 있는 모든 것을 나에게 주는 것입니다. 그래서 언약은 영원한 것입니다. 절대로 파기되는 것이 아닙니다. 언약의 파트너가 되면 나에게 축복이 임했을지라도, 친구를 데려오기 전에는 기쁨을 누리지 않습니다. 아내가 음식을 마련하면 친구를 초청해서 같이 기쁨을 누립니다. 전쟁이 일어나 누군가 당신을 공격한다면, 언약의 파트너에게 달려갑니다. 그러면 같이 싸워줍니다. 이것이 고대 사회의 언약에 대한 이해였습니다. 고대 사회에서 언약을 맺는 이유는 세 가지입니다.

1) 서로 사랑해서

사무엘상 18:3-4 "요나단은 다윗을 자기 생명같이 사랑하여 더불어 언약을 맺었으며 요나단이 자기가 입었던 겉옷을 벗어 다윗에게 주었고 자기의 군복과 칼과 활과 띠도 그리하였더라"

사무엘상 23:18 "두 사람이 여호와 앞에서 언약하고 다윗은 수풀에 머물고 요나단은 자기 집으로 돌아가니라"

언약을 맺는 첫 번째 이유는 서로 사랑해서입니다.

다윗과 요나단은 언약을 이해하고 있었습니다. 다윗과 요나단은 서로를 자신의 생명처럼 사랑했습니다. 이 사랑은 숭고한 것이었습니다. 사랑을 기초로 서로를 향하여 극진한 헌신을 합니다. 함께 전쟁에 동참하고, 죽음을 불사하게 됩니다. 이렇게 사랑으로 하나 된 관계는 서로 함께 묶이게 되고, 그 결속에 따라 여덟 세대 혹은 영원히 이어지게 됩니다.

2) 서로 간에 해치지 않겠다는 약속

창세기 26:23-31 "이삭이 거기서부터 브엘세바로 올라갔더니 그 밤에 여호와께서 그에게 나타나 이르시되 나는 네 아버지 아브라함의 하나님이니 두려워하지 말라 내 종 아브라함을 위하여 내가 너와 함께 있어 네게 복을 주어 네 자손이 번성하게 하리라 하신지라 이삭이 그 곳에 제단을 쌓고, 여호와의 이름을 부르며 거기 장막을 쳤더니 이삭의 종들이 거기서도 우물을 팠더라 아비멜렉이 그 친구 아훗삿과 군대 장관 비골과 더불어 그랄에서부터 이삭에게로 온지라 이삭이 그들에게 이르되 너희가 나를 미워하여 나에게 너희를 떠나게 하였거늘 어찌하여 내게 왔느냐 그들이 이르되 여호와께서 너와 함께 계심을 우리가 분명히 보았으므로 우리의 사이 곧 우리와 너 사이에 맹세하여 너와 계약을 맺으리라 말하였노라 너는 우리를 해하지 말라 이는 우리가 너를 범하지 아니하고 선한 일만 네게 행하여 네가 평안히 가게 하였음이니라 이제 너는 여호와께 복을 받은 자니라 이삭이 그들을 위하여 잔치를 베풀매 그들이 먹고 마시고 아침에 일찍이 일어나 서로 맹세한 후에 이삭이 그들을 보내매 그들이 평안히 갔더라"

 "라반이 야곱에게 대답하여 이르되 딸들은 내 딸이요 자식들은 내 자식이요 양 떼는 내 양 떼요 네가 보는 것은 다 내 것이라 내가 오늘 내 딸들과 그들이 낳은 자식들에게 무엇을 하겠느냐 이제 오라 나와 네가 언약을 맺고 그것으로 너와 나 사이에 증거를 삼을 것이니라 이에 야곱이 돌을 가져다가 기둥으로 세우고 또 그 형제들에게 돌을 모으라 하니 그들이 돌을 가져다가 무더기를 이루매 무리가 거기 무더기 곁에서 먹고 라반은 그것을 여갈사하두다라 불렀고 야곱은 그것을 갈르엣이라 불렀으니 라반의 말에 오늘 이 무더기가 너와 나 사이에 증거가 된다 하였으므로 그 이름을 갈르엣이라 불렀으며 또 미스바라 하였으니 이는 그의 말에 우리가 서로 떠나 있을 때에 여호와께서 나와 너 사이를 살피시옵소서 함이라 만일 네가 내 딸을 박대하거나 내 딸들 외에 다른 아내들을 맞이하면 우리와 함께 할 사람은 없어도 보라 하나님이 나와 너 사이에 증인이 되시느니라 함이었더라 라반이 또 야곱에게 이르되 내가 나와 너 사이에 둔 이 무더기를 보라 또 이 기둥을 보라 이 무더기가 증거가 되고 이 기둥이 증거가 되나니 내가 이 무

더기를 넘어 네게로 가서 해하지 않을 것이요 네가 이 무더기, 이 기둥을 넘어 내
게로 와서 해하지 아니할 것이라 아브라함의 하나님, 나홀의 하나님, 그들의 조상
의 하나님은 우리 사이에 판단하옵소서 하매 야곱이 그의 아버지 이삭이 경외하
는 이를 가리켜 맹세하고 야곱이 또 산에서 제사를 드리고 형제들을 불러 떡을 먹
이니 그들이 떡을 먹고 산에서 밤을 지내고 라반이 아침에 일찍이 일어나 손자들
과 딸들에게 입 맞추며 그들에게 축복하고 떠나 고향으로 돌아갔더라"

언약을 맺는 두 번째 이유는 서로 해치지 않기 위해서입니다.

아비멜렉은 이삭이 머물고 있던 브엘세바까지 찾아와서 언약 맺기를 청합니다. 이
삭을 매몰차게 떠나게 했던 아비멜렉은 하나님께서 이삭과 함께 하신다는 것을 깊
이 깨닫고 화친을 요구합니다. 더 이상 해(害)를 가하지 않겠다고 맹세합니다. 마찬가
지로 라반은 야곱을 해하려고 작정을 했었습니다. 그러나 꿈에 하나님께서 라반에게
나타나신 후에 라반은 조카 야곱을 찾아와서 서로 간에 적대적인 일이 없을 것을 언
약 맺습니다. 그래서 언약을 맺는 두 번째 이유는 서로 간에 해치지 않겠다는 약속이
었습니다.

3) 세력이 강한 쪽에서 약한 쪽을 보호하는 관계를 맺기 위해서

여호수아 9:3-15 "기브온 주민들이 여호수아가 여리고와 아이에 행한 일을 듣고 꾀
를 내어 사신의 모양을 꾸미되 해어진 전대와 해어지고 찢어져서 기운 가죽 포도
주 부대를 나귀에 싣고 그 발에는 낡아서 기운 신을 신고 낡은 옷을 입고 다 마르
고 곰팡이가 난 떡을 준비하고 그들이 길갈 진영으로 가서 여호수아에게 이르러
그와 이스라엘 사람들에게 이르되 우리는 먼 나라에서 왔나이다 이제 우리와 조
약을 맺읍시다 하니 이스라엘 사람들이 히위 사람에게 이르되 너희가 우리 가운
데에 거주하는 듯하니 우리가 어떻게 너희와 조약을 맺을 수 있으랴 하나 그들이
여호수아에게 이르되 우리는 당신의 종들이니이다 하매 여호수아가 그들에게 묻

되 너희는 누구며 어디서 왔느냐 하니 그들이 여호수아에게 대답하되 종들은 당신의 하나님 여호와의 이름으로 말미암아 심히 먼 나라에서 왔사오니 이는 우리가 그의 소문과 그가 애굽에서 행하신 모든 일을 들으며 또 그가 요단 동쪽에 있는 아모리 사람의 두 왕들 곧 헤스본 왕 시혼과 아스다롯에 있는 바산 왕 옥에게 행하신 모든 일을 들었음이니이다 그러므로 우리 장로들과 우리 나라의 모든 주민이 우리에게 말하여 이르되 너희는 여행할 양식을 손에 가지고 가서 그들을 만나서 그들에게 이르기를 우리는 당신들의 종들이니 이제 우리와 조약을 맺읍시다 하라 하였나이다 우리의 이 떡은 우리가 당신들에게로 오려고 떠나던 날에 우리들의 집에서 아직도 뜨거운 것을 양식으로 가지고 왔으나 보소서 이제 말랐고 곰팡이가 났으며 또 우리가 포도주를 담은 이 가죽 부대도 새 것이었으나 찢어지게 되었으며 우리의 이 옷과 신도 여행이 매우 길었으므로 낡아졌나이다 한지라 무리가 그들의 양식을 취하고는 어떻게 할지를 여호와께 묻지 아니하고 여호수아가 곧 그들과 화친하여 그들을 살리리라는 조약(언약)을 맺고 회중 족장(지도자)들이 그들에게 맹세하였더라"

여호수아 10:5-7 "아모리 족속의 다섯 왕들 곧 예루살렘 왕과 헤브론 왕과 야르뭇 왕과 라기스 왕과 에글론 왕이 함께 모여 자기들의 모든 군대를 거느리고 올라와 기브온에 대진하고 싸우니라 기브온 사람들이 길갈 진영에 사람을 보내어 여호수아에게 전하되 당신의 종들 돕기를 더디게 하지 마시고 속히 우리에게 올라와 우리를 구하소서 산지에 거주하는 아모리 사람의 왕들이 다 모여 우리를 치나이다 하매 여호수아가 모든 군사와 용사와 더불어 길갈에서 올라가니라"

언약을 맺는 세 번째 이유는 약한 자가 강한 자의 보호를 받도록 하기 위해서입니다. 이스라엘은 강력한 군사적 능력이 있었습니다. 기브온 거민(居民)은 힘이 없었습니다. 힘이 강한 자와 약한 자가 언약을 맺을 때 약한 자가 강한 자의 보호를 받게 됩니다. 힘이 강한 사람이 약한 사람과 언약을 맺는 것은 너무나 놀라운 것입니다. 기브온 거민과 언약을 맺은 이스라엘은 여호수아 10장에서 아모리 다섯 족속이 기브온 백성을 치러 올 때 군사를 파병합니다. 성경에는 이런 경우가 상당히 많이 있습니다. (아합과 벤하닷의 언약[4] / 여호사밧과 여호람의 언약[5])

7. 언약의 가치와 특성

언약의 가치와 그 중요성을 아무리 강조해도 지나치지 않습니다. 왜냐하면 하나님은 언약에 신실하시고, 맺은 언약은 반드시 지키시기 때문입니다. 그래서 언약의 가치와 중요성이 더 커지는 것입니다.

연습 (Exercise)

다음 글을 읽으십시오.

많은 기독교인이 하나님을 이런 식으로 생각합니다.

'하나님께서는 날 받아주셨어… 하지만 좋아하시지는 않지… 조심해야 해!
하늘에는 분노하시는 하나님, 날 짓밟을 준비를 다 마치신 하나님이 계시니 말이야!'

다른 기독교인들은 자신들이 어떻게 행동하느냐에 따라 자기들을 향한 하나님의 헌신이 날마다 바뀐다고 생각합니다. 그들의 하나님과의 동행은 마치 어린아이가 아카시아 꽃잎을 하나씩 따면서 읊조리는 말을 연상시킵니다.

---

4)   열왕기상 20:34
5)   열왕기하 3:7

'하나님이 나를 사랑해… 하나님이 나를 사랑하지 않아…

 하나님이 나를 사랑해…

 하나님이 나를 사랑하지 않아'

이것은 하나님과 동행하는 것이 아닙니다. 하나님께서 얼마나 여러분을 위해 헌신하고 계신지 알기 전까지는 결코 믿음의 길을 갈 수 없습니다.

여러분 예수 그리스도께서 "생명"을 주신 것을 믿으십니까? 생명은 전부입니다. 생명을 잃어버린다는 의미는 전부를 잃어버린다는 의미입니다. 예수님께서 자신의 전부를 주셨습니다. 자신의 생명보다 교회를 더 사랑하셨습니다. 얼마나 충성스럽게 헌신하셨는지 깨닫기를 소망합니다.

고대 사회에서 언약이 중요했던 이유는 당시의 상황이 위험했기 때문입니다. 끊임없는 전쟁과 약탈이 있었습니다. 적들을 막기 위해 도성들을 쌓았습니다. 어려운 상황에서 자기편이 되어줄 누군가 있다는 것은 너무나 큰 도움이며, 위로였습니다. 이러한 무법천지에 안전을 제공해 주는 열쇠가 바로 언약이었습니다.

사람들은 상황이 힘들어질 때 의지할 수 있는 사람들과 관계를 맺기 원했습니다. 언약을 맺는다고 되어 있지만 유대인들은 언제나 '언약을 쪼갠다'로 표현합니다. 그래서 하나님께서 아브라함과 언약을 맺을 때 짐승을 취해서 죽이고 말 그대로 반으로 갈랐습니다. 그런 다음 언약을 맺은 당사자가 두 토막 난 짐승의 가운데로 지나갔습니다. 그 의미는 이러했습니다.

'나는 이렇게 내 약속을 진지하게 생각한다네.

 만약 내가 자네와 한 약속을 지키지 않는다면,

 주님께서 너가 이 짐승에게 한 일을 그대로 내게 행하시기를'

「메시아닉 교회」 로버트 하이들러

고대 사회에서 언약이 중요했던 이유는 무엇입니까?

____

____

____

하나님께서 아브라함과 언약을 맺습니다. 아브라함을 축복하는 자에게는 하나님께서 복을 내리고 아브라함을 저주하는 자에게는 하나님께서 저주하시겠다고 약속하셨습니다. 그래서 우리는 역사를 통해서 열방이 유대인들을 어떻게 대했느냐에 따라 여러 나라들의 흥망이 어떻게 갈렸는지 추적해 볼 수 있습니다. 하나님께서는 이스라엘을 축복하는 자들을 축복하시고, 저주하는 자들을 저주하십니다. 인류 역사상 유대인들만큼 핍박당하고 억압받은 족속은 없습니다. 수메르 문명, 이집트 제국, 바벨론 제국, 페르시아 제국, 헬라 제국, 로마 제국과 같은 당대 최고의 문명국들이 이스라엘을 멸절시키려고 했지만, 유대인들은 살아남았습니다. 도리어 강성했던 제국들은 역사의 뒤안길로 사라졌습니다.

심지어 히틀러가 유대인의 씨를 말리려고 600만 명을 학살했지만, 하나님은 신실하게 언약을 지키셨습니다. 유대인들은 살아남았습니다. 아니 하나님께서 언약을 지키셨고 살리신 것입니다. 하나님은 언약에 철저하게 신실하신 분이십니다.

창세기 12:1-3 "여호와께서 아브람에게 이르시되 너는 너의 고향과 친척과 아버지의 집을 떠나 내가 네게 보여줄 땅으로 가라 내가 너로 큰 민족을 이루고 네게 복을 주어 네 이름을 창대하게 하리니 너는 복이 될지라 너를 축복하는 자에게는 내가 복을 내리고 너를 저주하는 자에게는 내가 저주하리니 땅의 모든 족속이 너로 말미암아 복을 얻을 것이라 하신지라"

 "여호와의 분깃은 자기 백성이라 야곱은 그가 택하신 기업이로다 여호와께서 그를 황무지에서, 짐승이 부르짖는 광야에서 만나시고 호위하시며 보호하시며 자기의 눈동자같이 지키셨도다"

하나님께서는 지금도 이스라엘을 지켜주고 계십니다. 이스라엘은 1948년 5월 14일 UN의 투표를 거쳐 한 나라로 다시 세워졌습니다. 하나님께서는 이스라엘을 당신의 눈동자처럼 지켜주시고 보호해 주십니다. 하나님은 언약을 지키는 분이시기 때문입니다.

전도서 4:9-12 "두 사람이 한 사람보다 나음은 그들이 수고함으로 좋은 상을 얻을 것임이라 혹시 그들이 넘어지면 하나가 그 동무를 붙들어 일으키려니와 홀로 있어 넘어지고 붙들어 일으킬 자가 없는 자에게는 화가 있으리라 또 두 사람이 함께 누우면 따뜻하거니와 한 사람이면 어찌 따뜻하랴 한 사람이면 패하겠거니와 두 사람이면 맞설 수 있나니 세 겹 줄은 쉽게 끊어지지 아니하느니라"

언약의 가치와 중요성을 나열하면 다음과 같습니다.

- 첫째, 언약은 두 명, 혹은 더 많은 수의 당사자 사이의 엄숙하고 구속력 있는 약속이다.
- 둘째, 언약은 전적으로 충성의 서약이며 언약 안에서 우리는 영원히 자신을 다른 사람과 동일시하게 된다.
- 셋째, 언약은 다른 어떤 약속보다도 더 깊은 차원의 약속이다. 생명 그 자체보다도 신성한 것이다. 언약을 맺을 때, 우리는 말 그대로 자신의 생명을 언약의 파트너에게 주면서 우리 자신의 필요보다 그들의 필요를 우선으로 하겠다는 맹세를 하는 것이다.
- 넷째, 언약은 영원한 동반자 관계이며 죽음 앞에서도 깨질 수 없는 것이다.

우리의 하나님은 언약의 하나님이십니다. 그래서 모든 기독교인은 반드시 언약에 대해서 분명하게 이해하고 있어야 합니다. 하나님께서 하시는 모든 일은 언약에 근거합니다. 구약과 신약은 하나님께서 여러 가지 언약을 통해서 일하신 연대기입니다. 하나님은 우리와 언약을 세우셨습니다.

8. 언약의 파트너(Partnership of Covenant)⁶⁾

우리는 언약을 설명할 때 히브리어 '헤세드(חסד)'라는 단어를 통해 접근이 가능합니다. 헤세드라는 단어가 시편에 가장 많이 언급되고 있습니다. 성경을 살펴보면 '은혜', '긍휼', '인애', '은총', '선대', '후대', '자비', '인자', '우의'와 같은 여러 가지 뜻으로 번역이 되어 있습니다. 그런데 헤세드가 쓰인 본문을 자세히 살펴보면 '하나님과 인간', '인간과 인간' 사이의 관계에서 사용되었다는 것을 알게 됩니다. 그래서 헤세드라는 단어는 언약에 사용되는 용어입니다. 이 단어는 언약에 성실하고, 언약을 이행한다는 내용을 포함하고 있습니다.

헤세드의 의미를 좀 더 알아보기 위해 헤세드가 사용된 본문을 관찰해 보면 헤세드의 행위를 받은 사람은 받은 헤세드에 상응하는 헤세드로 반응을 하게 됩니다. 마치 다윗이 요나단에게 요청했던 헤세드의 행위와 같이 요나단도 다윗에게 다윗의 헤세드를 요구합니다(삼상 20:8, 14-15). 다윗과 요나단은 우정으로 결속한 관계였습니다.

다윗과 요나단은 신성한 언약을 하나님의 이름으로 맺은 사이였습니다(삼상 18:3, 삼하 21:7). 이 언약 때문에 그들의 우정은 형제애로 변화되었습니다. 다윗과 요나단 사이에 있는 헤세드와 언약은 상대방을 위해 책임을 져야 하는 행위의 형태였으며, 친구의 복리와 안전을 돌봐 주는 책임하에 있는 것이었습니다.

이러한 언약으로 다윗은 요나단에게 헤세드를 요청하였습니다(삼상 20:8). 요나단은

---

6) 『호주성산 구약신학』 연구에서 본문을 발췌함

다윗에게 자기의 생애 중에 "하나님의 헤세드"를 베풀 것과 자기 가정에 영원히 헤세드를 베풀 것을 요청하였습니다. 요나단이 요청한 헤세드는 하나님의 이름으로 맹세한 헤세드였습니다(삼상 20:14-15).

다윗은 왕이 된 후 요나단의 가정에 헤세드를 베풀었습니다. 다윗과 요나단이 맹세한 헤세드는 은혜(grace)도 자비(mercy)도 아니고 언약적 충성에 의해 요청된 형제애였으며 헤세드는 동맹자 간의 공동 관계에서 요구되는 행위였습니다. 언약에 의하여 청구되는 책임과 권리는 헤세드에 의한 일치된 행동으로 해석될 수 있습니다. 이런 의미에서 헤세드와 언약의 관계에 있어서 헤세드는 언약의 참 본질입니다.

하나님의 헤세드와 인간의 헤세드는 서로에게 헤세드를 받은 것에 상응하는 헤세드를 베풂으로서 서로에게 책임을 지는 것임을 볼 수 있습니다. 그러면 이 인간을 만드신 하나님의 헤세드는 어떤 것입니까? 그 해답을 찾기 위해서는 하나님의 헤세드를 살펴보아야 합니다. 하나님의 헤세드는 피조물의 필요에 따라 은혜를 베푸시는 사랑, 친절, 하나님의 자비하심입니다(loving kindness).

하나님의 사랑, 자비(헤세드)를 구체적으로 살펴보면 이렇습니다.

- 첫째, 하나님의 사랑과 자비는 적과 어려움에서의 구출, 구원이다.

  그러므로 사람들은 헤세드 안에서 믿어야 한다(시 13:6).

  하나님의 사랑과 자비 안에서 즐거워해야 한다. 그 안에서 소망을 가져야 한다.

- 둘째, 하나님의 사랑과 자비는 죽음으로부터 생명을 보존해 주시는 것이다.

- 셋째, 하나님의 사랑과 자비는 영적 생활에 생명을 주는 것이다.

- 넷째, 하나님의 사랑과 자비는 죄에서 구원해 주시는 것이다(시 25:7, 51:3).

- 다섯째. 하나님의 사랑과 자비는 언약을 지킴에서 나타난다.

  하나님은 아브라함(미 7:20)과 모세와 이스라엘과 함께,

  당신의 언약과 하나님의 사랑을 지키신다.

  다윗과 그의 왕국, 시온과 함께(사 54:10) 언약, 즉 '헤세드'를 지키신다.

또한, 헤세드는 하나님의 다른 속성들과 함께 분류됩니다. 헤세드는 하나님의 속성 중의 하나이며, 하나님의 속성으로는 '자비'와 '충성', '진리(삼하 2:6, 15:20)', '진실', '긍휼' 등이 있습니다. 또한 하나님은 '공의(렘 9:24)'의 하나님이십니다.

헤세드는 아브라함의 언약 이후에 나타난 것으로 하나님께서 언약에 충실하심(창 32:9-10, 39:21)을 나타냅니다. 모세 시대에 이르러서 헤세드는 더욱 여호와의 선택과 밀접하게 관계됨이 드러납니다.

여호와는 그 본성이 헤세드이십니다. 아브라함과 언약 이전에 이미 여호와께서 아브라함을 택하셨고 또 아브라함과 언약하신 대로 택한 백성 이스라엘을 애굽에서 이끌어 내셨습니다. 이것은 하나님의 헤세드였습니다. 하나님께서는 다윗과 다윗 자손에게 헤세드를 베푸실 것을 약속하셨습니다(삼하 7:14-16).

하나님의 헤세드는 인간을 향하신 무한하신 사랑과 은혜로서 특히 이스라엘 백성과 영원한 관계로 그의 헤세드를 보여주십니다. 이스라엘은 하나의 공동체로 발전되면서 하나 된 사람들─친척, 친구, 주인과 종─사이에 상호 책임이라는 관계성 속에 인간관계를 맺게 되었고 이러한 관계성 속에서 헤세드는 성실성과 신실함으로 나타났습니다(출 34:6).

여호사밧 왕이 이스라엘 백성에게 하나님이 누구신지 선포한 후에 노래하는 자들을 택했습니다. 이 군대가 앞에서 행진하며 부른 찬송의 내용은 다음과 같았습니다.

역대하 20:20-21 "이에 백성들이 아침에 일찍이 일어나서 드고아 들로 나가니라 나갈 때에 여호사밧이 서서 이르되 유다와 예루살렘 주민들아 내 말을 들을지어다 너희는 너희 하나님 여호와를 신뢰하라 그리하면 견고히 서리라 그의 선지자들을 신뢰하라 그리하면 형통하리라 하고 백성과 더불어 의논하고 노래하는 자들을 택하여 거룩한 예복을 입히고 군대 앞에서 행진하며 여호와를 찬송하여 이르기를 여호와께 감사하세 그의 인자하심이 영원하도다 하게 하였더니"

하나님은 언약을 지키시는 분입니다.

느헤미야 9:32 "우리 하나님이여 광대하시고 능하시고 두려우시며 언약과 인자하심을 지키시는 하나님이여 우리와 우리 왕들과 방백들과 제사장들과 선지자들과 조상들과 주의 모든 백성이 앗수르 왕들의 때로부터 오늘까지 당한 모든 환난을 이제 작게 여기지 마옵소서"

여기에서 사용된 '인자하심'이 바로 '헤세드'를 번역한 말입니다. 역대하 20장에 '하나님의 인자하심이 영원하다'라는 표현은 하나님께서 우리와 언약을 지키시기 위해 전적으로 헌신하고 계신다는 의미이기도 합니다. 그래서 예루살렘이 적군에 포위당했을 때, 여호사밧은 언약의 하나님을 신뢰하자고 백성들을 독려했습니다. '여호와께 감사하라', '그 인자하심이 영원하도다.' 즉 하나님께서 언약을 헌신적으로 지키실 것을 우리가 믿는다는 고백이었던 것입니다. 그들의 믿음에 대한 응답으로, 하나님께서는 초자연적인 승리를 선물로 주셨습니다.

헤세드는 신약의 사랑의 개념에 있어서 근본적인 것입니다. 성경적인 사랑은 감정이 아니라 헌신입니다. 그래서 '사랑'이라는 단어를 '충성'이라는 말로 바꾼다면 신약을 더 잘 이해할 수 있게 됩니다.

요한복음 15:15 "이제부터는 너희를 종이라 하지 아니하리니 종은 주인이 하는 것을 알지 못함이라 너희를 친구라 하였노니 내가 내 아버지께 들은 것을 다 너희에게 알게 하였음이라"

일반적으로 많은 사람이 친구라는 단어를 함께 놀러 다니는 사람이거나, 같이 운동하는 사이 혹은 차를 마시거나 대화를 나누는 가까운 사람들에게 붙여진 단어로 생각합니다. 그러나 성경에서 말하는 친구, 우정은 좀 다릅니다. 성경에서 말하는 친구는 언약의 파트너를 말합니다. 예수님께서 제자들에게 '이제부터는 너희들을 종이라 하지 않고 친구라 하겠다'라는 고백은 이렇게 해석이 될 수 있습니다.

"이제부터는 너희들을 종이라 하지 않고 언약의 파트너로 내 자신을 주노라"

9. 언약의 축복과 저주

1) 언약의 축복

하나님께서는 언약의 말씀에 순종하면 축복을 주십니다.

신명기 28:1-14 "네가 네 하나님 여호와의 말씀을 삼가 듣고 내가 오늘 네게 명령하는 그의 모든 명령을 지켜 행하면 네 하나님 여호와께서 너를 세계 모든 민족 위에 뛰어나게 하실 것이라 네가 네 하나님 여호와의 말씀을 청종하면 이 모든 복이 네게 임하며 네게 이르리니 성읍에서도 복을 받고 들에서도 복을 받을 것이며 네 몸의 자녀와 네 토지의 소산과 네 짐승의 새끼와 소와 양의 새끼가 복을 받을 것이며 네 광주리와 떡 반죽 그릇이 복을 받을 것이며 네가 들어와도 복을 받고 나가도 복을 받을 것이니라 여호와께서 너를 대적하기 위해 일어난 적군들을 네 앞에서 패하게 하시리라 그들이 한 길로 너를 치러 들어왔으나 네 앞에서 일곱 길로 도망하리라 여호와께서 명령하사 네 창고와 네 손으로 하는 모든 일에 복을 내리시고 네 하나님 여호와께서 네게 주시는 땅에서 네게 복을 주실 것이며 여호와께서 네게 맹세하신 대로 너를 세워 자기의 성민이 되게 하시리니 이는 네가 네 하나님 여호와의 명령을 지켜 그 길로 행할 것임이니라 땅의 모든 백성이 여호와의 이름이 너를 위하여 불리는 것을 보고 너를 두려워하리라 여호와께서 네게 주리라고 네 조상들에게 맹세하신 땅에서 네게 복을 주사 네 몸의 소생과 가축의 새끼와 토지의 소산을 많게 하시며 여호와께서 너를 위하여 하늘의 아름다운 보고를 여시사 네 땅에 때를 따라 비를 내리시고 네 손으로 하는 모든 일에 복을 주시리니 네가 많은 민족에게 꾸어줄지라도 너는 꾸지 아니할 것이요 여호와께서 너를 머리가 되고 꼬리가 되지 않게 하시며 위에만 있고 아래에 있지 않게 하시리니 오직 너는 내가 오늘 네게 명령하는 네 하나님 여호와의 명령을 듣고 지켜 행하며 내가 오늘 너희에게 명령하는 그 말씀을 떠나 좌로나 우로나 치우치지 아니하고 다른 신을 따라 섬기지 아니하면 이와 같으리라"

우리가 언약 안에 거할 때 주님이 주시는 축복은 무엇입니까?

____

____

____

2) 언약의 저주

우리가 언약의 말씀을 순종하지 않으면 저주를 받게 됩니다.

신명기 28:15-68 "네가 만일 네 하나님 여호와의 말씀을 순종하지 아니하여 내가 오늘 네게 명령하는 그의 모든 명령과 규례를 지켜 행하지 아니하면 이 모든 저주가 네게 임하며 네게 이를 것이니 네가 성읍에서도 저주를 받으며 들에서도 저주를 받을 것이요 또 네 광주리와 떡 반죽 그릇이 저주를 받을 것이요 네 몸의 소생과 네 토지의 소산과 네 소와 양의 새끼가 저주를 받을 것이며 네가 들어와도 저주를 받고 나가도 저주를 받으리라 네가 악을 행하여 그를 잊으므로 네 손으로 하는 모든 일에 여호와께서 저주와 혼란과 책망을 내리사 망하며 속히 파멸하게 하실 것이며 여호와께서 네 몸에 염병이 들게 하사 네가 들어가 차지할 땅에서 마침내 너를 멸하실 것이며 여호와께서 폐병과 열병과 염증과 학질과 한재와 풍재와 썩는 재앙으로 너를 치시리니 이 재앙들이 너를 따라서 너를 진멸하게 할 것이라 네 머리 위의 하늘은 놋이 되고 네 아래의 땅은 철이 될 것이며 여호와께서 비 대신에 티끌과 모래를 네 땅에 내리시리니 그것들이 하늘에서 네 위에 내려 마침내 너를 멸하리라 여호와께서 네 적군 앞에서 너를 패하게 하시리니 네가 그들을 치러 한 길로 나가서 그들 앞에서 일곱 길로 도망할 것이며 네가 또 땅의 모든 나라 중에 흩어지고 네 시체가 공중의 모든 새와 땅의 짐승들의 밥이 될 것이나 그것들을 쫓아줄 자가 없을 것이며 여호와께서 애굽의 종기와 치질과 괴혈병과 피부병으로 너를 치시리니 네가 치유 받지 못할 것이며 여호와께서 또 너를 미치는 것과 눈 머는 것과 정신병으로 치시리니 맹인이 어두운 데에서 더듬는 것과 같이 네가 백주에도 더듬고 네 길이 형통하지 못하여 항상 압제와 노략을 당할 뿐이리니 너를 구원할 자가 없을 것이며 네가 여자와 약혼하였으나 다른 사람이 그 여자와 같이 동침할 것이요 집을 건축하였으나 거기에 거주하지 못할 것이요 포도원을 심었으나 네가 그 열매를 따지 못할 것이며 네 소를 네 목전에서 잡았으나 네가 먹지 못할 것이며 네 나귀를 네 목전에서 빼앗겨도 도로 찾지 못할 것이며 네 양을 원수에게 빼앗길 것이나 너를 도와 줄 자가 없을 것이며 네 자녀를 다른 민족에게 빼앗기고 종일 생각하고 찾음으로 눈이 피곤하여지나 네 손에 힘이 없을 것이며 네 토지소산과 네 수고로 얻은 것을 네가 알지 못하는 민족이 먹겠고 너는 항상 압제와 학대를 받을 뿐이리니 이러므로 네 눈에 보이는 일로 말미암아 네가 미치리라 여호와께서 네 무릎과 다리를 쳐서 고치지 못할 심한 종기를 생기게 하여 발바닥에서부터 정수리까지 이르게 하시리라 여호와께서 너와 네가 세울 네 임금을 너와 네 조상들이 알지 못하던 나라로 끌어 가시리니 네가 거기서 목석으로 만든 다른 신들을 섬길 것이며 여호와께서 너를 끌어 가시는 모든 민족 중에서 네가 놀람과 속담과 비방거리가 될 것이라 네가 많은 종자를 들에 뿌릴지라도 메뚜기가 먹으므로 거둘 것이 적을 것이며 네가 포도원을 심고 가꿀지라도 벌레가 먹으므로 포도를 따지 못하고 포도주를 마시지 못할 것이며 네 모든 경내에 감람나무가 있을지라도 그 열매가 떨어지므로 그 기름을 네 몸에 바르지 못할 것이며 네가 자녀를 낳을지라도 그들이 포로가 되므로 너와 함께 있지 못할 것이며 네 모든 나무와 토지 소산은 메뚜기가 먹을 것이며 너의 중에 우거하는 이방인은 점점 높아져서 네 위에 뛰어나고 너는 점점 낮아질 것이며 그는 네게 꾸어줄지라도 너는 그에게 꾸어주지 못하리니 그는 머리가 되고 너는 꼬리가 될 것이라 네가 네 하나님 여호와의 말씀을 청종하지 아니하고 네게 명령하신 그의 명령과 규례를 지키지 아니하므로 이 모든 저주가 네게 와서 너를 따르고 네게 이르러 마침내 너를 멸하리니 이 모든 저주가 너와 네 자손에게 영원히 있어서 표징과 훈계가 되리라 네가 모든 것이 풍족하여도 기쁨과 즐거운 마음으로 네 하나님 여호와를 섬기지 아니함으로 말미암아 네가 주리고 목마르고 헐벗고 모든 것이 부족한 중에서 여호와께서 보내사 너를 치게 하실 적군을 섬기게 될 것이니 그가 철 멍에를 네 목에 메워 마침내 너를 멸할 것이라 곧 여호와께서 멀리 땅 끝에서 한 민족을 독수리가 날아오는 것 같이 너를 치러 오게 하시리니 이는 네가 그 언어를 알지 못하는 민족이요 그 용모가 흉악한 민족이라 노인을 보살피지 아니하며 유아를 불쌍히 여기지 아니하며 네 가축의 새끼와 네 토지의 소산을 먹어 마침내 너를 멸망시키며 또 곡식이나 포도주나 기름이나 소의 새끼나 양의 새끼를 너를 위하여 남기지 아니하고 마침내 너를 멸절시키리라 그들이 전국에서 네 모든 성읍을 에워싸고 네가 의뢰하는 높고 견고한 성벽을 다 헐며 네 하나님 여호와께서 네게 주시는 땅의 모든 성읍에서 너를 에워싸리니 네가 적군에게 에워싸이고 맹렬한 공격을 받아 곤란을 당하므로 네 하나님 여호와께서 네게 주신 자녀 곧 네 몸의 소생의 살을 먹을 것이라 너희 중에 온유하고 연약한 남자까지도 그의 형제와 그의 품의 아내와 그의 남은 자녀를 미운 눈으로 바라보며 자기가 먹는 그 자녀의 살을 그 중 누구에게든지 주지 아니하리니 이는 네 적군이 네 모든 성읍을 에워싸고 맹렬히 너를 쳐서 곤란하게 하므로 아무것도 그에게 남음이 없는 까닭일 것이며 또 너희 중에 온유하고 연약한 부녀 곧 온유하고 연약하여 자기 발바닥으로 땅을 밟아 보지도 아니하던 자라도 자기 품의 남편과 자기 자녀를 미운 눈으로 바라보며 자기 다리 사이에서 나온 태와 자기가 낳은 어린 자식을 남몰래 먹으리니 이는 네 적군이 네 생명을 에워싸고 맹렬히 쳐서 곤란하게 하므로 아무것도 얻지 못함이리라 네가 만일 이 책에 기록한 이 율법의 모든 말씀을 지켜 행하지 아니하고 네 하나님 여호와라 하는 영화롭고 두려운 이름을 경외하지 아니하면 여호와께서 네 재앙과 네 자손의 재앙을 극렬하게 하시리니 그 재앙이 크고 오래고 그 질병이 중하고 오랠 것이라 여호와께서 네가 두려워하던 애굽의 모든 질병을 네게로 가져다가 네 몸에 들어붙게 하실 것이며 또 이 율법책에 기록하지 아니한 모든 질병과 모든 재앙을 네가 멸망하기까지 여호와께서 네게 내리실 것이니 너희가 하늘의 별 같이 많을지라도 네 하나님 여호와의 말씀을 청종하지 아니하므로 남는 자가 얼마 되지 못할 것이라 여호와께서 너희에게 선을 행하시고 너희를 번성하게 하시기를 기뻐하시던 것 같이 이제는 여호와께서 너희를 망하게 하시며 멸하시기를 기뻐하시리니 너희가 들어가 차지할 땅에서 뽑힐 것이요 여호와께서 너를 땅 이 끝에서 저 끝까지 만민 중에 흩으시리니 네가 그 곳에서 너와 네 조상들이 알지 못하던 목석 우상을 섬길 것이라 그 여러 민족 중에서 네가 평안함을 얻지 못하며 네 발바닥이 쉴 곳도 얻지 못하고 여호와께서 거기에서 네 마음을 떨게 하고 눈을 쇠하게 하고 정신을 산란하게 하시리니 네 생명이 위험에 처하고 주야로 두려워하며 네 생명을 확신할 수 없을 것이라 네 마음의 두려움과 눈이 보는 것으로 말미암아 아침에는 이르기를 아하 저녁이 되었으면 좋겠다 할 것이요 저녁에는 이르기를 아하 아침이 되었으면 좋겠다 하리라 여호와께서 너를 배에 싣고 전에 네게 말씀하여 이르시기를 네가 다시는 그 길을 보지 아니하리라 하시던 그 길로 너를 애굽으로 끌어가실 것이라 거기서 너희가 너희 몸을 적군에게 남녀 종으로 팔려 하나 너희를 살 자가 없으리라”

우리가 언약에 불순종할 때 내려지는 저주들은 무엇입니까?

____

____

____

많은 기독교인은 하나님의 축복을 원하지만, 극소수의 사람들만이 축복과 저주가 언약과 직접적으로 연결되어 있다는 것을 알고 있습니다. 축복은 우리가 언약 안에 살아갈 때 얻는 이익입니다. 반대로 저주는 우리가 언약을 지키는 데 실패할 때 오는 부정적인 결과입니다. 하나님께서는 우리가 모든 축복을 누리기 원하십니다.

축복이 우리의 삶에 임하여 참된 하나님을 안다는 것이 어떤 것인가에 대해 세상에 알리는 증거가 되기를 하나님께서는 진심으로 원하십니다.

10. 언약에 기초한 성경의 기록 목적

성경은 언약에 기초하여 쓰인 책입니다. 하나님께서 성경을 기록하신 목적을 언약의 관점으로 볼 수 있습니다.

다음 글을 읽으십시오.

- 모세오경의 기록 목적은 언약의 기초라고 볼 수 있습니다. 모세오경(토라)은 기록된 언약(Written Covenant)입니다.

- 선지서의 기록 목적은 선지자들의 입을 통해 이스라엘 백성들이 언약으로 돌아

  갈 것을 선포한 것입니다.

- 시가서의 기록 목적은 하나님과 언약적인 관계 안에서 살아가는 것이 지혜로운

  삶임을 가르치기 위한 것입니다.

- 복음서의 기록 목적은 예수 그리스도를 통해서 이스라엘 백성과의 새 언약(New

  Covenant)을 기록한 것입니다.

- 사도행전의 기록 목적은 온 이방의 나라들이 언약 안으로 들어오게(Nations under

  the Covenant) 하는 것입니다.

- 서신서의 기록 목적은 언약적 삶에 대해서 구체적으로 어떻게 삶에 적용해야

  하는지 가르쳐주는 것입니다.

- 요한계시록의 목적은 언약이 온전히 성취될 것을 기록한 것입니다.

그래서 이방인 기독교인들과 유대인 기독교인들은 예수님 안에서 언약의 백성이

될 것입니다.

「토라의 재발견」 아리엘 버코비치

여러분은 성경 전체가 언약(구약, 신약)의 말씀이라는 사실을 어떻게 생각하십니까?

____

____

____

옛 언약과 새 언약[1]

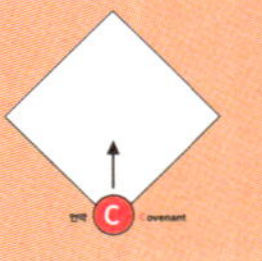

성경의 모든 인물, 도시, 나라들은 하나님과
언약적 관계를 맺음으로 사역을 시작한다.
하나님과 언약을 맺음으로 어떤 상황 속에서도 구원을 받는다.

1. 언약적 관계 구축과 성숙

하나님께서는 당신의 뜻과 목적을 성취하시기 위해 인간을 언약의 파트너로 정하십니다. 그러나 언약의 관계를 맺어 하나님의 일에 인간을 동참시켜도 성숙해지기 위해서는 시간이 필요합니다. 하나님께서는 무작정 일을 시키시는 것이 아니라 언약의 관계가 견고해지기를 기다리십니다. 그래서 우리는 언약적 관계를 구축하고 그 관계를 성숙시키는 것이 얼마나 중요한지 알아야 합니다.

하나님께서 성취하시려고 하는 모든 일은 언약적 관계에서 시작합니다. 성경의 모든 인물을 살펴보면 더욱 분명해집니다. 하나님은 인간과 언약을 맺고 그 언약적 관계가 성숙해지면서 인간이 하나님의 일에 온 마음과 뜻을 다해 동참하게 되고 그 결과 하나님의 뜻과 목적이 세대마다 성취되는 것입니다.

그러나 많은 사람이 언약의 중요성을 이해하지 못합니다. 심지어는 서로가 언약적 관계를 맺었다고 고백하지만, 시간이 지나면 서로 등을 돌리거나 관계를 끊는 것을

---

1) 이 과는 미국에서 플로리다, Focal Point Church에서 사역하고 계시는 마크 다니엘(Martk Daniel) 목사님의 설교를 참고로 구성되었다.

쉽게 반복합니다. 만약 언약을 제대로 이해하고 있다면 지구상에 존재하는 모든 선교단체나 교회, 가정, 도시, 국가가 하나님의 왕국이 임하는 것과 뜻이 하늘에서 이루어진 것처럼 땅에서도 이루어지는 것을 목격하게 될 것입니다.

국가 변혁 사역을 위해 단체들이 모였던 경험이 있었습니다.

그 자리에서 논의된 내용 중 하나는 절대로 이 사역에

동참시켜서는 안 되는 단체에 대한 강력한 제재(制裁)였습니다.

이전에 많은 사역을 같이 진행하면서 서로의 관계가 불편해진 것이 분명했습니다.

그래서 같이 할 수 없다고 거센 요구를 했던 것입니다.

그 단체와 잘 지내고 있던 우리 단체로서는 제안을 받아들이기 좀처럼 어려웠습니다.

결국은 가장 중요한 국가 변혁 사역 위원회에는 동참시키지 않는다는 조항이 붙었습니다.

관계가 불편한 것을 충분히 이해할 수 있는 상황이었습니다.

몇 달의 시간이 지나고 우리가 모르는 사이에 불편한 이유를 들어

함께 사역할 수 없다고 강력하게 요구했던 단체와 제재를 받아야 했던 단체가

앞으로 정렬되어 일을 하고 있다는 소식을 들었습니다.

물론 서로 화해를 하고 다시 연합하겠다는 결단을 통해 같이 일을 하는 것은 좋은 일입니다.

그러나 몇 년의 시간이 지나고 두 단체는 심각한 갈등을 겪고

또다시 결별을 경험한 것으로 소식이 전해졌습니다.

대한민국의 교회의 과제는 언약을 깊이 이해하는 것입니다. 하나님께서는 하나님 마음의 소원을 성취하기 원하십니다. 언약적 관계를 통해 그 사역을 성취하기 원하십니다. 그러므로 관계와 사역은 동전의 양면과 같습니다. 대한민국의 수많은 단체가 사역을 감당하고 있습니다. 시간이 지나도 한결같은 마음과 같은 뜻으로(고전1:10) 함께 귀한 사역을 감당하는 귀한 단체들이 있습니다. 그러나 사역을 위해 함께 달려

가다 관계가 어려워지는 경우도 부지기수(不知其數)입니다.

만약 대한민국 교회에 언약의 진정한 의미가 풀어진다면 어떤 일이 일어날지 예측할 수 있습니다. 언약은 하나님께서 당신의 뜻과 목적을 성취하실 때 가장 먼저 구축하시는 견고한 산성과 같은 것입니다. 이 관계 안에서 모든 성경의 인물들이 고난과 위험, 풍파, 죽음의 공포, 어려움을 이겨나갈 수 있었습니다.

하나님이 누구신지를 아는 자들만이 하나님의 뜻을 성취할 수 있습니다. 하나님은 언약을 지키시는 분이십니다. 하나님은 어떤 경우에도 약속을 지키십니다. 우리가 그 하나님을 더 깊이 알게 될 때 우리는 앞으로 나아갈 힘을 얻게 되는 것입니다. 그래서 하나님께서는 당신이 누구신지 아는 백성을 지금도 세우시며 일으키시고 있습니다. 하나님을 아는 백성을 통해 놀라운 일을 감당하도록 날마다 새롭게 은혜를 공급해 주실 것입니다.

다니엘 11:32b "오직 자기의 하나님을 아는 백성은 강하여 용맹을 떨치리라"

2. 구약성경의 언약 단계 (Stages of Covenant in Old Testament)

예수님의 몸 안에서 우리는 예수님을 믿는 모든 다른 사람들과 언약의 파트너입니다. 언약의 모든 축복과 책임과 의무가 언약의 파트너들에게 적용됩니다. 예수님의 몸은 언약에 의해 하나로 결속된 것입니다. 그래서 우리가 언약 안에 거할 때, 예수님의 몸은 이 땅 위에 예수님의 일을 이루는 데 힘을 북돋아 줍니다. 하나님께서는 하나님과의 언약 안에 그리고 서로 간의 언약 안에 거하도록 우리를 부르셨습니다. 하나님께서는 우리를 언약의 백성들로 회복시키기를 원하십니다. 우리가 언약을 이해하고, 언약 안에 거하고, 언약의 모든 축복을 체험하는 백성으로 회복되기를 진심으로 원하고 계십니다.

다음 글을 읽으십시오.

많은 경우 두 가정이 언약으로 맺어지기 원한다면 보통 3년 걸리고, 더 진지한 언약일수록 더 많은 시간이 걸립니다. 서로 간에 언약을 맺을 때 언어조차도 아주 구체적으로 맺습니다. 서로 묶는 것입니다. 다음 세대까지 묶는 것입니다. 그래서 마음으로 견고히 묶는 것입니다. 모든 권세의 축복을 교환하는 것입니다. 아주 세부적인 것에도 서로 간에 결속이 일어납니다. 자녀 세대, 손주 세대, 증손의 세대 더 멀리 계속됩니다.

그래서 언약을 맺은 사람들은 그들이 소유하고 있는 것은 무엇이든지 상대방에게 주어야 했습니다. 빚을 지거나 위기를 맞이하면 그 빚이 나의 빚이 되고, 그 위험이 나의 위험이 됩니다. 서로 언약 가운데 견고히 묶이게 됩니다. 상대방 가족이 곤궁에 처해있거나, 빚이 있으면 돌볼 의무가 있는 것입니다. 전투를 치르면 자신의 집으로 들어가 숨지 않고, 달려 나가는 것입니다.

'저는 당신의 유익을 위해 제 자신을 내려놓습니다.

그리고 제가 가진 모든 것을 당신께 드립니다.

마찬가지로, 당신은 저의 유익을 위해 당신 자신을 내려놓으십시오.

그리고 제가 그랬듯이 당신이 소유한 모든 것을 저에게 주시기 바랍니다.'

협상이 마무리되면 모일 시간과 날짜를 정합니다. 의식은 매우 엄숙하게 진행이 됩니다. 언약의 동물(황소, 숫양, 염소, 새들)을 가져옵니다. 동물을 반으로 갈라 몸 안에 있는 모든 피를 땅에 쏟는 의식입니다. 갈라진 동물 사이에 섭니다. 피 위에 섭니다. 그리고 약속합니다. 우리가 피 앞에서 맹세합니다. 심지어 피를 흘린다 할지라도 결코 언약을 끝내지 않겠다고 맹세하는 것입니다.

'제가 가진 모든 것이 당신의 것입니다.

당신이 전투에 참여하면 저도 그 전쟁터로 달려가서 당신 곁에 서겠습니다.

이것은 맹세입니다. 당신의 적들이 나의 적이 될 것이고,

당신의 채무는 저의 채무입니다. 또한 당신의 가족이 저의 가족입니다.

여러분은 이 글을 읽고 무엇을 느끼셨습니까?

____

____

____

이스라엘을 포함한 고대 중동에서는 언약을 맺을 때 여러 과정이 있었습니다. 그 과정 중에 중요한 다섯 단계를 살펴보겠습니다.

1) 언약 커팅(Cutting the Covenant)

언약을 맺을 때 희생 제물을 쪼갭니다.

창세기 15:1-18 "이후에 여호와의 말씀이 환상 중에 아브람에게 임하여 이르시되 아브람아 두려워하지 말라 나는 네 방패요 너의 지극히 큰 상급이니라 아브람이 이르되 주 여호와여 무엇을 내게 주시려 하나이까 나는 자식이 없사오니 나의 상속자는 이 다메섹 사람 엘리에셀이니이다 아브람이 또 이르되 주께서 내게 씨를 주지 아니하셨으니 내 집에서 길린 자가 내 상속자가 될 것이니이다 여호와의 말씀이 그에게 임하여 이르시되 그 사람이 네 상속자가 아니라 네 몸에서 날 자가 네 상속자가 되리라 하시고 그를 이끌고 밖으로 나가 이르시되 하늘을 우러러 뭇

별을 셀 수 있나 보라 또 그에게 이르시되 네 자손이 이와 같으리라 아브람이 여
호와를 믿으니 여호와께서 이를 그의 의로 여기시고 또 그에게 이르시되 나는 이
땅을 네게 주어 소유를 삼게 하려고 너를 갈대아인의 우르에서 이끌어 낸 여호와
니라 그가 이르되 주 여호와여 내가 이 땅을 소유로 받을 것을 무엇으로 알리이까
여호와께서 그에게 이르시되 나를 위하여 삼 년 된 암소와 삼 년 된 암염소와 삼
년 된 숫양과 산비둘기와 집비둘기 새끼를 가져올지니라 아브람이 그 모든 것을
가져다가 그 중간을 쪼개고 그 쪼갠 것을 마주 대하여 놓고 그 새는 쪼개지 아니
하였으며 솔개가 그 사체 위에 내릴 때에는 아브람이 쫓았더라 해 질 때에 아브람
에게 깊은 잠이 임하고 큰 흑암과 두려움이 그에게 임하였더니 여호와께서 아브
람에게 이르시되 너는 반드시 알라 네 자손이 이방에서 객이 되어 그들을 섬기겠
고 그들은 사백 년 동안 네 자손을 괴롭히리니 그들이 섬기는 나라를 내가 징벌할
지며 그 후에 네 자손이 큰 재물을 이끌고 나오리라 너는 장수하다가 평안히 조상
에게로 돌아가 장사될 것이요 네 자손은 사대 만에 이 땅으로 돌아오리니 이는 아
모리 족속의 죄악이 아직 가득 차지 아니함이니라 하시더니 해가 져서 어두울 때
에 연기 나는 화로가 보이며 타는 횃불이 쪼갠 고기 사이로 지나더라 그 날에 여
호와께서 아브람과 더불어 언약을 세워 이르시되 내가 이 땅을 애굽 강에서부터
그 큰 강 유브라데까지 네 자손에게 주노니"

아브라함이 하나님께 나아갑니다. 하나님은 약속하십니다. 언약을 맺으면 절대 깰
수 없는 사회에서 아브라함이 살았습니다. 만약 언약을 깨면 저 사람은 믿을 수 없는
사람으로 생각합니다.

'하나님이 나와 언약을 맺는다고, 당신이 가진 것을 다 나한테 준다고!
나와 관계 맺기 위해서, 결코 깨뜨리지 않을 언약을 맺기 위해서,
하늘에서 내려오신다고!'

아브라함은 생각했습니다. 아브라함은 정말로 놀랐을 것입니다. 세상의 높은 사람이 나와 언약을 맺겠다고 해도 엄청난 일인데 하나님이 하시겠다고 하십니다. 이것은 소망, 보증을 넘어서는 것입니다. 정말로 깜짝 놀랄 일입니다. 하나님께서 약속하신 것을 반드시 지키신다는 것을 우리가 어떻게 알 수 있겠습니까?

'아브람아, 네가 어떻게 해서 안전한 가운데 거할 수 있는지 아느냐?

내가 지금 너에게 말하려는 것들이 진실이라는 것을 어떻게 믿을 수 있느냐?

이제 내가 너와 언약을 맺을 것이다. 그것은 매우 신성하고 진지한 결속이다.

가서 내가 지시한 동물들을 가지고 오너라. 이제 나는 너와 언약 관계에 들어갈 것이다.'

아브라함은 이것이 무엇을 의미하는지 정확히 알았습니다. 언약에 기초한 사회에 살았기 때문입니다. 언약은 완전한 상호 교류이며 서로가 서로에게 결속되는 것입니다. 그래서 희생제물이 쪼개진 것입니다. 쪼개진 고기 사이로 횃불이 지나갔습니다. 하나님과 아브라함은 언약을 맺었습니다.

또한 하나님께서는 이 언약을 통해 400년간 있을 계획을 아브라함에게 알려주셨습니다. 언약을 맺으면 하나님의 계획이 보입니다. 하나님과 맺은 언약처럼 강력한 것은 없습니다.

2) 겉옷 교환(Exchange of Mantles)

언약을 맺을 때 겉옷을 교환합니다.

열왕기하 2:7-15 "선지자의 제자 오십 명이 가서 멀리 서서 바라보매 그 두 사람이 요단 가에 서 있더니 엘리야가 겉옷을 가지고 말아 물을 치매 물이 이리 저리 갈라지고 두 사람이 마른 땅 위로 건너더라 건너매 엘리야가 엘리사에게 이르되 나를 네게서 데려감을 당하기 전에 내가 네게 어떻게 할지를 구하라 엘리사가 이르되 당신의 성령이 하시는 역사가 갑절이나 내게 있게 하소서 하는지라 이르되 네가 어려운 일을 구하는도다 그러나 나를 네게서 데려가시는 것을 네가 보면 그 일이 네게 이루어지려니와 그렇지 아니하면 이루어지지 아니하리라 하고 두 사람이 길을 가며 말하더니 불수레와 불말들이 두 사람을 갈라놓고 엘리야가 회오리 바람으로 하늘로 올라가더라 엘리사가 보고 소리 지르되 내 아버지여 내 아버지여 이스라엘의 병거와 그 마병이여 하더니 다시 보이지 아니하는지라 이에 엘리사가 자기의 옷을 잡아 둘로 찢고 엘리야의 몸에서 떨어진 겉옷을 주워 가지고 돌아와 요단 언덕에 서서 엘리야의 몸에서 떨어진 그의 겉옷을 가지고 물을 치며 이르되 엘리야의 하나님 여호와는 어디 계시니이까 하고 그도 물을 치매 물이 이리 저리 갈라지고 엘리사가 건너니라 맞은편 여리고에 있는 선지자의 제자들이 그를 보며 말하기를 엘리야의 성령이 하시는 역사가 엘리사 위에 머물렀다 하고 가서 그에게로 나아가 땅에 엎드려 그에게 경배하고"

고대 사회의 겉옷은 권위를 상징합니다. 지도자들은 자신들의 겉옷을 서로에게 주며 선포합니다. 엘리야의 예언적 겉옷을 엘리사가 취하는 장면이 바로 권위의 전달을 이야기해 주는 것입니다.

'내가 가진 모든 권위를 위임한다.

엘리사 너는 지금 내가 가졌던 권위를 넘겨받았다'

3) 무기 교환(Exchange of Weapons)

언약을 맺을 때 무기를 교환합니다.

사무엘상 20:16 "이에 요나단이 다윗의 집과 언약하기를 여호와께서는 다윗의 대적들을 치실지어다 하니라"

가문을 대표하는 가장들은 또한 무기 달린 허리띠를 교환하기도 합니다. 무기 달린 허리띠는 보호를 의미합니다.

'당신이 어디에서 전투를 치르더라도 이제 그 전투는 나의 전투입니다.

당신의 적 또한 이제 저의 적입니다.

피를 흘리는 한이 있을지라도 저는 당신과 함께 있겠습니다.

당신은 전쟁터에서 결코 혼자 서있지 않을 것입니다'

요나단과 다윗의 언약이 대표적인 사례입니다. 사울은 요나단이 다윗 편을 들 것을 알았습니다. 이 질문을 통해서 사울은 자신의 아들인 요나단이 더 이상 자신에게 결속된 관계가 아니라 다윗에게 결속된 사이라는 사실을 너무나 잘 알고 있었습니다. 이것이 바로 언약의 파트너(covenant partner)인 것입니다.

에서 칭찬하므로 그 여인을 바로의 궁으로 이끌어들인지라 이에 바로가 그로 말미암아 아브람을 후대하므로 아브람이 양과 소와 노비와 암수 나귀와 낙타를 얻었더라 여호와께서 아브람의 아내 사래의 일로 바로와 그 집에 큰 재앙을 내리신지라 바로가 아브람을 불러서 이르되 네가 어찌하여 나에게 이렇게 행하였느냐 네가 어찌하여 그를 네 아내라고 내게 말하지 아니하였느냐 네가 어찌 그를 누이라 하여 내가 그를 데려다가 아내를 삼게 하였느냐 네 아내가 여기 있으니 이제 데려가라 하고 바로가 사람들에게 그의 일을 명하매 그들이 그와 함께 그의 아내와 그의 모든 소유를 보내었더라"

하나님께서는 언약을 맺은 아브라함 가문과 그의 소유를 보호하셨습니다. 하나님은 이스라엘을 대신해서 다른 나라를 대적하여 싸워주십니다. 언약을 맺은 파트너를 위해 싸워주시는 것입니다. 하나님과 언약을 맺으면 하나님이 싸워주십니다.

'네가 싸우는 모든 전투는 나의 전투가 될 것이다.

너의 전쟁이 나의 전쟁이다.'

4) 이름 교환(Exchange of Names)

언약을 맺을 때 이름을 교환합니다.

창세기 17:2-5 "내가 내 언약을 나와 너 사이에 두어 너를 크게 번성하게 하리라 하시니 아브람이 엎드렸더니 하나님이 또 그에게 말씀하여 이르시되 보라 내 언약이 너와 함께 있으니 너는 여러 민족의 아버지가 될지라 이제 후로는 네 이름을 아브람이라 하지 아니하고 아브라함이라 하리니 이는 내가 너를 여러 민족의 아버지가 되게 함이니라"

이름은 '정체성', '유업', '명성'을 말합니다.

'제 이름이 대표하는 모든 것을 당신에게 드립니다.

또한 저는 당신의 이름이 대표하는 모든 것을 받겠습니다'

온 열방의 아버지이신 하나님께서 이 땅에 내려오셔서 아브라함과 더불어 언약을 맺으셨습니다. 하나님은 '열방의 아비'라는 이름을 아브라함에게 주십니다. 하나님 자신의 정체성인 그 이름을 아브라함에게 허락하신 것입니다. 그러면 하나님은 어떻게 되셨습니까? 바로 아브라함의 하나님이 되셨습니다. '아브람(고귀한 아버지)'에서 '아브라함(무리의 아버지, 열방의 아버지)'으로 이름이 바뀝니다. '하나님'은 아브라함의 이름을 취하십니다. 그래서 '아브라함의 하나님'이 되십니다.

'내 이름에 담긴 모든 것을 주노니 너의 이름을 나에게 주렴'

'아브라함아, 나는 너와 맺은 결속의 관계 안에 있다.

나는 네게 모든 것을 위임한다. 내가 가진 모든 소유는 네 것이 될 것이고,

네가 가진 모든 것은 나의 소유가 될 것이다.'

아브라함과 하나님이 서로 묶입니다.

5) 언약 식사(covenant meal)

언약을 맺을 때 식사를 함께합니다.

신명기 7:6-10 "너는 여호와 네 하나님의 성민이라 네 하나님 여호와께서 지상 만민 중에서 너를 자기 기업의 백성으로 택하셨나니 여호와께서 너희를 기뻐하시고 너희를 택하심은 너희가 다른 민족보다 수효가 많기 때문이 아니니라 너희는 오

히려 모든 민족 중에 가장 적으니라 여호와께서 다만 너희를 사랑하심으로 말미암아, 또는 너희의 조상들에게 하신 맹세를 지키려 하심으로 말미암아 자기의 권능의 손으로 너희를 인도하여 내시되 너희를 그 종 되었던 집에서 애굽 왕 바로의 손에서 속량하셨나니 그런즉 너는 알라 오직 네 하나님 여호와는 하나님이시요 신실하신 하나님이시라 그를 사랑하고 그의 계명을 지키는 자에게는 천 대까지 그의 언약을 이행하시며 인애를 베푸시되 그를 미워하는 자에게는 당장에 보응하여 멸하시나니 여호와는 자기를 미워하는 자에게 지체하지 아니하시고 당장에 그에게 보응하시느니라"

다니엘 9:4 "내 하나님 여호와께 기도하며 자복하여 이르기를 크시고 두려워할 주 하나님, 주를 사랑하고 주의 계명을 지키는 자를 위하여 언약을 지키시고 그에게 인자를 베푸시는 이시여"

이제 언약을 지키는 마지막 단계입니다. 모든 가족이 언약을 지키는 자리에 있습니다. 가족과 가족이 서로 묶이게 됩니다. 함께 먹고 마시면서 언약이 파기 되지 않을 것을 말합니다.

'제가 이것을 드리니 이제 당신의 가족은 부족함이 없을 것입니다.'

또 스스로 저주합니다. 만약에 언약을 깨뜨리면 서로 간의 작물이 열매를 못 맺고, 잉태하지 못한다는 엄청난 이야기들이 오고 갑니다. 그래서 언약을 서로 깨뜨리지 않기 위해서 서로를 향하여 스스로 저주당할 것을 이야기합니다.

'제가 언약을 지키지 못하면, 저의 가족이 고통을 당하고, 땅의 소출이 없으며, 여자들이 아이를 잉태하지 못할 것입니다.'

그들은 아무도 원치 않는 이런 처참한 일을 언급하면서까지 결코 언약을 깨뜨리지 않겠다고 맹세합니다.

이스라엘은 단지 다른 나라의 길을 따라간 것만 아니라 하나님과의 거룩한 언약을 깨뜨린 것입니다. 언약을 깨면 실제로 깬 상대를 둘로 나눈다는 의미도 포함합니다. 이것이 언약을 깬 형벌이라는 뜻입니다. 이스라엘은 하나님과의 언약을 깼고, 그래서 일어난 일이 바로 유다와 이스라엘의 분열입니다.

하나님과 맺는 모든 관계의 토대는 언약입니다. 이것은 단지 도덕적인 규범이나 신념 체계, 종교적인 경험이 아니라 하나님의 방법입니다. 또한 하나님께서는 우리에게 지속적으로 당신께서는 언약을 지키시는 하나님(신7, 느9:32, 단9:4)이시라는 확신을 시켜 주십니다.

구약성경에서 언급된 대표적인 언약의 단계들에 대해서 나누시기 바랍니다.

____

____

____

3. 신약성경의 언약 단계 (Stages of Covenant in New Testament)

신약에서 언약을 맺을 때 구약과 같은 단계가 나타나는 것을 확인할 수 있습니다.

예레미야 31:31-40 "여호와의 말씀이니라 보라 날이 이르리니 내가 이스라엘 집과 유다 집에 새 언약을 맺으리라 이 언약은 내가 그들의 조상들의 손을 잡고 애굽 땅에서 인도하여 내던 날에 맺은 것과 같지 아니할 것은 내가 그들의 남편이 되었어도 그들이 내 언약을 깨뜨렸음이라 여호와의 말씀이니라 그러나 그날 후에 내가 이스라엘 집과 맺을 언약은 이러하니 곧 내가 나의 법을 그들의 속에 두며 그들의 마음에 기록하여 나는 그들의 하나님이 되고 그들은 내 백성이 될 것이라 여호와의 말씀이니라 그들이 다시는 각기 이웃과 형제를 가르쳐 이르기를 너는 여호와를 알라 하지 아니하리니 이는 작은 자로부터 큰 자까지 다 나를 알기 때문이라 내가 그들의 악행을 사하고 다시는 그 죄를 기억하지 아니하리라 여호와의 말씀이니라 여호와께서 이와 같이 말씀하셨느니라 그는 해를 낮의 빛으로 주셨고 달과 별들을 밤의 빛으로 정하였고 바다를 뒤흔들어 그 파도로 소리치게 하나니 그의 이름은 만군의 여호와니라 이 법도가 내 앞에서 폐할진대 이스라엘 자손도 내 앞에서 끊어져 영원히 나라가 되지 못하리라 여호와의 말씀이니라 여호와께서 이와 같이 말씀하시니라 위에 있는 하늘을 측량할 수 있으며 밑에 있는 땅의 기초를 탐지할 수 있다면 내가 이스라엘 자손이 행한 모든 일로 말미암아 그들을 다 버리리라 여호와의 말씀이니라 보라, 날이 이르리니 이 성은 하나넬 망대로부터 모퉁이 문에 이르기까지 여호와를 위하여 건축될 것이라 여호와의 말씀이니라 측량줄이 곧게 가렙 언덕 밑에 이르고 고아로 돌아 시체와 재의 모든 골짜기와 기드론 시내에 이르는 모든 고지 곧 동쪽 마문의 모퉁이에 이르기까지 여호와의 거룩한 곳이니라 영원히 다시는 뽑거나 전복하지 못할 것이니라"

누가복음 22:20 "저녁 먹은 후에 잔도 그와 같이 하여 이르시되 이 잔은 내 피로 세우는 서 언약이니 곧 너희를 위하여 붓는 것이라"

히브리서 9:15 "이로 말미암아 그는 새 언약의 중보자시니 이는 첫 언약 때에 범한 죄에서 속량하려고 죽으사 부르심을 입은 자로 하여금 영원한 기업의 약속을 얻게 하려 하심이라"

예레미야가 이야기했던 새 언약은 바로 예수님의 피 값으로 세운 새 언약이었습니다. 예수님께서는 3년 반 동안 제자들에게 항상 자신이 누구신지 가르쳐 주십니다. 지적인 믿음이 아닌 하나님의 아들 되심을 가르치셨습니다. 모든 사역을 통해서 예수님이 누구이신지 믿게 하려고 하셨습니다. 결국 제자들은 예수님을 믿게 됩니다. 예수님께서 우리의 죄를 사하여 주시기 위해 십자가에 죽으신 새 언약의 중보자이심을 믿게 된 것입니다.

> **요한복음 16:30-31** "우리가 지금에야 주께서 모든 것을 아시고 또 사람의 물음을 기다리시지 않는 줄 아나이다 이로써 하나님께로부터 나오심을 우리가 믿사옵나이다 예수께서 대답하시되 이제는 너희가 믿느냐"

예수님께서는 제자들이 자신을 믿고 있다는 것을 확인하십니다. 그래서 예수님께서 죽임을 당하시기 전에 하셨던 마지막 기도였던 요한복음 17장에서 제자들이 예수님께서 하나님 아버지로부터 온 것인 줄 알았다고 고백하셨던 것입니다.

> **요한복음 17:7-8** "지금 그들은 아버지께서 내게 주신 것이 다 아버지로부터 온 것인 줄 알았나이다 나는 아버지께서 내게 주신 말씀들을 그들에게 주었사오며 그들은 이것을 받고 내가 아버지께로부터 나온 줄을 참으로 아오며 아버지께서 나를 보내신 줄도 믿었사옵나이다"

제자들이 예수님을 믿게 되자 이제 예수님께서는 언약을 이루기 위해 십자가를 지러 가십니다. 제자들이 예수님을 믿는 자리까지 나아오는데 많은 시간이 걸렸습니다. 지난 공생애 기간 안에 제자들과 함께 하시면서 새 언약의 중보자인 자신의 정체성이 완전히 제자들에게 인식이 되었을 때 십자가에 달려 죽으심으로 우리의 죄를 사하려고 하신 것입니다.

1) 언약 커팅(Cutting the Covenant)

마태복음 27:35 "그들이 예수를 십자가에 못 박은 후에 그 옷을 제비 뽑아 나누고"

누가복음 23:33 "해골이라 하는 곳에 이르러 거기서 예수를 십자가에 못 박고 두 행악자도 그렇게 하니 하나는 우편에, 하나는 좌편에 있더라"

요한복음 19:34 "그중 한 군인이 창으로 옆구리를 찌르니 곧 피와 물이 나오더라"

예수님께서는 갈보리에서 희생의 화목제물로 몸이 찢기십니다. 언약의 희생제물이 되어 유월절 어린양과 같이 나무에 달리시고 몸을 내어주셨습니다. 심지어 우리의 저주와 죄로 인해서 그분의 피가 한 방울도 남김없이 이 땅에 떨어집니다. 전능하신 하나님께서 언약의 자리에서 산 제물이 되어 죽어주셨습니다. 예수님께서 언약의 희생제물이 되셔서 쪼개지신 것(ברית, 브리트)입니다.

예수님은 죽임을 당한 어린양이십니다. 새 언약의 중보자로 우리를 위해서 죽어주신 것입니다. 그 놀라운 사랑과 은혜에 너무나 감사합니다. 자신의 몸을 버리시고 우리를 위해 피 흘려주신 주님을 찬양합니다.

2) 겉옷 교환(Exchange of Mantles)

마태복음 28:18-20 "예수께서 나아와 말씀하여 이르시되 하늘과 땅의 모든 권세를 내게 주셨으니 그러므로 너희는 가서 모든 민족을 제자로 삼아 아버지와 아들과 성령의 이름으로 세례를 베풀고 내가 너희에게 분부한 모든 것을 가르쳐 지키게 하라 볼지어다 내가 세상 끝날까지 너희와 항상 함께 있으리라 하시니라"

요한복음 5:22 "아버지께서 아무도 심판하지 아니하시고 심판을 다 아들에게 맡기셨으니"

요한계시록 20:4 "또 내가 보좌들을 보니 거기에 앉은 자들이 있어 심판하는 권세를 받았더라 또 내가 보니 예수를 증언함과 하나님의 말씀 때문에 목 베임을 당한 자들의 영혼들과 또 짐승과 그의 우상에게 경배하지 아니하고 그들의 이마와 손에 그의 표를 받지 아니한 자들이 살아서 그리스도와 더불어 천 년 동안 왕 노릇 하니"

요한복음 1:12 "영접하는 자 곧 그 이름을 믿는 자들에게는 하나님의 자녀가 되는 권세를 주셨으니"

하늘과 땅의 모든 권세가 하나님 아버지로부터 아들에게 위임이 됩니다. 그러면서 하늘과 땅의 모든 권세를 가진 예수님께서 제자들에게 재위임을 하시면서 하나님의 놀라운 과업을 성취할 수 있도록 하셨습니다. 그래서 예수님의 이름을 믿는 자들은 하나님의 자녀가 되는 권세, 즉 자격(Authority, ἐξουσία', 엑수시아)을 가지게 된 것입니다.

예수님께서는 자신의 권세를 우리 믿는 자들에게 주셨습니다. 하늘의 권세, 천사들의 권세, 창조물을 다스리는 권세, 바람과 파도가 순종하는 권세, 하나님의 임재 안에 나아갈 수 있는 권세, 치유의 권세, 어둠을 다스리는 권세들을 제자들에게 주셨습니다. 이것은 구약에서 엘리야가 엘리사에게 겉옷을 주어 권세를 위임했던 것과 같습니다. 왜 우리는 우리의 것만 잡고 있습니까? 모든 지식, 권능, 치유의 권세를 예수님께서 우리에게 주셨습니다. 그리고 이렇게 말씀하십니다.

'너의 생명을 나에게 다오, 너의 권세를 나에게 주렴. 너의 것이 더 이상 너의 것이 아니다.

너의 마음, 미래, 계획, 가족, 사역의 권세를 나에게 다오. 그러면 나의 권세를 너에게 주겠다.'

우리의 것을 손에 쥐지 마시기 바랍니다. 하나님께 여러분의 삶을 드리시기 바랍니다. 우리는 스스로 삶을 만들어 보려고 하는 경향이 있습니다. 우리의 힘으로 안간 힘을 쓰려고 합니다. 그러나 결국 내 힘으로 못하는 지경에 다다르게 됩니다. 그때 주님이 돌파하십니다.

우리가 사는 동안 언약이 없는 것처럼 살아가고 있지는 않으십니까?

혹시 우리는 고아인 듯 살아가고 있지는 않습니까?

우리와 언약의 관계로 묶인 하나님께서 존재하시지 않는 것처럼 살아가고 있지는 않습니까?

우리는 이런 모습으로 살아갈 이유가 전혀 없습니다. 더 이상 희생당한 채로 살 이유가 없습니다. 주님보다 더 큰 권세는 없습니다. 우리는 주님께 속한 것입니다. 이 땅 가운데 그분의 권세를 받고 우리가 서 있는 것입니다. 우리는 우리의 힘과 권세로 움직이지 않습니다. 우리의 권세로 사역을 감당할 수 없습니다. 오직 하나님께서 예수님에게 주신 그 권세를 재(再) 위임을 받아 살아가는 것입니다.

3) 무기 교환(Exchange of Weapons)

에베소서 6:10-17 "끝으로 너희가 주 안에서와 그 힘의 능력으로 강건하여지고 마귀의 간계를 능히 대적하기 위하여 하나님의 전신 갑주를 입으라 우리의 씨름은 혈과 육을 상대하는 것이 아니요 통치자들과 권세들과 이 어둠의 세상 주관자들과 하늘에 있는 악의 영들을 상대함이라 그러므로 하나님의 전신갑주를 취하라 이는 악한 날에 너희가 능히 대적하고 모든 일을 행한 후에 서기 위함이라 그런즉 서서 진리로 너희 허리띠를 띠고 의의 호심경을 붙이고 평안의 복음이 준비한 것으로 신을 신고 모든 것 위에 믿음의 방패를 가지고 이로써 능히 악한 자의 모든 불화살을 소멸하고 구원의 투구와 성령의 검 곧 하나님의 말씀을 가지라"

마태복음 10:1 "예수께서 그의 열두 제자를 부르사 더러운 귀신을 쫓아내며 모든 병과 모든 약한 것을 고치는 권능(power)을 주시니라"

누가복음 10:19 "내가 너희에게 뱀과 전갈을 밟으며 원수의 모든 능력을 제어할 권

능을 주었으니 너희를 해칠 자가 결코 없으리라"

로마서 1:16 "내가 복음을 부끄러워하지 아니하노니 이 복음은 모든 믿는 자에게

구원을 주시는 하나님의 능력이 됨이라 먼저는 유대인에게요 그리고 헬라인에게

로다"

전신 갑주(the whole armour of God, KJV)는 하나님께서 우리에게 주신 무기입니다. 이 무기는 혈과 육을 상대하는 것이 아니라 영적인 실체를 상대하는 것입니다.

사람마다 싸움이 있습니다. 자기 자신과의 싸움, 타인과의 싸움, 환경과의 싸움, 영적인 싸움이 있습니다. 우리는 자신이 가진 것으로 싸우려고 합니다. 스스로 방어하려고 노력합니다. 그러나 전능하신 하나님이 우리에게 오십니다. 그리고 말씀하십니다.

'너의 전쟁이 나의 전쟁이다. 너의 원수가 나의 원수다.

그러므로 두려워 말라. 내가 결코 너희를 떠나지 않으리라.

너희 안에 계신 성령님이 세상보다 크시니라. 너희는 승리자 이상의 승리자니라.'

사자의 입을 닫으신 하나님, 애굽에서 종노릇하던 이스라엘 백성들을 초자연적인 힘으로 끌어내신 하나님, 전쟁 가운데 태양을 멈추게 하신 분, 홍해를 가르신 분, 많은 기적을 행하신 분. 바로 그 하나님께서 우리의 언약의 파트너이십니다. 하나님이 우리보다 앞서 행하시고, 방어하시고, 반석이 되시고, 피난처 되시고, 은신처 되십니다. 여러분 절대로 두려워하지 마시기 바랍니다.

하나님께서는 아브라함, 이삭, 야곱, 요셉, 모세, 다니엘, 다윗, 바울과 함께 하셨습니다. 하나님은 그들과 싸워주셨습니다. 그 하나님은 우리에게도 동일하게 신실하

십니다. 앗시리아가 이스라엘을 침략했을 때 이스라엘은 애굽을 의지했습니다. 그러나 하나님께서는 세상의 강력한 힘을 의지할 때 그 힘의 근원도 다 무너뜨리셨습니다. 이스라엘이 다른 나라를 의지하면 하나님께서는 기뻐하지 않으십니다. 주님은 이렇게 말씀하십니다.

'너의 병기, 병마, 인구를 의지하지 마라. 다른 나라를 의지하지 마라'

결코 실패하지 않는 언약의 하나님이 우리와 함께하십니다. 우리의 무기와 방어 시스템을 내려놓고 주님을 의지하기 바랍니다. 그 주님을 의지할 때 지난 수십 년간 여러분의 힘으로 도무지 이길 수 없었던 것을 이기게 될 것입니다. 그래서 예수님께서는 열두 제자를 부르시고 권세와 자격(ἐξουσία, 엑수시아)을 주신 것입니다. 또한 모든 믿는 자에게 구원을 주시는 하나님의 능력(δύναμις, 두나미스)인 복음을 주셨습니다.

4) 이름 교환(Exchange of Names)

사도행전 3:6-8 "베드로가 이르되 은과 금은 내게 없거니와 내게 있는 이것을 네게 주노니 나사렛 예수 그리스도의 이름으로 일어나 걸으라 하고 오른손을 잡아 일으키니 발과 발목이 곧 힘을 얻고 뛰어 서서 걸으며 그들과 함께 성전으로 들어가면서 걷기도 하고 뛰기도 하며 하나님을 찬송하니"

베드로는 은과 금은 없다고 하면서 성전 미문에 앉아 있던 나면서부터 못 걷게 된 사람에게 예수 그리스도의 이름으로 걷게 합니다. 예수님의 이름에 능력이 있는 것입니다. 우리는 예수 그리스도를 믿음으로 하나님께 담대함과 확신을 가지고 나아갈 수 있는 것입니다.

에베소서 3:12 "우리가 그 안에서 그를 믿음으로 말미암아 담대함과 확신을 가지고 하나님께 나아감을 얻느니라"

이름은 모든 것을 포함합니다. 이름은 명성, 권세, 정체성을 뜻합니다. 이름은 그 자체로 의미를 가집니다. 예수님께서는 하나님의 아들로 이 땅에 오셨고 인자(Son of Man, 人子)로 이 땅을 떠나십니다. 예수 그리스도께서 십자가에 죽으심으로 우리가 하나님의 자녀로 입양됩니다. 그래서 우리는 하나님을 진짜 아버지로 모시게 됩니다. 그분이 우리에게 하나님의 자녀라는 이름을 주셨습니다. 그러면서 우리에게 이렇게 말씀하십니다.

'내 이름을 사용하라.
전쟁에서도 내 이름을 사용하고, 하나님께 나아갈 때도 내 이름을 사용해라'.
주님께서 말씀하십니다.
'내 이름을 너에게 주고, 나의 정체성을 너에게 준다. 공동 상속자다. 나의 본성을 주노라.'

주님은 아름답고 놀라운 자신의 이름을 우리에게 주셨습니다. 내가 가지고 있는 은과 금으로 나아가는 것이 아니라, 주님의 이름으로 나아갑니다. 우리가 은혜의 보좌 앞에 담대히 나갈 수 있는 것은 예수 그리스도의 이름 때문입니다.

이 세상의 사람들은 자신의 이름을 위해 살아갑니다. 그들의 명성, 왕국을 세우기 위해서 온 노력을 기울입니다. 그런데 십자가에 돌아가신 주님께서 자신만을 위해 살아가는 여러분의 이름을 달라고 하십니다.

'너의 이름을 크게 만들지 말아라. 하나님의 이름에 영광이 되도록 해라.'

우리가 자신의 것을 내려놓을 때 하나님의 것을 경험하게 됩니다. 하나님의 권세, 무기를 경험합니다. 이제는 더 이상 내 이름을 위해서 살 마음이 없습니다. 내 위치가 어떤지 걱정할 필요도 없습니다.

우리는 한 가지 이유 때문에 살아가는 것입니다. 하나님의 이름을 영화롭게 하기 위해서 살아가는 것입니다. 예수님께서 이 땅에 오신 이유는 하나님의 왕국을 세우시기 위한 것입니다. 하나님의 뜻과 목적을 이루기 위해서입니다. 우리는 반드시 주님의 목적을 위해서 싸워야 합니다. 더 이상 자신의 영광을 위해 살지 않아야 하는 것입니다.

세상과 사람들의 평판 그리고 여러 가지 걱정과 근심이 다가올 때, 나의 이름을 주님께 드리면 더 이상 그것은 문제가 되지 않습니다. 나의 이름이 알려지기 위해서 이 땅에 존재하는 것이 아닙니다. 주님의 뜻과 목적이 이루어지는 것을 보기 위해서 우리가 존재하는 것입니다.

정말 언약을 신뢰한다면, 사탄이 우리를 정도(正道)에서 벗어나게 할 방법은 없습니다. 나의 싸움, 나의 필요, 나의 이름도 주님께 드렸습니다. 하나님의 목적과 영광을 위해 살아가는 것입니다. 그러므로 두려움이 없습니다. 왜냐하면 우리는 하나님이 얼마나 언약을 완벽하게 지키는 분이신지 알기 때문입니다.

이스라엘이 언약 안에 머물 때마다 전쟁에서 진 적이 한 번도 없습니다. 하나님 외에 다른 사람이나 우상을 의지하면 하나님께서는 기뻐하지 않으십니다.

'너희가 왜 간음, 창기 짓을 하느냐? 왜 나 대신에 다른 것을 의지하느냐?'

하나님은 언약을 귀하게 여기십니다. 친히 언약을 붙들고 계십니다. 우리가 하나님을 신뢰하면 신뢰할수록, 또한 하나님께 더 많이 헌신할수록 우리의 나라 가운데 하나님의 놀라운 권능이 임하는 것을 볼 수 있을 것입니다.

5) 언약 식사(covenant meal)

마태복음 26:26-28 "그들이 먹을 때에 예수께서 떡을 가지사 축복하시고 떼어 제자들에게 주시며 이르시되 받아서 먹으라 이것은 내 몸이니라 하시고 또 잔을 가지사 감사기도 하시고 그들에게 주시며 이르시되 너희가 다 이것을 마시라 이것은 죄 사함을 얻게 하려고 많은 사람을 위하여 흘리는 바 나의 피 곧 언약의 피니라”

마가복음 14:24 “이르시되 이것은 많은 사람을 위하여 흘리는 나의 피 곧 언약의 피니라”

고린도전서 11:23-25 “내가 너희에게 전한 것은 주께 받은 것이니 곧 주 예수께서 잡히시던 밤에 떡을 가지사 축사하시고 떼어 이르시되 이것은 너희를 위하는 내 몸이니 이것을 행하여 나를 기념하라 하시고 식후에 또한 그와 같이 잔을 가지시고 이르시되 이 잔은 내 피로 세운 새 언약이니 이것을 행하여 마실 때마다 나를 기념하라 하셨으니”

예수님께서 십자가에 잡혀 돌아가시기 전날 제자들과 마지막 만찬을 나누십니다. 예수님께서 잔을 드시고, 빵을 취하십니다. 제자들과 함께 앉아 유월절 만찬을 먹습니다. 예수님께서는 이것을 기념하라고 하셨습니다. 성만찬을 할 때마다 하나님과 새 언약을 맺는 것입니다.

그러므로 두려워하거나 의심하지 말아야 합니다. 우리가 성찬을 나눌 때마다 이 시간은 거룩한 순간이 됩니다. 마치 아브라함이 짐승을 쪼개 놓고 서 있을 때처럼 숭고한 시간인 것입니다.

우리가 언약을 새롭게 할 때마다, 내 하나님께서 하신 말씀을 반드시 이루실 것입니다. 우리의 순종, 신뢰, 헌신 그리고 결단을 새롭게 할 것입니다.

연습 (Exercise)

신약성경에서 언급된 대표적인 언약의 단계들에 대해서 나누시기 바랍니다.

성경은 언약의 내용으로 가득 차 있습니다. 언약은 성경 전체를 관통하는 가장 중요한 개념 중에 하나입니다.

4. 예수님과 제자들의 언약 관계 [2]

예수님께서 제자들과 3년 반 동안 함께하시고 제자들을 훈련하셨습니다. 그러면서 예수님께서는 제자들을 언약 관계 안에서 깊이 성숙시키시려고 하셨습니다. 새 언약이신 예수님 자신과 제자들이 깊은 관계를 맺기 원하셨습니다. 우리는 단순하게 스승과 제자 차원으로 예수님과 제자들을 바라볼 수 있습니다. 그러나 예수님과 제자의 관계를 언약을 세워나가는 관계로 바라본다면 하나님께서 아브라함을 통해 언약 관계를 세워 나가신 방식과도 너무나 일치한다는 것을 알게 됩니다.

예수님께서 제자들에게 이런 말씀을 하셨습니다.

누가복음 14:25-27 "수많은 무리가 함께 갈새 예수께서 돌이키사 이르시되 무릇 내게 오는 자가 자기 부모와 처자와 형제와 자매와 더욱이 자기 목숨까지 미워하지 아니하면 능히 내 제자가 되지 못하고 누구든지 자기 십자가를 지고 나를 따르지 않는 자도 능히 내 제자가 되지 못하리라"

---

2) 피기영 목사의 저서 『언약의 군대』에서 발췌했다.

예수님께서는 제자가 되는 조건을 구체적으로 말씀하셨습니다. 자기 부모, 처자, 형제와 자매 그리고 자기 목숨까지도 미워해야 예수님의 제자가 된다고 하셨습니다. 이 말씀은 진정 부모 형제를 미워하라는 의미가 아닙니다. 아내와 자녀들을 미워하라는 말씀이 아닙니다. 제자들에게 언약적 관계가 무엇인지 분명하게 설명하고 계시는 것입니다. 물론 제자들은 아직까지 이해하지 못했습니다. 3년 반 기간을 예수님과 함께 했지만, 예수님께서 제자들과 언약의 관계를 맺으시려는 그 놀라운 의도를 감지하지 못하고 있었습니다.

예수님께서도 온전한 언약 관계를 맺기 위해서 제자들이 성숙할 시간을 기다려 주셨습니다. 그 옛날 하나님과 아브라함이 맺은 언약 관계를 성숙하게 하는데 시간이 걸렸던 것과 마찬가지로 예수님께서는 제자들을 기다려 주셨습니다. 언약 관계가 성숙해지는 것을 참고 인내하시면서 제자들을 훈련하셨던 것입니다.

아브라함을 통해서 하나님께서 계획하신 구속의 역사가 이루어지기 때문에, 아브라함의 씨를 통해 이스라엘이라는 나라가 태어나기 때문에, 아브라함의 씨를 통해 예수님이 태어나기 때문에 아브라함은 인류역사상 가장 중요한 사건들을 성취하는데 가장 중요한 인물이 되었습니다. 아브라함이 언약의 관계를 제대로 지켜나가야만 하나님의 뜻과 목적이 이루어질 수 있는 것이었습니다. 그래서 아브라함에게 언약의 중요성을 인식시키기 위해서 그렇게 오랜 시간을 하나님께서 기다리신 것입니다. 아브라함이 언약 관계를 제대로 이해하고, 언약의 기초 위에서 살아가야만 하늘의 뜻이 이 땅에서 성취되기 때문입니다.

마찬가지로 예수님께서도 자신의 생명을 십자가에서 죽기까지 순종하시고, 공생애 기간 오직 열두 명의 제자에게 집중하셨던 이유도 결국 같은 맥락(脈絡)이었던 것입니다.

아담 이후에 이 땅의 지배권을 사탄에게 내어주고, 예수 그리스도를 통해서 다시 그 통치권을 회복하셨을 때 이제 남은 일은 온 열방에 예수 그리스도의 복음을 전파할 '대위임명령(Great Mandate)'을 지키고 성취할 사람을 택하시는 것이었습니다. 그래서 열두 명의 제자를 선택하셨고 이 제자들이 언약적 관계를 제대로 이해해야만 인류 역사를 뒤바꿀 놀라운 일을 감당할 수 있었기에 예수님께서는 언약 관계의 성숙을 기다리셨던 것입니다. 그러나 제자들은 예수님께서 십자가에 달려 죽으시는 그때까지도 불안해하고 힘들어했습니다.

예수님께서는 제자들에게 자신의 죽음을 말씀하셨습니다.

마가복음 10:32-34 "예루살렘으로 올라가는 길에 예수께서 그들 앞에 서서 가시는데 그들이 놀라고 따르는 자들은 두려워하더라 이에 다시 열두 제자를 데리시고 자기가 당할 일을 말씀하여 이르시되 보라 우리가 예루살렘에 올라가노니 인자가 대제사장들과 서기관들에게 넘겨지매 그들이 죽이기로 결의하고 이방인들에게 넘겨주겠고 그들은 능욕하며 침 뱉으며 채찍질하고 죽일 것이나 그는 삼 일 만에 살아나리라 하시니라"

누가복음 18:31-34 "예수께서 열두 제자를 데리시고 이르시되 보라 우리가 예루살렘으로 올라가노니 선지자들을 통하여 기록된 모든 것이 인자에게 응하리라 인자가 이방인들에게 넘겨져 희롱을 당하고 능욕을 당하고 침 뱉음을 당하겠으며 그들은 채찍질하고 그를 죽일 것이나 그는 삼 일 만에 살아나리라 하시되 제자들이 이것을 하나도 깨닫지 못하였으니 그 말씀이 감취었으므로 그들이 그 이르신 바를 알지 못하였더라"

제자들은 한 사람도 깨닫지 못했습니다. 예수님께서 무슨 말씀을 하시는지 도무지 이해할 수 없었습니다.

말씀대로 예수님께서는 능욕을 받으시고 죽으셨습니다. 그리고 부활하시면서 제자들에게 나타나신 것입니다. 예수님께서 말씀하셨던 내용이 성취되는 것을 제자들이 눈으로 직접 보게 됩니다. 예수님의 죽음으로 낙망하고 좌절했던 제자들에게 예수님께서는 부활의 몸으로 나타나신 것입니다.

제자들은 예수님께서 새 언약의 성취자셨다는 것을 그제야 알게 되었습니다.

예레미야 31:31-33 "여호와의 말씀이니라 보라 날이 이르리니 내가 이스라엘 집과 유다 집에 새 언약을 맺으리라 이 언약은 내가 그들의 조상들의 손을 잡고 애굽 땅에서 인도하여 내던 날에 맺은 것과 같지 아니할 것은 내가 그들의 남편이 되었어도 그들이 내 언약을 깨뜨렸음이라 여호와의 말씀이니라 그러나 그 날 후에 내가 이스라엘 집과 맺을 언약은 이러하니 곧 내가 나의 법을 그들의 속에 두며 그들의 마음에 기록하여 나는 그들의 하나님이 되고 그들은 내 백성이 될 것이라 여호와의 말씀이니라"

히브리서 9:15 "이로 말미암아 그는 새 언약의 중보자시니 이는 첫 언약 때에 범한 죄에서 속량하려고 죽으사 부르심을 입은 자로 하여금 영원한 기업의 약속을 얻게 하려 하심이라"

예수님께서 새 언약의 중보자이시고, 첫 언약 때에 범한 죄에서 우리를 구원하시려고 죽으신 것입니다. 그래서 부르심을 받은 제자들로 하여금 영원한 기업의 약속을 얻게 하려 하셨다고 히브리 기자는 분명하게 언급하고 있습니다. 제자들은 예수님의 부활을 목격한 후에 예수님께서 새 언약이라는 사실을 너무나 명확하게 깨닫게 되었습니다. 그리고 그 언약의 주체이신 예수님과 자신들이 언약의 관계 안에 있다는 것을 알게 되고, 예수님께서는 마지막으로 제자들에게 명령을 부여하십니다.

마태복음 28:18-20 "예수께서 나아와 말씀하여 이르시되 하늘과 땅의 모든 권세를 내게 주셨으니 그러므로 너희는 가서 모든 민족을 제자로 삼아 아버지와 아들과 성령의 이름으로 세례를 베풀고 내가 너희에게 분부한 모든 것을 가르쳐 지키게 하라 볼지어다 내가 세상 끝날까지 너희와 항상 함께 있으리라 하시니라"

요한복음 20:19-23 "이날 곧 안식 후 첫날 저녁 때에 제자들이 유대인들을 두려워하여 모인 곳의 문들을 닫았더니 예수께서 오사 가운데 서서 이르시되 너희에게 평강이 있을지어다 이 말씀을 하시고 손과 옆구리를 보이시니 제자들이 주를 보고 기뻐하더라 예수께서 또 이르시되 너희에게 평강이 있을지어다 아버지께서 나를 보내신 것 같이 나도 너희를 보내노라 이 말씀을 하시고 그들을 향하사 숨을 내쉬며 이르시되 성령을 받으라 너희가 누구의 죄든지 사하면 사하여질 것이요 누구의 죄든지 그대로 두면 그대로 있으리라 하시니라"

제자들은 자신들의 생명을 기꺼이 바치면서 언약의 성취를 위해 달려갈 태세를 갖추게 되었습니다. 예수님은 새 언약이셨고 언약을 반드시 지키시는 분이라는 사실을 알았습니다. 제자들은 온 열방을 향해서 나아갔습니다. 민족들을 제자 삼았습니다. 아버지와 아들과 성령의 이름으로 세례를 베풀었습니다. 예수님께서 말씀하신 것을 가르쳐 지키게 했습니다. 그리고 죄를 사했습니다.

이 대위임명령은 언약 관계가 성숙해질 때 성취 가능한 내용이었습니다. 온 열방을 제자화하는데 제자들이 미성숙하다면 이것은 불가능한 일이었을 것입니다. 예수님께서는 하나님의 뜻과 목적을 성취해 드리기 위해서 제자들을 선택하셨습니다. 그들과 함께하시면서 예수님이 누구신지 친히 나타내 보여주셨습니다. 예수님께서는 언약을 성취하시는 새 언약의 당사자이시며, 약속을 지키시는 신실한 하나님의 아들이심을 분명하게 드러내셨습니다. 그 이유는 바로 제자들에게 맡기실 엄청난 일들 때문이었습니다. 하나님의 뜻과 목적은 언약을 이해하고, 하나님이 언약을 지키시는 신실한 분이라는 사실을 깨닫는 자들을 통해서 성취되는 것입니다. 그래서 제자들을 언약 관계의 성숙으로 이끌어가셨습니다.

연습 (Exercise)

삼년 반 동안 제자들이 예수님과 깊은 관계를 맺은 것이 바로 언약적 관계였다는 사실에 대해 어떻게 생각하십니까?

____

____

____

언약의 군대

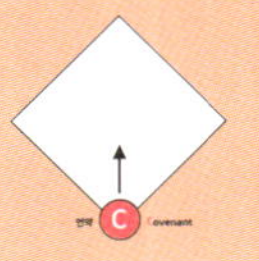

**성경의 모든 인물, 도시, 나라들은 하나님과
언약적 관계를 맺음으로 사역을 시작한다.
하나님과 언약을 맺음으로 어떤 상황 속에서도 구원을 받는다.**

1. 언약의 군대여 일어나라

하나님께서는 언약을 성취하시는 분이십니다. 하나님은 언약을 통해 일하십니다. 그래서 언약 관계를 맺을 사람을 먼저 택하십니다. 이 사람이 언약을 온전히 이해할 때까지 가장 힘든 시간을 통과하게 합니다. 그리고 사람들은 하나님의 언약이 성취되는 것을 단계별로 경험합니다. 그런 다음 자신의 모든 인생을 하나님께 드리고, 하나님의 뜻과 목적을 이루어 드리기 위해 데스티니로[1] 달려갑니다. 이제는 흔들리지 않는 언약 관계에 바탕을 두었기 때문에 능히 그 일을 감당할 수 있게 된 것입니다.

그런데 대한민국의 교회는 이 언약의 중요성을 상실했습니다. 언약 관계를 바탕으로 하나님의 일을 성취하는 것이 아니라, 자신의 느낌과 감정, 개인이 처한 상황과 환경에 따라 언약을 파기하는 것을 아무렇지 않게 여기는 것 같습니다. 하지만 하나님께서는 오늘날에도 동일한 방법을 사용하십니다. 대한민국의 교회가 언약의 중요성을 회복하고 견고한 언약 관계를 기반으로 하나님의 일을 성취하도록 인도하십니다.

---

[1] '데스티니'라는 단어는 '하나님께서 성취하시려고 정해놓으신 가야 할 길'로 정의 내릴 수 있다.

하나님께서는 놀라운 계획을 가지고 계십니다. 역사상 전무후무한 군대를 일으키려고 하십니다. 이 군대는 이전에 경험해 보지 못했던 군대이며 또한 한반도에서만 일어나는 군대가 아닙니다. 전 세계적으로 하나님께서 일으키시는 군대입니다. 초대교회에 언약의 기초를 통해 성도들이 세워졌던 것과 마찬가지로 이제는 언약 관계를 맺은 전 세계 교회를 통해서 거룩한 군대들이 일어나고 있습니다.

이것은 하나님께서 계획하시는 놀라운 흐름입니다.

많은 사람이 하나님의 군사로 쓰임 받기를 원합니다. 그러나 그들의 신앙적 기초가 너무나 빈약하기 때문에 몇 년을 버티지 못하고 하나님으로부터 받은 부르심을 잃어버리고 맙니다. 여러분 주변을 돌아보시기 바랍니다. 십 년 전, 이십 년 전에 그토록 열정적으로 하나님을 부르짖었던 사람들이 아직 남아 있다고 하더라도 극소수일 것입니다. 대학교마다 기독교 동아리 방에서 들리던 기도와 찬양의 소리가 그립습니다. 학교를 마치고, 직장을 마치고 기도실로 향하던 성도들의 부르짖는 소리가 귓가에 맴돕니다. 월요일, 화요일, 목요일 찬양 집회로 향했던 젊은이들의 발자국 소리가 그립습니다. 불과 3-40년 전에 일어났던 이 일이 이제는 하나의 추억으로 회자되고 있다는 것이 많이 아쉬운 마음입니다.

전 세계 어느 곳에 가든지 하나님과의 언약적 관계를 통해 세움을 받은 사람들이 있습니다. 이들은 하나님의 언약적 성취를 경험한 자들입니다. 그래서 삶의 모든 기준이 언약의 기초 위에 있습니다. 모든 행동의 동기와 방향, 목적이 다 언약의 기반을 통해서 이루어집니다. 언약적 관계를 어떻게 지켜나가느냐에 따라 하나님의 데스티니가 성취된다는 것을 아는 자들입니다.

한반도의 급진적인 세력들이 그토록 열정과 헌신으로 군부독재 이후 근 40년을 변함없이 한반도의 적화통일이라는 대명제 하에 자신들의 삶을 바치면서 달려가는 것을 여러분 생각해 보시기 바랍니다. 저들은 밥을 먹어도, 잠을 자도, 일을 해도 오직 한 가지 목적을 가지고 달려갑니다. 모든 시간과 재정을 한 가지 목적을 향해 사용합니다.

그러나 한반도의 기독교인들은 저들의 열정에 비하면, 저들의 헌신에 비하면, 저들의 노력에 비하면, 참으로 많은 부분이 미흡한 실정입니다. 이제 한반도에 언약의 군대가 일어나야 할 시점입니다. 역사상 가장 강력한 하나님의 군대가 일어날 것입니다. 왜냐하면 하나님의 역사는 언제나 언약을 기초로 진행했기 때문입니다. 마지막 때 주님께서 다시 오실 것입니다. 영광의 구름을 타고 하늘을 가르고 이 땅에 임하실 것입니다. 모든 사악한 원수들을 물리치시고, 귀신들과 마귀를 멸할 것입니다. 또한 사탄의 추종자들을 불못에 던지실 것입니다.

그러면 누구를 통해 하나님의 데스티니가 성취되는 것입니까? 그것은 아브라함의 때와 마찬가지입니다. 예수님의 제자들이 살았던 때와 같습니다.

오늘날에도 언약의 군대를 통해서 일하실 것입니다. 비록 모든 사람이 언약의 군대가 될 수는 없지만, 하나님께서 준비한 사람들이 전 세계에 흩어져 있고, 한반도 곳곳에 숨겨져 있습니다. 하나님께서는 사람들에게 비전과 환상, 꿈, 설교를 듣는 것으로, 책을 읽는 것을 통해 거룩한 군대들에게 징집 명령을 내리실 것입니다. 최고 사령관인 예수 그리스도께서 친히 주의 군대를 모집하고 훈련 시키고 전쟁에 나가도록 독려하실 것입니다. 그 길은 고난의 길입니다. 그러나 그 열매는 놀랍고, 아름다울 것입니다.

언약의 구속력은 이 세상의 어떤 계약보다도 맹약보다도 약속보다도 강력합니다. 언약은 서로에게 철저하게 충성하겠다는 약속입니다. 그래서 서로를 끔찍하게 아끼고 사랑하는 것입니다. 마치 초대교회의 삶이 재현되는 것과 같을 것입니다. 그러나 그 규모에 있어서는 초대교회를 넘어서 지구적인 흐름이 될 것입니다. 언약은 정말로 깊은 차원의 약속입니다. 생명, 혈연보다도 더 무게가 있습니다. 언약은 깨어지지 않을 것입니다. 쉽게 깰 수 없는 역사상 가장 강력한 결속이 될 것입니다.

하나님이 하시는 모든 일은 언약을 근거로 합니다. 구약과 신약의 모든 약속은 언약에 기초합니다. 성경은 하나님께서 언약을 통해서 어떻게 일하셨는지 나타내주는 기록입니다. 하나님의 백성들이 어떻게 하나님과 언약을 맺어가고 언약에 대한 이해가 성숙해지며 이 언약을 성취하기 위해서 어떤 삶을 살아왔는지 세세하게 기록되어 있는 다큐멘터리입니다.

요엘 2:1 "시온에서 나팔을 불며 나의 거룩한 산에서 경고의 소리를 질러 이 땅 주 민들로 다 떨게 할지니 이는 여호와의 날이 이르게 됨이니라 이제 임박하였으니"

하나님께서는 마지막 때라는 사실을 알릴 사람들을 찾고 계십니다. 예수님께서는 '깨어있어야 한다'라고 성도들을 향하여 외치는 자들을 모으십니다. 세례 요한처럼 광야에서 외치는 자들을 부르십니다. '신랑이 오신다'라고 잠자고 있던 열 처녀에게 소리쳤던 사람들을 불러 모으십니다. 경고의 나팔을 불며 하나님의 군대로 쓰임 받는 자들이 일어날 것입니다.

하나님의 군대가 각자의 역할대로 정렬될 것입니다. 어떤 단체는 전략을 위한 단체로 세워질 것입니다. 어느 단체는 훈련소의 역할을 해서 세상에 속했던 사람들을 하나님의 군사로 거듭나게 할 것입니다. 또 다른 단체는 특수 부대의 역할을 감당할 것입니다. 그래서 도시마다 다니면서 선동가로서 군사를 동원(mobilizing)할 것입니다. 어느 부대는 고지를 점령하기 위해 보병이 될 것입니다. 전국에 직장 제단을 세우도록 할 것입니다. 기갑 부대도 일어날 것입니다. 포병도 일어나 지원군이 될 것입니다. 군대의 모든 부자재를 공급할 재정을 맡을 분들이 모일 것입니다. 하나님 왕국의 군사로 대한민국 교회는 이제 정렬될 것입니다.

2. 사랑에 기초한 언약 관계

언약의 군대는 사랑에 기초한 언약 관계로 세워진 군대입니다. 마지막 때는 많은 일들이 벌어집니다. 언약 관계가 약화하고 언약이 파기될 것입니다.

예수님께서 세상 끝에는 많은 사람이 실족하고, 서로 넘겨주고, 서로 미워하고, 불법이 성해 많은 사람의 사랑이 식어버린다고 하셨습니다. 마지막 때는 우리가 생각하는 핑크빛 색깔로 진행이 되는 흐름이 아닙니다. 분명하게 어둠이 세상을 뒤흔들 것입니다. 만약 우리 기독교인들이 다가올 큰 시련과 환란에 대해 대비책을 세우지 않는다면 속수무책으로 당하고 말 것입니다.

지금 전 세계는 그 어떤 시대보다 반기독교적인 흐름이 강화되고 있습니다. 예수님께서는 경고하셨습니다. 예수님의 이름 때문에 모든 민족에게 미움을 받게 된다고 하셨습니다. 이것은 기정사실입니다. 수많은 기독교인이 미움을 받을 것입니다. 이유는 한 가지입니다. 예수님의 이름 때문입니다. 그러나 예수님께서 세우신 제자들,

즉 언약의 군대는 온전히 하나 된 언약적 사랑에 기초한 거룩한 군대였습니다.

 "아버지여, 아버지께서 내 안에, 내가 아버지 안에 있는 것같이 그들도 다 하나가 되어 우리 안에 있게 하사 세상으로 아버지께서 나를 보내신 것을 믿게 하옵소서 내게 주신 영광을 내가 그들에게 주었사오니 이는 우리가 하나가 된 것같이 그들도 하나가 되게 하려 함이니이다 곧 내가 그들 안에 있고 아버지께서 내 안에 계시어 그들로 온전함을 이루어 하나가 되게 하려 함은 아버지께서 나를 보내신 것과 또 나를 사랑하심같이 그들도 사랑하신 것을 세상으로 알게 하려 함이로소이다"

 "믿는 사람이 다 함께 있어 모든 물건을 서로 통용하고 또 재산과 소유를 팔아 각 사람의 필요를 따라 나눠 주며 날마다 마음을 같이하여 성전에 모이기를 힘쓰고 집에서 떡을 떼며 기쁨과 순전한 마음으로 음식을 먹고 하나님을 찬미하며 또 온 백성에게 칭송을 받으니 주께서 구원받는 사람을 날마다 더하게 하시니라"

역사상 전무후무한 군대가 일어날 것입니다. 이 군대는 언약의 관계 안에 세워진 군대입니다. 이 군대는 온전한 하나님의 성품을 따라가는 자들입니다. 이들은 서로 언약의 동반자로 삶을 살아갈 것입니다. 이 군대에 속한 자들은 언약의 기초 위에서 삶을 영위할 것이고, 그 결과는 초대교회와 너무나 흡사할 것입니다.

하나님께서 초대교회의 삶을 우리 기독교인들이 살짝 엿보게 하신 이유가 바로 그것입니다. 하나님과 예수님 그리고 성령님께서 하나이셨던 것과 같이 제자들이 하나 되기를 예수님께서는 간절히 바라셨습니다. 그리고 제자들을 통해 그런 삶으로 백성들이 인도되기를 소원하셨습니다.

결국 하나님께서는 아브라함과 제자들을 택하셨을 때 긴밀한 언약의 관계를 형성시키는 것이 최우선 과제였던 것입니다. 그래야 이 언약을 지키면서 살아갈 것이고, 하나님께서 원래 가지고 계셨던 뜻과 목적 즉 데스티니가 성취될 수 있었던 것입니다. 우리가 언약의 기초 위에서 서로를 사랑하는 언약 관계를 구축하면 주님의 제자가 되는 것입니다. 제자는 세상을 이깁니다. 제자는 환난을 승리로 통과합니다. 제자들은 어떤 상황 속에서도 머뭇거리지 않고 앞으로 달려 나가는 선두주자(forerunner)입니다.

다음 글을 읽으십시오.

마귀는 언약 관계 안에서 그리스도의 몸이 세워지고, 하나 되는 것을 싫어합니다. 마귀라는 말은 '쐐기', '정', '틈'이라는 뜻을 가집니다. 교회가 하나 됨에 실패하면 하나님의 거룩한 군대가 아니라 사탄에게 놀아나는 불쌍한 오합지졸이 될 것입니다. 그래서 우리가 성령으로 하나가 되게 하신 것을 힘써 지킴으로 말미암아 하나가 되어서, 우리 예수 믿는 사람들이 연합이 되면 이 대한민국에 놀라운 대부흥의 역사를 이루는 도구로 사용될 줄 믿습니다.

하나님의 목적은 변한 적이 없습니다. 어제나 오늘이나 그리고 다가올 미래의 시대에도 하나님의 뜻과 목적, 비전은 동일할 것입니다. 하나님의 일을 하도록 부름을 받은 자들이 실패하고, 그 일에서 돌아서고, 다른 곳으로 떠나도 역사의 흐름을 명확하게 살펴보면 하나님은 언제나 자신의 목표와 계획에 집중하고 계십니다.

하나님께서는 백성들에게 자신이 깨달은 것을 기반으로 살지 말 것을 말씀하셨습니다. 자신의 판단으로 일들을 판단하지 말라고 하셨습니다. 하나님은 언제나 하나님과 함께 하는 교제와 교통을 깨뜨리지 말라고 부탁하셨습니다. 이것은 비밀입니다. 하나님을 의지하고, 신뢰하고, 의존하는 곳에 머물러 있어야 합니다. 그 자리를 우리는 언약의 자리(covenantal position)라고 부릅니다. 언약의 자리에 머물지 않을 때 인간은 자신의 방식과 자신의 깨달음, 경험, 살아온 기억과 판단을 가지고 살아가기 시작합니다. 이것이 인류의 첫 범죄였고, 하나님의 목적과 계획이 완전히 빗나가게 된 출발점이었습니다. 그래서 한국교회의 대부흥과 연합을 위해서는 그 출발점의 심각한 문제를 인식하고 아담과 하와가 실수했던 것을 반복하지 말아야 합니다.

연합을 위한 자리로 나아가기 위해서는 나의 이름, 나의 단체, 나의 사역, 나의 왕국, 나의 뜻이 완전히 제거되고, 예수 그리스도가 내 안을 온전하게 다스리시도록 해야 합니다. 나는 죽고 예수가 살도록, 선하신 아버지의 이름에만 영광을 돌리도록 하기 위해서 나의 목숨을 걸어야 한다는 것입니다. 수많은 하나님의 사람들이 하나님의 사역을 방패 삼아 자신의 소원과 뜻을 이루려고 하고 있습니다. 국가 대부흥, 국가기도 성회, 국가적인 회개 모임들도 실상 자신이 속한 단체, 혹은 자신의 꿈을 이루려는 발판으로 사용되고 있을지도 모릅니다.

그래서 우리는 철저하게 하나님의 말씀에 흠뻑 젖어(saturation), 하나님의 이름만 거룩히 여김을 받도록 해야 할 줄 믿습니다. 나를 낮추고, 비워내고, 죄성을 뽑아내서 자신의 왕국을 없애버리고, 오직 하나님의 나라만이 세워지도록 해야 합니다. 이런 마음을 가지고 나아간다면 거룩한 하나님의 본성이 이 한국교회에 충만해지고 하나님께서 대부흥의 시작을 가져오실 것입니다.

『언약의 군대』 피기영

위의 글을 읽고 느낀 점을 서로 나누시기 바랍니다.

____

____

____

3. 언약적 연합의 실체

언약 공동체인 교회를 온전하게 세워나가려면 하나님의 아들을 믿는 것과 아는 일에 하나가 되어야 합니다.

에베소서 4:1-6 "그러므로 주 안에서 갇힌 내가 너희를 권하노니 너희가 부르심을 받은 일에 합당하게 행하여 모든 겸손과 온유로 하고 오래 참음으로 사랑 가운데서 서로 용납하고 평안의 매는 줄로 성령이 하나 되게 하신 것을 힘써 지키라 몸이 하나요 성령도 한 분이시니 이와 같이 너희가 부르심의 한 소망 안에서 부르심을 받았느니라 주도 한 분이시요 믿음도 하나요 세례도 하나요 하나님도 한 분이시니 곧 만유의 아버지시라 만유 위에 계시고 만유를 통일하시고 만유 가운데 계시도다"

에베소서 4:11-16 "그가 어떤 사람은 사도로, 어떤 사람은 선지자로, 어떤 사람은 복음 전하는 자로, 어떤 사람은 목사와 교사로 삼으셨으니 이는 성도를 온전하게 하여 봉사의 일을 하게 하며 그리스도의 몸을 세우려 하심이라 우리가 다 하나님의 아들을 믿는 것과 아는 일에 하나가 되어 온전한 사람을 이루어 그리스도의 장성한 분량이 충만한 데까지 이르리니 이는 우리가 이제부터 어린아이가 되지 아니하여 사람의 속임수와 간사한 유혹에 빠져 온갖 교훈의 풍조에 밀려 요동하지 않게 하려 함이라 오직 사랑 안에서 참된 것을 하여 범사에 그에게까지 자랄지라 그는 머리니 곧 그리스도라 그에게서 온 몸이 각 마디를 통하여 도움을 받음으로 연결되고 결합되어 각 지체의 분량대로 역사하여 그 몸을 자라게 하며 사랑 안에서 스스로 세우느니라"

우리에게는 한 소망이 있습니다. 그것은 언약을 정확하게 이해한 언약의 군대가 전 세계에서 일어나고 있다는 사실입니다. 하나님께서는 이 시대를 거슬러 올라가는 거룩한 세대를 준비시키고 계십니다. 하나님께서 당신의 때에 그 세대를 부르시고, 진격하게 하실 것입니다. 흔들림이 없는 구별된 세대가 일어날 것입니다. 언약의 장엄함, 준엄함을 이해한 세대가 서서히 전쟁에 나갈 채비를 하고 있습니다.

이제 그 세대를 모으시는 하늘의 소집 명령이 떨어질 것입니다. 수많은 젊은 세대가 반응할 것입니다. 꿈과 환상을 통해서 말씀하실 것입니다. 기도와 말씀을 통해 그들의 귀에 직접 말씀하실 것입니다.

30~40년 전에 많은 선교단체와 영성 집회를 통해 순결을 헌신했을 때처럼 수많은 젊은이가 하나님께 달려 나올 것입니다. 이 세대는 이전 세대와는 완전히 다른 차원의 영적 무장을 하게 될 것입니다. 이들은 이전 세대가 경험하지 못한 일을 감당할 것입니다. 우리는 다음 세대가 일어날 수 있도록 힘을 실어주어야 합니다. 이 언약의 군대가 진군할 수 있도록 용기를 불어넣어 주어야 합니다.

하나님께서는 언약을 맺으시고, 언약을 성숙하도록 하시고, 그리고 성취하십니다. 한 번도 하나님의 말씀이 땅에 떨어진 적이 없습니다. 하나님은 언약에 충실하신 하나님이십니다. 그 하나님을 우리의 아버지라 부르게 된 것이 얼마나 감사하고, 기쁜 일인지 모르겠습니다. 언약에 신실하신 하나님께서 독생자 예수 그리스도를 우리를 위해 보내주셨습니다. 그 놀라운 사랑에 너무나 감사를 드리면서 한국교회에 언약의 군대를 일으키시고, 최고 사령관으로 그들을 진두지휘하시는 예수님께서 다시 오실 그날을 소망합니다.

다음 글을 읽으십시오.

여러분 가운데 많은 분이 우간다에서 돌파가 일어난 간증을 잘 알고 있을 것입니다. 그들이 기도의 제단들을 도입하기 전에, 주님께서는 말씀하셨습니다.

"만약 너희가 우간다 전역에 연합된 기도의 네트워크를

설립하는 것을 시작하지 않는다면, 너희 나라 위에서 다스리고 있는

사악한 왕국(The Evil Principality)을 극복할 수 없을 것이다.

만약 너희가 너희의 사역과 교단의 경계들을 넘어서는 비전을 가지고 있지 못한다면,

그리고 우간다를 향한 나의 목적들의 큰 그림을 보지 못한다면,

너희는 어둠의 세력들을 결코 극복할 수 없을 것이며,

우간다에 나의 왕국을 세울 수 없을 것이다."

하나님은 계속해서 말씀하셨습니다.

"너무나 많은 교단의 사람이 나에게 속해 있다.

심지어 너희가 상상해 본 적도 없는 곳에 나의 백성이 있다.

가까이 있는 사람과 멀리 있는 사람을 연합되도록 불러 모아라.

하나의 사역이나 교회, 교단도 절대로 단독으로 나의 일을 감당할 수 없다.

교회가 얼마나 크든 말든 홀로 나의 왕국을 가져오기 위한

과업을 수행할 수 있는 것은 없다.

반드시 이것은 그리스도 전체 몸의 과업이 될 것이다."

우리는 우리의 공동체들과 도시들 또는 나라들에 혼자서는 변혁을 가져올 수 없습니다. 하나님께서는 몸의 한 부분을 가지고서 일하는 것이 아니라, 몸 전체로 일하십니다. 사람들이 각기 다른 사역들과 교회들로부터 함께 나아올 때, 우리는 새로운 단계의 법적 권한을 가지게 됩니다. 거기에서부터 어둠의 왕국과 싸울 수 있는 것입니다.

「Awakening the church」John Mulinde

이 글을 읽고 느낀 점을 서로 나누시기 바랍니다.

---

4. 연합의 선행 조건 — 겸손

연합을 이해하기 위해서는 반드시 선행되어야 할 조건이 있습니다. 그것은 겸손입니다. 낮아져야 연합할 수 있고 때로는 희생해야 연합하게 됩니다. 연합이라는 것이 얼마나 어려운지 모릅니다. 하나 된다는 것이 얼마나 힘든 일인지 모릅니다. 이것이 한국교회 앞에 놓여있는 가장 어려운 사역입니다. 그러나 하나님, 예수님, 성령님은 철저하게 연합하십니다. 여기에 답이 있습니다. 하나님 왕국의 강력한 속성 중 하나는 '하나 됨'입니다. 삼위일체 되신 하나님, 예수님, 성령님은 지극히 겸비하신 하나님이십니다.

1) 겸비하신 성부 하나님

시편 113:5-7 "여호와 우리 하나님과 같은 이가 누구리요 높은 곳에 앉으셨으나 스스로 낮츠사 천지를 살피시고 가난한 자를 먼지 더미에서 일으키시며 궁핍한 자를 거름 더미에서 들어 세워"

우리는 아버지 하나님께서 스스로 낮추시는 하나님이심을 알 수 있습니다. 높은 곳에 앉으셨으나 낮추시는 분이라고 시편 기자는 고백하고 있습니다. 하나님은 정말로 겸비하신 분이십니다.

2) 겸비하신 성자 하나님

빌립보서 2:5-8 "너희 안에 이 마음을 품으라 곧 그리스도 예수의 마음이니 그는 근본 하나님의 본체시나 하나님과 동등 됨을 취할 것으로 여기지 아니하시고 오히려 자기를 비워 종의 형체를 가지사 사람들과 같이 되셨고 사람의 모양으로 나타나사 자기를 낮추시고 죽기까지 복종하셨으니 곧 십자가에 죽으심이라"

요한복음 5:19 "그러므로 예수께서 그들에게 이르시되 내가 진실로 진실로 너희에게 이르노니 아들이 아버지께서 하시는 일을 보지 않고는 아무것도 스스로 할 수 없나니 아버지께서 행하시는 그것을 아들도 그와 같이 행하느니라"

요한복음 5:30 "내가 아무것도 스스로 할 수 없노라 듣는 대로 심판하노니 나는 나의 뜻대로 하려 하지 않고 나를 보내신 이의 뜻대로 하려 하므로 내 심판은 의로우니라"

예수님은 만물을 창조하신 분입니다. 그럼에도 자기를 낮추시고 죽기까지 복종하셨으며 십자가에 죽으셨습니다.

마태복음 11:29 "나는 마음이 온유하고 겸손하니 나의 멍에를 메고 내게 배우라 그리하면 너희 마음이 쉼을 얻으리니"

예수님은 온유하고 겸손한 분이십니다. 예수님은 자신을 철저하게 낮추셨습니다. 자신을 비우신 것입니다(Jesus made himself nothing). 예수님은 자신의 영광을 나타내지 않으시고, 오직 하나님의 영광만을 나타내십니다. 예수님은 오셔서 '예수, 예수' 그러지 않으셨습니다. 오직 '아버지, 아버지' 그러셨습니다. 예수님께서는 철저하게 십자가에 자신을 못 박으셨습니다. 완전히 성령님께 사로잡혀서 사셨습니다. 아들이신 예수님은 철저하게 겸비의 삶을 살아 내셨습니다.

3) 겸비하신 성령 하나님

요한복음 16:13-14 "그러나 진리의 성령이 오시면 그가 너희를 모든 진리 가운데로 인도하시리니 그가 스스로 말하지 않고 오직 들은 것을 말하며 장래 일을 너희에게 알리시리라 그가 내 영광을 나타내리니 내 것을 가지고 너희에게 알리시겠음이라"

성령님께서는 자신의 의지로 말씀하지 않으십니다. 오직 예수님의 영광만을 나타내십니다. 이것이 바로 삼위일체 하나님께서 지니신 겸비의 속성입니다. 은사는 겸비하신 하나님에게서 나왔습니다. 겸비해야만 연합할 수 있습니다. 자신의 소리를 내는 사람은 하나 되기가 너무나 어렵습니다. 그래서 하나님의 사람은 하나님께서 원하시는 대로 움직이게 됩니다.

겸비하신 성부 하나님께서는 자신을 낮추십니다.

겸비하신 성자 예수님께서는 아버지의 뜻만 행하십니다.

겸비하신 성령님께서는 예수님만 드러내십니다.

연습 (Exercise)

다음 글을 읽으십시오.

만약 당신이 혼자라면, 당신은 제한된 영적 권위만을 갖고 있는 것입니다. 회개는 어떠한 차원이든 하나님 앞에서 할 수 있는 것이기에 언제나 회개의 영역에 머물러 있도록 권합니다. 영적인 전쟁에 들어가기 원한다면 단 한 명이라도 다른 교회나 교파의 사람들과 연합하여 기도하십시오, 그렇게 기도할 때, 더 큰 수준의 영적 권한을 얻게 됩니다. 따라서 다른 지역의 공동체들과 연합하여 기도하면 더 큰 영적 권한을 갖게 될 것입니다. 연합 기도가 열쇠입니다.

영적 전쟁을 통하여 공동체를 위해 기도할 수 있습니다. 언제나 영적 전쟁의 영역에서 반드시 그 지역에 하나님 왕국을 선포하고, 하나님께 속한 것을 이 땅에 심고, 하나님께서 그 지역에서 이루기를 원하시는 것에 관해 선포하십시오.

예수님의 보혈로 한 사람 한 사람을 덮고 당신이 사는 그 지역을 위해 회개하십시오. 당신이 사는 지역을 대표하여 회개하십시오. 그 땅의 조상들이 지은 죄 그리고 그 땅에 머물렀던 사람들, 그 땅의 개척자, 그 땅의 악한 영과 비밀리에 언약을 맺은 자들이 지은 죄에 대해 하나님께 용서를 구하십시오. 당신의 지역 뒤에 숨어 있는 악한 영들에 대해 회개하십시오. 당신의 삶과 재산과 그 지역에 주님의 보혈을 뿌리십시오.

우리는 그 지역에서 바쳐진 피의 제물들에 대해 회개할 것입니다. 피의 제물이 바쳐지지 않는 곳에서는 사탄이 지배할 수 없습니다. 모든 비정상적인 행동과 일들(살인, 질병, 사고 등)은 누군가 그 지역에서 마귀에게 희생 제물을 바쳤기 때문에 일어난다는 사실을 기억하십시오.

「기도혁명」 **World Trumpet Mission**

연합의 중요성에 대해 깨달은 점은 무엇입니까?

5. 언약에 스스로 묶이시는 하나님

하나님은 언약에 스스로 묶이십니다. 이것을 다른 말로 하면 하나님께서 하신 약속은 반드시 지키신다는 것입니다. 언약을 알면 하나님께서 우리에게 무엇을 보증하셨고, 우리가 이 세상을 살아갈 때 어떻게 견고히, 강하게 나아갈지 명확하게 알게됩니다. 그러나 언약을 모르면 인생의 수많은 어려움을 당하게 됩니다. 언약을 이해하지 못하면 사실상 하나님과 동행하기가 힘듭니다. 수많은 기독교인이 하나님이 누구신지, 그 언약이 얼마나 가치 있고, 무게가 있는지 모르고 살아갑니다. 그렇게 신앙 생활하게 되면 심각한 왜곡이 일어나게 됩니다. 그러므로 그리스도인들은 하나님의 언약에 대하여 정확히 알고 있어야 합니다.

하나님의 언약은 다음과 같은 특성이 있습니다.

1) 언약은 혈연보다 강력한 것이다.

하나님과 아브라함은 언약으로 맺어진 관계입니다. 언약으로 맺어진 관계는 혈연보다 우선시 되고 결속력이 더 강력합니다.

> **창세기 12:1-3** "여호와께서 아브람에게 이르시되 너는 너의 고향과 친척과 아버지의 집을 떠나 내가 네게 보여 줄 땅으로 가라 내가 너로 큰 민족을 이루고 네게 복을 주어 네 이름을 창대하게 하리니 너는 복이 될지라 너를 축복하는 자에게는 내가 복을 내리고 너를 저주하는 자에게는 내가 저주하리니 땅의 모든 족속이 너로 말미암아 복을 얻을 것이라 하신지라"

언약을 맺으신 하나님께서 아브라함에게 큰 민족을 이루고 복을 주어 창대하게 하시겠다고 언약을 맺으셨습니다. 그리고 고향, 친척, 아버지의 집을 떠나라고 말씀하십니다. 혈연을 떠나라고 하십니다.

예수님도 이 부분을 똑같이 말씀하십니다. 왜냐하면 예수님과 교회 그리고 신부인 우리는 언약으로 맺어진 관계이기 때문입니다.

마태복음 10:37 "아버지나 어머니를 나보다 더 사랑하는 자는 내게 합당하지 아니하고 아들이나 딸을 나보다 더 사랑하는 자도 내게 합당하지 아니하며"

누가복음 14:25-27 "수많은 무리가 함께 갈새 예수께서 돌이키사 이르시되 무릇 내게 오는 자가 자기 부모와 처자와 형제와 자매와 더욱이 자기 목숨까지 미워하지 아니하면 능히 내 제자가 되지 못하고 누구든지 자기 십자가를 지고 나를 따르지 않는 자도 능히 내 제자가 되지 못하리라"

예수님께서도 분명하게 혈연보다 예수님과의 관계가 더 우선시 되고 있다는 것을 말씀하시고 계십니다. 그래서 언약은 혈연보다 결속력이 더 강합니다. 우리는 그 사실을 사울 왕과 요나단 그리고 다윗의 관계에서 알 수 있습니다.

사무엘상 18:3-4 "요나단은 다윗을 자기 생명같이 사랑하여 더불어 언약을 맺었으며 요나단이 자기가 입었던 겉옷을 벗어 다윗에게 주었고 자기의 군복과 칼과 활과 띠도 그리하였더라"

사무엘상 23:18 "두 사람이 여호와 앞에서 언약하고 다윗은 수풀에 머물고 요나단은 자기 집으로 돌아가니라"

사울 왕은 다윗을 죽이려 했습니다. 아들인 요나단은 혈연이라면 당연히 아버지의 의견을 따라가야 했습니다. 그런데 요나단은 다윗과 서로 사랑해서 언약을 맺습니다. 요나단은 아버지 사울 왕의 명령, 뜻을 따라가지 않고 다윗과 맺은 언약 관계를 따라 다윗을 살립니다.

언약은 핏줄보다 강한 것입니다. 이것은 마치 전쟁이 났을 때 자신의 전우들을 위해 생명을 던졌던 수많은 군인을 생각하면 쉽게 이해가 됩니다. 고향에 두고 온 자식이나 아내, 부모를 생각하면 군인은 절대 죽으면 안 됩니다. 그러나 빗발치는 총탄과 포탄 속에서 전우를 위해 생명을 던지는 것을 우리는 수많은 기록, 드라마, 영화에서 보았습니다. 언약은 혈연보다 강한 것입니다.

2) 언약은 하나님의 음성을 듣지 못해도 지켜져야 한다.

언약은 하나님의 음성 없이도 맺을 수 있습니다. 이 말을 다시 하면 하나님의 음성이 없어도 언약은 지켜져야 한다는 것입니다.

여호수아 9:3-15 "기브온 주민들이 여호수아가 여리고와 아이에 행한 일을 듣고 꾀를 내어 사신의 모양을 꾸미되 해어진 전대와 해어지고 찢어져서 기운 가죽 포도주 부대를 나귀에 싣고 그 발에는 낡아서 기운 신을 신고 낡은 옷을 입고 다 마르고 곰팡이가 난 떡을 준비하고 그들이 길갈 진영으로 가서 여호수아에게 이르러 그와 이스라엘 사람들에게 이르되 우리는 먼 나라에서 왔나이다 이제 우리와 조약(언약)을 맺읍시다 하니 이스라엘 사람들이 히위 사람에게 이르되 너희가 우리 가운데에 거주하는 듯하니 우리가 어떻게 너희와 조약을 맺을 수 있으랴 하나 그들이 여호수아에게 이르되 우리는 당신의 종들이니이다 하매 여호수아가 그들에게 묻되 너희는 누구며 어디서 왔느냐 하니 그들이 여호수아에게 대답하되 종들은 당신의 하나님 여호와의 이름으로 말미암아 심히 먼 나라에서 왔사오니 이는 우리가 그의 소문과 그가 애굽에서 행하신 모든 일을 들으며 또 그가 요단 동쪽에 있는 아모리 사람의 두 왕들 곧 헤스본 왕 시혼과 아스다롯에 있는 바산 왕 옥에게 행하신 모든 일을 들었음이니이다 그러므로 우리 장로들과 우리 나라의 모든 주민이 우리에게 말하여 이르되 너희는 여행할 양식을 손에 가지고 가서 그들을 만나서 그들에게 이르기를 우리는 당신들의 종들이니 이제 우리와 조약을 맺읍시다 하라 하였나이다 우리의 이 떡은 우리가 당신들에게로 오려고 떠나던 날에 우리들의 집에서 아직도 뜨거운 것을 양식으로 가지고 왔으나 보소서 이제 말랐고 곰팡이가 났으며 또 우리가 포도주를 담은 이 가죽 부대도 새 것이었으나 찢어지게 되었으며 우리의 이 옷과 신도 여행이 매우 길었으므로 낡아졌나이다 한지라 무리가 그들의 양식을 취하고는 어떻게 할지를 여호와께 묻지 아니하고 여호수아가 곧 그들과 화친하여 그들을 살리리라는 조약(언약)을 맺고 회중 족장(지도자)들이 그들에게 맹세하였더라"

우리는 여호수아가 하나님의 음성을 듣지 않았다는 것을 알게 되었습니다. 하나님의 음성, 감동이 없이 행해진 약속이었지만 이 언약은 유효했습니다. 그만큼 언약은 무게감이 있는 개념인 것입니다.

여호수아 10:1-14 "그때에 여호수아가 아이를 빼앗아 진멸하되 여리고와 그 왕에게 행한 것같이 아이와 그 왕에게 행한 것과 또 기브온 주민이 이스라엘과 화친하여 그중에 있다 함을 예루살렘 왕 아도니세덱이 듣고 크게 두려워하였으니 이는 기브온은 왕도와 같은 큰 성임이요 아이보다 크고 그 사람들은 다 강함이라 예루살렘 왕 아도니세덱이 헤브론 왕 호함과 야르뭇 왕 비람과 라기스 왕 야비아와 에글론 왕 드빌에게 보내어 이르되 내게로 올라와 나를 도우라 우리가 기브온을 치자 이는 기브온이 여호수아와 이스라엘 자손과 더불어 화친하였음이니라 하매 아모리 족속의 다섯 왕들 곧 예루살렘 왕과 헤브론 왕과 야르뭇 왕과 라기스 왕과 에글론 왕이 함께 모여 자기들의 모든 군대를 거느리고 올라와 기브온에 대진하고 싸우니라 기브온 사람들이 길갈 진영에 사람을 보내어 여호수아에게 전하되 당신의 종들 돕기를 더디게 하지 마시고 속히 우리에게 올라와 우리를 구하소서 산지에 거주하는 아모리 사람의 왕들이 다 모여 우리를 치나이다 하매 여호수아가 모든 군사와 용사와 더불어 길갈에서 올라가니라 그 때에 여호와께서 여호수아에게 이르시되 그들을 두려워하지 말라 내가 그들을 네 손에 넘겨주었으니 그들 중에서 한 사람도 너를 당할 자 없으리라 하신지라 여호수아가 길갈에서 밤새도록 올라가 갑자기 그들에게 이르니 여호와께서 그들을 이스라엘 앞에서 패하게 하시므로 여호수아가 그들을 기브온에서 크게 살륙하고 벧호론에 올라가는 비탈에서 추격하여 아세가와 막게다까지 이르니라 그들이 이스라엘 앞에서 도망하여 벧호론의 비탈에서 내려갈 때에 여호와께서 하늘에서 큰 우박 덩이를 아세가에 이르기까지 내리시매 그들이 죽었으니 이스라엘 자손의 칼에 죽은 자보다 우박에 죽은 자가 더 많았더라 여호와께서 아모리 사람을 이스라엘 자손에게 넘겨주시던 날에 여호수아가 여호와께 아뢰어 이스라엘의 목전에서 이르되 태양아 너는 기브온 위에 머무르라 달아 너도 아얄론 골짜기에서 그리할지어다 하매 태양이 머물고 달이 멈추기를 백성이 그 대적에게 원수를 갚기까지 하였느니라 야살의 책에 태양이 중천에 머물러서 거의 종일토록 속히 내려가지 아니하였다고 기록되지 아니하였느냐 여호와께서 사람의 목소리를 들으신 이같은 날은 전에도 없었고 후에도 없었나니 이는 여호와께서 이스라엘을 위하여 싸우셨음이니라"

우리는 잘 생각해야 합니다. 언약은 한 번 정해지면 영원한 것입니다. 유효한 것입니다. 그래서 언약을 맺을 때는 신중해야 합니다. 심지어 신중하지 못해 하나님의 음성을 듣지 못해도 언약을 맺으면 지켜야 합니다. 하나님의 음성이 없어도 지켜야 하는 것입니다.

우리는 언약을 배워나가고 있습니다. 자칫하면 우리는 왜 언약을 맺는지 그 본질을 놓치기 쉽습니다. 언약을 맺는 이유는 어떤 일을 성취하려고 하기 때문입니다. 그것이 바로 데스티니입니다. 즉 하나님께서 데스티니를 성취하기 위해서 언약이라는 관계를 맺고 시작하시는 것입니다.

 "두 사람이 한 사람보다 나음은 그들이 수고함으로 좋은 상을 얻을 것임이라 혹시 그들이 넘어지면 하나가 그 동무를 붙들어 일으키려니와 홀로 있어 넘어지고 붙들어 일으킬 자가 없는 자에게는 화가 있으리라 또 두 사람이 함께 누우면 따뜻하거니와 한 사람이면 어찌 따뜻하랴 한 사람이면 패하겠거니와 두 사람이면 맞설 수 있나니 세 겹 줄은 쉽게 끊어지지 아니하느니라"

언약을 통해 서로 돕고 붙들어 주는 것입니다. 길을 가다 힘들 때 추운 바닥이나 동굴에 함께 누울 때 따뜻한 것입니다. 그래서 적들과 맞서 싸우고, 어려움을 이겨내라고 언약의 관계를 주시는 것입니다. 쉽게 끊어지지 않는 언약의 관계를 맺어야 데스티니를 성취하기 때문입니다.

언약은 다른 어떤 약속보다도 더 깊은 차원의 약속입니다. 생명 그 자체보다도 신성한 것입니다. 언약을 맺을 때, 우리는 말 그대로 자신의 생명을 언약의 파트너에게 주면서 우리 자신의 필요보다 그들의 필요를 우선으로 하겠다는 맹세를 하는 것입니다. 언약은 영원한 동반자 관계이며 죽음 앞에서도 깨질 수 없습니다. 언약은 서로에게 충성을 하겠다는 서약입니다.

많은 기독교인이 하나님의 축복을 받기 원합니다. 하지만 소수의 사람만 축복과 저주가 언약과 직접적으로 연결되어 있다는 것을 깨닫습니다. 축복은 인간이 언약을 지키며 살아갈 때 얻는 것입니다. 그러나 저주는 언약 안에 머물러 있지 않을 때 찾아오는 것입니다. 하나님께서는 모든 인류가 축복을 누리기를 진심으로 원하십니다. 우리가 축복을 받는다면 그것은 하나님과 언약적 관계를 지켜나갈 때 얻어지는 것입니다. 축복을 받은 백성들을 통해 하나님께서 언약에 신실하다는 것이 증거되는 것입니다.

결국 하나님께서는 언약이라는 관계의 시스템(System)을 구축하셨고, 이 시스템을 통해 데스티니를 성취하시는 것입니다.

예수님께서 하나밖에 없는 당신의 생명을 십자가에서 내어주시고 열두 명의 제자를 훈련하신 이유도 결국 같은 배경입니다. 아담은 하나님의 말씀을 불순종함으로 이 땅의 통치권을 사탄에게 넘겨주게 됩니다(눅4:6). 예수님께서는 십자가와 부활의 능력을 통해 잃어버린 통치권을 되찾아 오셨습니다. 그리고 제자들에게 “모든 민족을 제자로 삼아 아버지와 아들과 성령의 이름으로 세례를 주고 예수님께서 가르쳐주신 모든 것을 가르쳐 지키게 하라(마28:18–20)”라고 명령하셨습니다. 하지만 이 엄청난 지구적 사역을 제자들에게 감당시키기 위해서는 언약 관계의 성숙을 기다리실 수밖에 없었습니다. 왜냐하면 제자들이 언약적 관계를 제대로 이해해야만 인류 역사상 가장 중요한 사명을 감당할 수 있었기 때문입니다. 제자들은 예수님의 부활을 목격한 후에 예수님께서 새 언약이라는 사실을 너무나 명확하게 깨닫게 되었고 그 언약의 주체이신 예수님과 자신들이 언약의 관계 안에 있다는 것을 알게 되었습니다. 그런 다음에야 예수님께서 제자들에게 지상명령을 부여하셨던 것입니다.

제자들은 언약의 성취를 위해 자신의 생명을 기꺼이 바치면서 달려갈 태세를 갖추었습니다. 제자들은 예수님께서 언약을 지키시는 새 언약의 중보자이신 것을 깨달았습니다. 제자들이 예수님께서 누구신지 명확하게 인식하자 열방을 향해 담대히 나아갈 수 있었습니다. 제자들은 모든 민족을 제자 삼기 시작했으며, 세례를 베풀고 예수님께서 말씀하신 모든 것을 가르쳐 지키게 했습니다. 그리고 죄를 사했습니다.

예수님께서 명령하신 것들은 언약 관계가 성숙해질 때 성취할 수 있는 것입니다. 만약 제자들이 미성숙했다면 모든 민족을 제자 삼는 일은 불가능했을 것입니다. 예수님께서는 하나님의 뜻과 목적을 성취해 드리기 위해서 당신의 제자들을 택하셨습니다. 공생애 동안 예수님께서는 당신이 누구신지 친히 제자들에게 보여주셨고, 십자가와 부활을 통해 당신께서 새 언약의 중보자이시며, 언약을 지키시는 신실한 하나님의 아들이심을 분명하게 드러내셨습니다. 이렇게 하셨던 이유는 제자들을 통해 모든 민족을 제자 삼아야 하는 지구적 사명을 맡기려 하셨기 때문입니다. 하나님의 뜻과 목적은 언약이 무엇인지 정확하게 이해하고, 하나님께서 언약을 지키시는 신실한 분이라는 사실을 깨달은 자들을 통해 성취되는 것입니다. 그런 이유로 하나님께서는 제자들을 언약 관계의 성숙으로 이끄셨던 것입니다.

국가적인 데스티니를 성취하기 위해서 형제는 연합해야 합니다. 어떤 경우에도 함께 달려가야 합니다. 그런데 여호와께 묻지도 않고 맺었던 언약에 대해서도 하늘에서 우박으로 적들을 죽여주시고, 심지어 해와 달까지도 멈추어주신 분이 하나님이십니다.

왜 그렇습니까? 언약은 그 내용이 옳든지 아니면 무엇이 포함되었든지 상관없이 반드시 지켜져야 하는 것이기 때문입니다. 언약에 충성스러워야 하는 것입니다. 언약의 내용이 무엇을 포함하고 있든지 언약은 무거운 것입니다. 함부로 해석할 수 없는 무게감이 있는 것입니다. 언약은 지켜지는 것입니다.

3) 하나님의 음성과 언약이 충돌할 때 언약이 우선입니다.

출애굽기 32:9-14 "여호와께서 또 모세에게 이르시되 내가 이 백성을 보니 목이 뻣뻣한 백성이로다 그런즉 내가 하는 대로 두라 내가 그들에게 진노하여 그들을 진멸하고 너(모세)를 큰 나라가 되게 하리라 모세가 그의 하나님 여호와께 구하여 이르되 여호와여 어찌하여 그 큰 권능과 강한 손으로 애굽 땅에서 인도하여 내신 주의 백성에게 진노하시나이까 어찌하여 애굽 사람들이 이르기를 여호와가 자기의 백성을 산에서 죽이고 지면에서 진멸하려는 악한 의도로 인도해 내었다고 말하게 하시려 하나이까 주의 맹렬한 노를 그치시고 뜻을 돌이키사 주의 백성에게 이 화를 내리지 마옵소서 주의 종 아브라함과 이삭과 이스라엘을 기억하소서 주께서 그들을 위하여 주를 가리켜 맹세(언약)하여 이르시기를 내가 너희의 자손을 하늘의 별처럼 많게 하고 내가 허락한 이 온 땅을 너희의 자손에게 주어 영원한 기업이 되게 하리라 하셨나이다 여호와께서 뜻을 돌이키사 말씀하신 화를 그 백성에게 내리지 아니하시니라"

모세가 시내산에 올라갔다 내려오는 것이 늦어지자, 이스라엘 백성이 금송아지를 만들어 하나님이라고 제사를 드리는 장면입니다. 하나님께서는 진노하십니다.

이스라엘은 죄를 범했습니다. 하나님은 진심으로 화를 내셨습니다. 그래서 이스라엘을 통해 성취하시려는 데스티니를 위해서 모세와 다시 시작하시겠다는 장면입니다. 모세는 하나님께서 발하시는 맹렬한 진노의 음성을 들었습니다.

출애굽기 32:9-10 "여호와께서 또 모세에게 이르시되 내가 이 백성을 보니 목이 뻣뻣한 백성이로다 그런즉 내가 하는 대로 두라 내가 그들에게 진노하여 그들을 진멸하고 너를 큰 나라가 되게 하리라"

그런데 모세는 하나님의 음성을 들었음에도 불구하고 언약에 관해 이야기합니다.

모세는 그 옛날 하나님께서 맺으신 아브라함, 이삭, 야곱과의 언약을 언급합니다. 왜 그렇게 한 것입니까? 하나님은 언약에 스스로 묶이시는 분이시기 때문입니다. 모세는 이스라엘 전체를 멸해 버리시겠다는 하나님의 음성을 분명히 들었습니다. 그런데 모세는 하나님께 언약을 말씀드리고 있습니다. 우리는 여기에서 '내가 그들에게 진노하여 그들을 진멸하고 너(모세)를 큰 나라가 되게 하리라'는 하나님의 음성을 들었던 모세가 조상들이 맺었던 언약을 하나님께 상기시켰을 때 하나님께서 돌이키신 것을 분명하게 확인할 수 있습니다.

우리는 수많은 사람이 하나님의 음성을 들었다고 하면서 쉽게 단체를 이탈하고 교회를 떠나고 관계를 정리하는 것을 너무나 자주 목격합니다. 그 어떤 것보다 하나님의 음성이 먼저기 때문에 아무런 거리낌 없이 자신의 입장을 주변에 설득하기 바쁩니다. 그러나 하나님께서 출애굽기 32장을 왜 모세에게 기록하게 하셨는지 잘 생각해 보아야 합니다. 지금 한국교회가 직면한 문제는 하나님의 음성을 듣는 수많은 사람으로 인해 순기능과 역기능이 동시에 작용하고 있다는 것입니다. 우리는 하루하루 살아가면서 하나님과 동행하고 하나님의 음성에 귀를 열어야 합니다. 그러나 또한 깊이 생각해야 할 것은 하나님의 뜻 안에서 사람과 선교단체, 교회에서 맺었던 신실한 약속들 또한 언약으로서 너무나 중요하다는 것을 기억해야 합니다.

하나님께서는 이스라엘의 죄악을 보셨고 그 죄악을 더 이상 용인할 수 없으셨기에 모세와 새로운 나라를 시작하려고 하셨습니다. 그러나 모세는 조상들의 언약을 하나님께 겸손하게 여쭈어보았습니다. 하나님이시라 해도 그 약속을 함부로 하실 수 없었기에 모세의 이야기에 손을 들어주신 것입니다. 대한민국 교회는 기억해야 합니다. 하나님은 언약에 스스로 묶이시는 분이십니다.

하나님의 음성을 들으십시오. 그러나 여러분이 약속했던 언약들에 대해서 신중해야 합니다. 하나님의 음성과 언약이 상충 될 때 하나님은 언약을 지키셨고 우리도 그 하나님을 따라 언약을 지키기를 원하십니다.

위의 글을 읽고 느낀 점을 서로 나누시기 바랍니다.

____

____

____

PART 2

데스티니 (Destiny)

언약으로 시작한 모든 사역은 하나님의 데스티니를 성취하는 것으로 마무리된다.
우리의 데스티니는 모든 나라를 제자로 삼아
예수님께서 분부한 모든 것을 가르쳐 지키게 하는 것이다.

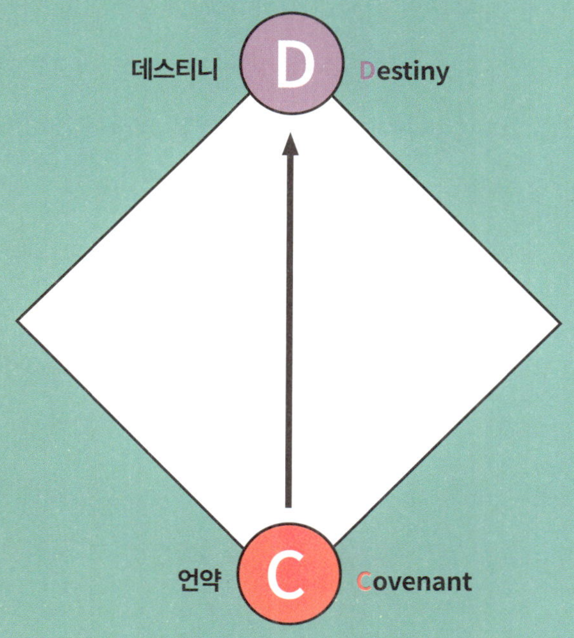

마태복음 28:18-20
"예수께서 나아와 말씀하여 이르시되 하늘과 땅의 모든 권세를 내게 주셨으니 그러므로 너희는 가서
모든 민족을 제자로 삼아 아버지와 아들과 성령의 이름으로 세례를 베풀고 내가 너희에게 분부한 모든 것을
가르쳐 지키게 하라 볼지어다 내가 세상 끝날까지 너희와 항상 함께 있으리라 하시니라"

하나님의 데스티니

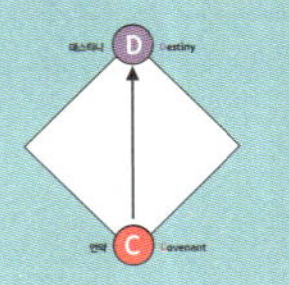

언약으로 시작한 모든 사역은 하나님의 데스티니를 성취하는 것으로 마무리된다.
우리의 데스티니는 모든 나라를 제자로 삼아
예수님께서 분부한 모든 것을 가르쳐 지키게 하는 것이다.

1. 한 청년의 열정과 데스티니

한 세기도 훨씬 전에, 대부분의 아프리카 대륙은 제국주의의 지배 아래 있었습니다. 에티오피아, 리비아와 시에라리온을 제외한 거의 모든 아프리카의 나라들은 서구 열방의 식민지였습니다. 2차 세계대전 후에 독립을 위한 투쟁이 시작되었습니다.

아프리카 가나의 한 청년이 자신의 데스티니를 발견합니다. 그리고 그 꿈을 이루기 위해 최선을 다해 달려갑니다. 청년의 이름은 콰메(Kwame Nkrumah, 1909-1972)였습니다. 콰메의 꿈은 아프리카를 '하나의 나라(One Nation)'로 만드는 것이었습니다. 열강의 서구 세력들로부터 압제와 핍박을 받은 아프리카를 어떻게 하든지 강성한 국가로 만들어 힘을 규합하려는 거대한 꿈을 꾸게 됩니다. 1957년 독립을 맞이한 가나는 어떻게 정부를 구성하고 유지하는지에 대한 방향을 잡지 못하고 있었습니다. 콰메는 정부에 관련된 일에 도움을 받으려고 선교사들을 찾아가서 이렇게 물었습니다.

"우리는 우리가 원하는 독립을 얻었습니다.

당신들이 오기 전, 우리는 작은 부족으로 갈라져 있었습니다.

당신들이 와서 우리에게 새로운 경계선을 설정해 주었고,

그래서 우리는 지금 아주 큰 공동체가 되었습니다.

그러나 우리는 서로 다른 모든 공동체가 함께 살아갈 수 있을 만한

정부의 법규를 가지고 있지 못합니다. 우리를 도와주시겠습니까?”

콰메의 부탁은 신생 국가였던 가나를 아프리카에서 최초로 하나님의 왕국으로 세울 수 있는 엄청난 기회였습니다. 그러나 선교사들은 이렇게 대답했습니다.

“우리는 영적인 일을 하는 사람이지 정치적인 일을 하는 사람이 아닙니다.”

콰메는 실망을 뒤로 하고 곧바로 공산주의자들에게로 발걸음을 옮겼습니다. 콰메는 공산주의자들에게 말했습니다.

“우리는 젊은 나라입니다.

그리고 우리는 가나와 같은 한 나라를 다스려 본 적이 한 번도 없습니다.

우리가 알고 있던 것을 계속한다면, 우리는 곧 분열을 겪을 수밖에 없습니다.”

콰메의 부탁을 들은 공산주의자들은 흔쾌히 도와주겠다고 약속했습니다. 콰메는 공산주의자들을 초청하였고 공산주의자들은 가나를 어떻게 다스려야 하는지 전략적으로 가르쳤습니다.

후에 콰메(Kwame Nkrumah)는 가나의 수상을 역임하고 대통령이 됩니다. 콰메 대통령은 소련, 중국, 동유럽을 방문한 후에 사회주의 집단농장과 공장조직에 영감을 얻었고, 가나에서 대대적인 국가 주도형 통제 경제를 실천에 옮겼습니다. 1950년대 사하라 이남 지역에서 가장 번영을 누렸던 가나 경제는 콰메가 집권하면서 서서히 몰락의 길을 걷게 되었습니다. 콰메는 가나 국민에게 지속적으로 이렇게 선포했습니다.

"제국주의자들의 위협을 잊지 말라.

그 속에서 경제발전을 이뤄야 하는 현재 상황은 비상사태다.

우리에게 필요한 것은 모든 책임과 비판으로부터 자유로운 전능한 지도자,

그리고 그의 영도(領導)[1]이다."

콰메는 모든 아프리카가 해방되고 자유를 얻게 될 것으로 믿었습니다. 그는 자기 집을 지도자 훈련과 국가 건설을 위한 학교로 만들었습니다. 아프리카의 여러 나라에서 진보적인 젊은이들을 가나의 쿠마시(Kumasi)로 초청했습니다. 그들은 누추한 집으로 모여들었고, 공산주의자들로부터 국가 건설과 지도자훈련을 받았습니다.

이 학교에 다니던 사람 중에는 압델 나세르(Abdel Nasser–이집트의 대통령), 줄리어스 니에레레(Julius K. Nyerere–탄자니아의 초대 대통령), 케네스 카운다(Kenneth Kaunda–잠비아의 초대 대통령), 그리고 사모라 마셀(Samora Machel–모잠비크의 초대 대통령) 등이 있었습니다. 젊은이들은 자기들의 조국으로 돌아가서 그들이 배운 것들을 적용했습니다. 이 젊은이들은 각자 자기 나라에서 투쟁을 벌였고 수상과 대통령, 그리고 중요한 의사 결정권자들이 되었습니다. 그 결과 리비아, 이집트, 우간다 그리고 탄자니아가 사회주의 국가가 되었고, 잠비아, 앙골라, 모잠비크 그리고 남아프리카공화국이 공산주의 국가가 되었습니다.

콰메가 주창한 'One Man, One Party'라는 국가의 통치 이념은 이후 다른 아프리카 독재자들의 모범이 되었습니다. 탄자니아의 초대 대통령 니에레레(Nyerere)가 1962년 아프리카식 전통에 기반한 사회주의를 선포하면서 정당 활동을 금지한 것을 시작으로 서아프리카 기니의 투레(Touré), 중앙 아프리카 콩고의 루뭄바(Lumumba) 초대 총리도 콰메가 제정한 헌법을 모방했습니다. 최근까지 에디오피아의 제나위(Zenawi) 대통령도 콰메가 주창한 'One Man, One Party'라는 국가의 통치 이념을 옹호하면서 장기 집권을 정당화시켰습니다. 1972년에 콰메는 비록 암으로 죽음을 맞이했지만, 오늘

---

1)   앞장서서 지도하고 이끎

날에도 콰메는 아프리카 독재의 망령으로 살아남아 있습니다.

어떻게 이 일들이 가능하게 된 것입니까? "아프리카에는 데스티니가 있다. 그리고 나는 그것을 붙잡을 수 있다"라고 믿었던 한 사람으로부터 시작된 것입니다.

콰메는 지금도 '아프리카의 레닌'으로 추앙받고 있습니다. 그는 아프리카의 미래를 과감히 꿈꾸었던 지도자로 기억되고 있습니다. 그의 유산은 아프리카 대륙의 통합과 발전을 위한 영감과 지침이 되고 있습니다.[2]

2. 데스티니를 따라 사는 사람

우리는 자신의 데스티니를 발견한 자의 발걸음이 역사를 흔들 수 있다는 것을 알게 되었습니다. 나라를 변혁하고 새롭게 할 수 있다는 것을 보았습니다. 어떤 희생과 대가를 치르더라도 그 일을 위해 달려가는 자의 발걸음을 막기 힘들다는 것을 역사를 통해 알 수 있습니다.

데스티니를 따라 사는 사람들은 자신의 모든 정열을 그 일에 쏟아붓습니다. 시간을 투자합니다. 생각을 모읍니다. 그래서 데스티니는 그 어떤 것보다 강력한 힘을 가지고 있는 것입니다.

왜 그렇습니까?

향방(向方) 없는 인생을 사는 사람들의 시간과 관심은 늘 분산되고 산만해질 가능성이 높기 때문입니다. 그러나 하나의 방향으로 모든 것을 쏟는 사람들은 시간과 관심, 힘을 집중합니다. 그렇기에 인생을 목적 없이 사는 사람들이 길을 알고 달려가는 사람을 이기기는 쉽지 않습니다. 길을 몰라 순간순간 살아가는 인생처럼 힘든 삶도 없습니다. 그러나 우리가 조심해서 살펴보아야 할 것이 있습니다. 아무런 목적이나 방향도 모르고 하나님의 뜻도 모른 채 살아가는 기독교인들보다 가야 할 길(Destiny)을

---

2)　홍부장, "아프리카 철학자 콰메 은쿠루마의 유년기, 업적과 결론", 할 것 많은 세상, 2023.05.17.

분명하게 인식하고 달려가는 무신론자들이 더 큰 일을 해낸다는 사실입니다.

하나님께서는 당신께서 정하신 뜻과 목적을 성취하는 길로 우리를 부르셨습니다. 하나님께서는 우리가 앞에 다가오는 위기나 문제에 집중하기보다 하나님이 행하시고, 성취하기 원하시는 그 일에 정렬되기를 원하고 계십니다. 그래서 우리가 달려나가야 할 길은 정해져 있는 것입니다. 그 길은 하나님 왕국이 이 땅에 임하도록 하는 것입니다. 그분의 말씀 즉 법도가 온 땅에 충만해지는 것입니다. 물이 바다를 덮음같이 여호와의 영광이 온 세상에 가득해지는 것입니다.

우리의 삶이 하나님의 데스티니로 향하게 될 때 우리는 하나님으로부터 보호를 받게 됩니다. 더 앞으로 달려갈 힘을 공급받게 됩니다. 어디에 힘을 쏟아야 할지 알게 하시고 허탄한 곳에 시간을 허비하지 않도록 우리의 시간을 지켜주십니다.

지금 한반도에는 이런 흐름이 시작되었습니다. 하나님께서 백성들을 모아 당신께서 인도하시는 방향에 한 줄로 정렬되게 하십니다. 마치 하나님의 임재를 상징하는 언약궤가 앞에 섰을 때 열두 지파가 하나님의 명령에 순종해서 행진했듯이 지금 한반도에서 하나님의 군사들이 정렬되도록 하나님께서 대한민국을 향하신 데스티니를 성취하기 위해 우리를 줄 세우고 계십니다. 우리는 이 놀라운 흐름에 동참하기만 하면 됩니다. 하나님께서 일하시도록 우리를 내어드리면 되는 것입니다. 언약궤를 앞 세우고 그 뒤에 줄 섰던 지파들은 서로 경쟁하지 않았습니다. 자신의 위치가 어디인지 정확히 알았기 때문입니다. 자신의 자리에서 경계를 지키면서 나아갔습니다.

우리는 하나님이 원하시는 방향으로 백성들을 인도하실 때 반드시 경계를 정해 주신다는 것을 광야에서 이스라엘 백성들이 진군한 것을 통해 알 수 있습니다. 전쟁에 능했던 유다 지파를 맨 앞에 세우신 분이 하나님이십니다.

민수기 10:14 "선두로 유다 자손의 진영의 군기에 속한 자들이 그들의 진영별로 행진하였으니 유다 군대는 암미나답의 아들 나손이 이끌었고"

그리고 맨 마지막에 납달리 지파를 세우시고 나아가게 하셨습니다. 각자의 위치에 따라 서로 경쟁시키지 않으시고, 정확하게 역할을 분배하시면서 경계를 분명히 해 주셨습니다. 맨 앞의 유다 지파는 하나님의 언약궤를 바라보면서 방향을 따라갔습니다. 납달리 지파는 저 멀리 하나님의 구름기둥, 불기둥을 바라보면서 앞서가는 지파를 따라갔을 것입니다.

지금 한반도의 데스티니를 성취하기 위해 앞서가는 그룹들이 있습니다. 하나님의 임재를 상징하는 언약궤를 따라가면서 하나님의 거대한 움직임에 정렬되는 모임들이 있습니다. 그 뒤에 또 다른 단체들과 교회들이 정렬합니다. 그리고 조금 뒤쪽에 쫓아가는 그룹들이 있습니다. 그래서 다른 단체에게 행하시는 하나님의 역사하심을 주목해서 보아야 합니다.

지금 전 지구적인 정렬이 시작되고 있습니다. 그리고 한반도에서 단체마다, 교회마다, 도시마다 하나님의 이끄심에 정렬되기 시작했습니다.

대한민국은 대단히 중요한 시점에 놓여있습니다. 하나님께서 대한민국을 일으키고 계십니다. 수많은 단체가 연합하려고 합니다. 국가 부흥과 회복, 변혁을 위해 부르짖고 있습니다. 이 놀라운 흐름을 통해 사회의 모든 시스템 안에 하나님 왕국이 임하는 것을 갈망합니다. 하나님께서는 마지막 때에 피난처 국가가 되어 적그리스도를 통한 환란의 때를 이겨나가도록 한반도를 준비시키고 계십니다. 그러면서 주님의 다시 오심을 닷이하는 나라로서 국가적 데스티니를 성취하기 위한 방향으로 달려 나가고 있습니다. 이 한반도는 국가 변혁을 준비해야 합니다.

변혁은 대한민국이 완전해지고, 악이 완전히 제거되어 대한민국의 백성들이 모두 다 구원을 받는다는 뜻이 아닙니다. 변혁은 대한민국을 묶고 있는 결박이 끊어지고 대한민국이 더 높은 영광의 자리로 나아가 하나님의 왕국이 이 나라에 보다 더 왕성해지는 것을 의미합니다. 지금보다 더 강력한 하나님의 통치와 다스림, 회복의 역사가 일어나는 것을 기대하는 것입니다. 지금 대한민국이 붙잡아야 할 것은 국가적 위기가 아닙니다. 교회가 직면한 문제도 아닙니다. 그것은 대한민국을 통해서 행하시고, 성취하시기 원하시는 국가적인 데스티니를 위하여 기도하는 것입니다. 모든 나라는 각각의 방향과 목적이 있습니다. 그래서 하나님의 왕국이 온 열방에 충만해지는 것이 우리가 가야 할 바로 그 길입니다. 우리를 통해 하나님 왕국의 놀라운 축복과 은혜가 북한으로, 아시아 여러 나라로 전달되기를 소망합니다.

3. 데스티니의 정의 및 속성

1) 데스티니의 정의

데스티니는 무엇입니까?

데스티니라는 단어를 한국말로 번역하기가 무척 어렵습니다. 많은 경우에 '운명(運命)'이라는 표현이 있지만 만약 모든 것이 정해졌다면(운명론) 인간은 그 어떤 노력이나 경주를 할 이유가 사라지게 됩니다. 우리의 역할이 없기 때문입니다. 그러나 하나님께서는 우리 앞에 놓인 경주(Destiny)를 감당하라고 격려하십니다. 데스티니는 운명론이 아니라 우리가 선택하고 순종하는 길입니다.

나를 통해 하나님의 뜻이 이루어지는 것은 우리의 선택에 달려 있는 것입니다. 우리가 순종하고 순복하면 하나님께서 우리의 데스티니를 성취하시는 것입니다. 하나님께서는 우리를 향한 계획과 뜻을 영원 전부터 가지고 계십니다. 그것을 따르는 것은 우리의 결단과 선택인 것입니다.

성육신하신 예수님은 오직 자신의 데스티니에 정렬되어 그것을 완벽히 성취하셨습니다. 베드로, 바울도 하나님께로부터 받은 데스티니에 따라 살며 자신의 사명을 다했습니다. 그러면 우리는 데스티니를 어떻게 정의 내릴 수 있습니까?

요한복음 6:38-40 "내가 하늘에서 내려온 것은 내 뜻을 행하려 함이 아니요 나를 보내신 이의 뜻을 행하려 함이니라 나를 보내신 이의 뜻은 내게 주신 자 중에 내가 하나도 잃어버리지 아니하고 마지막 날에 다시 살리는 이것이니라 내 아버지의 뜻은 아들을 보고 믿는 자마다 영생을 얻는 이것이니 마지막 날에 내가 이를 다시 살리리라 하시니라"

갈라디아서 2:8 "베드로에게 역사하사 그를 할례자의 사도로 삼으신 이가 또한 내게 역사하사 나를 이방인의 사도로 삼으셨느니라"

사도행전 20:24 "내가 달려갈 길과 주 예수께 받은 사명 곧 하나님의 은혜의 복음을 증언하는 일을 마치려 함에는 나의 생명조차 조금도 귀한 것으로 여기지 아니하노라"

그래서 데스티니라는 단어는 '창세 전부터 예정하신 길, 하나님께서 성취하시려고 정해놓으신 가야 할 길'로 정의 내릴 수 있습니다.

데스티니는 하나님께서 성취하시려고 정해놓으신 가야 할 길이다.

한국말로 표현하기에 한계가 있어서 영어 표현인 데스티니(destiny)를 그대로 이 교재에서 사용하는 것입니다.

2) 데스티니의 속성

데스티니는 여러 가지 속성(attribute)[3]이 있습니다.

▶ 데스티니는 정체성(Identity)을 의미한다.

하나님께서 여러분을 이 세상에 살게 하신 이유가 있습니다. 그것이 바로 여러분

---

3)   근본적이고 변하지 않는 성질

이 이 세상을 살아가는 정체성(Identity)입니다. 성경의 많은 인물이 자신이 이 세상에 살아가는 이유를 분명히 알고 있었습니다.

창세기 17:5 "이제 후로는 네 이름을 아브람이라 하지 아니하고 아브라함이라 하리니 이는 내가 너를 여러 민족의 아버지가 되게 함이니라"

사사기 6:12 "여호와의 사자가 기드온에게 나타나 이르되 큰 용사여 여호와께서 너와 함께 계시도다 하매"

마가복음 1:2-4 "선지자 이사야의 글에 보라 내가 내 사자를 네 앞에 보내노니 그가 네 길을 준비하리라 광야에 외치는 자의 소리가 있어 이르되 너희는 주의 길을 준비하라 그의 오실 길을 곧게 하라 기록된 것과 같이 세례 요한이 광야에 이르러 죄 사함을 받게 하는 회개의 세례를 전파하니"

갈라디아서 2:8 "베드로에게 역사하사 그를 할례자의 사도로 삼으신 이가 또한 내게 역사하사 나를 이방인의 사도로 삼으셨느니라"

예수님은 하나님 앞에서 정체성을 상실하신 적이 없습니다. 예수님은 자신이 누구신지 아셨습니다. 왜 태어나셨는지 정확히 알고 계셨습니다. 데스티니를 이해하기 위해서는 우리 자신이 누구인지 정체성을 알아야 합니다.[4] 우리가 어떤 존재로 창조되었는지 분명하게 인식하고 있어야 합니다.

그러므로 데스티니는 정체성을 의미합니다.

---

4) 심리학과 뇌과학에서는 이것을 메타인지(Metacognition)이라고 한다. 자기 자신에 대해서 아는 인식론을 일컫는 개념이다.

▶ 데스티니는 삶의 사명(Life Mission)이다.

데스티니는 자신이 어떠한 정체성을 가지고 어떤 사명을 향해 나아가야 하는지 아는 것입니다. 아브라함은 자신이 민족들의 아버지가 될 것을 알고 자신의 후손들이 위대한 나라가 되도록 하는 사명을 향해 나아갔습니다. 요셉은 부모, 형제를 떠나 애굽으로 잡혀갔습니다. 그리고 요셉을 통해 이스라엘이 구원을 받는 일이 벌어집니다. 요셉은 훗날 모세를 통해 이스라엘이 거대한 민족을 이루어 애굽을 탈출하는데 가장 먼저 앞서 나간 선두 주자였습니다. 하나님의 백성을 애굽으로 이끌어 들인 자였습니다. 다윗 또한 자신의 사명을 분명하게 인식하고 있었습니다. 남유다, 북이스라엘이 다윗을 통해 견고한 왕조로 거듭나게 됩니다.

그러므로 데스티니는 삶의 사명입니다.

▶ 데스티니는 공급(Provision)을 동반한다.

하나님의 길로 나아갈 때 다 공급해 주십니다. 은사, 기름 부음, 사람, 동역자, 재정을 공급해 주시고 성품도 바꾸어 주십니다. 믿음이 성장하게 하십니다. 그 길을 갈 때 모든 필요를 채우십니다. 하나님께서 허락하신 데스티니를 향해 나갈 때 하나님의 공급이 있습니다. 심지어 무엇이 필요한지 몰라도 공급하십니다. 그러나 우리가 하나님의 데스티니에서 벗어나면 공급이 없어집니다.

그러므로 데스티니는 공급을 동반합니다.

▶ 데스티니는 유업(Legacy)을 만든다.

데스티니는 영향력을 끼칩니다. 우리가 자신의 정체성을 깨닫고, 삶의 사명을 향해 나아갈 때 많은 공급을 통해 데스티니를 성취하게 됩니다. 그리고 이 세상을 떠날 때 어마어마한 열매 즉 유업(Legacy)을 남기게 됩니다. 역사적으로 살펴보면 데스티니를 향해 살아간 수많은 인물의 삶을 통해서 오늘날에도 강력한 영향을 받는 것을 알게 됩니다. 죽어서도 그들의 인생은 후손들에게 따라가고 싶은 열정을 불어넣어 줍니다. 그러나 어느 한 세대가 하나님의 데스티니를 이루는 것을 놓치면 하나님께서 허락하시는 풍성한 유업과 열매를 놓치게 됩니다. 종교적인 힘은 있지만 생명은 없게 됩니다.

강력한 어려움과 장애가 앞을 가로막고 있어도 담대히 하나님을 향하여 순복하며 돌파해 나갈 때 후손들에게 나누어줄 유업이 있게 되는 것입니다. 하나님이 허락하신 데스티니를 향해 나가면 반드시 열매가 있습니다. 놀라운 유업을 다음 세대에 남기게 됩니다. 그러나 만약 우리가 데스티니를 향하여 나가지 않는다면 후손들이 죄를 짓고 저주 속에 있게 될 것입니다. 오늘날에도 우리는 다윗에 대해서 이야기합니다. 다윗은 아직도 영향을 끼치고 있는 것입니다. 우리는 부르심이 한 세대로 끝나지 않는다는 사실을 분명히 깨달아 알아야 합니다.

그러므로 데스티니는 유업을 남깁니다.

4. 데스티니의 특징

이 세상에는 꿈과 비전, 소명, 계획, 운명, 사명, 부르심, 데스티니 등 다양한 개념들이 존재합니다. 그 가운데 데스티니는 다음 열두 가지 특징이[5] 있습니다.

1) 데스티니는 인간이 태어나기도 전에 정해진다.

다시 말해 모든 인간은 각자에게 허락된 데스티니를 가지고 태어난다는 말입니다.

시편 139:13-16 "주께서 내 내장을 지으시며 나의 모태에서 나를 만드셨나이다 내가 주께 감사하옴은 나를 지으심이 심히 기묘하심이라 주께서 하시는 일이 기이함을 내 영혼이 잘 아나이다 내가 은밀한 데서 지음을 받고 땅의 깊은 곳에서 기

---

5) 다른 것과 비교했을 때 특별히 눈에 띄는 점

이하게 지음을 받은 때에 나의 형체가 주의 앞에 숨겨지지 못하였나이다 내 형질이 이루어지기 전에 주의 눈이 보셨으며 나를 위하여 정한 날이 하루도 되기 전에 주의 책에 다 기록이 되었나이다”

예레미야 1:5 “내가 너를 모태에 짓기 전에 너를 알았고 네가 배에서 나오기 전에 너를 성별하였고 너를 여러 나라의 선지자로 세웠노라 하시기로”

에베소서 1:4-5 “곧 창세 전에 그리스도 안에서 우리를 택하사 우리로 사랑 안에서 그 앞에 거룩하고 흠이 없게 하시려고 그 기쁘신 뜻대로 우리를 예정하사 (predestined) 예수 그리스도로 말미암아 자기의 아들들이 되게 하셨으니”

에베소서 2:10 “우리는 그가 만드신 바라 그리스도 예수 안에서 선한 일을 위하여 지으심을 받은 자니 이 일은 하나님이 전에 예비하사(God prepared in advance for us to do) 우리로 그 가운데서 행하게 하려 하심이니라”

로마서 8:29-30 “하나님이 미리 아신 자들을 또한 그 아들의 형상을 본받게 하기 위하여 미리 정하셨으니 이는 그로 많은 형제 중에서 맏아들이 되게 하려 하심이니라 또 미리 정하신(And those he predestined) 그들을 또한 부르시고 부르신 그들을 또한 의롭다 하시고 의롭다 하신 그들을 또한 영화롭게 하셨느니라”

이와 같이 인간의 데스티니는 태어나기도 전에 정해진다고 성경은 계속해서 말하고 있습니다.

다음 글을 읽으십시오.

하나님께서는 우리를 향해서 목적을 가지고 창조하셨습니다. 하나님은 항상 어떤 개인이나 사람들을 통해 행하시며 그들의 손을 빌려 그의 뜻을 이루십니다. 그래서 우리가 이 땅에 태어난 것입니다. 우리가 태어난 이후에 하나님께서 우리의 삶을 정하신 것이 아닙니다. 우리는 태어나기도 전에 하나님이 우리의 모든 날을 계획하신 것입니다. 우리가 형성되기도 전에 하나님께서 우리를 선택하셨습니다. 이 세상의 기초가 생기기 전부터 하나님은 우리를 위해 무엇인가를 준비하셨습니다. 우리는 그 일을 하도록 지음을 받은 것입니다. 우리의 존재 목적, 해야 할 일, 그리고 가야 할 길이 정해진 뒤 우리라는 존재가 생겨났습니다. 하나님께서는 우리에게 풍요롭고 열매 맺는 삶을 계획해 놓으셨습니다. 그 삶의 이유와 목적은 다른 사람들의 인생과 하나님 왕국 안에서 변화를 일으키는 것입니다.

그러나 우리 대부분은 하나님이 우리 자신을 누구라고 말한 것에 초점을 맞추기보다는 과거에 부모나 학교, 정부, 다른 종교가 가르쳤던 대로 사고하는 경향이 있습니다. 우리가 낮은 수준의 삶을 살 수밖에 없는 것은 자기 마음대로 자신을 생각하기 때문입니다. 우리는 경제 사정이 좋지 않을 때는 정부의 책임으로 돌리고 사회적인 문제가 생길 때는 사회 자체를 탓하며 또한 결혼 생활에 문제가 생기면 배우자에게서 그 원인을 찾습니다. 삶의 문제에 대한 책임을 다른 사람들이나 주변의 상황에 전가하고 있는 것입니다. 그러나 삶에서 나타나는 모든 문제는, 다른 사람의 말이나 태도에 의해서가 아니라 자기 자신에 대해 생각하고 대하는 대로 드러나는 것입니다.

모든 사람은 어머니의 자궁 안에 생기기도 전에 하나님께서 선택하시고, 데스티니가 정해집니다. 데스티니는 인간이 태어나기도 전에 정해집니다. 그리고 데스티니는 각 사람이 창조된 목적을 포함하고 있습니다. 이것이 하나님께서 인간에게 허락하신 정체성인 것입니다. 하나님께서는 모든 사람이 태어나기 전에 그들의 데스티니를 결정하십니다.

예수님께서는 이 땅이 창조되기 이전에 하나님께서 이 땅을 구원하시기 위해서 구별되도록 하신 어린 양이셨습니다. 이것이 예수님의 데스티니였습니다. 노아, 아브라함, 이삭, 야곱, 요셉, 모세, 여호수아, 사사들, 선지자들, 다윗, 솔로몬, 사도바울, 베드로 등 성경의 모든 인물은 각자에게 허락한 데스티니를 향해서 살아간 것입니다.

우리가 두엇을 위해서 창조되었는지, 우리의 인생의 목적과 예정된 길을 알지 못하게 되면 우리의 삶은 비참해집니다. 하나님께서 우리를 창조하신 목적에 대한 지식이 없다면 우리는 그 본래의 목적보다 훨씬 가치 없는 삶을 살게 됩니다. 우리가 그 목적을 알면 우리는 그 데스티니에 다가갈 수 있고, 하나님께서 인간을 창조하신 목적대로 살아갈 수 있게 됩니다.

그래서 이 책에서 강조하는 것은 여러분들께서 이미 태어나기 전에 하나님께서는 여러분을 아셨고 여러분을 위해 놀라운 길을 예정하셨다는 것을 나누는 것입니다. 그래서 여러분에게 이 고귀한 가치를 심어주고 앞으로 어떤 삶을 살아가야 하는지에 대해서 가르치는 것입니다.

「하나님의 가능성」마일즈 먼로

성경의 모든 인물이 분명한 하나님의 계획과 목적을 가지고 태어났다는 것은 다시 말하면 여러분 한 사람 한 사람도 동일하게 분명한 하나님의 계획과 목적을 가지고 태어났다는 말입니다. 여러분에게 허락된 하나님의 계획과 목적은 무엇입니까?

____

____

진정으로 성령의 음성을 듣고 나아가는 사람들이라면 그 부르심이 개인적이지 않다는 것을 알게 될 것입니다.

2) 데스티니는 각 사람을 향한 하나님의 계획과 목적을 포함하고 있다.

데스티니는 각 사람을 향한 하나님의 계획과 목적을 포함하고 있습니다. 이것이 하나님께서 인간에게 허락하신 정체성(Identity)인 것입니다. 하나님께서는 모든 사람이 태어나기 전에 그들의 데스티니를 결정하십니다. 예수님께서는 이 땅이 창조되기 이전에 하나님께서 이 땅을 구원하시기 위해서 구별되도록 하신 어린양이셨습니다. 이것이 예수님의 데스티니였습니다. 예레미야, 삼손, 모세, 노아, 다윗, 아브라함, 사도바울, 베드로 등 성경의 모든 인물은 각자에게 허락한 데스티니를 향해서 살아갔습니다. 또한 하나님께서는 모든 나라에게 기업과 목적을 주셨습니다. 하나님께서는 철저한 계획과 목적을 가지고 각 개인과 나라를 만드십니다. 하나님은 목적이 없이 창조하지도 만들지도 않으십니다.

> 요한복음 6:38-40 "내가 하늘에서 내려온 것은 내 뜻을 행하려 함이 아니요 나를 보내신 이의 뜻을 행하려 함이니라 나를 보내신 이의 뜻은 내게 주신 자 중에 내가 하나도 잃어버리지 아니하고 마지막 날에 다시 살리는 이것이니라 내 아버지의 뜻은 아들을 보고 믿는 자마다 영생을 얻는 이것이니 마지막 날에 내가 이를 다시 살리리라 하시니라"

> 갈라디아서 2:8 "베드로에게 역사하사 그를 할례자의 사도로 삼으신 이가 또한 내게 역사하사 나를 이방인의 사도로 삼으셨느니라"

3) 성경의 인물들은 국가적 데스티니를 감당하기 위해 태어났다.

성경의 모든 인물들의 꿈, 비전, 부르심, 사명은 국가적 데스티니와 연결되어 있습니다. 한 개인, 도시, 국가의 목적, 방향, 성취해야 할 데스티니는 곧 국가적 데스티니라는 사실을 우리는 주목해야 합니다. 수많은 사람이 이 부분을 놓치고 있습니다. 모든 개인의 부르심(calling)은 국가적입니다. 모든 개인의 사명(mission)도 국가적인 것입니다. 이 한반도의 교회가 놓친 부분 중 하나가 바로 이 영역입니다. 성경의 모든 인물을 천천히 잘 살펴보시기 바랍니다. 반드시 개인적인 꿈과 비전 그리고 부르심과 사명은 국가적 데스티니와 연결되어 있습니다.

아담은 온 지구를 다스리라는 지구적 데스티니를 받았습니다.

> **창세기 1:26-28** "하나님이 이르시되 우리의 형상을 따라 우리의 모양대로 우리가 사람을 단들고 그들로 바다의 물고기와 하늘의 새와 가축과 온 땅과 땅에 기는 모든 것을 다스리게 하자 하시고 하나님이 자기 형상 곧 하나님의 형상대로 사람을 창조하시되 남자와 여자를 창조하시고 하나님이 그들에게 복을 주시며 하나님이 그들에게 이르시되 생육하고 번성하여 땅에 충만하라, 땅을 정복하라, 바다의 물고기와 하늘의 새와 땅에 움직이는 모든 생물을 다스리라 하시니라"

노아는 당시 지구에 살고 있던 모든 혈육 있는 자의 포악함이 땅에 가득할 때 이 지구를 멸하는데 쓰임 받도록 하나님으로부터 부름을 받습니다. 그래서 자신에게 허락된 데스티니인 방주를 짓는데 평생을 바칩니다. 하나님께서는 노아를 통해 방주를 만들어 이 지구를 완전히 새롭게 하시려는 계획을 가지고 계셨습니다. 노아의 데스티니는 지구적이었습니다.

아브라함의 데스티니는 민족, 즉 온 나라들의 아버지가 되는 것이었습니다. 야곱의 데스티니는 한 나라 이스라엘을 세우는 것이었습니다. 요셉의 데스티니는 7년 가뭄을 통해 여러 나라를 살리는 것이었습니다. 그리고 풍요로운 땅 고센에 한 가족을 정착시켜 한 나라의 국가적 기틀을 세우는 것이었습니다. 모세의 데스티니는 한 나라를 애굽으로부터 탈출시켜 가나안 땅으로 인도하는 것이었습니다.

여호수아의 데스티니는 나라를 정복하고 분배하는 것이었습니다. 사사들의 데스티니는 이스라엘에 쳐들어오는 많은 이방 나라들로부터 국가를 지키고 보호하는 것이었습니다. 다윗의 데스티니는 통일 왕국을 이루는 것이었습니다.

솔로몬의 데스티니는 국가의 기틀을 잡고 하나님을 경배하는 성전을 지어 온 열방이 하나님을 경외하도록 하는 것이었습니다. 에스더의 데스티니는 멸족의 위험에 처한 이스라엘을 구하는 것이었습니다. 히스기야를 비롯해 요시야와 같은 왕들의 데스티니 또한 국가적이었습니다. 이사야, 미가, 나훔, 하박국, 요엘, 미가, 호세야, 스바냐, 요나, 예레미야, 에스겔, 스가랴, 학개, 말라기 같은 선지자들의 데스티니도 국가적이었습니다.

예수님의 데스티니는 온 인류의 죄를 사하고, 왕의 왕으로 이 땅에 다시 오셔서 하나님의 왕국을 세우시는 지구적 데스티니였습니다. 베드로의 데스티니는 이스라엘 민족을 위한 사도가 되는 것이었습니다. 사도바울의 데스티니는 이방 민족의 사도가 되는 것이었습니다.

이와 같이 성경의 거의 모든 인물의 데스티니는 국가적이었습니다. 하나님께서는 하나님의 뜻이 이 땅에서 세대마다 성취되기를 원하셨습니다. 그러므로 그리스도인들은 하나님께서 부르시고 택하신 목적을 분명히 알고 있어야 합니다. 우리를 향한 하나님의 구체적인 계획과 책임 그리고 임무를 알고 있어야 하나님의 뜻과 목적이 우리를 통해 성취될 것입니다.

4) 하나님께서는 처음에 맨 마지막 끝(Destiny)을 두시고 창조하신다.

하나님께서는 맨 마지막 끝을 알고 시작을 하시는 분이십니다. 그러므로 인류의 역사는 하나님의 데스티니를 성취하는 과정이라고 보아도 무방합니다.

이사야 46:9-10 "너희는 옛적 일을 기억하라 나는 하나님이라 나 외에 다른 이가 없느니라 나는 하나님이라 나 같은 이가 없느니라 내가 시초부터 종말을 알리며 (종말을 처음부터 고하여) 아직 이루지 아니한 일을 옛적부터 보이고 이르기를 나의 뜻이 설 것이니 내가 나의 모든 기뻐하는 것을 이루리라 하였노라"

대한민국은 하나님의 데스티니를 깨닫는 것이 중요합니다. 전략적으로 대한민국은 대단히 중요한 나라입니다. 많은 사람이 개인적인 야망이나 비전을 하나님의 목적, 부르심, 은사, 데스티니보다 더 우선시 여깁니다. 이것은 정말로 큰 실수인 것입니다. 왜냐하면 데스티니는 개인적인 은사, 부르심, 사회적 위치, 봉사보다 크기 때문입니다. 우리가 만들어진 이유는 바로 데스티니 때문입니다.

그러므로 대한민국은 하나님께서 대한민국에게 허락하신 큰 그림을 살펴보아야 합니다.

5) 개인적인 데스티니 또는 도시나 나라의 데스티니는 자동적으로 이루어지지 않는다.

하나님께서는 하나님의 일을 하기 위한 그릇(개인, 나라)을 선택하시고 흙이 빚어져 그릇으로 완성 되어가는 과정을 부여하십니다.

예수님께서 이 땅에 계시는 동안 하나님께 심한 통곡과 눈물로 간구와 소원을 올려 드렸습니다. 비록 예수님께서 하나님의 아들이셨음에도 불구하고 그가 받으신 고난을 통해서 순종을 배우셨던 것입니다. 우리는 예수님조차 하나님께서 부여하신 데스티니를 성취하기 위해서 빚어지는 과정을 통과해 가신 것을 살펴볼 수가 있습니다. 하나님께서는 모든 피조물을 위한 온전한 구세주가 되도록 이 땅에서 예수님에게 고난을 통과하는 과정을 부여하신 것입니다.

하나님의 계획과 뜻이 작정되었다고 하더라도 보장되지는 않는 것입니다. 하나님의 데스티니는 자동적으로 이루어지지 않습니다. 반드시 빚어지는 과정이 있습니다.

6) 국가적인 목적이나 데스티니를 이루지 못하면 개인적인 목적이나 데스티니를 이룰 수 없게 된다.

개인화된 기독교는 국가를 변혁시킬 수 없습니다. 한 단체로 대한민국에 변화는 찾아오지 않습니다. 한 나라만으로는 열방이 변화되지 않습니다. 그래서 우리는 하나님께서 그리시는 그림을 이해하고 있어야 합니다. 열방에 대한 청사진과 각 나라를 향한 하나님의 데스티니를 인식하고 있어야 데스티니를 성취할 수 있게 됩니다.

그와 마찬가지로 대한민국의 데스티니를 놓쳐버리면 각 개인의 삶에 허락하신 데스티니는 자동으로 성취되기 어려워집니다. 북한을 보면 쉽게 이해할 수 있습니다. 대한민국이 국가적 데스티니를 성취하는데 갈등과 어려움이 다가오자 나라가 분단되고 북한은 공산화됩니다. 한 나라의 데스티니를 상실하게 되면 그 나라에 거하는 모든 개인의 목적도 성취될 수 없다는 것입니다.

그러므로 국가적인 목적이나 부르심을 이루지 못하면 개인적인 목적이나 데스티니를 이룰 수 없습니다.

7) 우리를 향한 하나님의 계획을 이루려면 때와 기한을 분별해야 한다.

모든 것이 때와 기한이 있습니다. 씨를 뿌리고 상당 기간 추수를 못하듯이 영적인 것도 마찬가지입니다. 다윗 왕국이 번성했던 이유는 열두 지파 중에 잇사갈 지파가 자신들이 감당할 데스티니를 감당해 주었기 때문입니다.

> 역대상 12:32 "잇사갈 자손 중에서 시세를 알고 이스라엘이 마땅히 행할 것을 아는 우두머리가 이백 명이니 그들은 그 모든 형제를 통솔하는 자이며"

기한을 알고 있어서 다윗 왕에게 알려주었던 것입니다. 하나님의 뜻과 목적을 이루기 위해서는 시세를 읽는 눈이 필요합니다. 대한민국이 5,000년 역사 동안 전 세계에 이렇게 강력한 영향력을 끼친 시대는 없었습니다. 지금 이 시대가 바로 하나님께서 대한민국을 열방에 드러내셔서 국가적 데스티니를 성취하기 원하시는 때가 분명합니다.

8) 개인과 나라의 데스티니로 나아갈 때 여러 단계를 거친다.

데스티니를 성취하기 위해서는 단계가 있습니다. 그러므로 단계에 따른 정확한 때와 기한을 이해해야 하는 것입니다. 하나님께서는 과거의 단계를 통과하게 하시고 새로운 단계로 나아가게 하십니다. 데스티니는 반드시 단계를 거칩니다. 하나님이 정하신 때와 기한을 통해 하나님의 뜻을 성취하십니다.

하나님께서는 당신이 정하신 큰 그림과 세우신 목적과 목표들의 큰 흐름 안에서 일을 행하십니다. 각 시대와 단계에 따라 정해진 데스티니가 있습니다. 그리고 한 세대를 살아가는 자들에게는 하나님께서 정하신 데스티니를 이루기 위한 구체적인 역할 분배가 있습니다.

9) 데스티니(에클레시아의 부르심)는 같지만 직임과 직분은 다르다.

모세는 이스라엘을 애굽에서 탈출시켜 가나안 땅으로 이끌어 가라는 하나님의 데스티니를 받게 됩니다. 여호수아는 모세의 시종이 되는 것으로 부름을 받게 됩니다. 아론은 대제사장으로 부름을 받고, 미리암은 선지자로 부름을 받습니다. 많은 사람이 예배자로, 재판관으로, 군사로, 장인들로, 노동자들로, 다른 많은 일들을 위해 부름을 받게 됩니다. 하나님께서 모세에게 주신 더 큰 명령인 데스티니 아래에 모인 이 사람들 모두가 하나님의 일을 나누어 감당했습니다.

데스티니는 다른 사람이 원하는 길이 아닙니다. 심지어 여러분 자신이 꿈꾸는 그 어떤 것도 아닙니다. 자신이 하고자 하는 일을 하는 것이 아닙니다. 인간이 꿈꾸는 것은 작습니다. 인간의 꿈은 우리를 만족시킬 수 없습니다. 우리는 다른 사람이 가지고 있는 인간적인 꿈을 향해 달려가는 경향이 있습니다. 그러나 하늘이 주신 데스티니를 취할 때에만 진정한 만족이 있습니다. 하나님이 주시는 데스티니는 하늘에서 주시는 것입니다. 우리가 주님의 얼굴을 구할 때 주시는 것입니다.

이 세상에 사는 모든 날이 주님의 책에 기록되어 있습니다. 하나님은 우리의 삶을 통해 이루고자 하는 일을 다 아십니다. 다윗은 전심을 다해 하나님께서 허락하시는 데스티니를 구했습니다. 날마다 그의 계획이 주님의 책에 기록되는 것입니다. 다윗이 하나님을 구했듯이 우리가 하나님을 전심으로 찾는다면 하나님의 우리를 향한 데스티니를 깨닫는 삶을 살아가게 될 것입니다.

많은 기독교인이 하나님의 부르심(calling) 속에 있지만 하나님께서 허락하신 데스티니를 성취하는 것은 아닙니다. 솔로몬은 '왕으로 그 나라를 이끄는 리더가 되는 부르심'이 있었습니다. 그러나 이것이 전부는 아니었습니다. 솔로몬의 데스티니를 다 포함하는 것은 아니었습니다. 솔로몬은 어느 정도 자신의 부르심으로 나아갔지만, 하나님께서 원하시는 데스티니인 '국가의 기틀을 잡고 하나님을 경배하는 성전을 지어 온 열방이 하나님을 경외하도록 하는 것'을 성취할 수는 없었습니다.

하나님께서 허락하신 데스티니는 우리의 방식으로 가는 길이 아니라 하나님의 방식으로 가는 길입니다. 그래서 하나님께서 하시는 방식을 아는 것이 급선무입니다. 하나님의 방법을 깨닫는 것이 지름길입니다. 시간이 걸리고, 더디고, 오래 걸리는 것 같아도 하나님께서 허락하신 방식으로 나아가는 자들에게 하나님의 은혜가 부어질 것입니다.

10) 하나님께서 부여하신 데스티니를 성취할 때 가장 중요한 것은 사람을 찾는 것이다.

사람이 준비되지 않으면 하나님의 데스티니는 성취되지 못합니다. 만약 하나님의 일을 할 사람을 찾지 못하면 사탄의 계획은 성공하게 됩니다. 그래서 사탄은 우리를 통해서 하나님의 때를 변개(變改)시키려고 합니다. 우리는 하나님께서 정하신 시간(the set times)을 사탄이 바꾸려고 한다는 사실을 반드시 기억하고 있어야 합니다. 그래서 영적으로 전쟁이 일어나는 것입니다. 사탄은 어떤 방법을 동원해서라도 우리와 나라가 데스티니로 나아가지 못하도록 훼방을 놓습니다.

11) 영적 공격의 궁극적인 목적은 데스티니 싸움이다.

하나님께서 우리에게 허락하신 데스티니로 나아갈 때 어둠이 공격해 옵니다. 영적 전쟁에서 사탄의 목표는 여러분이 아니라 하나님의 목적입니다. 마귀는 하나님의 뜻이 이루어지지 못하게 하는 것으로 표적을 삼습니다. 원수는 어떻게 하든지 최대한 방해를 해서 우리 앞에 걸림돌을 두어 하나님의 뜻이 이루어지지 못하게 합니다.

우리는 데스티니를 향해 싸우는 것입니다. 우리는 하나님께서 허락하신 데스티니를 이루도록 싸워야 합니다. 한반도를 향한 데스티니를 향해 연합되는 것입니다. 그래서 국가적인 데스티니를 향해 나아가는 것입니다.

무엇이 한반도를 향한 하나님의 국가적 데스티니(national destiny)입니까?

12) 하나님께서는 유명한 사역자들에게만 데스티니를 주시는 것이 아니다.

하나님께서는 성경에서 어떤 사람을 썼습니까? 어부, 세리, 평범한 자들, 목자, 창녀를 사용하셨습니다. 부자 삭개오도 사용하셨고, 산헤드린 공의회(great sanhedrin)의 니고데모(요 9:39)도 사용하셨으며, 분봉왕(分封王) 헤롯의 젖동생 마나엔(행13:1)도 사용하셨습니다. 그리고 부자였던 루디아(행16:14)도 사용하셨습니다. 하나님께서는 모든 사람을 사용하십니다.

> 에베소서 2:1-10 "그는 허물과 죄로 죽었던 너희를 살리셨도다 그때에 너희는 그 가운데서 행하여 이 세상 풍조를 따르고 공중의 권세 잡은 자를 따랐으니 곧 지금 불순종의 아들들 가운데서 역사하는 영이라 전에는 우리도 다 그 가운데서 우리 육체의 욕심을 따라 지내며 육체와 마음의 원하는 것을 하여 다른 이들과 같이 본질상 진노의 자녀이었더니 긍휼이 풍성하신 하나님이 우리를 사랑하신 그 큰 사랑을 인하여 허물로 죽은 우리를 그리스도와 함께 살리셨고 (너희는 은혜로 구원을 받은 것이라) 또 함께 일으키사 그리스도 예수 안에서 함께 하늘에 앉히시니 이는 그리스도 예수 안에서 우리에게 자비하심으로써 그 은혜의 지극히 풍성함을 오는 여러 세대에 나타내려 하심이라 너희는 그 은혜에 의하여 믿음으로 말미암아 구원을 받았으니 이것은 너희에게서 난 것이 아니요 하나님의 선물이라 행위에서 난 것이 아니니 이는 누구든지 자랑하지 못하게 함이라 우리는 그가 만드신 바라 그리스도 예수 안에서 선한 일을 위하여 지으심을 받은 자니 이 일은 하나님이 전

에 예비하사 우리로 그 가운데서 행하게 하려 하심이니라"

고린도전서 1:26-29 "형제들아 너희를 부르심을 보라 육체를 따라 지혜로운 자가
많지 아니하며 능한 자가 많지 아니하며 문벌 좋은 자가 많지 아니하도다 그러나
하나님께서 세상의 미련한 것들을 택하사 지혜 있는 자들을 부끄럽게 하려 하시
고 세상의 약한 것들을 택하사 강한 것들을 부끄럽게 하려 하시며 하나님께서 세
상의 천한 것들과 멸시 받는 것들과 없는 것들을 택하사 있는 것들을 폐하려 하시
나니 이는 아무 육체도 하나님 앞에서 자랑하지 못하게 하려 하심이라 "

우리는 자칫 이 말씀을 읽으면서 하나님께서는 지혜롭지 않은 자들, 능하지 못한
자들, 문벌 좋지 않은 자들, 미련한 자들, 세상의 약한 자들, 천한 자들, 멸시받는 자
들, 없는 자들만 사용하시는 분으로 착각할 수 있습니다. 그러나 분명히 고린도전서
1장 29절에서 그 어느 누구도 하나님 앞에서 자랑하지 못한다고 하셨습니다. 이 말
씀은 소외된 자들만 하나님께서 쓰신다는 말씀이 아니라 하나님만 전적으로 믿고 따
르는 자들을 사용하신다는 말씀으로 해석될 수 있습니다. 하나님께서 허락하신 데스
티니는 어느 특정한 사람들에게만 적용되는 것이 아니라 하나님의 뜻에 자신의 모든
뜻을 순복하고 엎드려 복종하는 자들에게 허락하시는 것입니다

5. 데스티니를 방해하는 요소

하나님은 목적을 갖고 우리를 만드셨습니다. 이 땅에서 우리가 살아가야 할 목적
을 허락하셨습니다. 이것은 우리의 정체성입니다. 또한 우리가 맡은 바 소임을 다해
야 하는 사명을 말합니다. 또한 우리가 하나님의 데스티니를 향해서 삶을 살아가면
하나님께서 우리에게 공급해 주시고 우리에게 유업을 주십니다. 하나님께서 여러분

을 택하셨습니다. 하나님께서 허락하신 일을 감당하라고 부르셨습니다. 그렇게 할 때 우리는 열매를 맺는 것입니다. 그러나 우리의 삶에 데스티니를 성취하지 못하게 하는 것들이 엄연히 존재한다는 것입니다.

1) 삶의 염려와 걱정

우리는 많은 사람이 삶에서 발생한 문제와 위기에 집중한다는 것을 너무나 잘 알고 있습니다. 이것은 예수님께서도 이미 경고하신 부분입니다.

> **누가복음 21:34** "너희는 스스로 조심하라 그렇지 않으면 방탕함과 술 취함과 생활의 염려로 마음이 둔하여지고 뜻밖에 그날이 덫과 같이 너희에게 임하리라"

하나님께서는 문제에 초점을 맞추어 기도하는 것 보다 하나님의 뜻을 따라 기도하라고 하셨습니다. 그러면 하나님께서 모든 것을 해결해 주시겠다고 하셨습니다.

> **마태복음 6:7-8** "또 기도할 때에 이방인과 같이 중언부언하지 말라 그들은 말을 많이 하여야 들으실 줄 생각하느니라 그러므로 그들을 본받지 말라 구하기 전에 너희에게 있어야 할 것을 하나님 너희 아버지께서 아시느니라"

> **마태복음 6:25-34** "그러므로 내가 너희에게 이르노니 목숨을 위하여 무엇을 먹을까 무엇을 마실까 몸을 위하여 무엇을 입을까 염려하지 말라 목숨이 음식보다 중하지 아니하며 몸이 의복보다 중하지 아니하냐 공중의 새를 보라 심지도 않고 거두지도 않고 창고에 모아들이지도 아니하되 너희 하늘 아버지께서 기르시나니 너희는 이것들보다 귀하지 아니하냐 너희 중에 누가 염려함으로 그 키를 한 자라도 더할 수 있겠느냐 또 너희가 어찌 의복을 위하여 염려하느냐 들의 백합화가 어떻게 자라는가 생각하여 보라 수고도 아니하고 길쌈도 아니하느니라 그러나 내가

너희에게 말하노니 솔로몬의 모든 영광으로도 입은 것이 이 꽃 하나만 같지 못하였느니라 오늘 있다가 내일 아궁이에 던져지는 들풀도 하나님이 이렇게 입히시거든 하물며 너희일까보냐 믿음이 작은 자들아 그러므로 염려하여 이르기를 무엇을 먹을까 무엇을 마실까 무엇을 입을까 하지 말라 이는 다 이방인들이 구하는 것이라 너희 하늘 아버지께서 이 모든 것이 너희에게 있어야 할 줄을 아시느니라 그런즉 너희는 먼저 그의 나라와 그의 의를 구하라 그리하면 이 모든 것을 너희에게 더하시리라 그러므로 내일 일을 위하여 염려하지 말라 내일 일은 내일이 염려할 것이요 한 날의 괴로움은 그날로 족하니라"

여러분, 주님께서 우리에게 말씀하신 이것을 믿으십니까? 이 땅에 수많은 사람이 하나님께서 허락하신 데스티니를 향해 나아가다가 생활의 염려, 문제, 위기로 인해서 하나님의 일을 포기하고, 멈추는 경우가 너무나 많이 있습니다.

2) 불순종

민수기 14:26-35 "여호와께서 모세와 아론에게 말씀하여 이르시되 나를 원망하는 이 악한 회중에게 내가 어느 때까지 참으랴 이스라엘 자손이 나를 향하여 원망하는 바 그 원망하는 말을 내가 들었노라 그들에게 이르기를 여호와의 말씀에 내 삶을 두고 맹세하노라 너희 말이 내 귀에 들린 대로 내가 너희에게 행하리니 너희 시체가 이 광야에 엎드러질 것이라 너희 중에서 이십 세 이상으로서 계수된 자 곧 나를 원망한 자 전부가 여분네의 아들 갈렙과 눈의 아들 여호수아 외에는 내가 맹세하여 너희에게 살게 하리라 한 땅에 결단코 들어가지 못하리라 너희가 사로잡히겠다고 말하던 너희의 유아들은 내가 인도하여 들이리니 그들은 너희가 싫어하던 땅을 보려니와 너희의 시체는 이 광야에 엎드러질 것이요 너희의 자녀들은 너희 반역한 죄를 지고 너희의 시체가 광야에서 소멸되기까지 사십 년을 광야에서 방황하는 자가 되리라 너희는 그 땅을 정탐한 날 수인 사십 일의 하루를 일 년으로 쳐서 그 사십 년간 너희의 죄악을 담당할지니 너희는 그제서야 내가 싫어하면 어떻게 되는지를 알리라 하셨다 하라 나 여호와가 말하였거니와 모여 나를 거역하는 이 악한 온 회중에게 내가 반드시 이같이 행하리니 그들이 이 광야에서 소멸되어 거기서 죽으리라"

민수기 20:10-12 "모세와 아론이 회중을 그 반석 앞에 모으고 모세가 그들에게 이르되 반역한 너희여 들으라 우리가 너희를 위하여 이 반석에서 물을 내랴 하고 모세가 그의 손을 들어 그의 지팡이로 반석을 두 번 치니 물이 많이 솟아 나오므로 회중과 그들의 짐승이 마시니라 여호와께서 모세와 아론에게 이르시되 너희가 나를 믿지 아니하고 이스라엘 자손의 목전에서 내 거룩함을 나타내지 아니한 고로 너희는 이 회중을 내가 그들에게 준 땅으로 인도하여 들이지 못하리라 하시니라"

다니엘 7:25 "그가 장차 지극히 높으신 이를 말로 대적하며 또 지극히 높으신 이의 성도를 괴롭게 할 것이며 그가 또 때와 법을 고치고자 할 것이며 성도들은 그의 손에 붙인 바 되어 한 때와 두 때와 반 때를 지내리라"

이스라엘 백성의 불순종과 원망으로 인해 가나안에 들어가야 하는 이스라엘 백성의 데스티니가 늦춰지게 됩니다. 시간이 바뀐다는 말입니다. 사탄은 하나님을 대적하고, 성도들을 괴롭게 하면서 하나님께서 정하신 시간과 때를 바꾸려고 한다는 것을 여러분은 반드시 기억하셔야 합니다.

3) 상처들

하나님의 데스티니를 성취하는데 가장 강력한 방해 요소가 상처일 수 있습니다. 상처는 자아상이 온전히 정립되지 않은 상태, 즉 미성숙한 상태에서 외부로부터 어떤 자극을 받아 생성되는 것입니다.

상처 난 감정은 무섭습니다. 상처를 제대로 처리하지 못할 때 인간은 심각한 문제에 봉착합니다. 상처들은 하나님께서 허락하신 뜻과 목적이 개인과 도시, 국가로부터 멀어지게 합니다. 상처들의 부작용을 살펴보면 다음과 같습니다.

▶ 첫째, 자신의 가치를 인정하지 못하게 된다.

상처로 인한 부작용 중 하나는 계속적인 근심을 안고 있으며 자신을 부적합하게 여기면서 열등감을 가지고, '나는 좋지 못해'라고 늘 자신에게 말한다는 것입니다. 자신의 정체성이 온전히 정립되지 못하면 하나님께서 계획하시는 놀라운 뜻과 목적으로부터 멀어지게 됩니다. 이것은 비단 개인에게만 국한되는 것이 아닙니다. 지역감정도 마찬가지입니다. 대한민국은 전라도, 경상도가 오랜 시간 동안 심한 지역감정으로 대립했었습니다. 해묵은 지역감정의 대립은 다음 세대에까지 영향을 끼쳤습니다.

또한 남한과 북한의 국가적 대립은 6.25라는 전쟁의 상흔을 온전히 치유하지 못한 채 지금까지 긴장 관계를 지속하고 있습니다. 마찬가지로 일본의 식민지 지배로 인해 침탈을 당한 대한민국은 광복 70년이 지난 시점임에도 불구하고 아직도 감정적 대립이 치유되지 못한 채 민족적 아픔을 고스란히 드러내며 살아가고 있는 상황입니다. 상처와 상흔은 하나님의 데스티니를 성취하는데 강력한 방해 요소입니다.

▶ 둘째, 상처로 인해 완벽주의자 콤플렉스가 생겨난다.

'나는 절대로 제대로 성취할 수 없어'. '나는 절대로 어떤 것을 만족할 만큼 잘하지 못해'. '나는 나 자신이나, 다른 사람이나 또는 하나님을 기쁘시게 할 수 없어'. 이런 종류의 사람은 항상 찾아다니고 항상 애쓰지만, 항상 죄의식을 느끼며 꼭 무엇을 해야 한다는 의식 속에 빠져 있게 됩니다.

'나는 이것을 할 수 있어야 하는데,

나는 저것을 할 수 있어야 하는데,

그는 계속 올라가지만, 결코 목표까지 도달하지 못합니다. 이런 사람이 그리스도인이 되면 불행하게도 그는 자신의 완벽주의적인 기질을 하나님과의 관계에 바꾸어 적용합니다. 하나님은 높은 사다리 꼭대기 위에서 자기를 지켜보는 존재입니다. 잘못 형성된 자아관으로 인해 많은 사람이 언약의 하나님을 놓쳐버립니다. 자신이 어떤 일을 완수해야만 하나님이 기뻐하시는 것으로 정의를 내려놓고 데스티니로 달려갑니다. 물론 우리는 하나님께서 성취하시기 원하는 데스티니로 나아가야 합니다. 그러나 그 과정은 철저하게 하나님과 깊은 친밀함의 관계를 토대로 이루어져야 한다는 사실입니다. 자칫 상처로 인해 관계와 사역의 균형이 깨져 오직 사역에만 초점을 맞추는 실수를 할 수 있습니다.

▶ 셋째, 지나친 예민함으로 상처를 쉽게 받는다.

지나치게 예민한 사람은 항상 깊은 상처를 받게 됩니다. 다른 사람으로부터 사랑을 받고, 인정을 받고 싶지만, 그 반대를 경험하면 마음속 깊은 곳에 상처를 받게 됩니다. 너무 지나치게 예민한 나머지 그것을 강인한 태도로 바꾸기도 합니다. 자신이 받은 상처를 무마하기 위해서 다른 사람에게 상처를 줍니다. 예민함으로 인해 정서적 불안정감이 형성됩니다. 이것은 자칫 일관성의 부재라는 치명적인 약점을 도출시킬 수 있습니다. 긍정적인 상황과 부정적인 상황의 양면성이 함께 나타남으로 인해 스트레스, 불만, 우울증 등이 안정적인 정서를 가진 사람들에 비해 월등하게 높은 비율로 나타납니다. 이것은 대인관계에까지 악영향을 미칩니다.

결국 하나님의 데스티니는 하나님과의 관계와 사람들과의 관계를 통해서 성취됩니다. 그러나 지나친 예민함은 자칫 관계를 냉각시키는 방향으로 흐를 개연성이 충분하기 때문에 하나님의 데스티니를 성취하는데 방해 요소로 작용합니다.

▶ 넷째, 두려움으로 가득 찬 사람들

사도 바울은 고린도전서에서 거의 모든 문제를 다룹니다. 분쟁에 관한 문제, 분리하는 문제, 소송의 문제, 재산권 다툼의 문제, 근친상간, 매음, 혼전의 관계, 결혼 관계, 이혼의 관계에 관해서도 언급합니다. 과부에 대해서, 식물을 먹는 것, 성만찬 상에서 술에 취하는 것, 방언, 죽음, 장례식, 헌금, 교인 포섭 등 실제 삶에서 일어나는 거의 모든 문제를 다루어줍니다.

감정이 상처를 받게 되면 나타나는 현상 중 하나는 두려운 마음입니다. 우리의 감정에 상처를 받을 때에 두려운 마음이 생겨 걱정과 불안을 야기(惹起)합니다. 또한 분노가 일어나기도 합니다. 미움, 시기, 질투, 반항, 거절, 분노는 상처로부터 기인합니다. 이런 감정적 흐름이 지속될 때 실패를 익숙하게 여기는 것이 기본적인 성향과 성품으로 정의 내려지고 이런 사람들은 좌절감과 실망, 죄책감, 열등의식을 늘 달고 살아갑니다.

그런데 놀랍게도 이런 감정적 부작용이 인간을 교만하게 만드는 역설적 성품을 만들어 냅니다. 편견, 만용, 자만심, 이기심, 자기만 아는 것과 같은 형태로 표출되면서 결국 하나님의 데스티니를 온전히 성취하지 못하게 합니다.

6. 데스티니와 영적 전쟁

하나님께서 허락하신 데스티니를 향해서 우리가 나아갈 때 어둠이 공격해 옵니다. 영적 전쟁에서 사탄의 목표는 여러분이 아니라 하나님의 목적, 뜻, 의도, 방향, 데스티니입니다. 마귀는 하나님의 뜻이 이루어지지 못하는 것으로 표적을 삼습니다. 원수는 어떻게 하든지 최대한 방해를 해서 우리 앞에 걸림돌을 두어 하나님의 뜻이 이루어지지 못하게 합니다.

요한복음 8:44-45 "너희는 너희 아비 마귀에게서 났으니 너희 아비의 욕심대로 너
희도 행하고자 하느니라 그는 처음부터 살인한 자요 진리가 그 속에 없으므로 진
리에 서지 못하고 거짓을 말할 때마다 제 것으로 말하나니 이는 그가 거짓말쟁이
요 거짓의 아비가 되었음이라 내가 진리를 말하므로 너희가 나를 믿지 아니하는
도다"

우리는 하나님 말씀에 기초를 두고 살아야 합니다. 하나님의 말씀 안에 거해야 합
니다. 진리에 기반을 둔 삶은 하나님께서 허락하신 데스티니를 성취할 수 있는 유일
한 길입니다. 이 길로 향한 삶이 바로 제자의 삶인 것입니다. 하나님의 말씀과 뜻에
거하면 주님의 제자가 됩니다.

마태복음 7:21 "나더러 주여 주여 하는 자마다 다 천국에 들어갈 것이 아니요 다만
하늘에 계신 내 아버지의 뜻대로 행하는 자라야 들어가리라"

요한복음 8:31-32 "그러므로 예수께서 자기를 믿은 유대인들에게 이르시되 너희가
내 말에 거하면 참으로 내 제자가 되고 진리를 알지니 진리가 너희를 자유롭게 하
리라"

하나님의 왕국은 순복(順服)할 때 들어갑니다. 하나님의 뜻을 따라야 하나님 왕국
에 들어가는 것입니다. 하나님의 지혜를 거부할 때 어둠의 나라가 다가옵니다. 하나
님의 왕국은 하나님의 지혜에 순복하는 것입니다. 어둠의 나라는 거역하면서 세워지
는 나라입니다.
마귀는 언제나 자신의 뜻을 원했습니다. 마귀와 귀신들은 하나님 뜻을 거역했습니
다. 교회로서 우리는 선포해야 합니다. 하나님의 왕국이라는 것은 하나님의 뜻에 순
복하는 것입니다. 순복은 결국 사랑의 문제입니다. 하나님과 시간을 더 보내면, 하나

님의 임재 안에 머물면 하나님의 뜻이 이루어지게 됩니다. 하나님 왕국의 기초는 육신을 하나님 말씀에 순복시키는 것입니다. 하나님의 뜻에 따르는 것입니다. 그러나 하나님의 말씀과 뜻이 무엇인지 알고도 행하지 않으면, 그것이 죄입니다.

야고보서 4:17 "그러므로 사람이 선을 행할 줄 알고도 행하지 아니하면 죄니라"

하나님의 뜻을 알고도 행하지 않는 것이 죄라고 야고보서는 분명하게 이야기합니다. 어둠의 권세는 하나님의 뜻을 행하지 않는 상황 속에서 속임수, 두려움, 낙심을 뿌립니다. 또한 어둠은 하나님의 말씀에 타협하도록 합니다. 그래서 사탄이 수많은 방식으로 하나님의 데스티니가 성취되지 못하도록 방해하고, 막아서는 것은 하나님께서 여러분을 향해 가지고 계시는 데스티니 때문입니다. 사탄은 어떻게 하든지 하나님께서 각 나라, 도시, 교회, 개인들에게 허락하신 데스티니를 성취하지 못하도록 방해하는데 혈안이 되어있습니다.

이것이 바로 영적 전쟁입니다. 영적 전쟁은 단지 귀신을 쫓아내는 차원의 것을 넘어섭니다. 영적 전쟁은 데스티니 전쟁입니다. 사탄은 하나님의 빛의 왕국이 이 땅에 임하는 것을 막기 위해 각 나라, 도시, 교회, 개인에게 허락한 하나님의 데스티니를 성취하지 못하게 합니다. 데스티니가 성취되지 못하면 하나님 왕국이 이 땅에 임하는 것이 지체가 됩니다.

여러분의 인생에서 사탄은 작은 틈으로 슬며시 찾아옵니다. 사탄의 히브리어 'שׂטן'은 '신', '테드', '눈'으로 단어가 조합되어 있습니다. 'שׂטן'의 '신(שׂ)'은 '부수다', '소멸하다', '말살하다', '죽이다'는 뜻입니다. 'שׂטן'의 '테드(ט)'는 '뱀', '에워싸다', '포위하다', '파괴하다', '둘러서다'라는 뜻이고 'שׂטן'의 눈(ן)은 '생명'을 의미합니다.

소멸하고 파괴하는 뱀은 생명을 에워싸는 자이며, 생명을 죽이고 육체를 파괴하고 육체를 부수고 인생을 말살시키려는 자입니다.

요한복음 10:10 "도적이 오는 것은 도적질하고 죽이고 멸망시키려는 것뿐이요 내가 온 것은 양으로 생명을 얻게 하고 더 풍성히 얻게 하려는 것이라"

사탄은 하나님의 자녀들에게 허락하신 하나님의 뜻을 도적질하는 자입니다. 그래서 하나님의 자녀를 죽이고, 멸망시키려고 합니다. 하나님의 데스티니를 성취해 나아갈 때 그 부르심을 빼앗기지 않는 것이 바로 영적 전쟁입니다.

영적 전쟁은 하나님께서 우리에게 허락하신 데스티니를 성취하느냐 아니냐에 달려 있습니다. 우리가 하나님의 말씀에 순복해야 하는 이유가 바로 이것입니다. 하나님의 말씀 안에 순복할 때, 진리 안에 거할 때 하나님께서 허락하신 데스티니를 성취할 수 있기 때문입니다.

어둠의 나라의 기초는 하나님의 말씀에 거역하는 것입니다. 하나님의 말씀은 하나님의 뜻이고, 하나님의 지혜입니다. 하나님이 원하는 것을 분명히 알고도 하지 않는 것은 분명히 죄입니다. 오늘날 수많은 하나님의 사람들이 사탄의 속임수에 넘어갔습니다. 하나님께서 허락하신 뜻과 사명을 성취하지 못하는 삶을 살아가고 있습니다. 사탄은 여러분을 공격합니다. 그러나 본질적으로는 하나님의 뜻과 목적이 성취되지 못하도록 하는 것에 초점을 두고 있습니다.

영적 전쟁은 본질적으로 데스티니의 싸움입니다. 여러분에게 허락하신 데스티니를 잃어버리게 하거나, 놓쳐버리게 하는 것이 어둠의 계략이며, 목적입니다. 사탄은 지금도 하나님께서 그의 자녀들에게 허락하신 데스티니를 성취하지 못하게 하는 것으로 자신의 임무를 다하고 있습니다. 영적 전쟁은 데스티니 싸움입니다.

국가의 데스티니

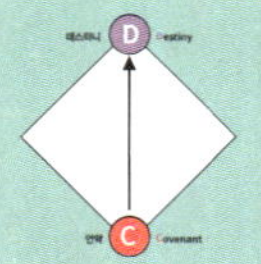

언약으로 시작한 모든 사역은 하나님의 데스티니를 성취하는 것으로 마무리된다.
우리의 데스티니는 모든 나라를 제자로 삼아
예수님께서 분부한 모든 것을 가르쳐 지키게 하는 것이다.

1. 두 사건

연습 (Exercise)

다음 글을 읽으십시오.

2015년 11월 14일 대한민국에 두 가지 큰 사건이 TV를 통해 소개되었습니다. 이 사건들을 통해 중요한 몇 가지 사실을 알게 되었습니다.

먼저는 해외에서 벌어진 사건으로 프랑스 파리의 여섯 곳에서 벌어진 연쇄 테러 사건이었습니다. 이 사건은 이슬람 극단주의자 IS(Islamic State)[1]의 소행으로 밝혀졌습니다. IS는 이슬람 테러 단체 중에 가장 극단적 세력입니다.

두 번째는 광화문에서 벌어진 10만 민중 총궐기 대회였습니다. "모이자, 서울로! 가자, 청와대로! 뒤집자, 세상을!"이란 구호를 외치며 민주노총, 전국농민회총연맹, 진보연대, 전국철거민연합 등 53개 단체 10만 명이 2008년 광우병 파동 촛불

---

[1] 극단주의 이슬람 수니파 무장 테러 집단

대회 이후 가장 큰 궐기대회를 이끌었습니다. 이들은 주체사상이라는 북한의 이념 체계를 따르는 노동 운동가들이며 사회 운동가들입니다.

그런데 이 두 사건을 일으킨 배후 세력들은 두 가지 공통점을 가지고 있습니다.

먼저 그들은 이슬람주의와 사회주의라는 강력한 신념(belief)을 따르고 있습니다. 자신들이 따르는 신념에 대해 신봉(信奉)한다는 것입니다. 신봉은 다시 말해서 옳다고 믿고 받들어 따르는 것을 의미합니다.

자신들이 믿는 체제를 고수하고, 받들고, 존중하고, 따른다는 점에서 하나의 종교와도 같은 기능을 한다는 사실입니다. 그래서 실제적으로 자신들이 믿는 신념을 통해 종교적인 관계를 철저하게 따르고 있습니다.

둘째로 자신들이 경배하는 신념 체계(이슬람주의, 공산주의)를 통해 이 땅을 정복하고 다스리려고 합니다. 전 세계를 정복해서 거대한 왕국을 이루려는 큰 대의(大義)를 품고 일을 진행하고 있다는 것입니다. IS는 전 지구를 이슬람 국가로 만들려는 꿈을 꾸고 있고, 궐기대회를 이끈 10만의 노동자들은 이 대한민국을 사회주의 국가 체제로 만들려는 강력한 포부와 비전을 품고 그들만의 데스티니를 향해 달려나가고 있습니다. 정리하자면 이들은 자신이 따르는 신념 체계 즉 '종교적 관점'과 그 신념 체계를 따르는 나라를 세우려는 '정치적 관점'이 균형을 이루면서 나아가고 있다는 것입니다.

『언약의 군대』 피기영

두 가지 사건을 통해서 이들이 가지고 있는 공통점에 대해서 여러분은 어떻게 생각하십니까?

____

____

____

교회가 하나님께서 허락하신 창조의 두 가지 목적인 '종교적 관점(제단)'과 '정치적 관점(다스림)'을 전혀 이해하지 못하고 있고 하나님께서 성취하시고자 하는 데스티니를 완수하지 못하는 것과는 대조적으로 이들은 절묘하게 이 두 가지 흐름을 강하게 붙잡고 달려 나가고 있다는 사실입니다. 이 두 무리는 하나님을 믿지는 않지만, 하나님의 창조 목적인 '종교적 관점'과 '정치적 관점'을 본능적으로 알고 있었습니다.

프랑스 연쇄 테러 사건과 민중 총궐기 대회를 보면서 깨닫게 된 것이 있습니다. 그것은 이 단체들이 하나님 왕국의 원칙을 모르지만, 하나님 왕국의 법칙과 인간을 창조한 목적에 대해서 알고 있는 것처럼 보인다는 것입니다. 이들은 자신을 창조하신 분이 누구신지 인식하지 못하고 있습니다. 하지만 하나님께서 인간에게 허락하신 두 가지 창조 목적을 너무나 잘 이해하고 있는 것 같았습니다.

먼저 '이 백성은 내가 나를 위하여 지었나니 나를 찬송하게 하려 함이니라(사 43:21)'라는 말씀을 통해 사람이 하나님을 예배해야 한다는 '종교적 관점' 대신 자신이 신봉하는 신념 체계(이슬람, 사회주의)를 예배하고, 존중하고, 따르고 있다는 것입니다.

둘째는 '하나님이 그들에게 복을 주시며 하나님이 그들에게 이르시되 생육하고 번성하여 땅에 충만하라, 땅을 정복하라, 바다의 물고기와 하늘의 새와 땅에 움직이는 모든 생물을 다스리라 하시니라(창 1:28)'라는 말씀을 통해 이 땅을 통치하고 다스리라는 '정치적 관점' 대신 자신들이 신봉하는 신념 체계를 기반으로 하는 통치를 이 땅에서 실현하고 있다는 것은 분명한 사실입니다.

이들은 세상을 바꾸려고 하는 자신들의 꿈과 이상이 하나님으로부터 온다는 것을 전혀 모르고 있습니다. 또한 하나님은 인간이 살고 있는 이 땅을 하나님의 왕국이 되도록 경영하고 관리해서 구현하기를 원하고 계신다는 사실조차 모르고 있습니다.

더 놀라운 것은 이들에게는 성령의 열매가 전혀 없다는 것입니다. 국가를 전복(顚覆)하려는 이 세력들에게는 성령의 은사도 전혀 없습니다. 성령의 열매는 오직 예수님을 왕으로, 구원자로 인정하고 받아들이며 믿음으로 살아가는 하나님의 백성에게서 나타나는 하나님의 속성이며 천국의 문화이기 때문입니다. 오순절에 성령이 임재할 때 하나님 왕국의 시민들은 하나님 왕국의 문화를 이 땅에 퍼뜨리기 위한 성령의 권능을 받았습니다. 그 권능은 "성령의 선물"로 표현됩니다. 성령의 열매가 하나님의 본성을 드러내는 특징들이라면, 성령의 은사(선물)는 하나님의 능력입니다.

프랑스 터러를 일으킨 IS나 공산주의 사상을 배경으로 민중 총궐기대회를 하는 세력들은 성령 하나님을 경외하지도 않을뿐더러 성령님의 성품이나 능력이 나타나지 않고 있습니다. 그런데 분명한 것은 이들이 데스티니를 가지고 있었다는 것입니다.

즉 자신들이 달려갈 길을 정확하게 알고 있었다는 사실입니다. 이것이 가장 무서운 점입니다. 길을 알고 달려가는 사람을 이기기는 쉽지 않은 노릇입니다. 길을 몰라 매순간 살아가는 인생처럼 힘든 삶도 없습니다.

인간은 자신들의 사명을 알고 달려가는 자들과 아무런 방향도 없이 그냥 살아가는 두 가지 삶이 존재합니다. 분명한 사실은 아무런 목적도 뜻도 모른 채 살아가는 기독교인들보다 가야 할 길, 즉 데스티니를 분명하게 인식하고 달려가는 무신론자들이 더 큰 일을 해낸다는 것입니다.

인생의 성공과 실패가 여기에 달려있습니다.

2. 하나님의 데스티니(Destiny of God)

우리는 하나님께서 일하시는 방법에 대해서 살펴보아야 합니다. 데스티니는 하나님께서 정하시는 것입니다. 다시 말해 하나님께서 각 사람, 도시, 국가에 최종 목표를 정해 놓으셨다는 말입니다. 이 뜻과 목적을 우리는 데스티니라고 정의합니다. 데스티니는 하나님께서 정하셨지만, 이것을 이루는 것은 사람의 선택과 책임에 따라서 결정됩니다.

데스티니에 관한 특성들은 다음과 같습니다.

- 첫째, 하나님은 모든 사람과 공동체, 도시, 국가에 데스티니를 정해 놓으셨다.

- 둘째, 데스티니를 성취하기 위해서 사람들은 반드시 먼저 각자의 데스티니를 발견해야 한다.

- 셋째, 데스티니는 하나님께서 정하셨지만 성취는 인간의 선택과 책임에 따라 결정된다.

- 넷째, 그러나 이 데스티니를 성취하기 위한 여정은 하나님의 인도하심으로 가능하다.

잠언 16:9 "사람이 마음으로 자기의 길을 계획할지라도 그의 걸음을 인도하시는 이는 여호와시니라"

우리가 해야 할 일은 각각의 개인, 공동체, 도시, 나라를 향하여 예정하신 하나님의 데스티니를 찾아내고, 그 길로 나아가는 것입니다. 그러면 하나님께서는 여러분이 그 목표를 성취할 수 있도록 도우실 것입니다. 날마다의 삶 속에서 하나님의 인도하심과 도우심으로 인해 하나님께서 원하시는 그 길을 걸어가게 될 것입니다.

요한복음 6:38-40 "내가 하늘에서 내려온 것은 내 뜻을 행하려 함이 아니요 나를 보내신 이의 뜻을 행하려 함이니라 나를 보내신 이의 뜻은 내게 주신 자 중에 내가 하나도 잃어버리지 아니하고 마지막 날에 다시 살리는 이것이니라 내 아버지의 뜻은 아들을 보고 믿는 자마다 영생을 얻는 이것이니 마지막 날에 내가 이를 다시 살리리라 하시니라"

갈라디아서 2:8 "베드로에게 역사하사 그를 할례자의 사도로 삼으신 이가 또한 내게 역사하사 나를 이방인의 사도로 삼으셨느니라"

데스티니는 '하나님께서 당신의 인생을 위해 예비하신 것으로 당신이 궁극적으로 추구해야 할 삶의 최종 목적이며 동시에 그 최종 목적을 향한 믿음의 영적인 삶의 과정'[2]을 뜻합니다. 데스티니는 개인적인 은사, 부르심, 사회적 위치, 봉사보다 크고 위대합니다. 우리가 만들어진 이유는 바로 데스티니 때문입니다.

예레미야 1:5 "내가 너를 모태에 짓기 전에 너를 알았고 네가 배에서 나오기 전에 너를 성별 하였고 너를 여러 나라의 선지자로 세웠노라 하시기로"

이사야 44:2 "너를 만들고 너를 모태에서부터 지어 낸 너를 도와 줄 여호와가 이같이 말하노라 나의 종 야곱, 내가 택한 여수룬아 두려워하지 말라"

에베소서 1:4-5 "곧 창세 전에 그리스도 안에서 우리를 택하사 우리로 사랑 안에서 그 앞에 거룩하고 흠이 없게 하시려고 그 기쁘신 뜻대로 우리를 예정하사(he predestined) 예수 그리스도로 말미암아 자기의 아들들이 되게 하셨으니"

에베소서 2:10 "우리는 그가 만드신 바라 그리스도 예수 안에서 선한 일을 위하여 지으심을 받은 자니 이 일은 하나님이 전에 예비하사(God prepared in advance for us to do) 우리로 그 가운데서 행하게 하려 하심이니라"

로마서 8:29-30 "하나님이 미리 아신 자들을 또한 그 아들의 형상을 본받게 하기 위하여 미리 정하셨으니 이는 그로 많은 형제 중에서 맏아들이 되게 하려 하심이니라 또 미리 정하신(And those he predestined) 그들을 또한 부르시고 부르신 그들을 또한 의롭다 하시고 의롭다 하신 그들을 또한 영화롭게 하셨느니라"

데스티니는 인간이 태어나기도 전에 정해집니다. 그리고 데스티니는 각 사람을 향한 하나님의 계획과 목적을 포함하고 있습니다. 이것은 하나님께서 인간에게 허락하

---

2) 케이시 트릿(Casey Treat)이 예수전도단에서 출판한 책『하나님의 예정』에서 정의한 내용이다.

신 정체성인 것입니다. 하나님께서는 모든 사람이 태어나기 전에 그들의 데스티니를 결정하십니다. 예수님께서도 이 땅이 창조되기 이전에 하나님께서 이 땅을 구원하시기 위해서 구별되도록 하신 어린 양이셨습니다. 이것이 예수님의 데스티니였습니다. 예레미야, 삼손, 모세, 노아, 다윗, 아브라함, 사도 바울, 베드로 등 성경의 모든 인물은 각자에게 허락된 데스티니를 향해 살아갔습니다.

우리가 하나님의 계획과 목적을 모르고 인생의 예정된 길도 알지 못하게 되면 우리의 삶은 비참해집니다. 우리는 하나님께서 우리를 계획하신 목적에 대한 지식이 없다면 그 본래의 목적보다 훨씬 가치 없는 삶을 살게 됩니다. 그러나 우리가 하나님의 계획과 목적을 알면 우리는 하나님께서 예정하신 데스티니에 다가갈 수 있고, 그 계획과 목적대로 살아갈 수 있게 됩니다.

3. 헤게모니

역사는 헤게모니(Hegemony, 주도권)를 누가 잡느냐에 따라 그 진행 방향이 바뀌곤 했습니다. 다시 말해서 역사는 힘 있는 자들에 의해서 결정되고, 해석되고, 방향이 바뀐다는 말입니다. 역사를 해석하고 정의 내리기 위해서는 헤게모니를 장악해야 합니다. 그래서 역사를 바꾸는 것은 쉽지 않은 일입니다. 역사는 흐르지만, 역사 해석을 결정하는 권력과 힘은 늘 변하기 때문입니다. 이것이 중요한 원칙입니다.

지금 미국이 패권 국가이기 때문에 전 세계는 미국 주도로 돌아갑니다. 그러나 불과 40년 전만 해도 세계는 소련(USSR)과 미국(USA)이라는 두 나라가 주도했습니다. 이런 이유로 역사를 이해할 때 역사의 헤게모니가 어디에서 왔는지, 누구에게 있었는지를 먼저 판단하는 것이 대단히 중요합니다.

역사만이 아닙니다. 인간의 이론이나 사상, 문화, 정치, 종교, 사회 또한 헤게모니를 누가 잡느냐(Holding Hegemony)에 따라서 그 결과는 판이하게 달라집니다.

독일은 현대 철학이나, 신학에 지대한 공헌을 한 국가입니다. 수많은 지식인이 배출되었고, 사상가, 철학자가 활동했습니다. 인류에 끼친 독일의 철학적 영향력은 대단히 위대했습니다. 그러나 이런 고도의 지성적 성찰을 하곤 했던 독일이라는 국가가 1, 2차 세계대전을 지나면서 지독한 국수주의((國粹主義, Ultranationalism)[3], 민족주의(民族主義, Nationalism)[4]로 돌아서게 됩니다.

이것은 그들이 가진 사상적 체계가 아돌프 히틀러가 이끈 전체주의 운동의 결과로 독일의 정치 주도권을 가지게 된 나치당(국가 사회주의 독일 노동자당, Nationalsozialistische Deutsche Arbeiterpartei)[5]에 의해서 재해석되었기 때문입니다.

히틀러에 의해 주도된 나치당은 독일 국민에게 엄청난 인식론적 전환을 시도합니다. '게르만 민족은 뛰어나다'에서 '오직 게르만 민족만이 가장 위대하고, 탁월하다'라는 사상을 유입시켜 백성들을 계몽합니다. 게르만 민족의 우월성과 절대성을 가지고 국민의 지성을 마비시킵니다. 독일 시민들의 인식과 생각의 틀을 완전히 바꾸어 버립니다. 그래서 지구상에서 열등한 민족들을 향해 총구를 겨누게 되고, 유대인들을 죽일 수 있는 사상적 기반을 구축하게 됩니다.

이렇게 인식론과 사상의 흐름은 한순간에 바뀔 수 있는 모호성(模糊性)을 내포하고 있습니다. 다시 말하면 누가 주도하느냐에 따라서 쉽게 바뀐다는 것입니다. 아무리 탁월한 민족이라도, 역사의 헤게모니를 지닌 개인이나, 단체, 민족, 국가에 따라 모든 사상과 거념, 이론은 해석이 완전히 달라집니다.

교회의 역사 또한 헤게모니를 누가 잡느냐에 따라 그 흐름이 항상 바뀌어 왔습니다. 한국에서 계속해서 벌어지고 있는 국정교과서에 대한 찬반 논쟁은 단순히 역사

---

3) 자기 나라의 고유한 역사·전통·정치·문화만을 가장 뛰어난 것으로 믿고 다른 나라나 민족을 배척하는 극단적인 태도나 경향을 가리키며, 애국심을 가장해 개인의 이익과 민족 집단의 이익이 충돌할 때 민족 집단의 이익만을 우선 선택하도록 만든다.
4) 단적 동질감·소속감·연대감에 기반한 공동체인 nation을 중시하는 사상·행동의 총체를 의미한다. 또는 이의 연장으로서 nation에 기반한 nation-state(국민국가/민족국가)를 건국하여 nation이 독자적 주권을 행사하여야 한다는 사상을 의미한다.
5) 1919년부터 1945년까지 존재했던 국가사회주의 독일 노동자당으로 국가(혹은 민족), 사회주의, 노동자 3글자가 합쳐진 정당 명칭이다.

이해를 위한 싸움이 아닙니다. 실제적으로는 누가 더 큰 힘을 가지고 있는가에 대한 헤게모니 싸움입니다.

역사를 서술하는 것은 힘이 동반되지 않으면 불가능합니다. 세계 역사를 살펴보아도 역사의 서술은 힘을 가지고 있는 제국들에 의해 주도되었습니다. 지배자가 아닌 피지배자들에 의해서 주도된 적이 전혀 없습니다. 그러므로 우리는 헤게모니를 장악한 자들이 역사를 장악한다는 분명한 사실을 알 수 있는 것입니다.

왜 지금도 로마의 역사가 세계 역사의 진실인 것처럼 기록되고 있는 것입니까? 그것은 바로 로마가 세상의 헤게모니를 장악했기 때문입니다. 당시에 로마제국에 맞서 싸울 수 있었던 힘 있는 나라들이 없었다는 뜻이 되기도 합니다. 역사가 고정 사실화되었다는 것은 그 역사 해석을 막을 어떤 세력도 더 이상 존재하지 않았던 것입니다. 그러나 우리 기독교인들은 반드시 알고 넘어가야 할 것이 있습니다. 역사의 주인은 하나님이십니다. 그 어떤 것도 하나님을 막아설 수 없습니다. 왜냐하면 모든 역사를 주관하시는 하나님만이 절대적인 힘을 가지고 계시기 때문입니다.

사실 역사 해석의 싸움은 이미 끝난 싸움입니다. 왜냐하면 모든 역사적 해석이 그 시대의 힘을 가진 세력에 의해서 기술된다고 할지라도 최후 승리는 하나님이 하실 것이기 때문입니다. 하나님은 역사의 주관자시며, 모든 인류 역사의 처음(알파, A)과 끝(오메가, Ω) 이십니다.

그래서 믿음의 사람들에게 절대적으로 필요한 것은 우리가 누구이며, 왜 창조되었고, 어디를 향해 달려가고 있는지 깨닫는 것입니다. 이것이 바로 믿음입니다. 하나님께서는 성경에 아주 구체적으로 하나님의 뜻과 목적을 기술해 놓으셨습니다. 만약 우리가 하나님을 믿는다면 성경에서 말한 역사의 흐름이 그대로 성취될 것에 대해서도 믿는다는 의미입니다. 하나님께서 역사를 주관하신다는 사실을 믿는다면 하나님께서 성경에 언급하신 하나님의 뜻과 목적을 발견하고, 하나님께서 무엇을 성취하려고 하시는지 알아가는 것이 인생의 가장 급선무가 되는 것은 당연한 것입니다. 여기에는 그 어떤 갈등의 소지가 없습니다. 하나님의 말씀을 알고 그 말씀대로 우리의 삶을 정하면 되는 것입니다. 그러면 우리의 인생은 성공적인 삶이 될 것입니다.

우리는 창세기 1장 26절 말씀에서 '맘라카(ממלכה)'라는 단어를 통해서, 하나님께서 그들로 다스리게 하자고 하신 정확한 의미를 깨닫게 됩니다. 창세기에서 하나님께서 인간에게 왕국 '맘라카'를 주셨다면 하나님이 그것에 대한 '동기(motive)', '의도(intent)', '목적(purpose)' 또한 가르쳐 주신 것입니다. 그것은 이 땅을 다스리는 것입니다. 하나님께서는 인간이 땅을 '경영하고(manage)', '이끌고(lead)', '다스리고(govern)', '통제하기(be in charge)'를 원하십니다. 그래서 이 땅이 주님을 찾도록 하십니다.

여러분이 역사의 흐름을 정확히 이해하고, 역사의 흐름 속에 하나님께서 우리에게 허락하신 분명한 사명을 깨닫고 그것에 정렬해서 달려 나간다면 삶에서 승리를 경험하게 될 것입니다.

다음 글을 읽으십시오.

2차 세계대전 후, 맥아더 장군은 지금까지 적국이었던 나라를 재건하는 일에 앞장섰고, 다양한 선의의 개혁을 진행했습니다. 이만 명의 선교사를 초청해 일본인들에게 새로운 삶의 방식을 가르치려고 했습니다. 그는 일본을 기독교 국가로 만들도록 정부에 선교사를 요청했습니다.

그러나 미국은 거절했습니다. 미국 정부는 이렇게 대답했습니다.

'우리에게는 선교사들이 없습니다.

우리는 전후 우리나라를 재건하는 일에 바쁩니다.'

결국 미국 정부는 수백 명의 선교사를 일본에 파송하는데 그쳤습니다.

패전한 일본은 자기들이 믿던 신들과 황제에 대한 신뢰를 완전히 잃었습니다. 전쟁은 영적인 영역에서 벌어지는 일이라고 믿었던 그 사람들이 정복당한 백성이 되고 말았기 때문입니다. 그들은 정복자의 신이 더 강한 것이 분명하다고 생각하게 되었습니다.

이때가 일본이 기독교 국가가 될 수 있었던 절호의 기회였습니다. 맥아더 장군의 계획은 수포로 돌아가고 말았습니다. 하나님의 사람들에게는 일본을 향한 비전과 꿈이 있었지만 정작 미국 정부가 원하지 않았던 것입니다. 결과적으로 일본이 가졌던 그 신념, 천왕을 숭배하는 사상은 다시 살아났습니다. 그들은 자기들의 힘으로 이 전쟁의 상처를 이겨냈습니다. 오늘날, 일본은 선교하기에 가장 힘든 나라가 되었습니다.

『열방을 변화시키는 하나님의 책』 로렌 커닝햄

이 글을 읽고 느낀 점을 나누시기 바랍니다.

____

____

____

4. 대한민국의 데스티니(Destiny of Korea)

모든 나라는 하나님께서 허락하셔야만 존재합니다. 하나님께서는 모든 나라에 기업(基業)[6]과 목적을 주셨습니다. 하나님께서는 철저히 계획과 목적을 가지고 각 개인과 도시 그리고 나라를 만드십니다. 하나님은 목적 없이 창조하지도 만들지도 않으

---

6) 대대로 물려 내려오는 사업과 재산.

십니다. 하나님께서는 처음부터 맨 마지막 끝(Destiny)을 정하시고 창조하십니다.

지금 대한민국은 대단히 위태로운 시점에 놓여있습니다. 신앙의 열정은 식어가고 성도들은 세상과 쉽게 타협하면서 살고 있습니다. 그러나 오늘도 하나님께서 대한민국을 일으키고 계십니다. 수많은 단체가 하나가 되려고 합니다. 국가적 부흥과 변혁을 부르짖고 있습니다. 국가적 부흥과 변혁을 통해 사회의 모든 영역에 하나님 왕국이 곳곳에 스며들기를 기도하고 있습니다. 하나님께서는 마지막 때에 한반도가 전 세계의 피난처 국가가 되는 것을 계획하고 계십니다. 적그리스도를 통한 환란의 때를 이겨나가도록 이 땅을 준비시키고 계십니다. 대한민국은 하나님의 뜻과 목적을 성취하기 위해 국가적 데스티니로 달려 나가고 있습니다.

변혁(變革, transformation)[7]은 대한민국이 온전해지고, 윤리, 도덕적으로 완전해지고, 범죄가 제거되어 구원받는다는 뜻이 아닙니다. 오직 이 일은 예수님께서 다시 오실 때 성취될 것입니다. 그러나 지금 이 땅에 임하는 변혁은 대한민국을 묶고 있는 어둠의 세력들의 활동이 서서히 줄어들고 하나님 왕국 말씀의 법도가 이 나라에 더욱더 왕성해지고, 하나님 왕국의 원리가 생활 방식과 행동 방식으로 사회 각 영역에서 드러나는 것을 의미합니다. 한 나라가 총체적인 변화를 경험하는 것이 변혁인 것입니다. 대표적인 사례로 존 웨슬리의 국가 변혁을 들 수 있습니다. 변혁은 정치, 경제, 사회, 문화, 가정 등 국가의 모든 영역이 새로워지고 변화되어 한 나라가 전체적으로 새로워지는 것을 뜻합니다.

우리는 지금보다 더 강력한 하나님의 통치와 다스림, 회복과 역사가 일어나기를 기대합니다. 대한민국이 붙잡아야 할 것은 국가적 위기가 아닙니다. 교회가 직면한 문제도 아닙니다. 그것은 하나님께서 대한민국을 통해서 행하시고, 성취하시기 원하시는 국가적인 데스티니입니다.

---

7) 부흥과 변혁은 다른 개념이다. 부흥이 임하면 많은 사람들이 하나님의 능력을 경험한다. 많은 사람이 구원을 받고, 지역 주민의 절반 이상이 예수님께 나아간다. 병든 자가 치유되고 기적과 이적이 동반된다. 부흥은 반드시 필요하다. 그러나 나라가 바뀌려면 다음 단계인 변혁으로 나아가야 된다.

이 시대에 대한민국을 세계에서 들어 쓰시는 하나님의 이유가 무엇입니까? 하나님은 우리에게 성취해야 할 그 일에 포커스를 맞추라고 하십니다.

 "그런즉 너희는 먼저 그의 나라와 그의 의를 구하라 그리하면 이 모든 것을 너희에게 더하시리라"

모든 나라는 각각의 나아가야 할 길과 방향 그리고 목적이 있습니다. 하나님 왕국이 온 열방에 충만해지고 하나님의 법도가 사회 영역 곳곳에 가득해지는 것이 우리가 가야 할 길입니다. 그 일에 우리의 모든 시간, 노력, 헌신, 열정을 집중해야 하는 것입니다.

대한민국은 하나님 왕국의 놀라운 축복과 은혜가 일본, 중국, 북한 그리고 아시아 여러 나라로 전달되는 축복의 통로와 하나님의 거룩한 도구로 되어야 합니다. 그러므로 우리가 하나님의 데스티니를 깨닫는 것이 중요합니다. 전략적으로 대한민국은 대단히 중요한 나라이며 영적으로 놀라운 일을 감당할 나라입니다.

이스라엘에서 사역하고 계시는 국제적인 영적 리더 탐 헤스(Tom Hess)는 그의 책 『열방을 위한 기도의 집』에서 대한민국 특히 남한(South Korea)의 구속사적 목적과 선물이 무엇인지에 대해 언급하고 있습니다.

'남한의 국가적 데스티니는 복음 전도와 기도다.'

남한의 기독교인들은 북한을 복음화하는 것에 이미 준비가 되어 있으며 날마다 북한의 부흥을 위해 기도하고 있습니다. 또한 전 세계에 27,000명의 선교사가 파송되어 열방을 구원하는데 쓰임 받고 있다고 설명하고 있습니다. 예수전도단의 창시자 로렌 커닝헴(Loren Cunningham, 1935-2023)도 그의 책 『열방을 변화시키는 하나님의 책』에서 또한 이렇게 말합니다.

'15세기의 세종대왕이 있었습니다.

한문을 사용했던 당시 백성들은 교육을 받을 기회가 적었기 때문에

세종대왕은 백성들에게 글을 만들어 줍니다.

백성들을 위한 한글 창제는 대한민국을 전 세계에서

가장 우수한 자국어를 가진 민족이 될 수 있게 만들었습니다.

한글은 대한민국에게 허락하신 국가적 데스티니를 담당할 수 있도록 해준

실제적인 도구였습니다.'

5. 국가들의 데스티니(Destiny of Nations)

1) 이스라엘

출애굽기 19:6 "너희가 내게 대하여 제사장 나라가 되며 거룩한 백성이 되리라 너는 이 말을 이스라엘 자손에게 전할지니라"

이사야 61:6 "오직 너희는 여호와의 제사장이라 일컬음을 받을 것이라 사람들이 너희를 우리 하나님의 봉사자라 할 것이며 너희가 이방 나라들의 재물을 먹으며 그들의 영광을 얻어 자랑할 것이니라"

이스라엘은 분명한 국가적 데스티니가 있습니다. 그것은 전 열방이 이스라엘을 통해 하나님을 만나고 알아가는 것입니다. 거룩한 제사장 나라가 되어 모든 나라가 하나님을 예배하게 하는 것입니다. 이스라엘은 하나님이 누구신지 그 본성과 성품을 열방에 소거하는 나라입니다. 모든 열방이 하나님께서 허락하신 데스티니를 놓쳐버렸을 때 하나님께서는 이스라엘을 자신의 친 백성 삼으셨고 이스라엘을 통해 열방이 주께 돌아오기를 진심으로 원하셨습니다. 이스라엘은 모든 열방의 기준(Standard)이

되는 것입니다. 심판의 기준이 되고, 저주의 기준이 되고, 재앙의 기준이 되고, 축복의 기준이 되는 나라였습니다. 열방이 이스라엘을 보면 하나님이 누구이신지 알 수 있는 것이 바로 이 이유 때문입니다.

2) 대만

다음 글을 읽으십시오.

미국 플로리다 Focal Point Church에서 사역하고 있는 마크 다니엘(Mark Daniel)은 한국에서 있었던 2013년 National Awakening 집회에서 이런 간증을 했습니다. 이 간증은 국가적 데스티니에 대한 너무나 많은 것을 우리에게 가르쳐 줍니다.

우리는 이런 질문을 해야 합니다.

하나님이 역사적으로 이 시대에 하고자 하시는 일은 무엇인가? 그리고 나는 이 시대에 어떤 일을 해야 하는가? 하나님이 내 삶을 어떻게 사용하실까? 내가 할 역할이 무엇인가? 진정으로 하나님이 하시고자 하는 일은 무엇인가?

하나님께서는 나(마크 다니엘)에게 이렇게 말씀하셨습니다. 그러면서 지금 이 시대를 살아가는 기독교인들을 향하여 이런 마음을 부어주셨습니다.

'너희는 자신들의 삶에서 발생한 문제들에 집중해서 기도한다.

그러나 문제들에 초점을 맞추지 마라.

내가 원하는 것은 너희들이 나의 뜻을 따라 기도하는 것이다.

내가 그 문제들을 해결할 것이다.

이 나라가 나(하나님)의 뜻 가운데 나아가는 것을 기도하면

그리고 나(하나님)의 뜻 가운데 나아가도록 나의 얼굴을 구하면

너희 나라의 데스티니를 이루게 될 것이고

그러면서 너희가 이 데스티니를 향해 나아갈 때 각 사람의 데스티니가 성취될 것이다.'

나(마크 다니엘)는 한국을 향한 하나님의 데스티니를 보기 원합니다. 온 세상을 향한 한국의 역할이 있습니다. 하나님께서 허락하신 데스티니를 향해 일어나는 것입니다. 이 데스티니를 향해 일어나지 않으면 마귀가 이 나라를 향해 자신이 원하는 데스티니를 진행할 것입니다.

전 세계를 향한 한국의 역할은 무엇입니까?

어둠으로 세계를 이끌어 갈 것인가?

아니면 하나님의 뜻을 향해 이끌어 나갈 것인가?

진지하거 고민해 보아야 합니다.

우리는 데스티니를 향해 싸우는 것입니다. 한반도를 향한 데스티니를 향해 연합하는 것입니다. 그래서 국가적인 데스티니를 향해 나아가는 것입니다. 무엇이 한반도를 향한 하나님의 국가적인 데스티니입니까?

여러분 예인선(Tugboat)을 아십니까?

예인선은 주로 다른 큰 선박을 예항(배를 끌어들임)하거나 또는 압항(화물이 적재된 부선과 일체가 되어 밀어버림)할 때 도움을 주는 선박을 말합니다. 작은 배가 큰 배의 방향을 바꾸고 바른길로 갈 수 있도록 돕는 역할을 합니다. 다시 말하면 이 작은 예인선이 어마하게 큰 화물선의 데스티니를 바르게 향하도록 도움을 주는 선박입니다.

대만의 국가적 데스티니는 예인선(tugboat)으로서 중국을 인도하는 것입니다. 대만의 기독교인들은 교회, 가정, 사업장에서 기도 제단을 쌓고 나라의 영적 대기를 바꾸어 나가고 있습니다. 그러나 대만 교회의 데스티니는 여기에 머무는 것이 아닙니다. 전 세계에서 가장 강력한 영향력을 행사하고 있는 본토 중국 땅을 향한 부르심에 초점을 맞추고 있습니다. 대만 교회는 대만이라는 나라가 예인선 (tugboat)으로서 거대한 나라인 중국이 하나님께서 원하시는 데스티니를 성취하도록 하는데 모든 총력을 기울이고 있는 것입니다.

우리는 우리의 해야 할 역할을 자세히 살펴보아야 합니다.

데스티니는 개인적인 은사, 부르심, 사회적 위치, 봉사보다 큽니다. 우리가 만들어진 이유는 바로 데스티니 때문입니다.

대만의 국가적 데스티니는 중국을 하나님께로 인도하는 것입니다. 중국이라는 나라가 가야 할 방향을 설정해 주고 이끌어 주는 것이 대만이라는 나라의 국가적 부르심입니다. 놀랍게도 중국이라는 나라가 대만의 영적 부흥을 통해 하나님의 이끄심을 경험하고 있습니다. 중국의 교회들이 깨어 일어나 중국의 데스티니를 성취하는데 정렬되고 있습니다.

「교회여 깨어나라」 마크 다니엘

대만의 국가적 데스티니는 무엇입니까?

---

3) 미국

미국이라는 나라는 예배를 드리고 싶어서 유럽으로부터 생명을 걸고 탈출한 청교도들로 인해 세워진 나라입니다. 미국인들이 처음에 꾸었던 꿈은 잘사는 것이 아니었습니다. 청교도들이 미국에 들어와서 제일 먼저 한 일이 바로 제단을 쌓는 것이었습니다. 폭군의 압제로부터 벗어나서 자유롭게 예배하며 그 자유를 누리는 것이었습니다. 하나님과 동행하며 하나님의 말씀을 온 세상에 나타낼 수 있는 빛을 뿜어내는 것이었습니다. 하나님의 영광스러운 복음을 땅끝까지 전하는 것이 바로 미국의 꿈이 었습니다.[8]

　미국은 예배의 나라입니다. 미국은 자유의 나라입니다. 속박과 묶임을 풀어주는 나라입니다. 불의에 저항하는 나라입니다. 이것이 미국의 데스티니입니다. 제1, 2차 세계대전, 한국전쟁, 중동전쟁에 미국이 개입하지 않았다면 세계 많은 나라들과 대한민국은 독립할 수 없었을 것입니다. 미국은 수많은 나라에 자유를 가져다준 나라입니다. 미극은 수많은 나라가 신앙적인 부흥을 이루도록 도운 나라입니다. 미국의 데스티니는 위대합니다. 그래서 마귀가 그 나라를 향한 하나님의 데스티니가 성취되지 못하도록 방해하는 것입니다.

4) 네덜란드

　하나님의 은혜로 세워진 개혁 신학의 정통성을 이어간 네덜란드가 하나님의 통치와 주권을 거부하고 타락한 나라로 퇴색되어 가고 있는 현실로 인해 전 세계의 교회가 안타까워하고 있습니다. 성결대학교 배본철 교수는 네덜란드의 영적 데스티니를 이렇게 설명하고 있습니다.

"중세 후기 네덜란드에서는 신(新) 경건 운동(devotio moderna)의 선구자들로서

게라드 그루테(Gerard Groote, 1340-1384)와 그에게 영향을 받은

토마스 아컴피스(Thomas à Kempis, 1380-1471)가 활약하였다.

특히 토마스의 그리스도를 본받아 (imitatio christi)는 현대에 이르기까지

교회사상 가장 대표적인 영성 서적의 하나로서 손꼽히고 있다.

신(新) 경건 운동에서는 무엇보다도 영적인 회심(conversion)을 중시하고 있으며,

이 단계로부터 지속적인 영적 훈련을 거쳐

---

8)　더치 쉬츠, 『주님께 강청하오니』, 다윗의 장막, 2015.

영적 형성(spiritual formation)을 이루어 가게 된다고 보았다.

그리고 이러한 훈련에 있어서 가장 필요한 정신은

자기 부인(self-denial)과 하나님의 뜻에 대한 전적 순종이라고 했다."

네덜란드의 국가적 유업은 네덜란드의 국가(國歌:national anthem)에서 찾아볼 수 있습니다.

'나의 방패요 신뢰할 분은 오 나의 주 하나님 당신이시나이다.

내가 의지하는 분은 당신이시니 나를 결코 떠나지 마시옵소서.

그러하신다면 나는 경건하게 남아 당신의 종으로써 늘 헌신하며 폭군을 몰아낼 수 있으리이다.

나의 사무치는 마음으로'[9]

또한 네덜란드 국기에서 파란색은 '조국'에 대한 충성, 하얀색은 '축복'과 '신앙', 빨간색은 '용기'를 뜻합니다. 네덜란드는 신교와 구교의 갈등으로 인해 종교전쟁이 일어나면서 국가가 형성되었습니다. 16세기 후반 구교 스페인에 항거해서 네덜란드 주(州)로 독립했고, 신앙을 위한 전쟁의 승리라는 이름으로 세계를 석권했습니다. 네덜란드는 작고 연약한 나라였지만 국가에서 나타나는 것처럼 하나님을 의지하는 나라였습니다. 그래서 구교 또는 많은 청교도, 경건주의자들이 핍박을 피해서 숨을 수 있었던 피난처의 역할을 감당했던 나라였습니다.

5) 영국

영국의 영향력은 어마어마합니다. 영국의 인구는 약 7,000만 명입니다. 전 세계 공용어인 영어가 영국에서 시작된 것이 바로 그 점입니다. 영국은 언어적으로, 역사적으로 그리고 문화적으로 전 세계에 너무나 강력한 영향을 끼쳤습니다. 수많은 기독

---

9) 네덜란드 국가(國歌) 중 6절 가사 내용이다.

교 종파 가운데 대다수가 이곳 영국에서 나왔습니다. 장로교, 감리교, 성결교, 나사 렛, 침례교, 구세군 등 세계 개신교의 대다수가 영국에서 생겨났습니다. 세계 선교단 체 본부의 60%에서 70%도 영국에 있습니다. 제2차 세계대전에서 영국은 중보로 끝 까지 나치에 저항했던 나라입니다. 선교의 나라입니다. 영국은 신앙의 중심을 잡아 주는 나라였습니다. 전 세계에 자유주의 신학으로 기독교 복음의 기초가 무너지려고 할 때 하나님께서는 영국에 복음주의 지성인들을 준비시켰습니다. 이들을 통해 영적 인 어둠의 세력과 맞서 싸울 수 있었습니다.

6) 독일

독일은 하나님께서 중세 암흑시대를 벗어나 세계적인 선교사역을 일으키는 나라 로 사용되었습니다.[10] 하나님께서는 종교 개혁자 마틴 루터를 통해 독일에 있는 전 통적인 교회에 부흥을 일으키시고, 그 부흥을 다른 유럽 지역에 전파하는데 사용하 셨습니다. 또한 경건주의(敬虔主義, Pietism)가 독일 교회에서 형성되기 시작하여 유럽 전역에 흩어져 있는 믿음의 사람들에게 기독교인다운 경건 생활을 살아가도록 이끌 었습니다. 그 결과 수많은 도시와 국가에 선한 영향을 끼쳤습니다. 심지어 모라비안 교도들은 스스로 노예가 되어 카리브지역의 섬들에 있는 사탕수수 농장으로 팔려 갔 습니다. 그래서 오늘날 선교운동의 모델로 여겨졌습니다. 모라비안 공동체가 모여 살았던 헤른후트(Herrnhut)[11]에서는 모든 나라에 구원의 역사가 일어나도록 100년 동 안 기도 운동을 펼칩니다.

7) 싱가포르

19세기 초까지 싱가포르는 포르투갈, 네덜란드의 영향 아래에 있었습니다. 그리고 1867년부터 영국의 식민지가 됩니다. 1963년 싱가포르는 말레이시아 연방의 구성원

---

10) World Trumpet Mission, 『공동체 운명』, WTM KOREA, 2016, p.p.183-186.
11) '주님이 보호하시는 곳'이라는 뜻이다.

으로 영국으로부터 독립합니다. 그리고 말레이시아 연방으로부터 추방되어 1965년 8월 9일 독립 국가의 위치를 차지합니다. 그러나 작은 섬나라였던 싱가포르가 한 나라로 설 수 있을 것을 기대할 수는 없었습니다. 싱가포르는 국토가 극히 작았고 천연자원은 거의 없었습니다. 하지만 리콴유(李光耀) 총리의 지도력으로 인해 국가의 모든 역량을 경제성장에 집중하게 됩니다. 가공무역으로 전환된 국가정책으로 인해 전 국민을 대상으로 영어를 필수 언어로 선택합니다.

빌리 그래함(Billy Graham, 1918-2018)은 1978년에 싱가포르가 아시아의 안디옥(antioch)이 될 것이라고 선포했습니다. 그래서 싱가포르 교회는 이 국가적 데스티니에 정진하게 됩니다. 싱가포르 교회는 자신들이 이중의 부르심(dual calling)이 있다고 선포합니다.

"우리는 두 가지 부르심이 있습니다.

하나는 예수님 안에 있는 축복을 열방으로 보내는 것(go call)입니다.

또 하나는 열방이 싱가포르에 와서 혹은 싱가포르를 통해

다른 나라들을 축복하는 것(come call)입니다."

이런 부르심의 결과로 싱가포르는 '세계 복음주의 연맹(World Evangelical Fellowship)'[12], '십대선교회(Youth for Christ)'[13], '네비게이토(Navigators)'[14], '미국 남침례회 선교회(International Mission Board)'[15], OM(Operation Mobilization)[16], OMF(Overseas

---

12) 1846년 영국 런던에서 결성된 기독교 연합단체로 설립되었다. 후에 WEA로 바뀌었으나 세계 종교 통합 관련 이슈로 개신교 안에서 이단적 요소를 가지고 있다는 심각한 평가를 겪고 있다.

13) '그리스도를 위한 젊은이'라는 뜻을 가진 국제적인 청소년 단체다.

14) 국제적인 복음주의적인 초교파 선교 기관으로 123개국에서 사역을 진행하고 있다.

15) 미국 선교사의 20%에 해당하는 5,700명을 총괄하는 세계 최대 선교단체다.

16) 2023년 기준 147 개국에서 아이들 포함 5,400여 명의 사역자들이 그리스도의 복음을 위하여 사역하는 초 교파적 국제 선교 단체다.

Missionary Fellowship)[17], SIM(Serving In Mission)[18], 세계 성경 번역선교회(Wycliffe Bible Translators)[19], 예수전도단(YWAM)[20] 등과 같은 세계적인 선교단체의 전략적 요충지가 됩니다. 여러 선교단체가 이곳에 아시아 본부를 두고 있습니다.

6. 하늘이 닫히고

사탄은 하늘이 열리는 것을 정말로 싫어합니다. 필사적으로 막고, 장애물을 두고, 망치고, 하늘의 유업을 빼앗고, 멸하고, 우리를 죽이려고 합니다. 그래서 국가적으로 하나님의 일을 했던 곳에 어떻게 하든지 어둠이 덮이게 하려고 하는 것입니다.

우리는 독일의 모라비안 교도들과 경건주의자들이 활동했던 지역(구동독 지역)이 200년이 지나면서 공산주의 사상에 의해 장악된 것을 알고 있습니다. 대부흥을 경험한 평양이 지금 북한 공산정권의 중심 도시로 변한 것을 압니다. 교회와 제단이 세워졌던 곳에 우상이 가득한 것을 알고 있습니다.

미국의 아주사 대부흥이 일어났던 도시가 지금 미국에서 가장 사악한 도시로 변하고 있다는 소식을 전해 듣습니다. 이 도시에서 전 세계 음란물의 대다수가 제작되고, 하나님을 거역하는 음악과 영상들이 전 세계로 수출되고 있습니다. 마약이 성행하고, 패역함으로 진동하는 도시로 변했습니다.

이와 같이 하나님의 역사를 경험하고 하늘의 문이 열렸던 가정, 교회 그리고 도시와 나라들이 지금 어둠으로 가득 차게 되는 일이 벌어지고 있습니다. 하나님의 은혜

---

17) 허드슨 테일러가 세운 선교단체로 싱가포르에 국제 본부를 둔 국제적이고 초교파적인 복음주의 기독교 선교 단체다.

18) 1893년 수단 내지 선교회(Sudan Interior Mission)로 출발해 오면서 아시아(ICF), 남미(AEM), 그리고 중남 아프리카(AEF)에서 사역하던 100년 이상 된 전통적인 선교단체들이 연합하여 오늘의 SIM이 되었다.

19) 개신교 계통 비영리기구 선교단체다. 성경 번역을 통해 미전도종족 선교를 담당하는 단체다.

20) 1960년 로런 커닝햄에 의해 창립된 개신교 초교파 국제 선교 단체다. 전 세계 열방에 복음을 효과적으로 전파하기 위해 훈련과 파송을 목표로 하며, 전 세계에서 가장 큰 선교 단체 중 하나로 평가받는다. 135개국에 900여 개의 지부를 두고 있으며, 16,000명 이상의 전임 사역자가 활동하고 있다.

를 깊이 경험하면 어둠의 권세는 하나님께서 각 도시와 국가에 위임하신 데스티니를 방해하기 위해 문제를 일으킵니다. 도시와 국가의 데스티니는 '시험(test)'을 당하는 것입니다.

은혜가 있는 곳에 귀신의 역사가 큰 이유가 바로 그것입니다. 부흥과 변화를 경험하게 되면 사탄의 세력들이 더욱 공격적으로 강화되기 시작합니다. 그것이 영적 전쟁입니다. 캐나다, 남아공, 스코틀랜드, 프랑스 등은 하나님의 제단을 통해서 놀라운 하나님의 임재를 경험했던 나라들이었습니다. 그러나 이 나라들이 동성애를 찬성했습니다. 합법적인 근거(Legal Ground)를 어둠의 권세에게 마련해 준 것입니다.

왜 이런 움직임이 일어나고 있는 것입니까? 그것은 분명합니다. 사탄이 각 가정, 교회, 도시 그리고 국가의 데스티니를 이루지 못하도록 막아서기 때문입니다.

미국의 동성 결혼 합법화는 미국에게 허락하신 하나님의 데스티니를 성취하지 못하도록 하는 사탄의 공격이 분명합니다. 그렇지만 하나님께서는 이런 움직임과는 반대로 구별되도록 부름을 받은 사람들을 전 세계에서 일으키고 계십니다. 전 세계에 숨겨진 사람들이 일어나기 시작하고 있습니다. 이 흐름은 증가할 것입니다. 이 놀라운 흐름으로 인해서 나라들과 대륙이 흔들릴 것입니다. 하나님께서는 세계를 관통하시며, 모든 지역에 하나님 스스로 그 움직임을 몰고 나가실 것입니다.

전 세계를 통해서 남자들과 여자들이 구별되라는 하나님의 명령과 부르심을 받고 있습니다. 성령님과 하나님에 대한 갈망으로 가득 찬 사람들이 일어나고 있습니다. 그러나 인간의 힘으로는 더 이상 어둠을 막아설 수 없다는 것을 깨달은 하나님의 백성들이 주님께 정렬되기 시작할 것입니다. 그래서 주저 없이 자신의 삶을 하나님께 바치고, 내려놓고, 주님께로 달려 나오는 자들이 있게 될 것입니다.

사탄이 쓰는 방식에는 어떤 일정한 패턴이 있습니다. 사탄은 가정의 붕괴를 통해 자신의 목적을 달성하려고 하는 경우가 많습니다. 한국교회는 이제 새로운 시대에 맞추어서 새르운 하나님의 지시 사항을 받게 되었습니다.

개인적인 데스티니 또는 도시나 나라의 데스티니는 자동으로 이루어지지 않습니다. 하나님께서는 하나님의 일을 하기 위한 그릇(개인, 나라)을 선택하시고 흙이 빚어져 그릇으로 완성 되어가는 과정을 부여하십니다. 예수님께서 이 땅에 계시는 동안 하나님께 심한 통곡과 눈물로 간구와 소원을 올려 드렸습니다. 비록 예수님께서 하나님의 아들이셨음에도 불구하고 예수님께서는 그가 받으신 고난을 통해서 순종을 배우셨던 것입니다.

> 히브리서 5:8-9 "그가 아들이시면서도 받으신 고난으로 순종함을 배워서 온전하게 되셨은즉 자기에게 순종하는 모든 자에게 영원한 구원의 근원이 되시고"

우리는 예수님조차 하나님께서 부여하신 데스티니를 성취하기 위해서 빚어지는 과정을 통과허 가신 것을 살펴볼 수가 있습니다. 하나님께서는 모든 피조물을 위한 온전한 구세주가 되도록 이 땅에서 예수님에게 고난을 통과하는 과정을 부여하신 것입니다.

하나님의 계획과 뜻이 작정 되었다고 하더라도 그 일이 보장되지는 않습니다. 하나님의 데스티니는 자동으로 이루어지지 않습니다. 반드시 빚어지는 과정이 있습니다. 국가적 목적이나 데스티니를 이루지 못하면 개인적인 목적이나 데스티니를 이룰 수 없게 됩니다.

개인과 도시의 데스티니

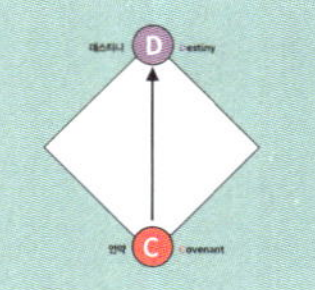

**언약으로 시작한 모든 사역은 하나님의 데스티니를 성취하는 것으로 마무리된다.
우리의 데스티니는 모든 나라를 제자로 삼아
예수님께서 분부한 모든 것을 가르쳐 지키게 하는 것이다.**

1. 정해진 데스티니(Predestination)

인간은 태어나기도 전에 데스티니가 정해집니다. 다시 말하면 인간은 각자에게 허락된 하나님의 계획과 목적을 가지고 태어난다는 말입니다.

시편 139:13-16 "주께서 내 내장을 지으시며 나의 모태에서 나를 만드셨나이다 내가 주께 감사하옴은 나를 지으심이 심히 기묘하심이라 주께서 하시는 일이 기이함을 내 영혼이 잘 아나이다 내가 은밀한 데서 지음을 받고 땅의 깊은 곳에서 기이하게 지음을 받은 때에 나의 형체가 주의 앞에 숨겨지지 못하였나이다 내 형질이 이루어지기 전에 주의 눈이 보셨으며 나를 위하여 정한 날이 하루도 되기 전에 주의 책에 다 기록이 되었나이다"

예레미야 1:5 "내가 너를 모태에 짓기 전에 너를 알았고 네가 배에서 나오기 전에 너를 성별 하였고 너를 여러 나라의 선지자로 세웠노라 하시기로"

에베소서 1:4-5 "곧 창세 전에 그리스도 안에서 우리를 택하사 우리로 사랑 안에서 그 앞에 거룩하고 흠이 없게 하시려고 그 기쁘신 뜻대로 우리를 예정하사(he predestined) 예수 그리스도로 말미암아 자기의 아들들이 되게 하셨으니"

에베소서 2:10 "우리는 그가 만드신 바라 그리스도 예수 안에서 선한 일을 위하여 지으심을 받은 자니 이 일은 하나님이 전에 예비하사(God prepared in advance for us to do) 우리로 그 가운데서 행하게 하려 하심이니라"

로마서 8:29-30 "하나님이 미리 아신 자들을 또한 그 아들의 형상을 본받게 하기 위하여 미리 정하셨으니 이는 그로 많은 형제 중에서 맏아들이 되게 하려 하심이니라 또 미리 정하신(And those he predestined) 그들을 또한 부르시고 부르신 그들을 또한 의롭다 하시고 의롭다 하신 그들을 또한 영화롭게 하셨느니라"

연습 (Exercise)

다음 글을 읽으십시오.

하나님께서는 당신의 뜻과 목적을 가지고 인간을 창조하셨습니다. 천지가 창조되기 전에 하나님의 뜻과 목적, 계획은 이미 세워져 있었습니다.

하나님은 언제나 사람들을 통해서 당신의 뜻을 이루십니다. 그런 이유 때문에 인류가 이 땅에 태어나고 존재하는 것입니다. 인간이 태어난 이후에 하나님께서 인간의 삶을 정하신 것이 아닙니다. 인간이 태어나기도 전에, 형질이 만들어지기 훨씬 전에 하나님께서는 이미 모든 것을 계획하셨습니다. 인간이 모태에 형성되기 전에 하나님께서는 각 사람을 당신의 뜻과 목적 가운데 디자인하셨다는 것을 반드시 기억해야 합니다. 이 세상의 기초가 생기기 전에, 인류가 창조되기 전부터 하나님은 인간을 위해 특별한 당신의 뜻과 목적을 준비하셨습니다. 우리는 하나님께서 계획하신 일을 하도록 지음을 받은 것입니다. 인간의 존재 목적, 해야 할 일, 비전, 꿈과 데스티니가 정해진 뒤 인류의 존재가 생겨난 것입니다.

하지만 많은 사람은 하나님께서 각자에게 계획한 목적과 정체성에 기초하기보다는 사람들이나, 교육의 영향으로 또는 이데올로기에 의해 사고하는 경향이 있습니다. 인류가 하나님께서 정하신 높은 기준의 삶을 살 수 없는 이유는 자기 마음대로 자신을 생각하기 때문입니다. 많은 경우 인간은 정부, 사회, 다른 사람들에게 문제를 전가합니다. 삶의 문제에 대한 원인이나 책임을 주변의 상황에 떠맡기고 있는 것입니다. 그러나 삶에서 나타나는 모든 문제는 자기 자신에 기인한다는 것입니다.

모든 인간은 어머니의 자궁 안에서 형질이 생기기도 전에 데스티니가 정해집니다. 데스티니는 인간이 태어나기도 전 하나님의 뜻과 목적 가운데 정해집니다. 이것이 하나님께서 인간에게 허락하신 정체성입니다. 하나님께서는 모든 사람이 태어나기 전에 그들의 데스티니를 결정하셨고, 그 결정을 언약으로 함께 하시며, 각자의 데스티니가 성취되는 것을 기뻐하십니다.

노아, 아브라함, 이삭, 야곱, 요셉, 유다, 모세, 여호수아, 사사들, 선지자들, 다윗, 솔로몬, 예수님, 바울, 베드로, 누가, 마가, 요한 등 성경의 모든 인물은 각자에게 허락된 하나님의 뜻과 목적을 성취하기 위해 살아간 것입니다.

우리가 이 땅에 왜 창조되었는지, 우리의 인생의 목적과 데스티니를 알지 못하게 되면 우리의 삶은 참혹해질 것입니다. 하나님께서 우리를 창조하신 목적에 대한 정보나 구체적인 지식이 없다면 우리는 그 본래의 목적보다 훨씬 가치 없는 삶을 살게 될 것입니다.

그러므로 우리가 그 목적을 알면 우리는 그 데스티니에 다가갈 수 있고, 하나님께서 인간을 창조하신 목적대로 살아갈 수 있게 될 것입니다.

「창조의 계획」 Land Flower

여러분을 향한 하나님의 데스티니는 무엇입니까?

____

____

____

2. 에스더의 데스티니

에스더를 살펴보면 어떻게 이스라엘이 완전히 지구상에서 사라질 수 있는 위기에서 살아날 수 있었는지 알게 됩니다. 에스더를 통해 하나님의 데스티니가 성취되는 것을 알아가는 것은 큰 은혜입니다.

1) 개인의 데스티니를 성취하는 에스더

에스더는 개인의 데스티니를 성취하는 과정에서 왕의 사랑과 은총을 두 번이나 경험합니다.

첫째, 왕후 와스디를 대신해서 새롭게 왕후가 될 때 왕의 은총을 경험합니다.

에스더 2:6-18 "아하수에로 왕의 제칠 년 시월 곧 데벳 월에 에스더가 왕궁에 인도되어 들어가서 왕 앞에 나가니 왕이 모든 여자보다 에스더를 더 사랑하므로 그가 모든 처녀보다 왕 앞에 더 은총을 얻은지라 왕이 그의 머리에 관을 씌우고 와스디를 대신하여 왕후로 삼은 후에 왕이 크게 잔치를 베푸니 이는 에스더를 위한 잔치라 모든 지방관과 신하들을 위하여 잔치를 베풀고 또 각 지방의 세금을 면제하고 왕의 이름으로 큰 상을 주니라"

이 일은 '왕이 모든 여자보다 에스더를 사랑했기' 때문에 은총(ןח, favor)[1]을 얻었다고 분명하게 그 이유가 언급되어 있습니다.

둘째, 하만에 의해 유대인들이 몰살당하는 민족적 대위기의 순간에 왕의 은총을 경험합니다.

에스더 4:11b "왕에게 나가지 못한 지가 이미 삼십 일이라 하라 하니라"

에스더 4:13-16 "모르드개가 그를 시켜 에스더에게 회답하되 너는 왕궁에 있으니 모든 유다인 중에 홀로 목숨을 건지리라 생각하지 말라 이때에 네가 만일 잠잠하여 말이 없으면 유다인은 다른 데로 말미암아 놓임과 구원을 얻으려니와 너와 네 아버지 집은 멸망하리라 네가 왕후의 자리를 얻은 것이 이때를 위함이 아닌지 누가 알겠느냐 하니 에스더가 모르드개에게 회답하여 이르되 당신은 가서 수산에 있는 유다인을 다 모으고 나를 위하여 금식하되 밤낮 삼 일을 먹지도 말고 마시지도 마소서 나도 나의 시녀와 더불어 이렇게 금식한 후에 규례를 어기고 왕에게 나아가리니 죽으면 죽으리이다 하니라"

하만에 의해 민족적 위기가 다가오자, 수산에 있는 유대인들과 에스더는 3일의 금식 기간을 가집니다.

에스더 5:1-2 "제삼 일에 에스더가 왕후의 예복을 입고 왕궁 안 뜰 곧 어전 맞은편에 서니 왕이 어전에서 전 문을 대하여 왕좌에 앉았다가 왕후 에스더가 뜰에 선 것을 본즉 매우 사랑스러우므로 손에 잡았던 금 규를 그에게 내미니 에스더가 가까이 가서 금 규 끝을 만진지라"

---

1) '은혜'로 번역해도 된다. 사람에게 받은 은혜를 히브리어는 '헨'으로 번역한다.

하나님께서는 에스더에게 왕의 특별한 은총을 입게 함으로 개인의 데스티니를 성취하게 하고 에스더를 통해 이스라엘을 절체절명(絕體絕命)[2]의 민족적 위기로부터 구해주셨습니다. 우리는 에스더를 통해 하나님의 여러 가지 계획과 생각, 원리들을 배울 수 있게 됩니다.

2) 개인적 부르심과 국가적 부르심의 연관성

그 원리들 가운데 한 가지는 모든 개인적 부르심은 국가적 부르심과 연관이 있다는 것입니다. 한 개인의 삶과 목적, 방향, 성취해야 할 데스티니는 국가적 데스티니와 깊은 관련이 있습니다.

하나님께서는 이스라엘을 향하신 중요한 국가적 데스티니를 가지고 계셨습니다.

예레미야 29:11 "여호와의 말씀이니라 너희(모든 포로, 이스라엘)를 향한 나의 생각을 내가 아나니 평안이요 재앙이 아니니라 너희에게 미래와 희망을 주는 것이니라"

하나님께서 이스라엘을 향해 가지고 있는 생각은 제사장 나라가 되는 것이었습니다.

출애굽기 19:6 "너희가 내게 대하여 제사장 나라가 되며 거룩한 백성이 되리라 너는 이 말을 이스라엘 자손에게 전할지니라"

이사야 61:6 "오직 너희는 여호와의 제사장이라 일컬음을 받을 것이라 사람들이 너희를 우리 하나님의 봉사자라 할 것이며 너희가 이방 나라들의 재물을 먹으며 그들의 영광을 얻어 자랑할 것이니라"

---

2) 몸과 목숨이 모두 끊어질 듯한 위태로운 상황을 비유하는 한자성어.

이스라엘의 국가적 데스티니는 모든 열방이 이스라엘을 통해 하나님을 만나는 것입니다. 열방을 대표하는 거룩한 제사장 국가가 되어 모든 나라가 하나님을 예배하도록 하는 것입니다. 이스라엘은 하나님이 누구신지 소개하는 국가적 사명을 받았던 것입니다. 하나님의 본성과 성품을 열방에 드러내는 것이 이스라엘의 국가적 부르심이었습니다. 그것은 정치, 경제, 사회, 문화, 교육을 비롯한 모든 영역을 포함하는 것입니다.

모든 나라가 하나님께서 허락하신 데스티니를 잃어버렸을 때 하나님께서는 이스라엘을 당신의 백성으로 삼으셨습니다. 이스라엘이 국가적 데스티니를 성취하는 것을 통해 열방이 주께로 돌아오기를 원하셨던 것입니다. 이스라엘은 모든 나라를 대표하는 '표준(standard)'이었으며, 하나님께서 각 나라에 허락한 국가적 데스티니를 성취하도록 하기 위한 모델로 디자인 되었습니다. 하나님께서 정하신 축복의 기준이 되었고, 때로는 저주의 기준이 되었으며 심판과 재앙, 은혜의 기준이 되는 나라였습니다. 모든 나라가 이스라엘을 보면서 하나님이 누구신지를 알 수 있기를 주님께서는 진심으로 원하셨던 것입니다.

그런데 놀랍게도 사탄은 하만을 통해서 이스라엘의 국가적 데스티니가 무너지도록 도전했습니다. 여러분, 기억하셔야 합니다. 영적 전쟁은 귀신을 쫓는 것만이 아닙니다. 영적 전쟁은 데스티니 전쟁입니다. 사탄의 목적은 수많은 더러운 일을 이 땅에서 자행함으로써 각 나라들을 향한 하나님의 데스티니가 성취되지 못하도록 하는 것입니다. 우리는 사촌오빠 모르드개가 에스더에게 했던 말을 기억해야 합니다.

에스더 4:14b "네가 왕후의 자리를 얻은 것이 이때를 위함이 아닌지 누가 알겠느냐 하니"

한 개인의 삶의 목적, 방향, 성취해야 할 데스티니는 곧 국가적 데스티니였다는 사실에 우리는 주목해야 합니다. 수많은 사람이 이 부분을 놓치고 있습니다.

모든 개인의 부르심(calling)도 국가적입니다. 모든 개인의 사명(mission)도 국가적입니다. 한반도의 교회가 놓친 부분 중 하나가 바로 이 영역입니다. 에스더뿐만이 아니라 성경의 모든 인물을 잘 살펴보시기 바랍니다. 반드시 개인적인 '꿈(dream)'과 '비전(vision)' 그리고 '부르심(calling)'과 '사명(mission)'은 국가적 데스티니와 연결되어 있습니다. 성경의 모든 인물의 데스티니는 국가적이었습니다. 하나님께서는 하나님의 뜻이 이 땅에서 세대마다 성취되기를 원하셨습니다.

그러나 많은 기독교인이 이 세대를 향한 하나님의 뜻을 잘 모르고 있습니다. 대부분 개인적인 부르심의 차원으로 하나님의 뜻을 해석합니다. 그래서 자신이 가야 할 데스티니에 대해 개인 차원의 '비전', '꿈', '과제', '사명', '부르심' 정도로만 생각하는 경향이 강합니다.

우리는 개인적으로 좋아하는 일과 해야 할 과업들에 대해서 잠깐만이라도 내려놓고 하나님께서 진정 지금 이 세대를 향하여 어떤 데스티니를 정하셨는지 깊이 숙고해 보아야 합니다. 하나님께서 정하신 데스티니를 이해하는 것이 그 어떤 것보다 선행되어야 합니다. 그래야 우리의 삶이 헛되지 않을 것이기 때문입니다. 가야 할 목적지에 대한 방향이 잘못 설정되면 모든 시간을 허비하기 때문입니다. 우리는 개인적 부르심이 국가적 부르심과 연결되어 있다는 것을 기억하고 있어야 합니다.

3) 개인이 국가적 데스티니를 성취하기 위한 요인

또한 우리는 에스더를 통해 국가적 데스티니를 성취하기 위한 중요한 요인이 몇 가지 있다는 것을 놓치면 안 됩니다.

▶ 개인적 노력과 헌신

에스더가 왕비가 되어 국가적 데스티니를 이룰 수 있었던 요인 중 하나는 개인적인 노력과 헌신이었습니다. 1년이란 기간 동안 왕후의 자리에 오르려는 자신의 노력이 있었습니다.

에스더 2:12 "처녀마다 차례대로 아하수에로 왕에게 나아가기 전에 여자에 대하여 정한 규례대로 열두 달 동안을 행하되 여섯 달은 몰약 기름을 쓰고 여섯 달은 향품과 여자에게 쓰는 다른 물품을 써서 몸을 정결하게 하는 기한을 마치며"

에스더는 왕비가 되고 싶었습니다. 이 단계에서 에스더는 국가를 생각하거나 나라를 위해서 왕비가 되려고 하지 않았던 것이 분명합니다. 그 이유는 이 시기에 에스더가 자신의 종족과 민족을 잘 말하지 않았던 것에서 유추할 수 있습니다.

에스더 2:20 "에스더는 모르드개가 명령한 대로 그 종족과 민족을 말하지 아니하니 그가 모르드개의 명령을 양육 받을 때와 같이 따름이더라"

에스더가 왕후가 되려고 하는 시점에는 이스라엘에 위기가 없었습니다. 유대 민족적으로 심각한 문제가 발생하지 않았습니다. 그래서 대부분의 성도는 에스더처럼 이 단계에 머물며 살아갑니다. 에스더는 왕비가 되는 것이 목표였습니다. 이것은 에스더 개인의 데스티니 성취를 위한 것입니다. 아직 국가를 생각할 상황이 아니었습니다.

▶ 국가적인 하나님의 뜻과 목적에 정렬

에스더는 하만에 의해 심각한 민족적 위기에 직면하자 자신의 필요를 위한 소원 기도가 아닌 민족을 위기에서 구해야 하는 결단과 헌신을 감행합니다. 삼일 동안 금식하면서 죽으면 죽겠다는 마음을 가지고 하나님께 나아간 것입니다. 이 금식은 국가적인 것이었습니다.

에스더 4:16a "당신은 가서 수산에 있는 유다인을 다 모으고 나를 위하여 금식하되 밤낮 삼 일을 먹지도 말고 마시지도 마소서 나도 나의 시녀와 더불어 이렇게 금식한 후에"

수산 궁에 있던 유대인들과 에스더는 국가적 위기에 함께 했습니다. 민족을 생각하고 금식했습니다. 하나님께 국가적 위기를 극복하게 해달라고 간구하기 시작했던 것입니다. 그래서 이 부분이 대단히 중요한 단계입니다. 이 단계에 들어가는 분들은 거의 극소수입니다. 하나님께서 허락하신 국가적 단계를 깨닫는 사람을 찾기란 정말로 어려운 것입니다.

그러나 이런 척박한 상황임에도 불구하고 열방의 선교를 위해 기도하고, 이스라엘을 위해 불철주야(不撤晝夜) 기도하는 믿음의 용사들이 이 대한민국에 있습니다. 또한 대한민국의 통일을 위해 기도하고, 이슬람을 대적하며, 동성애를 저지하고, 교육 현장의 잘못들을 반대하며 목숨을 걸고 기도하며 악의 세력에 저항하는 사람들이 대한민국에 있습니다. 나라를 위해, 위정자를 위해, 통일을 위해, 이스라엘을 위해 기도하는 여러분들이 있는 곳이 바로 국가기도 제단인 것입니다.

에스더는 이 단계에서 자신의 필요를 돌아보지 않았습니다. 자신의 유익을 구하지 않았습니다. 오직 나라, 민족을 생각했습니다. 에스더가 이제야 자신이 태어난 분명한 이유를 발견한 것입니다. 그래서 에스더는 개인적 비전과 꿈을 떠나 이제 국가적 데스티니에 정렬하게 된 것입니다.

에스더 4:14b "네가 왕후의 자리를 얻은 것이 이 때를 위함이 아닌지 누가 알겠느냐 하니"

우리는 에스더처럼 데스티니를 위해 싸워야 합니다. 하나님께서 허락하신 데스티니가 성취되도록 싸우는 것입니다. 통일된 한반도를 향한 하나님의 데스티니로 연합되어야 합니다. 그래서 국가적인 데스티니로 나아가는 것입니다. 무엇이 한반도를 향한 하나님의 데스티니인지 알고 가야 합니다.

데스티니는 개인적인 은사보다 큰 것입니다. 데스티니는 개인적인 부르심, 미션, 비전, 꿈보다 위대한 것입니다. 데스티니는 우리의 사회적인 위치, 역할, 봉사를 넘어서는 것입니다. 데스티니는 우리가 이 땅에 태어난 목적입니다. 데스티니는 우리가 만들어진 이유이며 살아가야 할 방향입니다.

그래서 우리는 이 두 가지 요인 즉 ①에스더의 1년간의 개인적 헌신과 노력, 그리고 ②국가적인 하나님의 뜻과 목적에 정렬된 에스더가 금식을 통해 민족을 위기에서 구했다고 생각할 수 있습니다. 그러나 우리는 한 가지 요인이 더 있었다는 것을 놓치면 안 됩니다.

▶ 왕의 사랑

에스더 2:17a "왕이 모든 여자보다 에스더를 더 사랑하므로 그가 모든 처녀보다 왕 앞에 더 은총을 얻은지라"

에스더 5:2b "왕후 에스더가 뜰에 선 것을 본즉 매우 사랑스러우므로"

앞에서 언급한 두 가지 요인은 에스더 편에서 발생한 것입니다. 잘 생각해 보시기 바랍니다. 에스더가 1년 동안 자신을 가꾸었습니다. 에스더가 죽으면 죽겠다고 삼 일간 금식 기도했습니다. 그런데 만약 왕이 반응을 안 했다면 어떻게 되겠습니까? 왕비도 될 수 없었을 것입니다. 왕의 은총을 힘입어 하만의 일당을 처단할 수 없었을 것입니다. 여기에서 우리는 가장 중요한 요인 한 가지를 발견하게 됩니다. 바로 '왕의 사랑(Love of King)'입니다.

연습 (Exercise)

다음 글을 읽으시오.

예수님께서 가르쳐 주신 주기도문에 가장 첫 문장은 '하늘에 계신 우리 아버지여 이름이 거룩히 여김을 받으시오며(Hallowed be thy name)'입니다. 하나님의 이름을 높이는 기도였습니다. 하나님을 영화롭게 하는 기도였습니다. 말씀으로 기도하는 것이었습니다. 말씀을 통해 하나님을 존귀하게 높이는 기도였습니다. 왕의 위엄과 권위를 경험하는 기도였습니다.

말씀이 살아서 움직이기 시작했습니다. 하나님의 생각과 뜻이 자연스럽게 유입되기 시작했습니다. 하나님을 높이기 시작하자 하나님의 본성이 흘러 내려오기 시작했습니다. 하나님께서 행하신 일들이 성경의 역사 그리고 인류의 역사를 통해 계시되기 시작했습니다. 매 순간순간 하나님께서 얼마나 위대하신지 경험하게 되었습니다.

어느 날 시편 67편을 가지고 말씀으로 기도하고 있었습니다. 67편 1-2절에서 저는 갑자기 얼어버렸습니다.

"하나님은 우리에게 은혜를 베푸사 복을 주시고 그의 얼굴 빛을 우리에게 비추사(셀라)

주의 도를 땅 위에, 주의 구원을 모든 나라에게 알리소서"

말씀을 읽으면서 하나님을 높이는 기도를 드리고 있었습니다.

주의 도를 땅 위에, 주의 구원을 모든 나라에게 알리신 하나님을 찬양합니다.

하나님은 온 열방을 구원하시는 너무나 선하신 분이십니다.

하나님께서는 전 세계 모든 민족 24,000 종족을 구원하시기 위해

쉬지 않으시는 신실한 하나님이십니다.

저 북한에 주의 도를 알리시는 존귀한 하나님께 경배를 드립니다.

이렇게 기도하다 갑자기 지혜와 계시의 영이 저에게 임하기 시작했습니다. 그러면서 하나님께서 온 열방을 향해 어떤 일을 행하셨는지 환상으로 보여주시는 것이었습니다.

제가 본 장면은 인천 국제 공항에 모여 있는 어느 그룹이었습니다.

여행을 떠나는 그룹과 다른 모습이었습니다.

이 사람들은 한 가정을 선교지로 파송하는 그룹이었습니다.

아빠, 엄마, 그리고 유치원, 초등학교 저학년으로 보이는 가족을 파송교회 성도들과

친척들이 둘러섰습니다. 그리고 한없이 울고 있는 장면이었습니다.

그리고 안아주면서 기도를 해주는 장면이었습니다.

저도 가슴이 뭉클했습니다. 그때 주님의 감동이 밀려왔습니다.

하루에도 몇 가정이 이렇게 열방으로 떠나고 있다는 것이었습니다.

매일매일 주의 도를 땅 위에 그리고 주의 구원을

모든 나라에게 알리시는 분이 하나님이셨습니다.

'주의 도를 땅 위에, 주의 구원을 모든 나라에게 알리소서'

이렇게 수십 년을 공항에서 똑같은 장면을

목격할 수 있는 것은 바로 하나님 때문입니다.

하나님은 쉬지 않으시고 온 열방을 구원하기 위해 일하고 계십니다.

그 하나님을 정말로 찬양합니다.

 다시금 제 눈이 세계지도가 펼쳐지듯이

미국의 달라스 공항, 시카고 공항, 뉴욕 공항으로 향했습니다.

똑같은 일이 벌어지고 있었습니다.

아프리카, 무슬림 국가, 남미로 선교사들을 파송하는 장면이었습니다.

인천 공항에서 보았던 똑같은 장면이 연출되는 것이었습니다.

얼마나 놀랍고 감격스러운지 몰랐습니다.

하나님께서는 우리나라만이 아니셨습니다.

동일한 시간대에 저 미국에서도 똑같이 행하시고 계셨습니다.

대한민국만이 아닌 전 세계가 하나님의 데스티니를 성취하기 위해

같은 시간대에 부름을 받고 있다는 것입니다.

'주의 도를 땅 위에, 주의 구원을 모든 나라에게 알리소서'

그러자 제 앞에 140년 전 미국의 한 항구의 모습이 보였습니다.

젊은 아펜젤러와 언더우드를 보내는 가족들이 항구에 모여

배를 바라보며 우는 장면이었습니다. 작별의 순간이었습니다.

아직도 서파란 나이의 젊은이들인데 저들을 선교지로 보내는 부모와 형제

그리고 교회 식구들의 모습이 마치 하나의 파노라마처럼 펼쳐졌습니다.

그리고 저는 시간을 더 거슬러 올라가 영국 브리스톨(Bristol) 항구를 보았습니다.

200년 전에도 똑같은 일이 영국에서 벌어졌던 것입니다.

자녀를 보내는 성도들과 식구들이 수건으로 눈물을 훔치는 장면이었습니다.

하나님께서는 동일한 시간에 전 세계에 걸쳐 당신의 데스티니를 성취하기 위해

선교사들을 열방에 파송하셨습니다.

또한 시간을 거슬러 50년 전에도, 100년 전에도, 200년 전에도

그리고 500년 전에도 하나님의 백성들을 저 멀리 열방에 파송하셨습니다.

윌리엄 캐리 이후에 영국에 선교사 파송이 폭발적으로 일어났습니다.

그때 젊은이들이 아프리카, 중국 그리고 많은 열방에 배를 타고 떠났습니다.

지난 2,000년 동안, 이 일은 쉬지 않고 계속되었습니다.

'주의 도를 땅 위에, 주의 구원을 모든 나라에게 알리소서'

하나님은 쉬지 않으셨습니다. 하나님은 멈추지 않으셨습니다. 하나님께서는 구속

사역을 한 번도 끊지 않으셨습니다. 그분은 너무나 신실하신 분이십니다. 그분은

영원한 언약을 지키시는 분이셨습니다. 한번 말씀하신 것은 반드시 지키시는 분이셨습니다. 말씀으로 기도하다 하나님께서 어떤 분이신지 알게 되었습니다. 하나님께서는 말로 형언할 수 없는 좋은 분이셨습니다.

주님께서 감동을 주셨습니다. 왜 바울이 에베소서 1장 17절에서 지혜와 계시의 영을 에베소 성도들에게 주기를 간구했는지 이유를 가르쳐 주셨습니다. 그것은 하나님을 알게 하기 위해서였습니다.

에베소서 1:17 "우리 주 예수 그리스도의 하나님, 영광의 아버지께서 지혜와 계시의 영을 너희에게 주사 하나님을 알게 하시고"

하나님을 아는 백성은 흔들리지 않습니다. 그분을 아는 백성은 어떤 상황에서도 뒤돌아서지 않습니다. 국가적 데스티니를 감당하게 됩니다.

다니엘 11:32-33 "그가 또 언약을 배반하고 악행하는 자를 속임수로 타락시킬 것이나 오직 자기의 하나님을 아는 백성은 강하여 용맹을 떨치리라 백성 중에 지혜로운 자들이 많은 사람을 가르칠 것이나 그들이 칼날과 불꽃과 사로잡힘과 약탈을 당하여 여러 날 동안 몰락하리라"

하나님을 아는 백성은 강할 것입니다. 용맹을 발할 것입니다. 좋은 군사가 되는 차원이 아닙니다. 역사를 뒤엎어 버린다는 것입니다. 하나님을 향하여 높아진 것들을 무너뜨린다는 것입니다. 말씀을 대적하는 자들을 처단한다는 말입니다. 하나님의 법도를 무너뜨리는 자들이 이 땅에서 궤멸된다는 사실입니다.

하늘에 계신 우리 아버지여 이름이 거룩히 여김을 받으시오며(Hallowed be thy name)

「하나님을 높이는 삶」 피기영

이 글을 읽고 느낀 점을 나누시기 바랍니다.

____

____

____

에스더는 왕의 사랑을 덧입었습니다. 왕이 누구신지 경험하는 순간 일이 해결됩니다.

3. 예레미야의 데스티니

예레미야는 위대한 선지자입니다. 자신의 데스티니를 잘 감당했던 눈물의 선지자였습니다. 그러나 그도 한때는 감당하기 어려워 자신의 데스티니를 벗어나기도 했습니다. 하지만 하나님의 은혜로 다시 돌아와 하나님께서 예정하신 자신의 데스티니를 끝까지 감당합니다.

예레미야 1:5 "내가 너를 모태에 짓기 전에 너를 알았고 네가 배에서 나오기 전에 너를 성별하였고 너를 여러 나라의 선지자로 세웠노라 하시기로"

예레미야는 하나님께서 자신을 열방의 선지자로 부르신 것을 분명히 알았습니다. 그럼에도 여레미야는 자신의 상황과 정체성에 대해 하나님께 강한 불만을 쏟아냈습니다.

예레미야 12:1 "여호와여 내가 주와 변론할 때에는 주께서 의로우시니이다 그러나 내가 주께 질문하옵나니 악한 자의 길이 형통하며 반역한 자가 다 평안함은 무슨 까닭이니이까”

예레미야 15:10 “내게 재앙이로다 나의 어머니여 어머니께서 나를 온 세계에 다투
는 자와 싸우는 자를 만날 자로 낳으셨도다 내가 꾸어주지도 아니하였고 사람이
내게 꾸이지도 아니하였건마는 다 나를 저주하는도다”

예레미야는 잠시나마 하나님께서 허락하신 데스티니에서 벗어났습니다. 예레미야
는 하나님께서 허락하신 일이 너무 감당하기 어렵다고 생각했습니다. 그러나 하나님
께서는 예레미야가 돌아오면 모든 것을 공급하시고, 예레미야와 함께하며, 어떤 상
황 속에서도 구원하시겠다는 약속을 다시 하셨습니다.

예레미야 15:17-21 “내가 기뻐하는 자의 모임 가운데 앉지 아니하며 즐거워하지도
아니하고 주의 손에 붙들려 홀로 앉았사오니 이는 주께서 분노로 내게 채우셨음
이니이다 나의 고통이 계속하며 상처가 중하여 낫지 아니함은 어찌 됨이니이까
주께서는 내게 대하여 물이 말라서 속이는 시내 같으시리이까 여호와께서 이와
같이 말씀하시되 네가 만일 돌아오면 내가 너를 다시 이끌어 내 앞에 세울 것이며
네가 만일 헛된 것을 버리고 귀한 것을 말한다면 너는 나의 입이 될 것이라 그들
은 네게로 돌아오려니와 너는 그들에게로 돌아가지 말지니라 내가 너로 이 백성
앞에 견고한 놋 성벽이 되게 하리니 그들이 너를 칠지라도 이기지 못할 것은 내가
너와 함께 하여 너를 구하여 건짐이라 여호와의 말씀이니라 내가 너를 악한 자의
손에서 건지며 무서운 자의 손에서 구원하리라”

하나님께서는 예레미야를 다시 부르셨습니다. 오늘날 많은 사람이 하나님의 데스
티니에서 너무나 멀리 벗어났습니다. 그러나 하나님께로부터 떠난 자들이 다시금 하
나님께서 허락하신 데스티니로 돌아가기만 한다면 하나님께서는 예레미야에게 하셨

던 말씀과 동일하게 우리에게 이 말씀을 하실 것입니다.

'네가 만일 돌아오면 내가 너를 다시 이끌어 내 앞에 세울 것이며

네가 만일 헛된 것을 버리고 귀한 것을 말한다면 너는 나의 입이 될 것이라

그들은 네게로 돌아오려니와 너는 그들에게로 돌아가지 말지니라

내가 너로 이 백성 앞에 견고한 놋 성벽이 되게 하리니

그들이 너를 칠지라도 이기지 못할 것은

내가 너와 함께 하여 너를 구하여 건짐이라 여호와의 말씀이니라

내가 너를 악한 자의 손에서 건지며 무서운 자의 손에서 구원하리라'

4. 도시를 향한 하나님의 데스티니

이 땅의 모든 도시가 생성될 때 하나님께서는 각 도시를 향한 데스티니를 결정하셨습니다.

1) 예루살렘

열왕기상 9:3 "여호와께서 그에게 이르시되 네 기도와 네가 내 앞에서 간구한 바를 내가 들었은즉 나는 네가 건축한 이 성전을 거룩하게 구별하여 내 이름을 영원히 그곳에 두며 내 눈길과 내 마음이 항상 거기에 있으리니"

시편 48:1-2 "여호와는 위대하시니 우리 하나님의 성, 거룩한 산에서 극진히 찬양 받으시리로다 터가 높고 아름다워 온 세계가 즐거워함이여 큰 왕의 성 곧 북방에 있는 시온산이 그러하도다"

하나님께서는 당신의 이름을 예루살렘에 두신다고 말씀하셨습니다. 그리고 예루살렘에 두신 하나님의 이름으로 이스라엘과 열방을 축복하시겠다고 약속하셨습니다. 하나님께서는 시온산을 평화와 찬양의 도시로 지정하셨습니다. 이것이 이 도시를 향한 하나님의 목적이며 데스티니입니다.

2) 개성(開城)

고구려, 백제, 신라로 나뉘어 있던 나라가 신라에 의해 삼국 통일(676년)을 경험합니다. 삼국 통일의 의의는 서로 다른 나라였던 역사의식을 하나의 단일 국가와 새로운 민족 문화로 발돋움시킨 것입니다. 또한 외국(당나라)의 지배 야욕에 대항하여 자주적 통일을 이루었다는 것입니다. 그러나 후에 다시 후삼국시대가 도래합니다. 이때 고려의 왕건은 936년 후삼국을 통일시킵니다. 개성은 '통일' 즉 '하나 됨'의 데스티니를 가지고 있는 도시입니다.

고려를 창건했던 왕건의 고향이 개성 지역이었습니다. 그래서 개성은 고려 왕조(918-1392)의 수도였으며 '송악(松嶽)', '개경(開京)'으로 불리기도 했습니다. 개성은 '성문을 연다'라는 뜻이 있습니다. 문을 열어 소통하게 하고, 연결하는 데스티니를 지닌 도시입니다.

그러나 태조 이성계가 도읍을 한양으로 정한 뒤 강제 이주 정책을 시행합니다. 하지만 일부 주민들은 이 정책을 거부하였고, 그 결과로 중앙정부의 새로운 토지제도의 혜택을 받지 못하게 됩니다. 그래서 이때부터 개성 상인이 등장하게 됩니다. 개성은 조선 제일의 상업 도시로 성장하게 됩니다. 일제강점기 때는 독립운동을 돕는 세력으로 자리매김합니다. 개성이라는 도시가 비록 수도의 기능은 상실했지만, 독립이라는 국가적 데스티니를 감당하는 놀라운 일을 하게 됩니다. 지금도 개성은 남한과 북한의 가교역할을 하고 있습니다. 개성공단이 바로 그 열매입니다.[3]

많은 북한의 주민들은 통일한국의 시대에 가장 걸맞은 도시가 개성이라고 생각하

---

3) 2026년 현재 개성공단은 남한과 북한의 가교역할을 하지 못하고 있다.

고 있습니다. 국민대 이휘성[4] 연구교수는 그 몇 가지 이유를 이렇게 설명합니다.

첫째, 개성은 남한과 북한의 역사가 중첩된 곳이다. 한국전쟁 발발 이전에는 대한민국의 영토였다.

둘째, 개성공단에서 남과 북의 주민들이 매일 같이 소통한다는 것이다.[5]

셋째, 지리적으로 개성은 한반도 중심에 자리 잡고 있으며 서울과 평양 사이에 위치한다.

개성은 '통일, 하나 됨, 소통'의 데스티니를 지닌 도시였습니다.

3) 서울

서울은 대한민국의 수도입니다. 또한 493년(B.C.18-A.D.475)간 백제의 수도(위례성)였으며, 조선왕조 500년 그리고 대한민국 100년 동안 도읍(都邑)의 역할(役割)을 감당했습니다. 한성, 한양, 경성으로도 불렸던 서울은 백제와 조선시대를 거치면서 1,100년간 수도(Capital)의 기능을 감당했던 대한민국의 심장이었습니다.

조선을 건국한 태조 이성계는 1395년 한양을 조선의 수도로 확정하며 고려 500년 역사의 마침표를 찍고 새로운 시작을 감행했습니다.

서울의 '서'는 '수리', '솔', '솟'의 음과 통하는 말로서 '높다', '신령스럽다'라는 뜻을 가진 말에서 유래했습니다. '울'은 '벌', '부리'에서 변음(變音)이 된 것으로 '벌판', '땅', '공간', '큰 마을', '큰 도시'라는 뜻을 가진 말에서 유래했습니다. 그래서 서울의 의미는 '높은 마을', '신령스러운 큰 도시'로 이해할 수 있습니다.

서울을 연구하는 어떤 학자들은 '서울'을 명명할 때 '솟은 울'이라고 해석하기도 합니다. '솟은 울'에서 '솟'은 대단히 '신성하고', '고귀한'이라는 뜻이며, '울'은 '땅', '공간'이기에 '하늘의 신과 굉장히 가까운 신성한 공간'이 되는 것입니다. 서울의 한자표기는 경(京)과 도(都)자로도 표시되는데, '경'은 '크다'라는 뜻이며, '도'는 '거느린다', '변

---

4) 러시아 국립 인문대학교 한국 문헌학을 전공하고 서울대학교에서 사회학 박사로 학위를 받았다. 이름은 표도르 테르치츠키(Fyodor Tertitskiy)다
5) 2026년 현재 개성공단은 막혀있다.

성한다'라는 뜻을 가지고 있습니다.

서울은 국가 제단이 세워져 하늘을 여는 기능을 감당했습니다. 또한 교육의 중심지로 1398년 성균관이 설립되어 국가의 인재를 육성하고 다음 세대를 키우는 역할을 감당했습니다. 경제와 상업의 중심지로 시장 경제가 발전됩니다. 그리고 일제강점기를 지나 한국전쟁을 끝내고 서울은 국제적인 도시로 성장합니다. 서울이 국제적인 도시로 탈바꿈하는 기간에 영적으로 가장 풍성한 은혜의 시기를 한국교회가 경험하게 됩니다. 그 결과 서울에 초대형 교회들이 생겨납니다. 세계에서 가장 큰 교회인 여의도순복음교회가 세워지고, 세계에서 가장 큰 장로교회(명성교회, 사랑의교회, 온누리교회), 세계에서 가장 큰 감리교회(광림교회, 금란교회)가 등장하게 됩니다.

평양 장로회 신학교를 세웠으며 장대현 교회의 담임 목사를 지내셨고 한국의 놀라운 선교사역을 감당하셨던 마포 삼열(Samuel Austin Moffet, 1864-1939) 목사님께서 이런 말씀을 하셨습니다.

'나는 조선에 와서 복음을 전하기 시작하기 전에

황주에서 하나님 앞에 기도하고 결심한 바 있었다.

나는 이 나라에서 십자가의 도(道) 외에는 전하지 않기로,

오직 하나님의 그 뜻대로 죽든지 살든지 구원의 복음을 전하기로 굳세게 결심했다.'

마포 삼열 목사님의 유해는 현재 장로회신학대학교 교정에 묻혀 있습니다. 마포 삼열 목사님의 아들인 마삼락(Samuel H. Moffett, 1916-2015) 목사님께서 한국교회 성장에 대해서도 이렇게 말씀하셨습니다.

'나의 아버지께서 1890년 서울에 도착하셨을 때,

10,000명에서 17,000명 사이의 가톨릭 성도가 있었습니다.

1889년 기록에 의하면 오직 74명의 장로교 교인이 있었습니다.

40년이 지나 1930년대 한국에는 전체 인구의 2% 즉 415,000명의 기독교인이 있었습니다. 이때는 제가 어렸습니다. 제가 1955년 한국에 돌아왔을 때 전체 인구의 5%에 달하는 1,117,000명의 기독교인으로 성장해 있었습니다. 1987년에는 인구 비율 23%, 1천만 명의 기독교인으로 한국 교회는 폭발적 부흥을 경험했습니다. 인구 대비 비율 성장률을 보면, 1890년에는 1,000명당 1명, 1930년에는 50명당 1명, 1955년에는 20명당 1명, 그리고 1987년은 4명당 1명의 비율로 성장한 것입니다.'

전 세계 기독교인들이 놀라는 점이 바로 이것입니다. 한국 특별히 서울에서 일어난 폭발적인 영적 성장은 열방의 많은 교회들을 깨어나게 했습니다. 또한 서울을 동경하고, 대한민국의 경제성장과 교회 성장을 배우려고 하는 수많은 사람이 제3세계에서 일어났습니다.

'영적으로 대단히 큰 도시'라는 서울의 이름의 뜻과 데스티니에 걸맞게 전 세계에 영적 감화와 도전을 주는 도시가 된 것입니다. 서울의 도시적 데스티니가 바로 이것입니다. 그러나 문제는 어둠의 권세가 서울에게 허락한 하나님의 거룩한 목적을 훔쳐 가려고 한다는 점입니다. 서울은 영적인 도시입니다. 서울은 변화와 새로운 출발을 담당했던 도시입니다. 폐허가 되어 무너진 곳에서 희망과 소망을 주는 도시입니다. 가난을 벗어나 풍요로움을 가져온 도시입니다. 다시 한번 서울에 허락하신 하나님의 데스티니가 성취되기를 소망합니다.

4) 로스앤젤레스(LA)

'로스앤젤레스(Los Angeles)'는 스페인어로 '천사들'이라는 뜻입니다. 'Los'는 영어 'the'와 비슷한 용도로 사용되는 남성형 복수 정관사입니다. 'Angeles'는 '천사들'입니다. 그러므로 로스앤젤레스[6]는 '천사들'의 의미를 지닌 도시입니다.

---

6) 1781년 스페인 정착민들이 이곳에 정착지를 처음 구축했을 때의 도시명은 지금과는 사뭇 달랐다. '모든 천사들의 여왕인 성도님의 마을'이라는 아주 긴 지명이었는데 다 떨어져 나가고 'Los Angeles'라는 지명만 남았다.

그러나 이름과는 다르게 로스앤젤레스는 도시가 성장하고 발전하기 전까지 인종 갈등, 골드 러쉬(gold rush)로 인해 벌어진 물질만능주의, 이민자 차별 등과 같은 어두운 역사를 간직한 곳이었습니다. 20세기 초반부터 백인과 히스패닉계 인종 간의 갈등이 극에 달했으며 주택, 직업, 교육, 의료 문제로 몸살을 앓고 있었습니다.

1906년 4월 샌프란시스코에 대지진이 발생합니다. 캘리포니아 역사상 최대의 재앙이 닥친 것입니다. 도시는 심각한 어려움에 봉착했습니다. 이때 흑인이었던 윌리엄 세이모어(William Seymour, 1870-1922)를 중심으로 하나님께서는 아주사 대부흥을 일으키셨습니다. 오순절 운동으로 불린 이 놀라운 부흥의 물결이 온 세계를 덮치게 됩니다. 세계 선교의 관점에서 아주사 부흥이 미친 영향은 너무나 컸습니다. 로스앤젤레스는 전 세계에 하나님의 복음이 확장되는데 지대한 공헌을 합니다.

이 흐름은 오늘날에도 동일하게 흘러가고 있습니다. 로스앤젤레스는 음악, 영화와 같은 엔터테인먼트 산업과 IT산업[7]을 통해 전 세계에 절대적인 영향을 끼치고 있습니다. 로스앤젤레스의 데스티니는 세계적입니다. 영적으로든지, 세속적으로든지 전 세계로 전달하고 퍼지게 하는 역할을 감당하는 도시입니다. 헬라어 '앙겔로스(Ἄγγελος)'의 원래 의미는 '사자', '메신저', '천사'를 뜻합니다. 이 단어에 기원을 둔 '로스앤젤레스'는 '소식을 전하는 자'의 사명을 부여받는 도시입니다.

연습 (Exercise)

다음 글을 읽으십시오.

현실적으로 보면, 국가란 주요 도시 간에 맺어진 지리적, 정치적 동맹 관계를 말한다. 한 국가는 그 안에 속한 도시들의 집합체다. 도시는 한 국가의 마음과 사고와 정신을 드러내며, 대부분 그 나라에 관한 전설을 갖고 있다.

우리는 열방을 그리스도의 제자로 삼으려는 꿈을 가지고 있으므로 열방의 현실을

---

7) LA 카운티에는 현재 36만 9천여 개의 IT 기업이 활동하고 있다.

확실히 이해하고 있어야 한다. 다시 말하면 복음이 그 나라의 영적, 철학적, 육적 생활을 변화시켜야 함을 의미한다. 이 일을 해내는 능력이 부족하다면 세계적으로 그리스도인들의 조직이 아무리 훌륭하다 할지라도 영적 전쟁에서는 실패하고 말 것이다.

초기의 그 세군들은 복음의 능력으로 도시 생활을 변화시켰다. 구세군을 창설한 부스 장군과 다른 사역자들은 당시 널리 퍼져 있던 사탄의 세력(알코올 중독과 매춘 행위)을 정확히 파악하고 도시 전역에 걸친 대대적인 전략을 사용하여 도시 전체를 승리로 이끌었다.

이제는 열방을 예수 그리스도의 제자로 만들기 위해 우리의 마음가짐을 새롭게 해야 한다. 적극적이고 현실적인 비전으로 그 일을 이루어야 한다. 가장 더럽고 어두운 곳에서 그리스도의 깃발을 높이 올려야 하며, 도시에 머물러 있는 비인간적이며 두려운 거인들과 맞서 싸워야 한다.

처음 로스앤젤레스에 도착했을 때 나는 도시의 거대함에 빨려 들어갈 것만 같았다. 내 자신이 너무 작기에, 이 도시에 어울리지 않는 것같이 느껴졌다. 어떤 사람이 감히 이렇게 광대하며 비인간적이고 다양한 이 도시에 영향력을 끼칠 수 있을까? 사람들은 차 안이나 건물 안에 있어서 거리에서는 도무지 찾아볼 수조차 없었다. 불모지 같은 이 도시를 뚫고 들어갈 수 없을 것처럼 여겨졌다.

오직 기도만이 내 관점을 변화시킬 수 있었다. 내가 예수님의 태도와 관점, 곧 그리스도의 마음을 갖게 되었을 때 진정으로 이 도시를 위하여 울 수 있었다. 지금은 이 도시 사람들을 향한 하나님의 긍휼한 마음을 느낄 수 있다. 나는 이 도시를 사랑한다. 또한 이 도시에 실제로 유익한 변화가 일어나는 것을 보았다.

우리에게는 은사와 영적 권위가 주어졌다. 우리는 귀신을 쫓아내는 경험을 통해 하나님의 능력을 알게 되었다. 또한 신실하신 하나님에 대한 믿음으로 이 도시를 위하여 하나님께 담대히 나아갈 수 있게 되었다.

"일어나라 빛을 발하라 이는 네 빛이 이르렀고

여호와의 영광이 네 위에 임하였음이니라

보라 어둠이 땅을 덮을 것이며 캄캄함이 만민을 가리려니와

오직 여호와께서 네 위에 임하실 것이며 그의 영광이 네 위에 나타나리니

나라들은 네 빛으로, 왕들은 비치는 네 광명으로 나아오리라"(사 60:1-3)

오늘날, 대부분의 그리스도인이 뉴욕시의 중심지 맨해튼을 잔인하고 절망적인 도시로 여기며 부정적으로 바라보고 있다. 그렇다면 하나님은 과연 어떻게 보고 계실까? 이 도시를 위한 계획과 목적을 갖고 계실까? 원래 뉴욕은 자유의 땅으로 들어가는 소망의 문이었다. 이러한 위대하고 경건한 특성들은 뉴욕이란 대도시를 향한 하나님의 구속의 목적을 제시해 준다.

여러분이 살고 있는 도시의 성격에 대해서도 생각해 보라.

「하나님을 위하여 도시를 점령하라」 존 도우슨

이 글을 읽고 느낀 점을 나누시기 바랍니다.

역사가 아놀드 토인비(Arnold Toynbee, 1889–1975)가 쓴 책 「도시의 운명(Cities of Destiny)」 서론에서는 도시에 대해 이렇게 서술합니다.

'도시가 형성되려면 최소한 그 도시의 영적인 특성을 발전시켜야 합니다.

이러한 영적 특성이 아마도 한 도시의 기본을 이루는 핵심일 것입니다.'

토인비의 이러한 관찰은 그리스도인으로서 중보기도 사역을 하는 우리에게 매우 중요한 관점으로 다가옵니다. 하나님께서는 도시의 영적 성격을 형성하고 도시마다 보호 천사를 배치하심으로 도시를 돌보시고 보호하시는 것입니다. 모든 도시마다 하나님께서 정하신 목적이 있습니다. 그러나 그 도시는 도시의 선택에 따라 선과 악의 양면성을 가지고 있다는 것입니다. 한 도시가 하나님의 생각과 뜻에 정렬되면 하나님의 선한 목적을 이루게 됩니다. 그러나 그 반대도 마찬가집니다.

5) 암스테르담

국제적 선교단체의 리더인 존 도우슨(John Dawson)은 네덜란드의 수도 암스테르담에 관해서 이렇게 말했습니다.

'이 도시의 시민들은 수 세기 동안 그 도시의 전통이

친절과 인내라는 것에 대해 자부심을 가졌었습니다.

세계적으로 유명한 도시인 제네바나 구약에 나오는 레위기 성읍들처럼

피난처가 되는 도시였기 때문입니다.'

암스테르담은 네덜란드의 수도이자 최대 도시입니다. 전 열방이 영적으로 쇠락할 때 이 나라는 새로운 하나님의 통로로 사용되었습니다. 그 가운데 암스테르담이 있었습니다. 암스테르담은 유럽에 개신교도들이 핍박받는 상황 속에서 피난할 수 있는 몇 안 되는 도시였습니다. 이 도시는 안식이 있었습니다. 새로운 흐름을 잉태해 내는 기능을 하고 있었던 도시였습니다. 전 세계에 하나님 왕국에 대한 개념(Kingdom Concept)을 실제로 표출하고 실천한 도시였습니다.

그 가운데 네덜란드의 총리였던 아브라함 카이퍼(Abraham Kuyper, 1837-1920)가 있습니다. 아브라함 카이퍼는 암스테르담에서 교회 개혁운동을 주도합니다. 교회 개혁뿐만 아니라 언론, 국가, 정치 영역에 걸쳐 강력한 하나님 왕국의 통치를 실현했던 인

물이었습니다. 이 땅을 정복하라는 하나님의 명령을 실천했던 곳이 바로 암스테르담이었습니다. 하나님의 목적과 뜻, 의도가 가장 강력하게 계시가 된 곳이 바로 암스테르담이었던 것입니다.

그러나 안타깝게도 암스테르담은 동성애, 마약을 합법화한 도시가 되었습니다. 어디에서나 대마초를 피울 수 있습니다. 암스테르담은 전 도시가 타락과 방종으로 물들어 가고 있는 실정입니다. 네덜란드는 영적인 피난처의 도시로서 기능을 했었습니다. 그러나 지금은 죄악에 물든 사람들의 피난처 역할을 하고 있습니다. 도시가 합법적으로 인간의 죄성을 포용하는 가운데 하나님께서 허락하신 도시적 데스티니를 망각한 것입니다.

위에 언급된 다섯 개 도시의 데스티니에 관련된 내용들은 참으로 놀라운 것들을 우리에게 시사하고 있습니다. 이 지구상에 존재하는 모든 도시는 하나님의 뜻과 목적 가운데 세워졌습니다. 우리가 하나님께서 바라보시는 도시에 대한 관점을 가지게 된다면 각 도시가 성취해야 할 하나님의 데스티니를 발견하게 되고 기도하게 될 것입니다. 하나님께서 허락하신 놀라운 도시적 데스티니를 대한민국의 교회들이 깨닫는다면 지역마다 도시를 향해 기도하는 제단들이 일어나게 될 것입니다.

PART 3

하나님 마음에 있는 소원을 성취하기 위해 인간은 예배자로 창조되었다.
우리의 몸을 하나님께서 기뻐하시는 거룩한 산 제물로 드리는 것이
인간이 이 땅에서 창조된 목적이다.

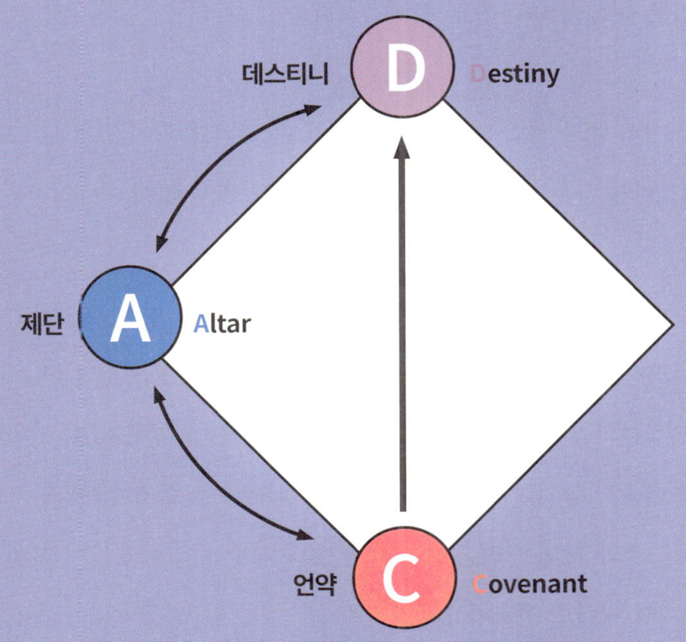

로마서 12:1
"그러므로 형제들아 내가 하나님의 모든 자비하심으로 너희를 권하노니
너희 몸을 하나님이 기뻐하시는 거룩한 산 제물로 드리라
이는 너희가 드릴 영적 예배니라"

하나님을 만나는 통로 제단

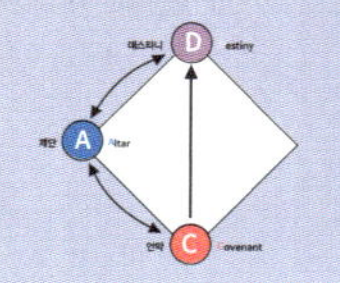

하나님 마음에 있는 소원을 성취하기 위해 인간은 예배자로 창조되었다.
우리의 몸을 하나님께서 기뻐하시는 거룩한 산 제물로 드리는 것이
인간이 이 땅에서 창조된 목적이다.

1. 제단의 중요성

하나님께서는 인간을 어디서 만나기를 원하실까요?

출애굽기 25:22 "거기서 내가 너와 만나고 속죄소 위 곧 증거궤 위에 있는 두 그룹 사이에서 내가 이스라엘 자손을 위하여 네게 명령할 모든 일을 네게 이르리라"

출애굽기 29:38-44 "네가 제단 위에 드릴 것은 이러하니라 매일 일 년 된 어린 양 두 마리니 한 어린 양은 아침에 드리고 한 어린 양은 저녁 때에 드릴지며 한 어린 양에 고운 밀가루 십분의 일 에바와 찧은 기름 사분의 일 힌을 더하고 또 전제로 포도주 사분의 일 힌을 더할지며 한 어린 양은 저녁 때에 드리되 아침에 한 것처럼 소제와 전제를 그것과 함께 드려 향기로운 냄새가 되게 하여 여호와께 화제로 삼을지니 이는 너희가 대대로 여호와 앞 회막 문에서 늘 드릴 번제라 내가 거기서 너희와 만나고 네게 말하리라 내가 거기서 이스라엘 자손을 만나리니 내 영광으로 말미암아 회막이 거룩하게 될지라 내가 그 회막과 제단을 거룩하게 하며 아론

과 그의 아들들도 거룩하게 하여 내게 제사장 직분을 행하게 하며”

이사야 2:2-3 “말일에 여호와의 전의 산이 모든 산 꼭대기에 굳게 설 것이요 모든 작은 산 위에 뛰어나리니 만방이 그리로 모여들 것이라 많은 백성이 가며 이르기를 오라 우리가 여호와의 산에 오르며 야곱의 하나님의 전에 이르자 그가 그의 길을 우리에게 가르치실 것이라 우리가 그 길로 행하리라 하리니 이는 율법이 시온에서부터 나올 것이요 여호와의 말씀이 예루살렘에서부터 나올 것임이니라”

하나님께서는 인간을 제단에서 만나기 원하십니다. 모세 이후에는 성막에서 하나님을 만났습니다. 성막이라는 단어는 히브리어로 ‘미쉬칸(משכן)’이며 ‘거처하신다’라는 뜻입니다. 모세 당시에 하나님께서 거처하시는 곳은 성막입니다. 이곳에서 하나님께서 인간을 만나주신다고 약속하셨습니다.

제단은 장소와 시간을 정해두고 중보기도와 기도 모임을 통해 하나님께 경배를 드리고 교통하는 곳입니다. 제단은 하나님이 일하시는 영적 분위기 그리고 임재를 만들어 냅니다. 하나님이 일하시는 분위기를 창조하는 곳입니다. 성령이 충만한 임재의 분위기는 각 개인 위에 임하시는 성령의 임재를 의미하는 것뿐만 아니라 성령의 임재가 특별한 장소나 영토 위에 있는 것을 가리키는 것입니다.

제단은 성령의 임재를 끌어오는 놀라운 장소입니다. 제단을 통해서 영적 분위기가 만들어지고, 하나님께서 일하시기 시작하십니다.

그래서 제단을 이해하는 것은 대단히 중요한 일입니다. 여러분이 제단의 목적을 바르게 이해한다면 놀라운 일을 감당할 수 있는 열쇠를 소유하는 것과 같습니다.

2. 제단의 구체적 속성

1) 제단은 경배의 장소다.

열왕기상 9:25 "솔로몬이 여호와를 위하여 쌓은 제단 위에 해마다 세 번씩 번제와 감사의 제물을 드리고 또 여호와 앞에 있는 제단에 분향하니라 이에 성전 짓는 일을 마치니라"

제단은 희생과 제물을 드리는 장소입니다. 하나님께 경배를 드리는 장소를 우리는 제단이라 부릅니다. 하나님께서는 우리에게 경배하는 장소, 곧 제단을 쌓으라고 하십니다.

2) 제단은 하늘의 문을 연다.

창세기 28:10-19 "야곱이 브엘세바에서 떠나 하란으로 향하여 가더니 한 곳에 이르러는 해가 진지라 거기서 유숙하려고 그곳의 한 돌을 가져다가 베개로 삼고 거기 누워 자더니 꿈에 본즉 사닥다리가 땅 위에 서 있는데 그 꼭대기가 하늘에 닿았고 또 본즉 하나님의 사자들이 그 위에서 오르락내리락 하고 또 본즉 여호와께서 그 위에 서서 이르시되 나는 여호와니 너의 조부 아브라함의 하나님이요 이삭의 하나님이라 네가 누워 있는 땅을 내가 너와 네 자손에게 주리니 네 자손이 땅의 티끌같이 되어 네가 서쪽과 동쪽과 북쪽과 남쪽으로 퍼져나갈지며 땅의 모든 족속이 너와 네 자손으로 말미암아 복을 받으리라 내가 너와 함께 있어 네가 어디로 가든지 너를 지키며 너를 이끌어 이 땅으로 돌아오게 할지라 내가 네게 허락한 것을 다 이루기까지 너를 떠나지 아니하리라 하신지라 야곱이 잠이 깨어 이르되 여호와께서 과연 여기 계시거늘 내가 알지 못하였도다 이에 두려워하여 이르되 두렵도다 이곳이여 이것은 다름 아닌 하나님의 집이요 이는 하늘의 문이로다 하고 야곱이 아침에 일찍이 일어나 베개로 삼았던 돌을 가져다가 기둥으로 세우고 그 위에 기름을 붓고 그곳 이름을 벧엘이라 하였더라 이 성의 옛 이름은 루스더라”

제단에서 강력한 예배와 기도, 찬양이 지속적으로 드려지면 하늘을 덮고 있는 어둠을 관통해서 하늘을 열어놓게 합니다. 아브라함이 애굽에서 돌아왔을 때 다시 벧엘에서 하나님과 언약을 맺습니다. 백 년이 지난 후 하나님에 대해 무관심했던 야곱이 벧엘에서 잠이 듭니다. 아브라함이 제단을 쌓았기 때문에 많은 시간이 흐른 후에도 그곳에는 하늘이 열려있었습니다. 아브라함이 대가 지불(支拂)을 하면서 백 년 전 그곳에서 제단을 쌓았기 때문입니다. 바로 그곳에서 야곱이 벧엘에서 잠이 들 때 열린 하늘을 발견한 것입니다. 그래서 야곱은 '벧엘이 하늘의 문이라.'라고 말했던 것입니다. 제단은 하늘의 문을 열어놓습니다.

3) 제단은 하나님을 만나는 장소다.

출애굽기 29:38-44 “네가 제단 위에 드릴 것은 이러하니라 매일 일 년 된 어린 양 두 마리니 한 어린 양은 아침에 드리고 한 어린 양은 저녁 때에 드릴지며 한 어린 양에 고운 밀가루 십분의 일 에바와 찧은 기름 사분의 일 힌을 더하고 또 전제로 포도주 사분의 일 힌을 더할지며 한 어린 양은 저녁 때에 드리되 아침에 한 것처럼 소제와 전제를 그것과 함께 드려 향기로운 냄새가 되게 하여 여호와께 화제로 삼을지니 이는 너희가 대대로 여호와 앞 회막 문에서 늘 드릴 번제라 내가 거기서 너희와 만나고 네게 말하리라 내가 거기서 이스라엘 자손을 만나리니 내 영광으로 말미암아 회막이 거룩하게 될지라 내가 그 회막과 제단을 거룩하게 하며 아론과 그의 아들들도 거룩하게 하여 내게 제사장 직분을 행하게 하며”

제단에서 우리가 하나님을 만나게 됩니다. 이곳에서 하나님께서는 우리가 주님을 더욱 닮도록 변화시키시며 능력을 주시고 우리를 통해 다른 사람들과 땅이 변하도록 기름을 부으십니다.

4) 제단은 이 땅과 백성들이 언약을 맺게 하는 장소다.

창세기 8:20-21 "노아가 여호와께 제단을 쌓고 모든 정결한 짐승과 모든 정결한 새 중에서 제물을 취하여 번제로 제단에 드렸더니 여호와께서 그 향기를 받으시고 그 중심에 이르시되 내가 다시는 사람으로 말미암아 땅을 저주하지 아니하리니 이는 사람의 마음이 계획하는 바가 어려서부터 악함이라 내가 전에 행한 것같이 모든 생물을 다시 멸하지 아니하리니"

제단은 하나님과 언약을 맺는 장소입니다. 언약은 영원한 것입니다. 하나님과 영원한 약속을 맺는다는 것은 엄청난 축복임에 틀림없습니다. 제단은 축복의 장소입니다.

5) 제단은 접촉하는 것들을 거룩하게 한다.

출애굽기 29:37 "너는 이레 동안 제단을 위하여 속죄하여 거룩하게 하라 그리하면 지극히 거룩한 제단이 되리니 제단에 접촉하는 모든 것이 거룩하리라"

이것은 놀라운 비밀입니다. 하나님의 임재가 충만한 제단에서 더 오랜 시간 머물기를 부탁드립니다. 우리의 마음이 제단 되기를 소망합니다. 그러면 우리의 심령이 거룩히 구별될 것입니다. 우리의 삶을 둘러싼 영역이 제단 되기를 소망합니다. 그러면 우리와 함께하는 모든 영역에 거룩한 능력이 흘러갈 것입니다. 우리가 살아가는 도시, 국가에 제단이 더 많이 세워지기를 소망합니다. 그러면 대한민국에 하나님의 거룩한 영이 흘러서 수많은 죽어가는 것을 살려낼 것입니다.

6) 제단은 하나님의 재앙이 멈추는 곳이다.

사무엘하 24:18-25 "이날에 갓이 다윗에게 이르러 그에게 아뢰되 올라가서 여부스 사람 아라우나의 타작 마당에서 여호와를 위하여 제단을 쌓으소서 하매 다윗이 여호와께서 명령하신 바 갓의 말대로 올라가니라 아라우나가 바라보다가 왕과 그의 부하들이 자기를 향하여 건너옴을 보고 나가서 왕 앞에서 얼굴을 땅에 대고 절하며 이르되 어찌하여 내 주 왕께서 종에게 임하시나이까 하니 다윗이 이르되 네게서 타작 마당을 사서 여호와께 제단을 쌓아 백성에게 내리는 재앙을 그치게 하려 함이라 하는지라 아라우나가 다윗에게 아뢰되 원하건대 내 주 왕은 좋게 여기시는 대로 취하여 드리소서 번제에 대하여는 소가 있고 땔 나무에 대하여는 마당질 하는 도구와 소의 멍에가 있나이다 왕이여 아라우나가 이것을 다 왕께 드리나이다 하고 또 왕께 아뢰되 왕의 하나님 여호와께서 왕을 기쁘게 받으시기를 원하나이다 왕이 아라우나에게 이르되 그렇지 아니하다 내가 값을 주고 네게서 사리라 값 없이는 내 하나님 여호와께 번제를 드리지 아니하리라 하고 다윗이 은 오십 세겔로 타작 마당과 소를 사고 그곳에서 여호와를 위하여 제단을 쌓고 번제와 화목제를 드렸더니 이에 여호와께서 그 땅을 위한 기도를 들으시매 이스라엘에게 내리는 재앙이 그쳤더라"

하나님의 진노가 줄어들게 만드는 것이 제단입니다. 제단을 통해서 백성, 나라에 임한 수많은 재앙과 심판이 그치게 됩니다.

7) 제단은 자비와 은혜의 장소다.

열왕기상 1:49-53 "아도니야와 함께 한 손님들이 다 놀라 일어나 각기 갈 길로 간지라 아도니야도 솔로몬을 두려워하여 일어나 가서 제단 뿔을 잡으니 어떤 사람이 솔로몬에게 말하여 이르되 아도니야가 솔로몬 왕을 두려워하여 지금 제단 뿔을 잡고 말하기를 솔로몬 왕이 오늘 칼로 자기 종을 죽이지 않겠다고 내게 맹세하기를 원한다 하나이다 솔로몬이 이르되 그가 만일 선한 사람일진대 그의 머리털 하나도 땅에 떨어지지 아니하려니와 그에게 악한 것이 보이면 죽으리라 하고 사람을 보내어 그를 제단에서 이끌어 내리니 그가 와서 솔로몬 왕께 절하매 솔로몬이 이르기를 네 집으로 가라 하였더라"

스스로 왕이 되기 원했던 아도니야의 계획이 발각되었습니다. 다윗이 솔로몬을 왕으로 세우자 두려움에 사로잡힌 아도니야는 솔로몬을 피해 성전으로 달아났습니다. 솔로몬은 아도니야를 죽일 수 있었지만, 그렇게 하지 않았습니다. 왜냐하면 아도니야가 제단의 뿔을 잡았기 때문입니다. 하나님의 자비가 넘치는 장소가 바로 제단입니다. 이 제단에서 용서와 사면이 이루어집니다. 제단은 죄 사함의 장소입니다. 그래서 제단은 자비와 은혜의 장소입니다.

절기 중에 가장 중요한 절기가 대속죄절입니다. 대속죄절은 개인의 죄뿐만 아니라 이스라엘 민족을 향한 죄 사함이 이루어지는 절기입니다. 죄 사함은 하나님의 놀라운 은혜이며, 자비입니다.

8) 제단은 공급되는 장소다.

창세기 22:6-13 "아브라함이 이에 번제 나무를 가져다가 그의 아들 이삭에게 지우고 자기는 불과 칼을 손에 들고 두 사람이 동행하더니 이삭이 그 아버지 아브라함에게 말하여 이르되 내 아버지여 하니 그가 이르되 내 아들아 내가 여기 있노라 이삭이 이르되 불과 나무는 있거니와 번제할 어린 양은 어디 있나이까 아브라함이 이르되 내 아들아 번제할 어린 양은 하나님이 자기를 위하여 친히 준비하시리라 하고 두 사람이 함께 나아가서 하나님이 그에게 일러 주신 곳에 이른지라 이에 아브라함이 그곳에 제단을 쌓고 나무를 벌여 놓고 그의 아들 이삭을 결박하여 제단 나무 위에 놓고 손을 내밀어 칼을 잡고 그 아들을 잡으려 하니 여호와의 사자가 하늘에서부터 그를 불러 이르시되 아브라함아 아브라함아 하시는지라 아브라함이 이르되 내가 여기 있나이다 하매 사자가 이르시되 그 아이에게 네 손을 대지 말라 그에게 아무 일도 하지 말라 네가 네 아들 네 독자까지도 내게 아끼지 아니하였으니 내가 이제야 네가 하나님을 경외하는 줄을 아노라 아브라함이 눈을 들어 살펴본즉 한 숫양이 뒤에 있는데 뿔이 수풀에 걸려 있는지라 아브라함이 가서 그 숫양을 가져다가 아들을 대신하여 번제로 드렸더라"

제단은 하늘의 것이 풍성하게 공급되는 자리입니다. 계시, 예언, 은혜, 재정 등 수많은 하나님의 선한 것들이 공급됩니다.

다음의 글을 읽으십시오.

그다음 중보기도의 전투는 '공습'과 '영국 침공'의 위기에 관한 것이었다. 독일의 헤르만 괴링(Hermann Wilhelm Göring, 1893-1946)이 영국 침공 준비 작업으로써 제공권을 장악하려는 엄청난 시도를 해 왔던 것이다. 모든 사태 하나하나가 다 너무나 중대했다. 하나님은 당신의 임재를 통하여 모든 것을 시험하셨으며 깊은 동기도 철저히 점검하셨다.

마침내 성령은 당신의 종에게 기도 응답에 대한 부인할 수 없는 약속을 분명히 들려주셨다. 믿음으로 약속을 주장하며 승리를 붙들어야 했다. 믿음이 이겨 마침내 승리를 쟁취할 수 있다는 하나님이 친히 주시는 확신이 들기까지 리즈는 쉴 수 없었다. 이것은 단순히 기도한 뒤 응답을 기다리는 그런 차원이 아니었다. 당시 모임의 기록에서 일부를 옮겨 본다.

1940년 9월 2일. 리즈 하월즈(Rees Howells, 1879-1950)는 이렇게 말했다.

비행기들이 이렇게 주위를 들끓고 있는데도

우리가 약속에 의지하여 전혀 염려하지 않을 수 있는지 보고 싶습니다.

우리는 히틀러가 유대인 어린아이들을 무참히 내버릴 때도

그들을 구하기 위해 당당히 맞서 싸웠습니다.

이번에는 모든 선교사 자녀들을 보호해 주실 것을 위해 똑같이 간구해야 합니다.

다른 사람들이 두려워한다고 해서 우리 또한 두려워해야 하겠습니까?

우리에게 유대인 아이들을 지킬 시설을 만들게 하셨듯이

선교사 자녀들도 보호하실 것을 믿습니다.

여러분도 이런 믿음을 기초로 하고 있기를 바랍니다.

여기서 리즈가 얘기한 대피소라는 것은 그가 낮에 와서 공부하는 학생들 약 300명을 위해 대피소라도 지어 주어야 하지 않을까 하고 의무감을 느꼈기 때문에 나온 이야기이다. 이 학생들과 선교사 자녀들 약 육십 명은 대학 가족의 식구들이었다. 그러나 주님은 리즈에게 그들을 위하여 대피소도 짓지 말고 방독면도 줄 것 없다고 말씀하셨다. 방독면은 개인이 원하면 누구라도 자유로이 소지할 수 있게 했다. 하나님은 전쟁이 끝나는 그날까지 리즈의 이러한 방침을 뒤에서 완전히 떠받쳐 주셨다. 이후 그 도시에 아주 심한 공습이 여러 차례 있었음에도 불구하고 대학에 속한 재산에는 단 한 발의 총알도 떨어지지 않게 하셨다. 일지를 좀 더 살펴보기로 하자.

9월 7일.

잦은 공습이 주는 고통으로 인하여 여러분 가운데 마음이 흔들리는 사람이 있습니까?

여러분은 자신이 지옥에서 구원받았다는 사실을 믿습니까?

그렇다면 왜 이 공습에서 구원받았다는 사실은 믿지 못합니까?

하나님은 나에게 언제라도 온종일 기뻐할 수 있는 비밀을 가르쳐 주셨습니다.

오늘 나의 기쁨은 이것입니다.

우리에게는 하나님의 보호하심이 있다는 사실입니다.

그러나 만일 우리가 그분을 진정으로 의뢰하지 못한다면,

어디에서 그런 찬양이 나올 수 있겠습니까?

주님이 주시는 이 평화는 사람이 만들어 낸 것이 아닙니다.

이 평화는 너무나 깊은 것이어서 마귀도 감히 건드릴 수 없습니다.

여러분 마음속에 요동함이나 두려움이 있다면

여러분은 성령이 들려주시는 음성을 들을 수 없습니다.

두려움의 그늘을 가지고는 하나님의 임재 가운데 나아갈 수 없는 것입니다.

9월 8일.

전국 기도의 날. 9시. 우리나라는 그동안 외적인 종교의 모양만을 지켜 왔습니다.

라오디게아 교회처럼 덥지도 않고 차지도 않았습니다.

하나님이 우리나라를 회복시켜 주시기를 원합니다.

그래서 한 가지 찬양의 이유가 있는 것은

하나님께서 적이 우리나라를 침공해 들어오는 것을 막고 계시다는 사실입니다.

정오 예배 때 리즈가 막 말씀을 시작하려고 하는데 마침 머리 위로 나치의 비행기들이 지나갔다. 지상의 대공포들이 풍비박산이 났으며 곧 사이렌이 울렸다. 그러나 그는 초연히 말씀을 전했다. '회중들도 마치 마법에라도 걸린 듯 그 자리에 그대로 묶여 있었다.'

지난 며칠 동안 중보 기도를 짐스럽게 느끼고 결과를 회의했던 분위기가 다시 찬양과 확신으로 뒤바뀐 것은 바로 그때였다. 모두가 견고한 승리의 확신을 갖게 되었다. 리즈의 다음 말이 그것을 잘 대변해 주고 있다.

'얼마나 놀라운 승리입니까!

성령 안에 거하는 자는 이 승리를 볼 수 있습니다.

그분이 우리 안에서 믿음을 주셨기 때문입니다.

얼마나 놀라운 기쁨입니까!

얼마나 놀라운 찬양입니까!

하나님께는 각 개인이 승리의 확신을 갖는 것이 더 중요합니다.

이 전쟁에 대한 승리의 확신은 그 뒤에야 주시는 것입니다.'

예배가 끝나자 공습경보 해제 사이렌이 울렸다.

그들은 나가면서 입을 모아 찬양했다.

'모든 성도들아, 기쁨으로 외치라. 주께서 사망을 정복하셨다.'

같은 날 오후 모임에서 그는 이렇게 말했다.

'이제 나는 마귀가 결코 여기 있는 사람 어느 누구도

손댈 수 없다는 사실을 글로 써서라도 발표할 수 있습니다.

이제 더 이상 기도할 필요가 없습니다.

여러분도 믿으신다면 이제 기도를 끝내십시오.

지금까지 승리를 이토록 확신해 본 적은 없습니다.

마치 전쟁 같은 게 언제 일어났냐는 듯 싶을 정도입니다.

만일 우리가 먼저 자신부터 승리를 확신할 수 없다면

어떻게 세상에서 승리를 얻을 수 있겠습니까?

믿음의 기도 외에는 우리는 아무것도 의지할 수 없습니다.

오늘 아침 예배 때 성령께서 임하사 우리에게 당신의 승리를 말씀하시던 일은

얼마나 놀라운 일이었습니까?'

9월 9일.

성령님은 우리 안에서 보기를 원하셨던 것만큼의 믿음을 보셨습니다.

여러분이 온전히 믿고 있는지 늘 자신을 살피십시오.

믿음이야말로 우리가 생각할 수 있는 것 중 가장 세심한 주의가 필요한 것입니다.

그것은 연기와도 같습니다. 언제고 쉽게 놓쳐 버릴 수 있는 것입니다.

승리는 이제 아침에 찾아왔습니다.

만일 여러분이 그것을 보지 못했다면

여러분은 그것을 다시는 보지 못할는지도 모릅니다.

이제 지금부터는 성령께서 이 전투를 지휘하실 것입니다.

전에는 우리의 믿음이 부족했기 때문에 그렇게 하실 수가 없었습니다.

9월12일.

우리는 어젯밤 하나님이 런던을 보호해 주시고

적의 침투를 막아 달라고 기도했는데,

하나님은 우리의 기도를 응답해 주셨습니다.

하나님이 이 마귀를 포획하시지 않는 한 우리는 아무도 안전하지 못합니다.

하나님은 우리 건물을 보호하고 계십니다.

그렇다면 우리나라에 대해서 보호하심을 얻지 못하란 법이 있습니까?

하나님은 우리에게 얼마나 놀라운 날들을 허락하고 계십니까?

처칠 경은 그의 「전쟁 회고록(War Memories)」에서 9월 15일을 공중전 '절정의 날'이었다고 말하고 있다. 그는 그날 자신이 공군 작전 상황실을 찾아갔던 얘기를 적고 있다. 그는 거기서 적기 비행 중대들이 폭탄을 퍼붓는 것과 거기 맞서 아군 포탄이 하늘로 올라가는 것을 지켜보았다.

그가 공군 중장에게 '아군 측 예비 부대는 그 밖에 얼마나 되나?'하고 물어야만 하는 순간이 찾아왔다. 그러자 중장은 '전혀 없습니다.'라고 대답했다. 그는 후에 그 순간 처칠 경이 얼마나 용감해 보였는지 몰랐다고 보고했다. 처칠 경은 '그렇다면 내가 가야겠군.'하고 말했던 것이다. 5분이 흘렀다.

'그런데 적기들이 후퇴하는 것 같아 보였다.

상황판의 독일군 폭격기와 전투기는 계속해서 동쪽으로 이동하고 있었다.

그 뒤로는 전혀 공격이 없었다. 10분이 지나자 상황은 완전히 끝났다.'

독일 공군이 승리를 목적에 둔 그 상황에서 왜 후퇴를 해야만 했는지는 전혀 추측
되는 바가 없었다. 그러나 우리는 그 이유를 안다. 전쟁이 끝난 후 영국 전쟁 당
시 전투 사령부 총사령관이었던 공군 대장 휴 다우딩(Hugh Dowding, 1882-1970) 경
(Sir)은 다음과 같은 의미심장한 말을 남겼다.

'전쟁의 와중에서도 우리는 엄청나게 많은

외적인 지원이 들어오고 있다는 것을 날마다 느낄 수 있었다.

전쟁이 끝나자 우리에게 찾아온 느낌은 이런 것이었다.

특별한 하나님의 개입이 있어서,

의당 일어났어야 할 사건의 흐름을 돌려놓으셨다는 느낌이었다.'

「중보기도」리즈 하월즈

리즈 하월즈의 글을 읽고 중보기도 즉 제단을 통해 드려진 기도가 얼마나 놀라운
것인지 알게 되었습니다. 그 은혜를 서로 나누시기 바랍니다.

3. 제사장 나라

하나님께서는 이스라엘이 제사장 나라 되기를 원하셨습니다.

 "모세가 하나님 앞에 올라가니 여호와께서 산에서 그를 불러 말씀하시되 너는 이같이 야곱의 집에 말하고 이스라엘 자손들에게 말하라 내가 애굽 사람에게 어떻게 행하였음과 내가 어떻게 독수리 날개로 너희를 업어 내게로 인도하였음을 너희가 보았느니라 세계가 다 내게 속하였나니 너희가 내 말을 잘 듣고 내 언약을 지키면 너희는 모든 민족 중에서 내 소유가 되겠고 너희가 내게 대하여 제사장 나라가 되며 거룩한 백성이 되리라 너는 이 말을 이스라엘 자손에게 전할지니라"

창세기 12:2-3 "내가 너로 큰 민족을 이루고 네게 복을 주어 네 이름을 창대하게 하리니 너는 복이 될지라 너를 축복하는 자에게는 내가 복을 내리고 너를 저주하는 자에게는 내가 저주하리니 땅의 모든 족속이 너로 말미암아 복을 얻을 것이라 하신지라"

이스라엘은 특별한 나라가 되었습니다. 하나님께서는 이스라엘을 큰 나라 또는 거대한 제국으로 세우시려는 목적이 아니었습니다. 하나님께서는 이스라엘을 거룩한 제사장 나라로 세우기 위해 준비시키셨습니다. 하나님께서는 처음부터 이스라엘을 제사장 나라로 세워 온 민족과 열방에 하나님의 영광을 드러내시려고 계획하셨습니다. 하나님께서 이스라엘을 제사장 나라 삼으신 이유는 제사장 나라의 거룩한 백성들로 모든 민족과 열방에서 이스라엘 백성들이 축복의 통로로 살기 원하셨기 때문입니다. 또한 하나님께서는 예수님을 믿는 자녀들을 제사장으로 삼으셨습니다.

베드로전서 2:4-5 "사람에게는 버린 바가 되었으나 하나님께는 택하심을 입은 보배로운 산 돌이신 예수께 나아가 너희도 산 돌같이 신령한 집으로 세워지고 예수 그리스도로 말미암아 하나님이 기쁘게 받으실 신령한 제사를 드릴 거룩한 제사장이 될지니라"

요한계시록 5:9-10 "그들이 새 노래를 불러 이르되 두루마리를 가지시고 그 인봉을 떼기에 합당하시도다 일찍이 죽임을 당하사 각 족속과 방언과 백성과 나라 가운데에서 사람들을 피로 사서 하나님께 드리시고 그들로 우리 하나님 앞에서 나라와 제사장들을 삼으셨으니 그들이 땅에서 왕 노릇 하리로다 하더라"

요한계시록 1:6 "그의 아버지 하나님을 위하여 우리를 나라와 제사장으로 삼으신 그에게 영광과 능력이 세세토록 있기를 원하노라 아멘"

제사장은 백성들의 은혜의 통로입니다. 제사장 나라는 모든 열방과 민족의 축복의 통로입니다. 이것이 성경에서 지속적으로 우리에게 강조하고 있는 내용입니다. 하나님과 맺은 언약을 잘 지켜 제사장의 사명을 잘 감당하고 하나님의 말씀을 지켜 행하면 놀라운 축복이 찾아옵니다. 그래서 이스라엘의 많은 선지자는 하나님의 말씀을 통해 제사장 나라의 사명을 회복하고 하나님의 법도와 율례를 지켜야 함을 백성들에게 강력하게 선포했던 것입니다. 이것은 하나님의 계획이셨습니다.

모든 기독교인은 자신을 하나님의 거룩한 제물로 드릴 합당한 이유가 있습니다. 제사장은 자기 자신과 이웃 그리고 자신이 살고 있는 도시, 나라를 위한 사역에 부름을 받았습니다. 이 땅의 죄를 짊어지고, 저들의 죄를 사하는데 통로로 사용되는 것입니다. 자신의 죄를 하나님께 먼저 아뢰고, 백성들의 죄를 아뢰었던 것과 같이 우리 믿음의 사람들도 이와 같이 하나님께 행해야 할 줄 믿습니다.

구약에서는 철저한 경계가 있었습니다. 성막 밖, 성막 뜰, 성소, 지성소로 나누어져 그 경계 안으로 들어갈 수 있는 자들은 늘 제한되었고, 구분되었습니다. 성전도 마찬가지입니다. 이방인의 뜰, 여인들의 뜰, 이스라엘의 뜰, 제사장의 뜰, 지성소로 나누어져 있었습니다. 그리고 예수님께서 대제사장으로 이 땅에 오셔서 인류의 모든 죄를 친히 지시고 십자가에 달려 돌아가셨습니다. 그리고 지성소 앞의 휘장이 갈라졌습니다. 이제 예수 그리스도로 인해 모든 경계가 무너져 내렸습니다.

예수님께서 흘리신 십자가의 보혈을 통해 우리는 왕 같은 제사장들이 되었습니다. 우리를 거룩한 나라로 부르셨습니다. 그리고 우리를 소유된 백성이라 하셨습니다. 이 사실을 믿는 것은 대단히 중요합니다.

한국 교회의 위기는 제단의 위기입니다. 정확히 말하면 제사장들의 위기입니다. 어느 나라든지, 어느 도시든지 제단이 있습니다. 이 제단들이 하나님을 위한 제단인지 아닌지는 제단을 지키는 제사장들에 의해 결정 납니다. 이 제단을 하나님의 제단으로 지키는 것은 거룩한 제사장들이 일어날 때 가능합니다.

지금 대한민국 교회는 개인의 제단이 무너졌습니다. 수많은 믿음의 사람이 세상에 영향을 받고, 함몰되어 버렸습니다. 가정의 제단들이 무너져 많은 가정이 산산이 부서져 버렸습니다. 교회의 제단이 무너져 교회가 세상으로부터 욕먹는 상황까지 되었습니다. 그러나 더 심각한 문제가 있습니다. 그것은 국가 제단이 무너져 버렸다는 것입니다. 역사를 통해 살펴보면 나라의 흥망성쇠는 국가 제단과 밀접한 관련이 있다는 것을 쉽기 발견할 수 있습니다.

많은 민족 제단이 점차 한국에서 사라지기 시작했습니다. 대한민국을 향한 영적인 영향력이 감소 되었습니다. 한국에서 가장 많은 영향을 끼쳤던 삼각산 민족 제단이 닫혀 버린 것이 2000년 1월 1일입니다.

1960년부터 삼각산(三角山) 민족 제단을 지켜오던 장세각 목사님(1927-2018)께서 40년의 사역을 끝으로 더 이상 제단을 지키는 것이 어려워졌습니다. 공권력의 통제로 인해 하나님께서 명령하신 사역을 감당하기에는 너무나 큰 장애물이 놓였고, 민족 제단은 역사의 뒤안길로 사라져 버렸습니다. 민족 제단의 쇠락은 결국 국가의 영적 성패에 직접적인 영향을 주게 되었으며 서서히 한국 교회는 쇠락의 길로 접어들었습니다.

4. 죄 사함의 비밀

대제사장과 도피성 그리고 대속죄일은 죄사함과 관련이 있습니다. 죄사함의 결과 개인적인 구원 뿐만 아니라 국가적인 구원도 받게 됩니다.

민수기 35:10-28 "이스라엘 자손에게 말하여 그들에게 이르라 너희가 요단강을 건너 가나안 땅에 들어가거든 너희를 위하여 성읍을 도피성으로 정하여 부지중에 살인한 자가 그리로 피하게 하라 이는 너희가 복수할 자에게서 도피하는 성을 삼아 살인자가 회중 앞에 서서 판결을 받기까지 죽지 않게 하기 위함이니라 너희가 줄 성읍 중에 여섯을 도피성이 되게 하되 세 성읍은 요단 이쪽에 두고 세 성읍은 가나안 땅에 두어 도피성이 되게 하라 이 여섯 성읍은 이스라엘 자손과 타국인과 이스라엘 중에 거류하는 자의 도피성이 되리니 부지중에 살인한 모든 자가 그리로 도피할 수 있으리라 만일 철 연장으로 사람을 쳐죽이면 그는 살인자니 그 살인자를 반드시 죽일 것이요 만일 사람을 죽일 만한 돌을 손에 들고 사람을 쳐죽이면 이는 살인한 자니 그 살인자는 반드시 죽일 것이요 만일 사람을 죽일 만한 나무 연장을 손에 들고 사람을 쳐죽이면 그는 살인한 자니 그 살인자는 반드시 죽일 것이니라 피를 보복하는 자는 그 살인한 자를 자신이 죽일 것이니 그를 만나면 죽일 것이요 만일 미워하는 까닭에 밀쳐 죽이거나 기회를 엿보아 무엇을 던져 죽이거나 악의를 가지고 손으로 쳐 죽이면 그 친 자는 반드시 죽일 것이니 이는 살인하였음이라 피를 보복하는 자는 살인자를 만나면 죽일 것이니라 악의가 없이 우연히 사람을 밀치거나 기회를 엿봄이 없이 무엇을 던지거나 보지 못하고 사람을 죽일 만한 돌을 던져서 죽였을 때에 이는 악의도 없고 해하려 한 것도 아닌즉 회중이 친 자와 피를 보복하는 자 간에 이 규례대로 판결하여 피를 보복하는 자의 손에서 살인자를 건져내어 그가 피하였던 도피성으로 돌려보낼 것이요 그는 거룩한 기름 부음을 받은 대제사장이 죽기까지 거기 거주할 것이니라 그러나 살인자가 어느 때든지 그 피하였던 도피성 지경 밖에 나가면 피를 보복하는 자가 도피성 지경 밖에서 그 살인자를 만나 죽일지라도 피 흘린 죄가 없나니 이는 살인자가 대제사장이 죽기까지 그 도피성에 머물러야 할 것임이라 대제사장이 죽은 후에는 그 살인자가 자기 소유의 땅으로 돌아갈 수 있느니라"

제단을 섬기는 자들은 제사장들입니다. 레위인들이 모든 장자를 대신해서 제단에서 봉사하게 되었습니다. 레위 지파 중에 아론의 가문이 대제사장의 직분을 감당했습니다. 아론을 위한 대제사장 위임식은 7일간 진행이 됩니다. 7일간 드려진 이유는 하나님께서 아론의 죄를 사하려고 하셨기 때문입니다. 우리는 제단을 7일 동안 정결케 했던 것을 기억해야 합니다.

출애굽기 29:37 "너는 이레 동안 제단을 위하여 속죄하여 거룩하게 하라 그리하면 지극히 거룩한 제단이 되리니 제단에 접촉하는 모든 것이 거룩하리라"

하나님께서는 제단을 섬기는 대제사장도 7일 동안 정결케 하는 기간을 통과시킵니다. 그리고 8일째 되는 날 속죄제, 화목제를 드립니다. 하나님은 제단도 정결하게 하시지만 제사장도 정결하게 하십니다. 이 대제사장 위임식에서 하늘의 불이 임했습니다. 대제사장의 역할이 많이 있지만 그중에 우리가 반드시 알고 있어야 하는 것이 있습니다. 대제사장의 역할 가운데 가장 큰 역할은 속죄의 통로가 되는 것입니다. 대제사장은 대속죄일에 성막이나 성전에서 일 년에 한 차례(대속죄일 당일 대제사장은 지성소를 4번 출입한다) 지성소에 들어가 사역을 감당합니다. 대제사장의 임무는 국가적으로 죄 사함을 받은 날에 하나님께 백성들의 죄를 가지고 나아가는 것이었습니다.

살인자의 죄 사함을 받는 길은 민수기 35장의 말씀대로 대제사장이 육체적인 죽음을 맞이할 때입니다. 대제사장의 죽음을 대가로 죄 속함을 받게 되는 것입니다. 대제사장은 백성들의 죄가 용서함을 받을 수 있는 통로가 되었던 것입니다.

그러나 대제사장만 백성들의 죄를 속하는 역할을 감당했던 것은 아닙니다. 도피성 (the city of refuge)도 속죄의 역할을 감당했습니다.

민수기 35:22-28 "악의가 없이 우연히 사람을 밀치거나 기회를 엿봄이 없이 무엇을 던지거나 보지 못하고 사람을 죽일 만한 돌을 던져서 죽였을 때에 이는 악의도 없고 해하려 한 것도 아닌즉 회중이 친 자와 피를 보복하는 자 간에 이 규례대로 판결하여 피를 보복하는 자의 손에서 살인자를 건져내어 그가 피하였던 도피성으로 돌려보낼 것이요 그는 거룩한 기름 부음을 받은 대제사장이 죽기까지 거기 거주할 것이니라 그러나 살인자가 어느 때든지 그 피하였던 도피성 지경 밖에 나가면 피를 보복하는 자가 도피성 지경 밖에서 그 살인자를 만나 죽일지라도 피 흘린 죄가 없나니 이는 살인자가 대제사장이 죽기까지 그 도피성에 머물러야 할 것임이라 대제사장이 죽은 후에는 그 살인자가 자기 소유의 땅으로 돌아갈 수 있느니라"

악의가 없이 우연히 사람을 죽인 살인한 자들을 위해 헤세드(자비, 사랑, 인애)의 하나님께서 도피성을 마련해 주셨습니다. 그런데 대제사장이 죽으면 숨어 지냈던 죄인들이 도피성에서 벗어날 수 있었습니다. 이 말은 대제사장이 죽음으로 도피성에 피해 있었던 모든 죄인의 죄가 사함을 받게 된다는 의미입니다.

대제사장의 가장 큰 부르심은 바로 이것입니다. 대속죄일에 하나님께서 이스라엘의 모든 백성의 죄를 사해주시는 큰 은혜의 통로로 사용되는 것(국가적 구원)과 부지중에 살인한 자들이 대제사장의 죽음으로 말미암아 죄가 사해지는(개인적 구원) 놀라운 역할을 감당했던 것입니다. 대제사장은 모든 백성의 죄 사함을 받는 하나님의 통로이자, 자신의 죽음을 대신해서 살인자들의 죄 역시 사함을 받게 하는 역할을 감당했던 것입니다. 도피성은 바로 하나님의 긍휼과 은혜, 사랑, 보호, 안전의 표징이었으며, 대제사장은 그들의 죄를 짊어지게 한 희생제물의 표징이었습니다.

하나님께서는 제단에서만 죄를 사해주신 것이 아닙니다. 대제사장이 죽음으로 살인자들의 죄를 사해주셨습니다. 이것은 이미 우리의 참된 대제사장이신 예수 그리스도를 의미하는 그림자였습니다. 예수님은 우리의 대제사장이십니다.

히브리서 3:1 "그러므로 함께 하늘의 부르심을 받은 거룩한 형제들아 우리가 믿는 도리의 사도이시며 대제사장이신 예수를 깊이 생각하라"

히브리서 4:14 "그러므로 우리에게 큰 대제사장이 계시니 승천하신 이 곧 하나님의 아들 예수시라 우리가 믿는 도리를 굳게 잡을지어다"

히브리서 8:1 "지금 우리가 하는 말의 요점은 이러한 대제사장이 우리에게 있다는 것이라 그는 하늘에서 지극히 크신 이의 보좌 우편에 앉으셨으니"

예수님을 깊이 생각하십시오. 그분이 바로 우리의 대제사장이십니다. 예수님은 우리의 도피성이 되십니다. 예수님은 우리의 구원자이십니다. 예수님을 믿고 죄를 고백함으로 우리는 죄 사함을 받게 됩니다. 모든 민족과 열방을 구원하시기 위해 피를 흘려 죽으셨고, 우리 각 사람의 죄를 짊어지고 십자가에서 돌아가셨습니다. 이로써 예수님은 국가적 구원인 온 열방의 구원과 개인의 구원을 가져오셨습니다.

요한복음 20:19-23 "이날 곧 안식 후 첫날 저녁 때에 제자들이 유대인들을 두려워하여 모인 곳의 문들을 닫았더니 예수께서 오사 가운데 서서 이르시되 너희에게 평강이 있을지어다 이 말씀을 하시고 손과 옆구리를 보이시니 제자들이 주를 보고 기뻐하더라 예수께서 또 이르시되 너희에게 평강이 있을지어다 아버지께서 나를 보내신 것같이 나도 너희를 보내노라 이 말씀을 하시고 그들을 향하사 숨을 내쉬며 이르시되 성령을 받으라 너희가 누구의 죄든지 사하면 사하여질 것이요 누구의 죄든지 그대로 두면 그대로 있으리라 하시니라"

예수님께서 죽으시고, 부활하시면서 40일 동안 제자들과 함께하셨습니다. 그러면서 승천하시기 전에 제자들에게 간곡히 요구하셨습니다. 그것은 죄를 사해주라는 것이었습니다. 즉 죄 사함의 권세를 제자들에게 주셨고, 그 권세로 사람들의 죄를 사하라고 부탁하셨습니다.

예수님께서는 죄 사함의 권세를 제자들에게 허락하셨습니다. 그것은 대제사장들이 행할 수 있는 엄청난 특권이었습니다. 대제사장이 죽어야 부지중에 죄를 지은 살인자들이 죄 사함을 받습니다. 우리의 대제사장이신 예수 그리스도께서 십자가에서 죽으심으로, 이 땅의 백성들이 예수 그리스도를 믿으면 죄 사함을 받게 됩니다. 마찬가지로 우리는 예수님의 제자들로 이 땅을 향하여 죄를 사할 수 있는 권세를 부여받았습니다. 그것은 우리가 구약의 대제사장들처럼, 십자가에 죽으신 예수님처럼 살아가야 하는 것을 의미합니다.

5. 국가적 제단 절기

우리가 잘 아는 구약성경의 절기들은 어떻게 보면 국가적인 제단으로 백성들이 소집된 때라고 보아도 무방합니다. 1년에 3번(유월절, 칠칠절, 초막절) 총 4주 동안은 예루살렘으로 올라오라고 하나님께서 명령하셨습니다. 절기 때는 이스라엘 전역에 흩어져 있던 24,000명의 제사장이 예루살렘으로 모이는 날입니다.

특별히 대속죄절은 하나님의 명령에 따라 순종한 백성들이 예루살렘에 모이고, 이들을 향한 모든 죄가 사함을 받아 새롭게 새해가 시작되는 절기였습니다. 온 나라가 죄를 용서받아 기뻐하는 날이며, 온 백성이 하나님께 나아와 자신의 죄를 사함 받아 새해를 시작하면서 마음과 생각을 하나님께 고정하는 시간이었습니다. 그래서 절기는 국가적 행사였던 것입니다. 나라를 위한 모임이었습니다.

절기 때 드려지는 희생 제물은 제단에 드려집니다. 제단은 한 나라의 운명을 결정하는 가장 중요한 이유이자 원인이 되었던 것입니다. 개인, 가정, 교회, 국가는 제단을 맡은 제사장들에 따라 성패(成敗)가 결정됩니다. 그 제단에서 모든 죄가 사함을 받기도 하고, 죄가 더욱 증가하기도 합니다.

그래서 우리는 이 땅에 죄를 막아서기 위해 부름을 받은 것입니다. 어둠으로부터 백성들을 불러내도록 경고의 나팔을 울리기 위해서 담대히 살아가고 있는 것입니다. 지금 대한민국에서 가장 중요한 것은 가정, 학교, 직장에서 우리가 제사장으로 부름을 받았다는 사실을 깨닫게 하는 것입니다. 이것을 우리는 가르쳐야 합니다.

연습 (Exercise)

다음의 글을 읽으십시오.

모든 나라에는 언제나 제사장들이 있습니다. 사탄의 제사장들과 하나님의 제사장들이 있습니다. 그 땅의 무너진 틈에 서는 제사장들은 그 땅을 향한 권세를 갖고 있습니다. 엘리야가 오기 전에 바알의 제사장들은 그 땅을 다스렸습니다. 그들은 정기적으로 제단으로 가서 자신들이 섬기는 악한 신과 지속적으로 교통을 하고 있었습니다. 그들은 백성들의 마음이 바알에게 향하게 만들었습니다.

지금 이 시대에도 우리가 공동체적인 기도를 하지 않는다면 사탄의 제사장들이 그들의 제단을 세울 것입니다. 공동체적인 기도가 없는 땅에 회교 사원, 힌두교 사원, 불교 사원 그리고 사술(邪術)[1]과 주술(呪術)[2], 점과 무당이 늘어나고 있는 것은 그 때문입니다.

그 땅에서 행해지고 있는 영적 활동이 표현된 것입니다. 지금은 회개를 하고 영적 전쟁을 치러야 할 때입니다. 하나님의 이름으로 불리는 백성들이 영적인 잠을 자

---

1) 단순히 강렬한 힘을 넘어 상대방에게 해를 끼치려는 것을 목적으로 한다.
2) 초자연적인 힘을 다루는 모든 기술을 포괄하는 넓은 용어다.

고 있을 때, 잠자는 사람들은 이렇게 말합니다.

'우리는 너무 바빠, 피곤해.'

어떤 종교인들은 자신들의 악한 신의 이름을 하루에 5번이나 부릅니다! 교인들에게 한 주에 한 번 와서 기도하라고 모으는 것도 쉬운 일이 아니라면 누구의 제사장들이 이기겠습니까? 정말 조심해야 합니다.

우리는 제단이 하나님 언약의 헤세드(자비, 인내, 사랑 등)를 베푸는 곳이라는 사실을 배웠습니다. 상황이 어렵고 문제가 생길 때마다 가정 제단을 쌓으십시오. 아니면 매일 참여하는 공동체적인 제단을 쌓으십시오. 목회자를 만나서 상담을 받는 것도 중요하지만, 매일 제단을 쌓을 때 쉽게 문제들을 해결해 나갈 수 있습니다. 도와줄 사람을 찾아서 이리저리 우왕좌왕하지 말고 제단으로 가십시오. 그곳은 하나님께서 자비를 베푸시는 장소입니다. 소돔에서 롯의 삶을 통해서 가정 제단을 쌓는 것의 중요성을 자세히 배울 것입니다.

하나님께 부르짖으십시오.

'주님, 제가 여기 있습니다.

저는 약하고 주님 외에는 아무도 도와줄 자가 없습니다.

주님이 저를 부르시면 저는 주님을 위해 저를 드리겠습니다.

저는 이런 때를 위해 창조되었습니다.

성령님, 당신을 부릅니다.

오셔서 저희 삶과 학교와 직장과 사업안에

기도의 제단을 세워가도록 도와주십시오.

제게 도움과 은혜와 자비를 주십시오.'

「기도 혁명」 World Trumpet Mission

위의 글을 읽고 느낀 점을 적으시기 바랍니다.

____

____

____

베드로전서 2:9 "택하신 족속이요 왕 같은 제사장들이요 거룩한 나라요 그의 소유

가 된 백성이니 이는 너희를 어두운 데서 불러내어 그의 기이한 빛에 들어가게 하

신 이의 아름다운 덕을 선포하게 하려 하심이라"

우리는 왕 같은 제사장들로 반드시 제단을 지켜야 합니다. 사악한 제단에 맞서서 거룩한 제단을 지켜내야 합니다. 또한 제사장인 우리가 우리 자신을 거룩한 제물로 하나님께 드려야 합니다. 이것은 구별된 삶의 양식을 요구하는 것입니다.

이런 삶을 살아갈 때 우리는 하나님의 사역을 감당할 수 있으며, 하나님께서 일하실 수 있는 영적 임재를 끌어올 수 있게 됩니다. 또한 각 개인, 가정, 공동체, 도시, 나라에게 하나님과 언약을 맺는 자리로 인도하는 막중한 임무가 부여되어 있습니다. 그렇게 할 때 하나님의 왕국이 이 땅에 임하고, 하나님의 뜻이 하늘에서 이루어진 것 같이 이 땅에서 이루어질 수 있을 것입니다.

할렐루야! 하나님의 거룩한 백성으로 제사장으로 세워주신 하나님께 모든 영광을 돌립니다.

제단의 불

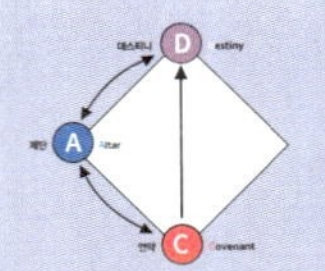

하나님 마음에 있는 소원을 성취하기 위해 인간은 예배자로 창조되었다.
우리의 몸을 하나님께서 기뻐하시는 거룩한 산 제물로 드리는 것이
인간이 이 땅에서 창조된 목적이다.

1. 제단

제단은 거룩해야 합니다.

출애굽기 29:37 "너는 이레 동안 제단을 위하여 속죄하여 거룩하게 하라(For seven days make atonement for the altar and consecrate it) 그리하면 지극히 거룩한 제단이 되리니 제단에 접촉하는 모든 것이 거룩하리라"

출애굽기 25장에서 마지막 40장까지는 성막에 관한 이야기입니다. 하나님께서는 출애굽기 29장에서 이렇게 말씀하십니다. 그런데 이 구절에서 우리가 발견하는 놀라운 사실 하나가 있습니다. 제단을 거룩하게 하라는 명령입니다.

이 말을 다르게 생각해 보면 제단이 거룩하지 않을 수 있다는 말입니다. 하나님께 사용되는 제단은 거룩하게 구별해야만 그 기능을 발휘할 수 있습니다. 하나님께서는 거룩한 제단을 만들기 위해 7일 동안 계속해서 속죄하라고 명령하십니다. 한 번도 사용하지 않은 제단일지라도 하나님께 드려지는 제사를 위해서라면 거룩하게 준비

된 제단이 되어야 했습니다.

이 말씀에서 우리가 알아야 하는 또 다른 한 가지 중요한 사실은 속죄의 대상이 바로 '제단(The Altar)'이었다는 것입니다. 우리는 일반적으로 죄를 지은 백성들과 '희생 제물들'만 속죄의 대상이라고 생각합니다. 또는 '제사장들'이 정결 예식을 통해 자신의 죄를 먼저 하나님께 해결 받고 제사에 참여하는 것으로 생각합니다. 그런데 이 말씀에서는 분명히 제단 그 자체가 거룩해져야 한다고 이야기하고 있습니다.

하나님께 구별되지 않은 제단에서는 아무리 거룩하고, 구별되고, 준비된 희생 제물을 드려도 이 제물들은 하나님께 상달되지 못합니다. ①제물도 중요합니다. ②제사장도 중요합니다. 그러나 ③더 중요한 것은 제단입니다. 가장 중요한 것은 바로 제단 그 자체였습니다. 제단은 반드시 죄가 없이 거룩해야 합니다.

조선시대에는 집안의 길흉화복(吉凶禍福)을 위해 몇 날 며칠 동안 정성껏 제물을 준비해서 제사를 드렸습니다. 제사 당일에는 며칠을 힘들게 먼 곳까지 걸어가 산당(山堂)이나 사찰(寺刹, 절)에 도착합니다. 지성이면 감천이라는 마음으로 제사를 드립니다. 제물을 드리는 사람들은 목욕을 여러 차례 반복하면서 자신의 몸을 정갈하게 합니다. 제사를 받는 신에게 온갖 정성을 다합니다. 정성껏 준비한 거룩히 구별된 제물들과 자신을 깨끗하게 해서 제사를 드리는 사람들이 이제 제단 앞에 서 있습니다.

그런데 제단이 더럽혀져 있습니다. 산에서 짐승들이 제단에 오물을 묻혀놓고, 먼지가 가득하고, 작년에 드렸던 제물들이 썩어있고, 곤충들의 사체가 널브러져 있습니다. 이 제사는 더 이상 드려질 수 없게 됩니다.

제단은 제물과 제사장을 넘어서는 개념입니다. 그 아무리 구별된 제물로, 정성껏 드려진 예배여도 제단이 잘못되면 제사 자체가 성립이 안 됩니다. 아무리 제사장이 자신을 깨끗하게 하고, 정결하게 준비했어도 제단이 더럽혀지면 그것은 완전히 쓸데없는 짓이 되어버립니다.

앞에서 언급했지만, 일반적으로 제물은 비슷합니다. 헌납되는 것이며, 드려지는 것입니다. 정성껏 준비하는 것입니다. 이 제물이 제대로 기능하려면, 다시 말해 하나님께 제대로 드려지려면, 거룩한 제단에서 드려져야만 합니다. 그래서 제단의 중요성이 더 부각 되고, 그 개념이 우리에게 더욱 심각하게 다가오는 것입니다.

다시 말하지만, 제단은 하나님과 교통하는 곳입니다. 제단은 하늘과 땅이 만나는 장소입니다. 제단은 예배를 드리는 곳입니다. 제단은 언약을 맺는 성스러운 장소입니다. 제단에 접촉하는 것은 거룩해집니다. 제단은 심판이나 저주를 멈추게 할 수 있는 장소입니다. 제단은 자비의 장소며, 공급의 장소입니다.

그래서 하나님께서는 제단을 거룩하게 하라고 명령하십니다. 제단은 늘 거룩하게 구별되어야 합니다. 하나님께만 제사를 드리는 장소가 되어야 합니다. 이곳에서 바알 신, 아세라 신을 함께 섬겨서는 안 됩니다. 반드시 거룩하게 구별해서 하나님께 드려야 하는 것입니다. 그래서 제단이 더러워지면 반드시 제단을 다시 지어야 합니다. 무너진 제단을 다시 수축해야 합니다.

엘리야가 하나님께 제단을 수축하는 장면입니다. 바알을 위해 제사를 드렸던 제단을 다시 수축하고 구별하여 하나님께 드렸습니다. 그럴 때 제단에 하나님의 불이 임합니다. 또 이때 하늘의 문이 열려 하나님의 임재를 경험하게 됩니다. 하늘과 땅이 만나는 것입니다.

출애굽기 29장 37절에서 제단에 접촉하는 모든 것이 거룩하게 된다고 말하고 있습니다. 왜냐하면 그곳이 속죄되고 구별되어 거룩하여졌기 때문입니다.

하나님의 임재가 있는 곳에서 사람들은 거룩해집니다. 거룩한 곳에 모인 자들, 하나님의 임재를 경험한 자들은 거룩해집니다. 아무리 죽을 죄를 지었어도 제단에 나아가 제단을 만지는 자는 삽니다. 그래서 제단이 위대한 것입니다. 제단은 생과 사를 결정지을 수 있는 신성한 장소였습니다. 그렇기 때문에 하나님께서 제단을 그토록 중요하게 생각하셨던 것입니다.

다윗의 아들 솔로몬이 왕이 될 때, 그의 형제이자 다윗의 네 번째 아들이었던 아도니야가 반역을 꾀합니다. 그 계획이 발각된 아도니야는 솔로몬을 두려워하여 도망갑니다.

열왕기상 1:49-53 "아도니야와 함께 한 손님들이 다 놀라 일어나 각기 갈 길로 간지라 아도니야도 솔로몬을 두려워하여 일어나 가서 제단 뿔을 잡으니 어떤 사람이 솔로몬에게 말하여 이르되 아도니야가 솔로몬 왕을 두려워하여 지금 제단 뿔을 잡고 말하기를 솔로몬 왕이 오늘 칼로 자기 종을 죽이지 않겠다고 내게 맹세하기를 원한다 하나이다 솔로몬이 이르되 그가 만일 선한 사람일진대 그의 머리털 하나도 땅에 떨어지지 아니하려니와 그에게 악한 것이 보이면 죽으리라 하고 사람을 보내어 그를 제단에서 이끌어 내리니 그가 와서 솔로몬 왕께 절하매 솔로몬이 이르기를 네 집으로 가라 하였더라"

아도니야가 도망간 곳은 제단이었습니다. 제단의 뿔을 잡았습니다. 결과적으로 솔로몬은 아도니야를 죽이지 못합니다. 집으로 가도록 합니다. 이 장면에서 우리가 알게 되는 사실은 반역을 꾀했던 아도니야와 반역자를 응징하려던 솔로몬 두 사람 모두 제단이 어떤 곳인지 명확하게 이해하고 있었다는 것입니다.

'제단에 접촉하는 모든 것이 거룩하리라.'

제단을 만지는 자는 거룩해집니다. 제단에 접촉한 모든 것은 거룩해집니다. 제단을 통해서 하늘에 연결되고, 하늘의 영광과 하나님의 임재를 경험하고, 하나님의 생

명이 흘러나오는 것을 경험합니다. 그래서 하나님께 구별된 제단, 속죄된 제단을 접
촉하면 모든 것이 구별되고, 거룩해지는 것입니다.

2. 제단의 불

제단의 불은 항상 피워 꺼지지 않게 해야 합니다. 그래서 제단에서는 불 관리가 중
요합니다.

레위기 6:12-13 "제단 위의 불은 항상 피워 꺼지지 않게 할지니 제사장은 아침마다
나무를 그 위에서 태우고 번제물을 그 위에 벌여 놓고 화목제의 기름을 그 위에서
불사를지며 불은 끊임이 없이 제단 위에 피워 꺼지지 않게 할지니라"

하나님께서 대제사장 아론과 그의 자손에게 명령하시는 장면입니다. 그 명령은 제
단 위에 불을 꺼뜨리지 말라는 것이었습니다. 불이 있어야 희생 제물을 태웁니다. 불
은 제단에서 가장 핵심적인 역할을 감당합니다. 반드시 불이 있어야 제단이 제단다
울 수 있습니다. 하나님을 만나는 장소인 제단, 성막, 성전, 교회는 항상 하나님의 불
과 연관이 있었습니다.

1) 제단에 임한 불

아브라함이 하나님께 제사를 드릴 때 타는 횃불이 쪼갠 고기 사이로 지나갔습니다.

창세기 15:17 "해가 져서 어두울 때에 연기 나는 화로가 보이며 타는 횃불이 쪼갠
고기 사이로 지나더라"

2) 성막에 임한 불

모세와 아론이 성막에서 제사를 마치고 나올 때 하나님의 영광이 온 백성에게 나타나면서 불이 여호와 앞에서 나왔습니다.

레위기 9:22-24 "아론이 백성을 향하여 손을 들어 축복함으로 속죄제와 번제와 화목제를 마치고 내려오니라 모세와 아론이 회막에 들어갔다가 나와서 백성에게 축복하매 여호와의 영광이 온 백성에게 나타나며 불이 여호와 앞에서 나와 제단 위의 번제물과 기름을 사른지라 온 백성이 이를 보고 소리 지르며 엎드렸더라"

3) 성전에 임한 불

솔로몬이 성전 낙성식을 행하는 순간 하나님의 영광이 성전에 가득하고 하늘에서 불이 내려왔습니다.

역대하 7:1-3 "솔로몬이 기도를 마치매 불이 하늘에서부터 내려와서 그 번제물과 제물들을 사르고 여호와의 영광이 그 성전에 가득하니 여호와의 영광이 여호와의 전에 가득하므로 제사장들이 여호와의 전으로 능히 들어가지 못하였고 이스라엘 모든 자손은 불이 내리는 것과 여호와의 영광이 성전 위에 있는 것을 보고 돌을 깐 땅에 엎드려 경배하며 여호와께 감사하여 이르되 선하시도다 그의 인자하심이 영원하도다 하니라"

4) 교회에 임한 불

오순절 날 초대교회에 하나님의 불이 임했습니다.

사도행전 2:1-4 "오순절 날이 이미 이르매 그들이 다같이 한 곳에 모였더니 홀연히 하늘로부터 급하고 강한 바람 같은 소리가 있어 그들이 앉은 온 집에 가득하며 마

치 불의 혀처럼 갈라지는 것들이 그들에게 보여 각 사람 위에 하나씩 임하여 있더
니 그들이 다 성령의 충만함을 받고 성령이 말하게 하심을 따라 다른 언어들로 말
하기를 시작하니라"

'제단'은 '불'과 밀접합니다. 하나님께서 불을 주시면서 번제단 위의 불을 꺼뜨리지
말라고 명령하셨습니다(레 6:12-13). 밤에도 꺼뜨리면 안 됩니다. 제물이 없을 때에도
꺼뜨리면 안 됩니다. 이 불은 폭우가 내려도 꺼지지 않습니다. 강풍이 불어와도 흔들
리지 않습니다. 미드라쉬(Midrash)[1]에서 이스라엘 백성들이 영적으로 강할 때에는 이
불이 사자처럼 강하여 소를 올려놓아도 삽시간에 태워버렸다고 전해집니다. 이스라
엘의 영적 상태가 약할 때에는 비둘기를 올려놓아도 제대로 타지 않았다고 합니다.
이 불만 보아도 이스라엘 백성들이 영적 상태를 파악할 수 있었습니다.

제2 성전 때 성전에 불을 피우지 말라고 황제가 명령을 내렸습니다. 그래서 나무를
옮길 수 없었습니다. 하지만 번제단의 불은 꺼지지 않았습니다. 이 불은 하나님께로
부터 온 불이었기 때문입니다.

3. 거룩한 성전

하나님의 성전은 항상 거룩해야 합니다.

고린도전서 3:16-17 "너희는 너희가 하나님의 성전인 것과 하나님의 성령이 너희 안
에 계시는 것을 알지 못하느냐 누구든지 하나님의 성전을 더럽히면 하나님이 그

---

1) 미드라쉬는 유대교의 성경 해석 및 설교 방식이다. 이는 성경 본문이 명확하지 않은 부분이나 법률적, 윤리적 교리
에 대해 성경을 적극적으로 '찾고 연구하여' 해석하는 방법이며, 성경에 나오지 않는 이야기나 설명을 덧붙이는 고
대의 전설들이 포함되기도 한다. '미드라쉬'라는 단어 자체는 히브리어로 '찾다', '연구하다'라는 뜻의 '다라쉬'에서
유래되었다.

사람을 멸하시리라 하나님의 성전은 거룩하니 너희도 그러하니라"

이제 분명해졌습니다. 우리는 예수님의 피 값으로 사신 바 된 거룩한 백성입니다. 십자가에 달려 돌아가시기 전 예수님께서는 제자들에게 보혜사 성령께서 우리에게 오실 것이라고 말씀하셨습니다. 성령님은 하나님이십니다. 하나님의 성령께서 우리 안에 계십니다. 그래서 우리는 하나님의 성전입니다. 예수를 믿고 고백하는 우리들에게 하나님의 성령이 임하시고, 거하심으로 말미암아 우리는 거룩한 성전, 즉 제단이 된 것입니다.

요한복음 14:26 "보혜사 곧 아버지께서 내 이름으로 보내실 성령 그가 너희에게 모든 것을 가르치고 내가 너희에게 말한 모든 것을 생각나게 하리라"

요한복음 15:26 "내가 아버지께로부터 너희에게 보낼 보혜사 곧 아버지께로부터 나오시는 진리의 성령이 오실 때에 그가 나를 증언하실 것이요"

얼마나 놀라운 비밀입니까! 구약에서는 백성들이 제단을 통해, 성막을 통해, 성전을 통해 하나님을 만났고 신약에 이르러 예수님의 십자가의 보혈의 권세로 성령님께서 우리 안에 거하시고, 우리를 성령 하나님의 집인 거룩한 성전으로 삼으셨습니다. 그래서 우리는 자연스럽고 당연하게 하나님의 제단이 되었습니다.

예수 그리스도의 십자가 보혈의 공로로 우리가 구원을 받을 수 있는 길이 열렸고, 성령 하나님께서 우리 안에 거하시게 되었습니다. 우리는 하나님의 거룩한 제단이 된 것입니다. 이 제단을 통해 하나님을 만나게 된 것입니다.

연습 (Exercise)

다음 글을 읽으십시오.

그러면서 성령님께서 제가 가지고 있는 잘못된 개념에 대해 이런 감동을 주셨습니다.

'너희는 자기 자신을 한 영혼으로 바라본다. 그것은 틀린 것은 아니다.

그러나 나는 너희를 영혼으로 보기도 하지만 제단으로 보고 있다.

제단은 나를 위한 것이다. 나와 만나는 곳이다. 나는 너와 끊임없이 만나고 싶다.

너희는 새벽에 나를 만난 것으로 만족하면 안 된다.

아침에 지하철 안에서 잠시 Q.T를 통해 나를 만나는 것으로 자족해서도 안 된다.

버스 안에서, 자동차 안에서 찬양을 들으며,

말씀을 들은 것으로 하루 종일 나와 동행하기를 기대해서도 안 된다.

얼마 지나지 않아서 제단의 불이 곧 타서 없어질 것이기 때문이다.

그래서 제단의 불을 꺼뜨리면 안 된다.

제단의 불이 꺼지거나, 불이 줄어들면 너희는 제단의 불을 다시 타오르도록 해야 한다.

아침에 나를 만났어도, 오후에 제단의 불이 사그라들면 바로 나무를 가져다가 태워야 한다.

제단의 불은 절대로 꺼뜨리면 안 된다. 나는 그것을 너희에게 원하고 있다.

점심시간에 영적으로 어둠이 밀려오면, 두려움이 너희에게 찾아오면,

낙담이 찾아오면 제단에 나무를 가져다가 다시 태워야 한다.

말씀과 기도와 찬양으로 나와 교제해야 한다.

하루의 일과를 마치고 집으로 돌아가는 길에 너희 심령이 공허해지고,

마음이 불안해지거나, 어둠이 잠시라도 찾아오는 것 같다면 나의 얼굴을 구해야 한다.

그리고 다시 제단의 불을 지펴야 한다.

나무를 가져다 사그라진 제단의 불을 타오르게 해야 한다.

이제부터 너희는 24시간 제단의 불이 타올라야 한다는 개념을 가져야 한다.

그것이 마지막 때를 살아낼 수 있는 방법이다.

그리고 제단의 불은 활활 타올라야 한다.

그래야 그 열기와 빛으로 주변에 영향을

끼칠 것이기 때문이다.

나는 이런 자를 찾고 있다.

쉼 없이 나를 갈망하는 세대를 구하고 있다.

끊임없이 나와 교제하려는 자들을 찾고 있다.

나와 한시도 떨어져 있지 않으려는 자들을 내가 원하고 있다.'

하나님께서 나의 눈을 열어주셨습니다. 예배자로 인생을 살아왔지만, 이제는 더 깊은 단계로 하나님께서 나를 이끌어 가시는 것을 경험하기 시작했습니다. 인생에서 획기적인 전환이 찾아온 것입니다. 지금까지 나는 자신을 영혼으로만 바라보았습니다. 그러나 이제 나는 하나님의 거룩한 제단입니다. 성령 하나님께서 내 안에 살아계십니다. 성령님께서 내 안에 거하십니다.

성령님께서 주신 감동을 통해서 제단의 불을 꺼뜨리지 말라는 의미가 무엇인지 알게 되었고, 그 의미가 너무나 명확하게 다가왔습니다. 이제는 제단의 불길이 약해지면 제단의 나무를 가져와 다시 태웁니다. 어둠이 다가오면 다시 빛 가운데로 나아갑니다. 두려움이 밀려오면 주님의 품으로 달려 나갑니다. 걱정이 몰려오면 평안 주시는 주님께로 향합니다. 조금이라도 어둠이 나를 장악하려 하면 주님의 임재로 나아가기로 결정합니다. 제단의 나무를 바로바로 가져오는 삶의 양식을 배워나가고 있습니다. 24시간 주님과 동행하는 삶을 배워나가고 있습니다.

구약에서 아침저녁으로 왜 하나님께 상번제(The Regular Burnt Offering)를 드렸는지 이해가 되기 시작했습니다.

민수기 28:3 "또 그들에게 이르라 너희가 여호와께 드릴 화제는 이러하니 일 년 되고 흠 없는 숫양을 매일 두 마리씩 상번제로 드리되"

왜 다니엘이 하루에 3번 기도를 드렸는지 알게 되었습니다.

다니엘 6:10 "다니엘이 이 조서에 왕의 도장이 찍힌 것을 알고도 자기 집에 돌아가서는 윗방에 올라가 예루살렘으로 향한 창문을 열고 전에 하던 대로 하루 세 번씩 무릎을 꿇고 기도하며 그의 하나님께 감사하였더라"

왜 성경에서 우리에게 쉬지 말고 기도하라고 하셨는지 그 뜻을 알게 되었습니다.

데살로니가전서 5:17 "쉬지 말고 기도하라"

우리는 거룩한 제단입니다. 제단의 불은 꺼뜨리지 말아야 합니다.

레위기 6:12-13 "제단 위의 불은 항상 피워 꺼지지 않게 할지니 제사장은 아침마다 나무를 그 위에서 태우고 번제물을 그 위에 벌여 놓고 화목제의 기름을 그 위에서 불사를지며 불은 끊임이 없이 제단 위에 피워 꺼지지 않게 할지니라"

『제단의 불』 피기영

제단의 불을 꺼뜨리지 말라는 의미는 무엇을 뜻하는 것입니까?

4. 거룩한 제물

하나님께 드려지는 제물은 거룩한 산 제물이어야 합니다.

로마서 12:1 "그러므로 형제들아 내가 하나님의 모든 자비하심으로 너희를 권하노
니 너희 몸을 하나님이 기뻐하시는 거룩한 산 제물로 드리라 이는 너희가 드릴 영
적 예배니라"

우리는 거룩한 제단이며, 제사장이며 또한 제물입니다. 제단, 성막, 성전에서 제사로서 성립될 수 있는 3가지 요건은 ①제단이 있어야 하고, ②제사장이 있어야 하고, ③제물이 반드시 있어야 한다는 것입니다.

로마서 12장 1절에서 바울은 로마 교인들에게 편지를 하면서 몸을 하나님이 기뻐하시는 거룩한 산 제물로 드리라고 이야기합니다. 여기서 몸은 인간의 전 존재로 해석이 가능합니다. 육체만이 아니라, 지성, 감정, 의지와 같은 영역도 포함되는 것입니다. 이 말씀에서 중요한 것 몇 가지를 같이 살펴보겠습니다.

먼저 '하나님께서 기뻐하시는'이라는 표현을 살펴보도록 하겠습니다. '기뻐하신다'라는 말은 영어 성경에서 'acceptable(받아들여지는)'입니다. 다시 말하면 '하나님께서 받으실 만한 거룩한 산 제물로 받아들여져야 한다'라는 것입니다. 이 말은 하나님께서 받으시는 제물이 있고, 받지 않으시는 제물이 있다는 말입니다. 하나님께서 받으시는 제물이 되어야 합니다. 가인의 제사와 아벨의 제사를 반드시 기억하시기 바랍니다. 하나님께서 받으시는 제물이 있고 받지 않으시는 제물이 있다는 것을 명심하셔야 합니다.

둘째로, '거룩한 산 제물로 드리라 이는 너희가 드릴 영적 예배니라'입니다. '영적 예배'로 한국어 성경에서 번역된 것은 조금 아쉬움이 있습니다. 헬라어에서는 '로기켄(λογικὴν)'으로 사용합니다. 이 단어는 영어에 'Logical(논리적인)'이라는 단어의 뿌

리가 되는 단어입니다. 한국말로 번역하면, '합당한 예배', '당연한 예배', '이성적인 (Reasonable) 예배'라는 뜻입니다.

거룩한 산 제물로 바치는 것이 조금 특별한 뉘앙스를 풍기는 의미의 '영적 예배'라는 뜻이 아니라, 하나님을 경외하고, 예수 그리스도로 인해 구원받은 모든 사람은 거룩한 산 제물로 하나님께 드려져야 하고, 이것은 너무나 '당연하고', '합당하고', '합리적이며', '논리적'이라는 의미인 것입니다. 쉽게 이야기하면 '모든 사람이 거룩한 산 제물로 바쳐지는 것이 당연하다'라는 뜻입니다.

말씀에 대한 정확한 이해가 없으면, 잘못된 적용과 해석이 나타납니다. 제물로 바쳐지는 것이 어떤 특정한 부류의 사람들만 행하는 특별한 부르심이 아닙니다. 모든 사람이 바로 제물입니다. 예수를 믿는 모든 사람이 산 제물인 것입니다.

5. 예수님과 불

예수님은 이 땅에 불을 던지러 왔습니다. 하나님의 제단으로서의 기능을 하려면 불을 관리하는 것이 중요합니다.

> **누가복음 12:49** "내가 불을 땅에 던지러 왔노니 이 불이 이미 붙었으면 내가 무엇을 원하리요"

예수님께서 불에 대해서 언급하시는 장면을 누가복음에서 찾아볼 수 있습니다. 우리는 이 말씀에서 예수님께서 원하시는 것이 무엇인지 알게 됩니다. 예수님은 불을 땅에 던지러 오셨습니다. 그리고 이 불이 이미 붙었으면 더 이상 원하는 것이 없다는 말씀입니다.

여러분은 이 불을 어떻게 이해하십니까? 불은 하나님의 속성입니다. 불은 제단과 밀접한 연관이 있습니다. 예수님께서는 십자가 사건 이후에 보혜사 성령께서 찾아오실 것을 말씀하셨습니다.

> 요한복음 14:26 "보혜사 곧 아버지께서 내 이름으로 보내실 성령 그가 너희에게 모든 것을 가르치고 내가 너희에게 말한 모든 것을 생각나게 하리라"

성령 하나님께서 우리 안에 거하시면서 우리는 하나님의 거룩한 성전이 되었습니다. 성전은 곧 제단이라는 말입니다. 우리가 하나님의 거룩한 제단이 되었다는 것을 이미 살펴보았습니다.

제단은 반드시 불이 필요합니다. 제단의 불을 꺼뜨리지 않기 위해서, 불은 지속적으로 타올라야 합니다. 그래서 '너희가 하나님의 성전인 것과 성령이 너희 안에 계시는 것을 알지 못하느냐'라고 사도바울이 고린도 교회에 편지를 보낸 것입니다. 하나님의 성전, 제단은 거룩합니다.

> 고린도전서 3:16-17 "너희는 너희가 하나님의 성전인 것과 하나님의 성령이 너희 안에 계시는 것을 알지 못하느냐 누구든지 하나님의 성전을 더럽히면 하나님이 그 사람을 멸하시리라 하나님의 성전은 거룩하니 너희도 그러하니라"

이 거룩한 성전이 하나님의 제단으로서의 기능을 감당하려면 반드시 불이 있어야 합니다. 지금까지 한국 교회는 예수님이 말씀하신 불, 불세례를 제단과는 별개로 이해해 왔습니다. 예수님께서 왜 불을 던지러 오셨을까요? 왜 예수님께서 성령과 불로 세례를 줄 것이라고 세례 요한은 이야기한 것입니까?

> 마가복음 3:11 "나는 너희로 회개하게 하기 위하여 물로 세례를 베풀거니와 내 뒤에 오시는 이는 나보다 능력이 많으시니 나는 그의 신을 들기도 감당하지 못하겠

노라 그는 성령과 불로 너희에게 세례를 베푸실 것이요"

이것은 우리가 하나님의 제단이라는 것을 이해해야만 깨달을 수 있는 영적인 비밀입니다. 제단의 불에 대한 두 가지 의미를 살펴보겠습니다.

먼저 불세례는 사람에게 안수하고, 쓰러지는 역사를 경험할 때 사용됩니다. 하나님은 기적과 이적(signs and wonders)를 행하십니다. 하나님은 능력과 치유를 행하십니다. 예수님이 땅에 불을 던지시려고 하신 이유는 초자연적인 기적과 치유 그리고 역사를 나타내시기 위한 것이 분명합니다. 그러나 불세례를 이 범주 안에서만 해석한다면 우리는 또 다른 어떤 중요한 것을 놓칠 수도 있습니다.

다음으로 불세례는 하나님의 성령이 우리 안에 거하시면서 우리가 하나님의 거룩한 성전, 거룩한 제단이 되도록 하시기 위한 것입니다. 이 거룩한 제단이 타오르기 위해서 불이 필요했던 것입니다. 이 불이 각 심령에 불붙기를 예수님께서 원하셨습니다. 불이 계속해서 타올라 우리가 하나님의 거룩한 성전의 역할을 감당하기를 소망하셨습니다. 예수님은 이미 보혜사 성령님께서 이 땅에 오시고, 각 성도의 심령에 거하실 것을 알고 계셨습니다.

오순절 날 마가의 다락방에 임했던 성령 강림 사건의 말씀을 살펴보겠습니다.

사도행전 2:1-4 "오순절 날이 이미 이르매 그들이 다같이 한 곳에 모였더니 홀연히 하늘로부터 급하고 강한 바람 같은 소리가 있어 그들이 앉은 온 집에 가득하며 마치 불의 혀처럼 갈라지는 것들이 그들에게 보여 각 사람 위에 하나씩 임하여 있더니 그들이 다 성령의 충만함을 받고 성령이 말하게 하심을 따라 다른 언어들로 말하기를 시작하니라"

불이 각 사람 위에 하나씩 임하여 있다고 표현하고 있습니다. 우리는 일반적으로 이 말씀을 하늘에서 각 사람에게 성령의 능력이 임한 것이라고 해석합니다. 그러나 여기서 주목해서 보아야 할 것은 '불'입니다. 사도행전에서는 성령께서 불의 형체로 임했습니다.

누가복음 3:22 "성령이 비둘기 같은 형체로 그의 위에 강림하시더니 하늘로부터 소리가 나기를 너는 내 사랑하는 아들이라 내가 너를 기뻐하노라 하시니라"

누가복음어서 성령님은 비둘기 같은 형체로 임하셨습니다. 어느 때는 바람처럼 임하십니다. 어느 때는 영광의 구름처럼 임하시기도 합니다. 여기서 '형체(形體)'라는 단어는 헬라어로 '소마티코 에이데이(σωματικῷ εἴδει)'입니다. 이 단어는 '실제로 보고, 만지는 것 같다'라는 뜻입니다. 완전히 느껴지는 것입니다. 형체가 있다는 말입니다. 진짜 비둘기 형체로 임했다는 것입니다. 오순절 날 마가의 다락방에 모인 사람들에게 진짜 불이 임했다는 것을 누가는 사도행전을 통해 증언하고 있습니다. 120명의 머리 위에 성령의 불이 실제로 임한 것입니다.

왜 제자들 위에 불로 임했습니까? 그리고 왜 불의 혀처럼 갈라지는 것들이 각 사람 위에 하나씩 임했습니까? 그것은 우리 각 사람이 하나님의 성전이 되어 제단의 역할을 감당하게 되었고, 제사장의 삶을 살아가야만 하고, 또한 산 제물로 드려져야 하는 것이 각 사람의 창조목적과 데스티니이기 때문입니다.

하나님께서 우리 각 사람을 창조하신 목적과 데스티니를 성취하려면 하나님의 불이 우리에게 임할 때 가능합니다. 하늘의 불이 각 사람에게 임한 것은 바로 이런 이유 때문입니다. 우리가 제단이 되었기 때문에, 제단의 불을 꺼뜨리지 않게 하기 위해서 하늘의 불이 임한 것입니다. 이 불은 아론의 위임식과 솔로몬의 성전 낙성식 때 임했던 하늘의 불과 동일합니다.

예수님을 믿고 거듭난 영혼들에게 성령님께서 찾아오셔서 거룩한 성전으로 살아가기 원하셨습니다. 그리고 그렇게 살아가는 길은 제단의 불이 꺼지지 않도록 하는 것이었습니다.

레위기 6:12-13 "제단 위의 불은 항상 피워 꺼지지 않게 할지니 제사장은 아침마다

나무를 그 위에서 태우고 번제물을 그 위에 벌여 놓고 화목제의 기름을 그 위에서

불사를지며 불은 끊임이 없이 제단 위에 피워 꺼지지 않게 할지니라"

절대로 제단의 불을 꺼뜨리면 안 됩니다. 이것은 하나님의 준엄한 명령이며, 지시 사항입니다. 하나님의 거룩한 제단이 된 우리는 반드시 불을 항상 피워야 합니다. 절대로 불이 꺼지면 안 됩니다. 이 불이 꺼지지 않고 붙어있는 것을 예수님께서 원하셨습니다. 제단의 불은 꺼지기 쉽습니다. 어둠이 다가오고, 죄가 다가오면 불은 사그라지기 시작합니다.

고린도전서 6:18-20 "음행을 피하라 사람이 범하는 죄마다 몸 밖에 있거니와 음행

하는 자는 자기 몸에 죄를 범하느니라 너희 몸은 너희가 하나님께로부터 받은 바

너희 가운데 계신 성령의 전인 줄을 알지 못하느냐 너희는 너희 자신의 것이 아니

라 값으로 산 것이 되었으니 그런즉 너희 몸으로 하나님께 영광을 돌리라"

그래서 우리의 심령은 죄와 싸워야 하는 것입니다. 어둠과 죄가 심령에 찾아오는 것을 막아서야 합니다. 우리가 성령의 전이기 때문에 우리 몸을 산 제물로 하나님께 드려야 하는 것입니다. 하나님의 불로 우리의 육성을 태우고, 거룩한 임재로 하나님께 우리의 모든 권리를 포기하고, 성령의 빛으로 어둠이 물러나게 해야 합니다.

귀신들이 인간의 몸을 거처로 삼아서 죄라는 통로로 우리를 통제할 수 있는 합법적인 권한을 가지고 사람들을 괴롭힙니다. 그래서 많은 곳에서 영적 전쟁의 일환으로 축사를 행합니다. 귀신을 쫓아내는 것은 매우 중요한 사역입니다. 예수님도 복음서에서 많은 사람의 묶임을 풀어놓으셨습니다. 죄와 사망, 그리고 어둠의 권세의 결박에서 자유하게 하셨습니다.

왜 귀신들이 사람을 그렇게 괴롭히고, 장악하려 하는 것입니까? 그것은 인간의 정

체성과 데스티니가 바로 제사장이며, 제단이며, 제물이기 때문입니다. 제단을 더럽혀서 하나님과의 깊은 교제를 방해하고, 하나님의 영광의 통로로 사용되는 것을 방해하려는 것입니다.

귀신들은 인간이 하나님의 거룩한 성전으로 하나님의 영광을 드러내는 귀한 사명을 왜곡시키려고 합니다. 귀신을 쫓아내는 것이 우선순위가 아니라, 인간이 어떤 존재인지 이해하는 것이 더 중요한 이유가 여기에 있습니다. 자신이 하나님의 거룩한 성전임을 알고, 우리의 전 존재를 통해 하나님의 영광의 통로가 되는 삶을 살아 내는 것, 이것이 바로 우리의 데스티니이자 부르심입니다.

이 엄청난 인간의 정체성을 명확히 이해하지 못한다면, 우리는 그 정체성을 상실하게 되고, 망각하게 되며, 왜곡되는 일들로 인해 분주해질 것입니다.

누가복음 12:49 "내가 불을 땅에 던지러 왔노니 이 불이 이미 붙었으면 내가 무엇을 원하리요"

예수님께서 불을 땅에 던지러 오신 본질적인 이유는 놀라운 기적이나 초자연적인 일들을 사람들에게 보여주시려는 것이 아닙니다. 불을 통해 하나님께서 기적과 표적을 행하시는 것은 당연한 것입니다. 또한 예수님께서 불을 땅에 던지러 오신 이유는 거룩한 제단으로의 삶을 살아가는 우리에게 제단의 불을 꺼지지 않게 하시려는 것입니다.

이 불은 꺼지기 쉽습니다. 불을 꺼지게 하려는 것들은 죄로 인해 찾아오고, 죄를 들어오게 하는 여러 가지 요인들로 인해 다가옵니다. 그래서 우리는 마음을 지켜야 합니다. 제단을 사수하고, 무너진 제단을 수축해야 합니다. 바로 우리부터 시작해야 하는 것입니다. 내 안에 불이 꺼지지 않게 해야 합니다. 내 안에 거룩한 하나님의 임재가 함께 하도록 해야 하는 것입니다.

6. 제단의 삶을 사는 인간의 정체성

하나님께서는 인간을 통해 예배를 받기를 진심으로 원하십니다. 예배가 드려지기 위해서는 세 가지 요소가 필수적입니다. 그런데 이 세 요소가 인간의 정체성과 밀접하게 연결되어 있습니다.

1) 우리는 거룩한 제단이다.

성경은 우리를 거룩한 제단으로 칭합니다.

고린도전서 3:16-17 "너희는 너희가 하나님의 성전인 것과 하나님의 성령이 너희 안에 계시는 것을 알지 못하느냐 누구든지 하나님의 성전을 더럽히면 하나님이 그 사람을 멸하시리라 하나님의 성전은 거룩하니 너희도 그러하니라"

2) 우리는 거룩한 제사장들이다.

성경은 우리를 거룩한 제사장이라고 언급합니다.

출애굽기 19:3-6 "모세가 하나님 앞에 올라가니 여호와께서 산에서 그를 불러 말씀하시되 너는 이같이 야곱의 집에 말하고 이스라엘 자손들에게 말하라 내가 애굽 사람에게 어떻게 행하였음과 내가 어떻게 독수리 날개로 너희를 업어 내게로 인도하였음을 너희가 보았느니라 세계가 다 내게 속하였나니 너희가 내 말을 잘 듣고 내 언약을 지키면 너희는 모든 민족 중에서 내 소유가 되겠고 너희가 내게 대하여 제사장 나라가 되며 거룩한 백성이 되리라 너는 이 말을 이스라엘 자손에게 전할지니라"

베드로전서 2:4-5 "사람에게는 버린 바가 되었으나 하나님께는 택하심을 입은 보배로운 산 돌이신 예수께 나아가 너희도 산 돌 같이 신령한 집으로 세워지고 예수 그리스도로 말미암아 하나님이 기쁘게 받으실 신령한 제사를 드릴 거룩한 제사장이 될지니라”

베드로전서 2:9 “그러나 너희는 택하신 족속이요 왕 같은 제사장들이요 거룩한 나라요 그의 소유가 된 백성이니 이는 너희를 어두운 데서 불러 내어 그의 기이한 빛에 들어가게 하신 이의 아름다운 덕을 선포하게 하려 하심이라”

요한계시록 1:6 “그의 아버지 하나님을 위하여 우리를 나라와 제사장으로 삼으신 그에게 영광과 능력이 세세토록 있기를 원하노라 아멘”

요한계시록 5:10 “그들로 우리 하나님 앞에서 나라와 제사장들을 삼으셨으니 그들이 땅에서 왕 노릇 하리로다 하더라”

3) 우리는 산 제물이다.

성경은 우리의 삶이 거룩한 제물로 드려져야 한다고 말합니다.

로마서 12:1 “그러므로 형제들아 내가 하나님의 모든 자비하심으로 너희를 권하노니 너희 몸을 하나님이 기뻐하시는 거룩한 산 제물로 드리라 이는 너희가 드릴 영적 예배니라”

7. 여호와의 사자

제사장은 여호와의 사자(messenger)입니다. 이들은 국가의 운명, 즉 흥망성쇠에 관련된 자들입니다. 제사장이 직임을 온전히 수행하면 이 땅이 회복될 것입니다.

말라기 2:7-8 "제사장의 입술은 지식을 지켜야 하겠고 사람들은 그의 입에서 율법을 구하게 되어야 할 것이니 제사장은 만군의 여호와의 사자(the messenger of the LORD)가 됨이거늘 너희는 옳은 길에서 떠나 많은 사람을 율법에 거스르게 하는도다 나 만군의 여호와가 이르노니 너희가 레위의 언약을 깨뜨렸느니라"

말라기는 제사장이 만군의 여호와의 사자(messenger)라고 표현하고 있습니다. 사자는 보냄을 받은 자입니다. 하늘의 것을 이 땅에 전달해 주는 자입니다. 그래서 제사장은 하나님과 인간을 연결해 주는 역할을 합니다.

그러나 이 땅의 제사장들이 하나님의 옳은 길에서 떠나 많은 사람들이 하나님을 거역하게 했습니다. 그 결과로 이스라엘은 바벨론 포로로 끌려갔고, 성읍과 성전은 완전히 황폐해졌습니다. 스룹바벨, 에스라, 느헤미야를 통해 성전이 어느 정도 보수는 되었지만, 솔로몬의 영광을 회복할 수는 없었습니다. 하나님께서는 말라기 이후 사백 년간 이스라엘에게 말씀하지 않으셨습니다. 하나님과의 관계가 단절되었던 것입니다. 하나님의 임재나 하나님의 말씀이 이스라엘에서 희귀해졌습니다. 마치 사무엘 시대처럼 말입니다.

그래서 우리는 마지막 선지자였던 말라기가 예수님이 이 땅에 오시기 전에 이스라엘을 향해 선포하는 말씀을 살펴보아야 합니다. 말라기는 제사장들이 하나님의 메신저 역할을 못 했다고 이야기합니다. 그들이 하나님과의 언약을 깨뜨렸다고 고백하고 있습니다. 그 결과는 참혹했습니다.

모든 땅의 흥망성쇠는 제사장에게 달려있습니다. 하늘의 복과 저주가 제사장들로 인해 결정됩니다. 왜냐하면 제사장들은 하나님의 사자(the messenger of the LORD)들이기 때문입니다. 제사장들이 하나님의 말씀을 듣고, 언약을 지켜 행하면 백성들을 옳은 길로 인도할 수 있습니다. 그러나 하나님의 언약을 깨뜨리면 저주가 임합니다. 그래서 여호와의 사자로서 제사장들이 자신의 위치와 역할, 그리고 부르심에 분명히 반응해야 합니다. 옳은 길에 서 있어야 합니다. 언약을 지켜야 합니다.

우리는 예수 그리스도로 인해 왕 같은 제사장(Royal Priest)이 되었습니다. 우리는 예수님께서 온 땅을 다스리신다는 것을 믿습니다. 예수님은 감람산에서 하늘로 올려지신 그대로 다시 오신다고 성경은 분명하게 밝히고 있습니다.

스가랴 14:4 "그 날에 그의 발이 예루살렘 앞 곧 동쪽 감람산에 서실 것이요 감람산은 그 한 가운데가 동서로 갈라져 매우 큰 골짜기가 되어서 산 절반은 북으로, 절반은 남으로 옮기고"

사도행전 1:11 "이르되 갈릴리 사람들아 어찌하여 서서 하늘을 쳐다보느냐 너희 가운데서 하늘로 올려지신 이 예수는 하늘로 가심을 본 그대로 오시리라 하였느니라"

이 땅에 다시 오실 때는 심판의 주, 통치자, 전능자, 왕으로 오실 것입니다.

요한계시록 20:6 "이 첫째 부활에 참여하는 자들은 복이 있고 거룩하도다 둘째 사망이 그들을 다스리는 권세가 없고 도리어 그들이 하나님과 그리스도의 제사장이 되어 천 년 동안 그리스도와 더불어 왕 노릇 하리라(they will be priests of God and of Christ and will reign with him for a thousand years)"

요한은 예수님께서 천 년 동안 이 땅에서 다스리실 것을 보았습니다. 이때 하나님과 그리스도의 제사장이 되는 자들이 있습니다. 그들은 첫째 부활에 참여한 자들입니다. 이들이 제사장이 되어 예수님과 함께 왕 노릇 할 것입니다. 또 이들이 예수님과 천 년 동안 다스릴 것이라고 말하고 있습니다.

제사장으로서의 삶의 결말은 예수님과 함께 다스리게 된다는 것입니다. 분봉 왕이 된다는 말입니다. 이 엄청난 계획은 하나님께서 세우셨고, 이루어나가셨고, 이제 곧 성취하실 것입니다.

하나님께서는 그분의 권세와 통치에 함께 하도록 인간을 부르셨습니다. 하나님께서 당신의 통치권을 인간과 공유하도록 의도하셨습니다.

> **이사야 61:6** "오직 너희는 여호와의 제사장이라 일컬음을 받을 것이라 사람들이 너희를 우리 하나님의 봉사자라 할 것이며 너희가 이방 나라들의 재물을 먹으며 그들의 영광을 얻어 자랑할 것이니라"

이사야는 이 놀라운 계획을 계시 가운데 깨달았습니다. 우리가 하나님의 제사장이라 일컬음을 받게 될 것을 알고 있었습니다. 물론 이 말씀은 이스라엘 백성을 향한 선포였습니다.

다음은 요엘서에서 나라에 어둠이 쌓이게 될 때 제사장들이 어떻게 해야 하는지 하나님께서 말씀하고 계시는 장면입니다.

> **요엘 1:13-14** "제사장들아 너희는 굵은 베로 동이고 슬피 울지어다 제단에 수종드는 자들아 너희는 울지어다 내 하나님께 수종드는 자들아 너희는 와서 굵은 베 옷을 입고 밤이 새도록 누울지어다 이는 소제와 전제를 너희 하나님의 성전에 드리지 못함이로다 너희는 금식일을 정하고 성회를 소집하여 장로들과 이 땅의 모든 주민들을 너희 하나님 여호와의 성전으로 모으고 여호와께 부르짖을지어다"

제사장은 국가의 흥망성쇠와 밀접한 연관이 있습니다. 하나님께서는 이스라엘이 범죄하고, 불순종했을 때 제사장들에게 하나님께 울부짖으라고 명령하셨습니다. 굵은 베옷을 입고 밤이 새도록 누워 있으라고 말씀하셨습니다. 굵은 베옷은 제사장들이 제단에서 섬길 때 입는 옷입니다. 또 다른 한 편으로는 죽음을 상징하기도 합니다. 제사장이 죽어야 나라가 삽니다. 제사장이 하나님 앞에 철저히 십자가에 못 박혀야 나라가 회복되는 것입니다.

여러분은 거룩한 제사장으로서 이 대한민국을 향한 기도의 제단이 회복되고, 민족 제단이 회복되는 데 쓰임 받기 원하십니까?

베드로전서 2:9 "그러나 너희는 택하신 족속이요 왕 같은 제사장들이요 거룩한 나라요 그의 소유가 된 백성이니 이는 너희를 어두운 데서 불러내어 그의 기이한 빛에 들어가게 하신 이의 아름다운 덕을 선포하게 하려 하심이라"

우리는 왕 같은 제사장입니다. 동시에 거룩한 나라이고 하나님께 소유된 백성입니다. 그래서 우리는 왕 같은 제사장들로 반드시 제단을 지켜야 합니다. 사악한 제단에 맞서서 거룩한 제단을 지켜내야 합니다.

또한 제사장인 우리는 자신을 거룩한 제물로 하나님께 바쳐야 합니다. 이것은 '구별된 삶의 양식(set apart)'을 요구하는 것입니다. 이런 삶을 살아갈 때 우리는 하나님의 사역을 감당할 수 있으며, 하나님께서 일하실 수 있는 영적 임재를 끌어올 수 있게 됩니다.

그리고 제사장들에게는 각 개인, 가정, 공동체, 도시, 나라들을 하나님과 언약을 맺는 자리로 인도하는 막중한 임무가 부여되어 있습니다. 그렇게 할 때 하나님의 나라가 이 땅에 임하고, 하나님의 뜻이 하늘에서 이루어진 것 같이 이 땅에서도 이루어질 수 있을 것입니다. 하나님의 거룩한 백성으로 제사장으로 세워주신 하나님께 모든 영광을 돌립니다.

우리는 지금까지 제사장 나라가 되는 것이 이스라엘의 데스티니라는 것을 살펴보았습니다. 그리고 오늘을 살아가는 기독교인들의 부르심 또한 제사장이라는 것을 깨닫게 되었습니다. 하나님께서는 제사장들을 통해 경배와 찬양, 영광과 존귀를 받기 원하십니다.

우리가 제사장의 직임을 온전히, 성실하게 행하면 이 땅이 회복될 것입니다. 하늘의 놀라운 영광을 이 땅에 끌어올 것입니다. 하나님의 왕국이 임할 것입니다. 제사장이 바로 서면 이 땅이 바로 서게 될 것입니다. 제단이 수축되면 이 땅에 하나님의 통치가 이루어질 것입니다. 제물이 온전히 드려지면, 교회가 회복될 것입니다.

제단과 국가

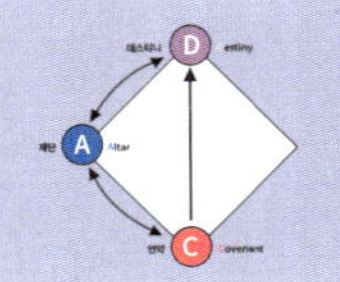

하나님 마음에 있는 소원을 성취하기 위해 인간은 예배자로 창조되었다.
우리의 몸을 하나님께서 기뻐하시는 거룩한 산 제물로 드리는 것이
인간이 이 땅에서 창조된 목적이다.

1. 귀신의 제단

귀신에게 제단을 빼앗기면 나라가 어둠으로 덮여버리게 됩니다. 그러면 하나님의 질투와 분노와 진노를 일으키게 됩니다.

고린도전서 10:20 "무릇 이방인이 제사하는 것은 귀신에게 하는 것이요 하나님께 제사하는 것이 아니니 나는 너희가 귀신과 교제하는 자가 되기를 원하지 아니하노라"

신명기 32:15-21 "그런데 여수룬이 기름지매 발로 찼도다 네가 살찌고 비대하고 윤택하매 자기를 지으신 하나님을 버리고 자기를 구원하신 반석을 업신여겼도다 그들이 다른 신으로 그의 질투를 일으키며 가증한 것으로 그의 진노를 격발하였도다 그들은 하나님께 제사하지 아니하고 귀신들에게 하였으니 곧 그들이 알지 못하던 신들, 근래에 들어온 새로운 신들 너희의 조상들이 두려워하지 아니하던 것들이로다 너를 낳은 반석을 네가 상관하지 아니하고 너를 내신 하나님을 네가 잊

었도다 그러므로 여호와께서 보시고 미워하셨으니 그 자녀가 그를 격노하게 한 까닭이로다 그가 말씀하시기를 내가 내 얼굴을 그들에게서 숨겨 그들의 종말이 어떠함을 보리니 그들은 심히 패역한 세대요 진실이 없는 자녀임이로다 그들이 하나님이 아닌 것으로 내 질투를 일으키며 허무한 것으로 내 진노를 일으켰으니 나도 백성이 아닌 자로 그들에게 시기가 나게 하며 어리석은 민족으로 그들의 분 노를 일으키리로다”

하나님께 제사하는 것이 아니면 귀신에게 제사하는 것입니다. 제단 싸움에서 지면 모든 것을 잃어버리게 됩니다. 사탄은 어떤 경우에도 제단을 장악하려고 발버둥 치고 있습니다. 하나님의 나라, 통치, 임재, 기름 부음이 사라지도록 하는 것이 사탄의 간악한 전략입니다. 제단은 모든 합법적 근거(legal ground)를 마련하는 토대입니다.

이 제단 싸움에 한국은 현재 아무런 방어막을 형성하지 못하고 있습니다. 제단을 빼앗긴 나라는 어둠으로 덮여버리게 됩니다. 한국은 현재 어떤 일들이 진행되고 있는지 잘 모르고 있습니다.

2. 이슬람

1) 할랄

많은 사람들이 익산에 세워지는 무슬림의 할랄 단지에서 판매되는 할랄 식품들에 대해 관대합니다. 다른 나라와 종교의 음식 문제를 굳이 막을 필요가 없다고 이야기하기도 합니다. 그러나 어떤 사람들은 강경하게 반대합니다.

그러나 이 두 주장을 자세히 살펴보면 누구도 맥락을 정확히 짚어내지는 못하는 것 같습니다.

다음 글을 읽으십시오.

할랄(Halal)이란 넓은 의미로는 이자, 음주, 도박, 음란물, 마약 등 알라가 금지한 것을 제외하고 허용되는 모든 생활 지침을 말하며 좁은 의미로는 이슬람 율법에 따라 도축한 동물의 고기를 말합니다.

이슬람 율법에서 말하는 할랄 음식은 ①소고기, 양고기, 닭고기, 비늘 없는 생선 등 율법에 허락된 고기여야 하고 ②도축 전에는 예배를 드려야 하고 목을 자를 때 '비스밀라'(Bismillah), 즉 '알라의 이름으로'라고 말하면서 잘라야 하며 ③육축이나 생선이 죽을 때 '메카' 방향으로 바라보게 해서 잡은 것이어야 합니다.

'비스밀라'는 무슬림들이 식사를 하거나 어떤 일을 시작할 때마다 나지막하게 읊조리듯이 말하는 고백입니다. 뜻은 "알라의 이름으로 도움을 청하다"라고 번역이 되지만 가볍지 않은 뜻입니다. 이 단어에는 언약적 의미가 포함되어 있습니다. 이 할랄 음식에 대한 우간다의 국제 선교 단체(WTM)에서 이야기한 내용을 살펴보겠습니다.

'우간다에 변화를 가져올 수 있었던 것은, 우리가 사는 지역을 위해 기도하러 모였을 때 우리는 한 번에 한 귀신만을 대적하며 싸웠기 때문입니다.

우리는 그것에 대해 회개하고 그것을 끝까지 추격하고 그것과의 계약을 파쇄하고, 그것을 파괴하고, 영적 황무지로 보냈습니다.

그리고 우리는 그 지역에 있는 영들과 맺은 모든 언약과 희생을 회개했습니다.

그 영들은 그 지역의 사람들과 언약을 맺지 않으면 그곳에서 다스릴 수 없습니다.

우리는 염소와 양의 피로 바친 모든 제사를 회개했습니다.

당신을 좌절하게 만들 생각은 없지만,

거의 모든 나라에서 무슬림들이 동물을 죽일 법적 권리를 갖고 있다는 사실을 아십니까?

모든 육류는 '할랄(Halal)'이라고 쓰여 있습니다.

그들은 도살 전에 언약의 말을 합니다. 그렇게 해서 언약이 더 강화되는 것입니다.

무슬림이 아닌 사람들이 도축한 고기는 판매가 될 수 없고 먹기에

적합하지 않다고 합니다. 그들은 희생 제물을 바칩니다.

그래서 이슬람이 점점 더 아프리카와 다른 국가에서 근거를 얻고 있는 것입니다.

육류를 먹기 전에 꼭 기도하십시오.'

'할랄 음식'으로 인정받기 위해서는 반드시 제사 의식이 진행되어야 합니다. 이 말은 제단을 쌓고 제사장이 인정하는 것만이 '할랄 음식'이 된다는 말입니다.

「기도 혁명」 World Trumpet Mission

할랄 단지에서 드려지는 제사는 누구에게 드려진 것입니까?

____

____

____

우리는 하나님 이외의 다른 신들, 새로운 신들에게 제사한 것이 다 귀신에게 드린 제사라고 말씀하신 것을 신명기 32장 17절에서 살펴보았습니다.

신명기 32:17 "그들은 하나님께 제사하지 아니하고 귀신들에게 하였으니 곧 그들이 알지 못하던 신들, 근래에 들어온 새로운 신들 너희의 조상들이 두려워하지 아니하던 것들이로다"

할랄 음식이 국가에서 인증되기 시작하고 국민에게 판매되기 시작한다는 것의 정확한 영적 의미는 어둠의 권세가 한반도를 덮는 법적인 근거를 마련한다는 것입니다.

사탄은 법적인 근거(legal ground)가 마련될 때 마음껏 활개를 칩니다. 할랄 음식은 영적으로 사탄이 한반도를 휩쓸고 지나가도록 허락해 주는 하이패스와도 같습니다. 그래서 많은 기독교인이 염려하는 것이 이 부분입니다. 법적 근거 없이 사탄은 아무것도 행할 수 없습니다.

그래서 사탄은 어떻게 하든지 모든 나라에서 법적인 근거를 마련하고자 동분서주하고 있습니다. 법적 근거를 가져야만 자신이 이 땅에 간섭할 수 있고, 하나님을 대적할 수 있는 여건을 조장할 수 있다는 사실을 너무나 잘 알고 있기 때문입니다. 그 일중의 하나가 무슬림의 할랄 단지에서 드려지는 제사인 것입니다.

2) 영적 부흥과 쇠락이 일어나기 위한 조건

영적 부흥과 쇠락이 일어나는 데에는 몇 가지 조건들이 있습니다. 제단의 상태에 따라 부흥이 일어나기도 하고 쇠퇴하기도 합니다.

연습 (Exercise)

다음 글을 읽으십시오.

빛과 어둠의 전쟁은 제단의 전쟁입니다. 전 세계에 제단 전쟁이 기승을 부리고 있습니다. 하나님의 거룩한 제단과 사악한 귀신들의 제단이 영적 전쟁을 벌이고 있습니다. 제단을 누가 선점하느냐에 따라 완전히 다른 결과가 도출되기 때문입니다. 그래서 대한민국을 통해 제단이 얼마나 중요하고 놀라운 것인지 이해하는 시간이 되기를 소망합니다.

대한민국에 부흥이 임하는 것은 두 가지 조건이 함께 마련될 때 가능합니다. 그것은 동시에 하나님의 제단이 수축되고 귀신에게 제사하는 어둠의 제단이 약화될 때 가능합니다.

반대로 대한민국이 영적으로 쇠락해지는 것 또한 두 가지 조건이 필요합니다. 그 것은 동시에 하나님의 제단이 무너지거나 다음으로 귀신에게 제사하는 어둠의 제 단이 강화될 때입니다.

영적 부흥이 일어나기 위한 조건	A. 하나님의 제단이 회복되고, 수축되고, 강화된다.
	B. 어둠의 귀신의 제단이 약화되고, 무너진다.
영적 쇠락이 일어나기 위한 조건	C. 하나님의 제단이 약화되고, 무너진다.
	D. 어둠의 귀신의 제단이 회복, 수축, 강화된다.

대한민국의 교회는 중요한 사실을 놓치고 있습니다. 그 사실은 사탄의 제단이 회 복되고, 수축되고 강화되고 있다는 것입니다. 이 놀랄만한 이야기를 인식하고 있 는 기독교인이 극소수입니다. 어둠의 제단이 회복되고, 수축되고, 강화된다는 말 은 영적으로 쇠락할 여건이 마련될 수 있다는 것을 의미합니다.

지금 한국 교회는 깨어 일어날 때입니다.

「킹덤 데스티니」 피기영

영적 부흥과 쇠락이 일어나기 위한 조건은 무엇입니까?

대한민국의 교회는 귀신의 제단이 회복되고, 수축되었다는 사실을 놓치고 있습니다. 근간에 귀신에게 제사하는 어둠의 제단이 강화되고 있습니다. 국가에서 문화재 보호, 관리, 재건이라는 명목으로 합법적 절차를 통해 귀신에게 제사하는 어둠의 제단을 하나둘씩 복원하고 있습니다.

3. 유교

1) 국가 제단(The National Altar) ─ 왕과 나라

유교에 뿌리를 둔 조선은 국가 제단이 강력하게 구축된 나라였습니다.

연습 (Exercise)

다음 글을 읽으십시오.

대한민국의 역사는 제단의 역사라고 보아도 무방합니다. 신라(新羅)시대부터 이어진 사직(社:토지의 신, 稷:기장 직)은 국가의 안위를 위한 제단이었습니다. 조선왕조는 518년 동안 종묘사직(宗廟社稷)을 위해 제사를 드렸습니다. 조선 태조 3년(1394년)에 사직단을 세워서 제사를 드렸습니다.

종묘(宗廟)는 조선시대 역대 왕과 왕비의 신주(神主)를 모시고 제사 지내는 국가 최고의 사당입니다. 왕의 조상신에게 제사를 드리는 곳입니다. 종묘는 성리학적인 이상 사회를 건설하려는 조선시대의 정신과 문화를 가장 상징적으로 표현한 제도입니다. 종묘는 시조인 태조와 4대 조상을 모시도록 되어 있습니다. 그래서 이상 사회를 이루는 데 공헌한 왕과 그렇지 못한 왕을 구별하여 온 나라에 명확한 기준을 제시하는 제도였습니다. 이상 정치를 한 왕과 왕후, 이상 정치를 펼치지 못했던 왕과 왕후, 그러면서 국가에 공을 세운 신하들에게 함께 제사를 드렸습니다.

그래서 종묘 제도는 충효를 가장 중요시하며 조상숭배를 중시하는 유교 사회에서 가장 중요한 제도입니다. 유교를 기본 이념으로 삼았던 나라들(중국, 베트남, 대한민국)이 대부분 종묘 제도를 선택합니다.

사직(社稷)은 토지 신(神)과 곡식 신(神)을 모시는 제사 장소입니다. 국토와 곡식의 번창을 기원하는 제사입니다. 왕이 나라를 세워 백성을 다스릴 때는 사직단(社稷壇)을 만들어 국태민안(國泰民安)을 기원하는 제사를 지내왔습니다. 국토 없는 나라는 있을 수 없고, 곡식 없는 경제는 파탄하기 때문입니다. 사직은 곧 국가를 의미합니다.

사직단은 도성의 가장 기본적인 시설로 가장 먼저 조성됩니다. 우리나라는 문헌 기록상 신라 선덕왕 4년(783)년에 사직단을 세웠습니다. 그리고 고려 시대는 성종, 조선시대는 태조 때 사직단을 세워서 제단을 통해 나라를 이끌어 나갔습니다. 무려 1200년이 넘게 제단을 쌓고 제사를 드렸던 민족이고, 현재도 사직단에서 제사를 드리는 나라입니다.

1988년부터 사직의 제사가 복원되었으며 2000년 중요무형문화재로 지정되었습니다. 2012년부터는 지방자치단체에서 관리권을 이관받아 국가에서 직접 관리를 맡았으며 장기적인 복원 사업을 추진합니다. 164억을 들여 국가유산청의 정비 계획에 따라 복원 공사를 마칠 예정이며 사직단 옆에 있는 종로도서관과 어린이도서관 그리고 유치원을 헐고 주요 전각 13개를 함께 복원할 예정입니다. 국가 제단이 부활하는 것입니다. 앞으로 사직단은 대한민국의 국가 제단의 상징이 될 것입니다.

제단은 하늘을 열어놓게 됩니다. 제단은 하나님이 일하시는 합법적인 통로입니다. 그래서 결국 영적 전쟁은 제단 싸움입니다. 악한 귀신의 세력들은 대한민국에 제단을 수축했습니다. 그리고 국가적 차원의 제단을 쌓아서 절기 때마다 일 년에 4번씩 제사를 드렸습니다. 전국에 사직단을 세웁니다. 부산, 광주, 대구 등 말할 것도 없습니다. 조선이 건국되면서 전국의 군, 현 단위로 사직단을 세우도록 했고, 지방관에게 제사를 주관하게 했습니다.

결국 조선의 지도자들은 유교에 뿌리를 두고 있고, 이 지도자들이 제사를 주관했던 제사장들이었습니다. 국가적 차원의 제단 네트워크를 구축해서 중요한 도시, 마을마다 제단을 세워 전국을 제단화 했고, 그 일을 감당했던 자들이 다름이 아닌 나라의 지도자들이었습니다.

「킹덤 데스티니」 피기영

조선은 국가 제단이 강력하게 구축된 나라였다는 것에 대해 여러분은 어떻게 생각하십니까?

____

____

____

국가 제단인 사직이 복원되는 것에 대해 여러분은 어떻게 생각하십니까?

____

____

____

2) 학교 제단(School Altar)

조선은 다음 세대를 길러내는 모든 교육기관(성균관, 향교, 서원)에서 유교에 기반을 둔 학교 제단을 쌓았습니다. 어둠의 영이 학교와 다음세대를 장악하여 역사하도록 귀신들에게 문을 활짝 열어놓았습니다.

다음 글을 읽으십시오.

조선시대에는 성균관, 향교, 서원과 같이 다음 세대를 길러내는 교육기관에서도 제단을 쌓았습니다. 학교 제단이 세워진 것입니다. 끊임없는 제사가 드려졌습니다. 비가 오나 눈이 오나 제사가 드려졌습니다. 조선의 다음 세대들 특히 리더가 될 모든 사람은 이 학교 제단의 시스템에서 벗어날 수 없었습니다.

다시 말해 전국에 다음 세대를 세우는 교육기관이 제사장 양성 기관이었던 것입니다. 성현을 모시고, 자신의 조상을 모시는 것이 중요한 덕목인지라 제사에 목숨을 걸었던 것입니다. 이렇게 조선의 다음 세대들은 제사장으로 길러졌습니다. 모든 다음 세대가 제단의 제사장으로 세워지는 과정을 겪은 나라가 조선입니다. 유교는 제단을 중요시 여깁니다. 유교는 제사가 기초가 된 이념이자 문화였습니다.

1. 향교

향교는 지방 국립대학교의 기능을 담당했던 교육기관입니다. 향교는 반드시 선현에 대한 제사 기능을 감당합니다. 지자체와 중앙정부의 도움으로 향교 복원 사업이 근래에 가시화되면서 233개의 향교가 일부 복원되었고 앞으로도 계속 복원될 예정입니다.

2. 서원

서원은 국립대학교의 기능을 담당했던 성균관이나 지방 국립대학교의 기능을 담당했던 향교와 비교하면 지방사립대학교라 할 수 있습니다. 성균관과 향교와 마찬가지로 유교식의 교육을 담당했던 서원 역시 반드시 선현들에 대한 제사가 포함됩니다. 그래서 서원에도 사당이 있습니다. 조선 후기에 600개가 넘는 서원이 있었습니다. 시간이 흐르면서 서원이 변질되자 흥선 대원군은 서원을 철폐하고 모든 토지와 노비를 몰수합니다. 47개의 서원만 남겨둡니다. 그러나 현재 지방에 세워졌던 각 서원들이 향교와 마찬가지로 복원되고 있습니다. 지방에 유명한 서원들이 지자체의 합법적인 보호 아래 다시금 세워지고 있습니다.

한 가지 중요한 사실은 2016년 당시 서원의 숫자와 2025년 서원의 숫자가 급격하게 변화되었다는 사실입니다.

<전국 서원 숫자 2016/2025>

지역	향교	서원	지역	향교	서원
서울특별시	1/1	4/2	강원도	15/16	15/16
부산광역시	2/2	1/1	충청남도	35/34	44/62
대구광역시	3/5	22/43	충청북도	18/18	29/75
광주광역시	1/1	6/12	경상남도	27/27	113/240
울산광역시	2/2	9/9	경상북도	40/38	217/242
대전광역시	2/2	2/6	전라남도	29/28	55/214
인천광역시	4/4	1/1	전라북도	28/26	94/125
경기도	24/25	33/34	제주도	3/3	2/1
세종시	0/2	0/4	합(合)	234/234	647/1087

전국 향교 234개/서원 1,087개 <25년 9월 문화체육관광부 발표>

「킹덤 데스티니」 피기영

여러분은 1,300여 개[1]가 넘는 향교와 서원이 복원되는 것에 대해 어떻게 생각하십니까?

---

1) 이 교재가 처음 완성이 되었을 2016년 당시에는 전국에 서원 숫자가 647개였다(2016년 서원연합회 통계). 그러나 2025년에는 무려 400여 개가 증가해서 1,087개가 되었다(2025년 문화체육관광부 통계). 불과 10년 사이에 급격한 증가를 가져왔으며 특히 경상남도는 2배, 전라남도는 4배 가량 숫자가 늘어났다. 이것은 이 지역들이 어둠의 세력에게 제단의 문을 열어주었다는 사실을 심각하게 받아들여야 한다는 것을 의미한다. 특히 정부에서는 2025-2029년 4대 전략, 15개 세부 과제를 확정하고, 제1차 전통문화 계승, 발전 종합계획을 수립해서 3개 부처인 ①문화 체육 관광부, ②국가 유산청, ③지자체가 체계적으로 협력하여 성균관, 향교, 서원을 본관, 관리할 계획을 세웠다.

3) 가정 제단(Family Altar)

다음 글을 읽으십시오.

어둠의 권세가 이렇게 조선에 국가 제단, 학교 제단 체계를 구축해 놓았듯이 각 가정에서 추석, 설날에 제단을 쌓도록 만들어 버렸습니다. 사실 가장 큰 규모의 제사라고 보아도 무방합니다. 수백만 가정에서 1년에 두 차례 가정 제단을 구축한 것입니다. 합법적으로 이 제사가 국가에 의해 권장되었습니다.

일반적으로 가정에서 드리는 제사는 일곱 가지입니다.

첫째, 사당이나 가묘에서 올리는 제사입니다. 대부분 씨족에서 대종(大宗)과 소종(小宗)의 종가는 집에 가묘를 두고 있습니다. 가묘에는 고조 이하 4대의 신위를 봉안하는데, 초하루와 보름에 분향하고, 기일(忌日)에 제사를 올립니다.

둘째, 사시제(四時祭)입니다. 4계절에 드리는 제사로 대개 2월, 5월, 8월, 11월의 중월(仲月)에 사당에서 지냅니다.

셋째, 시조제(始祖祭)로 초조제(初祖祭)라고도 합니다. 시조를 잇는 대종손이 제주로서 동지에 지냅니다.

넷째, 선조제(先祖祭)로 시조 이하 고조 이상을 입춘에 지냅니다.

다섯째, 이제(爾祭)로 사당에서 계추(季秋:음력 9월)에 부모를 모시는 제사입니다.

여섯째, 묘제로 기제를 받들지 않는 조상에게 산소에서 지내는 제사입니다.

일곱째, 기제로 사대조(四代祖)까지의 선조의 기일에 지내는 제사입니다

지속적으로 가정에서 조상신을 기리는 제단을 쌓게 합니다. 사대부 가정에서뿐만
아니라 일반 민가에서도 사당을 짓고 신주를 모십니다. 신주는 향나무로 만든 나
무패입니다. 쉼 없이 제사가 드려졌습니다. 철저하게 실행됩니다.

한국 민족 문화 대백과 사전

가정마다 귀신에게 제사하는 제단이 수축되는 것이 사탄의 목적 중에 하나라는 사
실에 여러분은 어떻게 생각하십니까?

국가적 제단 네트워크가 구축되고, 학교 제단, 가정 제단 네트워크가 구축된 나라
가 바로 조선입니다. 조선은 제단의 나라였습니다. 전 세계적으로 이런 시스템을 구
축한 나라가 별로 없습니다.

어둠의 권세는 정확하게 이 나라를 알고 있었습니다. 하나님께서 대한민국에 어떤
일을 감당시키실지 알고 있었던 것입니다. 귀신의 제단을 구축해서 하늘에 어둠이
덮이도록 하는 계획을 세우고, 실행했습니다. 조선시대 500년이 지나고 대한민국은
또 한차례 제단 싸움으로 인해 어려움에 처합니다.

4. 신사참배

대한민국은 일제강점기라는 어려운 시절을 보내게 됩니다. 일본은 천황 숭배를 주입하기 위해 대한민국 곳곳에 신사를 세웁니다. 신사는 일본의 민간 종교인 신도(神道, Shintoism)의 사원입니다.

조선총독부는 신사의 건립을 계속 장려했습니다. 1937년 9월 중일 전쟁을 앞둔 일본은 모든 조선 사람에게 전승(戰勝)을 기원하는 신사참배를 강요했습니다. 1945년 6월까지 신궁(神宮) 2곳, 신사(神社) 77곳, 면 단위에 건립된 작은 규모의 신사 1,062곳이 세워집니다. 그야말로 전국적인 국가 제단인 것입니다. 또한 각급 학교에서는 봉안전(奉安殿, 호안덴)이라는 학교 제단을 세웠고, 가정에서는 신붕(神棚, 가미다나)이라는 가정 신단을 만들어서 아침마다 참배하도록 강요했습니다. 신사참배에 동원된 인원은 방대했습니다. 남산 중턱에 세운 조선신궁 참배자만도 1940년에 약 215만 9,000명, 1942년에는 무려 264만 8,000명에 이르렀습니다.

1945년 8월 광복이 되자 신사들이 불타거나 파괴되었습니다. 20년간 조선신궁에서 행해진 집회는 국가 제단의 성격을 가지고 있었던 것입니다.

5. 웨일스에 있었던 사탄의 제단 [2]

평생 열방을 다니면서 놀라운 하나님의 일을 감당했던 헨리 그루버(Henry Gruver, 1942–2019) 목사님은 '세상을 걷는 중보기도자(the man who walked with God)'로 알려져 있습니다. 그분의 간증을 통해 영적 세계의 실체를 엿볼 수 있습니다. 또 영적 실체들은 제단을 통해서 강력한 영향력을 행사한다는 사실을 알 수 있습니다.

---

[2] 헨리 그루버, 『십자가의 지혜』, 물댄동산, p.p.106–119.

다음 글을 읽으십시오.

나는 무심코 사탄의 제단으로 아무것도 모른 채 들어갔다. 그 소명을 시작했을 때만 해도 나는 그 산에서 만날 악마와 악에 대해서 아무것도 몰랐다. 하나님께서 나로 하여금 어떤 선포를 하게 할 것인지도 전혀 모르고 있었다.

그곳에 들어가니 처음에는 그곳이 천국처럼 아름다운 산으로 보였다. 넓이 3m, 높이 6m의 엄청나게 큰 바위가 있었다. 그 바위는 거대한 제단처럼 보였다. 실제로 바위 가까이에는 ¼ 크기의 합판에 '사탄의 제단'이라고 글이 적혀 있었고, 튀어나온 돌을 가리키고 있는 화살표가 그려져 있었다.

산 아래에는 '세상의 끝'이라는 장소가 있었다. 그 두 장소는 실제로 지도에도 '사탄의 제단'과 '세상의 끝'이라는 이름으로 표시되어 있다.

사탄의 제단이라는 곳에 처음 갔을 때, 나는 자연적으로 제단 모양을 하고 있는 바위 위에 서서 계속 그 아래 도시를 내려다보며 하나님의 말씀을 읽기 시작했다. 먼저 예수님께서 인류의 죄를 위해 십자가에서 죽으신 부분을 읽고 나서 하나님을 찬양하며 기뻐했다. 그 장소를 사탄으로부터 다시 빼앗아 오기 위해 그곳에 사탄의 영향력을 무력화시켰다. 이 지상에 악마의 제단이라고 불리는 장소가 있다는 사실 자체에 분개했다. 악마가 설교할 수 있는 공적인 장소를 소유하도록 허락해서는 안 된다. 사탄은 그런 곳을 가져서는 안 된다.

그 지역에서 할 일을 다 마쳤다고 생각했기에 산길을 따라 걸어서 내려왔다. 산을 내려오자 성령께서 말씀하셨다.

"산으로 다시 올라가라."

순종하고 돌아갔다. 야고보서에서 말한 평화, 그 평화가 나를 덮었다. 산을 조금 올라가자, 약 15m 높이의 언덕이 나왔다. 그 언덕 아래로 내려가니 갑자기 눈앞에 크게 움푹 파인 그릇의 바닥 같은 장소가 눈앞에 나타났다. 큰 집회를 열 수 있을 만큼 넓은 장소였다. 자연스럽게 만들어진 그릇 혹은 야외극장 같은 모양의 장소로 산의 정상 가까이에 있었고, 큰 자작나무숲이 주변에 있었다.

그 장소를 탐색해 보니 주님이 왜 그곳으로 가라고 했는지를 알 수 있었다. 갑자기 바람이 사방에서 불어오더니 내 주변에서 휘몰아쳤다. 아름답고 고요하고 평안하던 오월 아침이 갑자기 큰 폭풍과 바람이 휘몰아치는 음산한 날씨로 변했다. 그것은 내 상상이 아니었고 실제로 일어난 사건이다. 내가 미처 어떤 감을 잡기도 전에 바람이 휘몰아치면서 거대한 나뭇가지들이 세찬 바람에 이리저리 구부러졌다. 음산함이 느껴졌다. 어디서 그렇게 강한 바람이 불어오는지 의아했다. 그 자연적으로 만들어진 극장으로 내려가니 검은 흙이 깔린 원형 지역 한 가운데 돌로 된 제단이 나타났다.

그곳에는 숯이 널려있었고, 그 위에 슬레이트 조각들이 있었다. 사술을 하는 사람들은 뜨거운 숯 위를 걸어 다니는 것을 좋아한다. 그들은 불 위를 걷는 것이 자신들이 섬기는 우상에 대한 믿음을 증가시킨다고 생각한다. 하나님의 말씀에 대한 사탄의 위조품이다.

나는 그 납작한 돌 위를 걸어 다녔다. 마치 불 위를 걷는 것처럼 발바닥이 뜨거웠다. 몸을 굽혀 돌 위에 손을 대어 보니 전혀 뜨겁지 않았다. 오히려 차가워서, 으스스한 느낌이 더 강해졌다. 그을린 나무 위에 놓은 돌 위를 걸어 다니자 발이 아주 뜨거워졌다. 나는 생각했다.

"주님, 저가 이곳에서 무엇을 하길 원하십니까?"

나는 영으로 기도하면서 그 주변을 걸어 다니기 시작했다. 내 발은 마치 불 위를 걷는 것처럼 뜨거웠다. 주님께서는 내게 제단 위에 서라고 하셨다. 그리고 그곳에서 선포하라고 말씀을 주셨다.

아주 커다란 웅덩이처럼 푹 파인 지역을 걸어 다니며 그곳에서 행해진 음란하고 추잡하고 더럽고 악한 죄악을 사면해 주었다. 그 장소의 가장자리로 걸어가니 장 작이 높이 쌓여있는 곳이 있었다. 나무껍질을 둥그렇게 벗겨내어 나무를 고사시 킨 후에 땔감으로 사용해 온 것이다.

그 많은 나무가 희생 제물을 태우는데 사용될 터였다. 그들이 태우는 장작불이 하 늘 높이 치솟아 올라도 밖에서는 눈에 띄지 않았을 것이다. 주변을 감싸고 있는 크고 울창한 나무숲이 사람들의 시선으로부터 완전히 가려주고 있기 때문이다. 오직 비행기나 헬리콥터를 타고 이 산의 상공을 나는 사람만이 장작불을 볼 수 있 었을 것이다. 나무들이 그렇게 사시사철 자연적인 보호막을 쳐주었던 것이다.

주님께서 내게 말씀하셨다.

"저 제단으로 올라가서 나를 대신해 선포하라."

나는 그리스도의 대사이기에 언제나 그렇게 할 준비가 되어 있다. 성경은 우리의 지위가 그리스도의 대사임을 분명히 밝히고 있다.

고린도후서 5:20 "그러므로 우리가 그리스도를 대신하여 사신이 되어 하나님 께서 우리를 통하여 너희를 권면하시는 것 같이 그리스도를 대신하여 간청하 노니 너희는 하나님과 화목하라"

이 말씀은 우리가 하나님을 대변하는 자들이라는 뜻이다. 그러니 우리는 총사령 관이 우리에게 명하신 것을 그대로 전해 주어야 한다. 우리는 하나님을 대변하는 자들이며, 우리가 말할 때는 그분의 권세를 가지고 말한다.

나무를 휘몰아치는 바람이 불어오고 있었고 나는 큰 돌 제단 위에 서서 부르짖었다. 북쪽으로 얼굴을 돌리고, 남쪽과 동쪽과 서쪽으로 얼굴을 돌리며 차례로 선포했다 내가 입을 열자, 선포의 말들이 나오기 시작했다.

"지금부터 이 세상의 신인 사탄을 향해 어떤 행동이나 제스처를 하려고
이곳에 들어오는 자들은 예수 그리스도께서 흘리신 피의 권능과
성령의 권능을 직면하게 될 것이다.
그런 자들은 엎드려 마음의 악을 회개하거나
이곳에서 도망치거나 둘 중 한 가지를 해야 한다."

그런 선포는 역사한다. 주님이 말씀하시면 그 말씀은 역사한다. 그런 선포의 능력에 대한 혹증을 몇 년 후에 받게 되었다.

남부 웨일스의 한 의사의 집에 머물고 있을 때였다. 의사가 어느 주일 오후에 어떤 부부를 만나지 않겠느냐고 물어왔다. 의사는 이 부부가 '보통이 아닌 자들'이라고 경고하며, 원치 않으면 안 만나도 된다고 설명했다. 의사는 말하기를, 그 부부에게 내가 웨일스를 걸으며 중보 하는 사람이라고 말했더니 그들이 나를 꼭 만나고 싶어 했다는 것이다.

그 주일 오후에 나는 그동안 원해왔던 선포의 능력에 대한 확증을 받았다. 부부 중에 남편은 사탄의 제사장이었다. 그는 자신만만하고 냉소적인 태도로 만나자마자 이런 달을 했다.

"당신이 도시 전체를 걸어 다니며 중보(中保)를 한다고 하던데, 사실이오?"
"그렇습니다."
"별거 아―니네."

그는 비웃었다.

"그렇게 걷고 기도한다고 해서 뭐가 달라집니까?"

그는 내가 이미 그자가 누구인지 간파했다는 사실을 몰랐다. 그는 자신이 사탄의 제사장이라고 말하지 않았다. 그러나 나는 이미 그 나라의 많은 산에서 영적 전쟁을 치렀기에 그 남자 안에 있는 영을 알고 있었다. 나는 시간을 아끼려고 본론으로 바로 들어가는 것이 좋겠다고 판단했기에, 주께서 인도해서 발견하게 하신 웨일스의 산당들에 대해서 말했다.

내가 무심한 듯이 내 경험을 흘렸더니 그의 자신만만한 얼굴 표정이 찔린 듯 조금 변했다. 그러나 아직 포기할 생각은 없는 듯 교만하게 비웃었다.

"당신이 그런 곳을 갔을 리가 없어요.
당신이 들어가는 것을 그들이 가만히 두고 보았을 리가 없으니까."
"내가 들어가지 못했다고요?
산당들이 있는 정확한 장소와 그곳의 모양을 말할 수 있어요.
그곳의 돌에 그려놓은 상징의 페인트 색깔까지도 말할 수 있는 걸요.
제단의 크기도 말할 수 있고, 지금 당장 당신을 그곳으로 데려갈 수도 있어요."

그리고 그에게 그 장소와 모양과 페인트 색깔에 대해 말했다. 그는 불안해하더니 내 말을 끊고 말했다.

"당신이 그자로군! 당신이 그자였어. 당신은 위험한 자야."

이번에는 내가 그자의 말을 끊었다.

"아니요! 그런 말 하지 마세요. 내가 아닙니다. 두려운 분은 내가 아니에요.
난 그저 예수 그리스도의 피 아래 있었을 뿐입니다.

당신에게 두렵고 위험한 분은 그리스도 예수이십니다.

헨리 그루버는 죽었어요. 명심하세요.

당신은 그루버에게 아무런 해도 끼치지 못해요.

헨리 그루버는 죽었으니까요.

그런 일을 하신 것은 예수님이시지, 헨리 그루버가 아닙니다.”

사탄의 세력을 다룰 때는 이런 사실을 정확하게 아는 것이 중요하다. 당신이 자신을 특별하다고 생각하면 악의 세력은 신이 나서 즉각 당신을 공격할 것이다. 루시퍼의 제사장은 얼른 어조를 바꾸고 의사에게 물었다.

“지형도를 갖고 있습니까?

산과 계곡 등, 이 지역에 고도가 나오는 지도 말이에요”

“저는 웨일스 전역을 돌아다니며 수술을 해야 해서 길과 지형을 잘 알아야 합니다.

그러니 그런 지도가 당연히 있고말고요. 곧 가져다 드리겠습니다..”

의사가 지도를 손에 들고 나타났다. 지도를 사탄의 제사장에게 건네자, 그는 즉시 지도를 펼치고 내게 말했다.

“당신이 올라갔던 산이 어딘지 말해보시오.”

그자는 속으로 내가 사기를 치고 있다고 생각했던 것 같다. 내가 올라갔던 산당이 있는 산들을 지도에서 차례로 가르쳐 보이자, 그는 떨기 시작했다. 그러더니 급기야 다리에 힘이 풀려 간신히 서 있을 정도였다.

“당신은 위험한 자야! 위험한 자라고.”

“내가 위험한 게 아닙니다.”

"알았어, 알았어. 당신이 위험한 게 아니지만 당신은 우리를 곤경에 빠뜨렸어."

"내가 한 게 아니라 예수님께서 한 것이에요…."

"아! 집어치워요. 내가 무슨 말을 하는지 알면서! 당신이 무슨 짓을 했는지 알아요?

우리가 이 지역 전체에 구축해 놓은 산당들을 당신이 모두 무용지물로 만들어 버렸어.

우리는 매년 산당을 잃어가고 있었는데 누가 그런 짓을 하고 있는지도 몰랐어요."

「십자가와 지혜」 헨리 그루버

여러분은 사탄의 제단이 있다는 것에 대해 어떻게 생각하십니까?

____

____

____

사탄은 그들의 제단을 통해서 어둠을 풀어내어 영향력을 행사하려고 발악을 하고 있습니다. 악이 창궐하여도 하나님께서는 당신의 제단을 통해 하늘을 여시고, 하나님 왕국의 빛을 비추시어 이 땅에 영향력을 행사하심으로 부흥과 변혁을 일으키실 것입니다.

6. 제단, 부흥 그리고 변혁

하나님께서는 이 땅이 죄를 지으면 하늘을 닫아 버리십니다. 하늘이 닫히면 이 땅은 영적으로 쇠약해집니다.

 "또 이 산에서 모든 민족의 얼굴을 가린 가리개와 열방 위에 덮인 덮개를 제하시며"

 "내가 너를 불 끄듯 할 때에 하늘을 가리어 별을 어둡게 하며 해를 구름으로 가리며 달이 빛을 내지 못하게 할 것임이여 하늘의 모든 밝은 빛을 내가 네 위에서 어둡게 하여 어둠을 네 땅에 베풀리로다 주 여호와의 말씀이니라"

 "여호와의 손이 짧아 구원하지 못하심도 아니요 귀가 둔하여 듣지 못하심도 아니라 오직 너희 죄악이 너희와 너희 하나님 사이를 갈라 놓았고 너희 죄가 그의 얼굴을 가리어서 너희에게서 듣지 않으시게 함이니라"

 "혹 내가 하늘을 닫고 비를 내리지 아니하거나 혹 메뚜기들에게 토산을 먹게 하거나 혹 전염병이 내 백성 가운데에 유행하게 할 때에 내 이름으로 일컫는 내 백성이 그들의 악한 길에서 떠나 스스로 낮추고 기도하여 내 얼굴을 찾으면 내가 하늘에서 듣고 그들의 죄를 사하고 그들의 땅을 고칠지라"

열방 위에는 덮개가 덮여 있습니다. 하늘이 열리고 하늘이 닫히는 것은 하나님께서 주관하시는 것입니다. 하나님께서는 이 땅의 죄로 인해 하늘을 닫으십니다. 닫힌 하늘이 열리기 위해서는 하나님의 이름을 부르는 백성들이 악한 길에서 떠나야 합니다. 스스로 낮추어야 합니다. 그리고 기도하면서 하나님의 얼굴을 찾아야 합니다.

연습 (Exercise)

다음 글을 읽으십시오.

우리는 또한 한 가지를 기억해야 합니다. 마귀는 하늘을 스스로 닫을 힘이 없습니다. 성경은 누가 하늘을 닫으셨는지 이야기합니다. 그것은 바로 우리 하나님 아버지이십니다. 하나님께서 말씀하셨습니다.

"내가 하늘을 닫고…"(대하 7:13)

이 말의 의미는 우리가 적들이 떠나기를 명령하거나, 가도록 하거나, 하늘을 열거나 하기 전에 하늘이 맨 처음에 닫히도록 허락하신 하나님 아버지께 가야 할 필요가 있다는 것입니다. 우리는 우리 자신을 겸손케 하고, 기도하며 하나님의 얼굴을 구하는 것이 더 낫습니다(대하 7:14). 그리고 이렇게 아뢰어야 합니다.

"우리가 당신에게 나아가는 것을 차단하신 원인이 무엇입니까?"

하나님께서 이렇게 말씀하십니다.

"여호와의 손이 짧아 구원하지 못하심도 아니요 귀가 둔하여 듣지 못하심도 아니라 오직 너희 죄악이 너희와 너희 하나님 사이를 갈라놓았고 너희 죄가 그의 얼굴을 가리어서 너희에게서 듣지 않으시게 함이니라"(사 59:1-2)

그러므로 우리가 적들을 대항하여 권세를 사용하기 전에, 메뚜기에 대항하기 전에, 전염병에 저항하기 전에, 맨 처음 하늘을 닫으시고 적들이 통제권을 얻도록 하신, 노여움 가운데 있으신 하나님께 나아가야 합니다. 이 모든 단계의 영역들이 우리를 하늘이 열린 곳으로 인도하는 과정이 됩니다.

「교회여 깨어나라」마크 다니엘

어둠의 권세는 오늘날 큰 제단인 사직단, 선농단, 종묘, 문묘, 향교, 서원을 복원하고 있습니다. 그리고 이제 대한민국을 완전히 어둠의 제단으로 가득 채우려 할 것입니다. 이런 국가 제단과 학교 제단이 창궐하게 될 때 어둠의 권세는 각 가정마다 드려지는 제사(祭祀)의 부활을 궁극적 목표로 삼은 것 같습니다. 대한민국은 또 다른 어둠의 제단의 공격에 노출되고 있습니다.

안타깝게도 현재 대한민국의 교회는 이 중차대한 사실을 인지하지 못하고 있습니다. 그래서 이 교재를 통해 한반도의 교회들이 깨어 일어나기를 소망합니다. 지역마다 제단의 영적 싸움에 돌입하기를 간구합니다. 하나님의 제단을 수축할 때 이 땅에 부흥이 임할 것입니다. 그러나 하나님께서 허락하시는 부흥은 어둠의 제단이 약화되어야 한다는 조건이 있습니다. 대한민국의 교회들이 깨어 일어나야 합니다.

모든 그리스도인은 그들이 살아가고 있는 도시와 예루살렘 그리고 모든 열방을 위해서 기도하는 자로 부르심을 받았다는 사실을 명심해야 합니다.

예레미야 29:7 "너희는 내가 사로잡혀 가게 한 그 성읍(the city)의 평안을 구하고 그를 위하여 여호와께 기도하라(Pray to the LORD for it) 이는 그 성읍이 평안함으로 너희도 평안할 것임이라"

시편 122:6 "예루살렘을 위하여 평안을 구하라(Pray for the peace of Jerusalem) 예루살렘을 사랑하는 자는 형통하리로다"

이사야 56:7 "내가 곧 그들을 나의 성산으로 인도하여 기도하는 내 집에서 그들을 기쁘게 할 것이며 그들의 번제와 희생을 나의 제단에서 기꺼이 받게 되리니 이는 내 집은 만민이 기도하는 집이라 일컬음이 될 것임이라(my house will be called a house of prayer for all nations)"

제단을 통해 하늘이 열려 부흥이 임하면 수많은 사람이 예수님을 구주로 영접하고 구원을 받습니다. 교회와 기도원, 선교단체에 사람들이 급격하게 늘어나게 됩니다. 웨일스 같은 경우에 부흥이 일어나자(1904년) 범죄율이 급감해서 교도소가 비는 사건이 일어납니다. 놀라운 기적과 이적이 일어나고, 치유와 역사가 강력해서 많은 사람들이 회복됩니다.

어둠의 제단이 무너지고 거룩한 하나님의 제단이 세워지면 부흥을 넘어서 국가적으로 변혁(變革)이 일어납니다. 변혁은 부흥의 단계를 뛰어넘는 일입니다. 사람의 영혼을 구원하는 것과 함께 사회의 모든 영역이 진리의 말씀으로 새롭게 되어 말씀의 기초위에 한 나라가 세워지는 것입니다.

한 나라의 모든 영역(정치, 경제, 사회, 문화, 예술, 교육, 언론, 가정, 종교, 과학계, 군대, 경찰, 관공서, 스포츠 등)에 속한 사람들이 하나님의 말씀을 따라 살아가는 사람들로 세워지면서 그 땅을 축복하고 섬기고 다스리며 그 땅을 하나님께 올려드릴 때 삶의 모든 영역에서 하나님께서 주권자가 되시는 것입니다.

예레미야 27:5 "나는 내 큰 능력과 나의 쳐든 팔로 땅과 지상에 있는 사람과 짐승들을 만들고 내가 보기에 옳은 사람에게 그것을 주었노라"

하나님께서는 땅과 그에 속한 모든 것을 창조하셨습니다. 그리고 하나님께서는 그것을 '옳은 사람'에게 주신다고 약속하셨습니다. 여기서 '옳은 사람'은 히브리어로 '야사르(ישר)'입니다. 야샤르는 '똑바로 나아가다', '옳바른 길을 가다', '곧다', '법을 준수하다'라는 뜻입니다.

이사야 40:3 "한 소리가 외친다. 광야에 주님께서 오실 길을 닦아라. 사막에 우리의 하나님께서 오실 큰길을 곧게 내어라(새번역)"

‘옳은 사람’은 이 땅에서 하나님의 말씀을 따라 살아가면서 하나님의 말씀의 길인 ‘법도(法道)’를 곧게 내는 사람입니다.

하나님의 교회가 거룩한 제단을 통해 하늘의 문을 열면, 이 땅에는 부흥이 찾아옵니다. 소수의 무리가 지속적으로 하나님의 얼굴을 구하면서 옳은 길로 나아갈 때 더 많은 사람들이 하나님께 헌신하며 자신의 삶을 주님께 드리는 것을 선택하게 됩니다. 이들이 사회 각 영역으로 들어가 그곳에서 다시 제단을 수축하면 변혁이 온 세상을 뒤덮게 됩니다.

사회 모든 영역이 진리의 말씀이며 삶의 기준이자 지침서인 성경에서 나온 원칙과 하나님 왕국의 법과 질서를 기초해서 나라가 세워지는 일에 교회는 깨어 일어날 때입니다. 하나님께서는 오늘도 성경적 기초를 통해 나라를 세우고 하나님 왕국이 이 땅에 임하는 강력한 변혁에 교회를 부르십니다. 성경은 지상의 모든 문제를 해결하는 답을 제공합니다. 진리의 말씀인 성경이 사회 모든 영역에 적용되고 하나님 왕국이 이 땅에서 확장될 때 예수님의 다시 오심을 맞이할 수 있는 것입니다.

우리는 교회의 역사를 통해서 장 칼뱅(1509-1564), 존 웨슬리(1703-1791), 아브라함 카이퍼(1837-1920)와 같은 하나님의 사람들이 하나님의 말씀에 기초한 나라를 세워나갔던 것을 기억해야 할 것입니다.

PART 4

하나님의 왕국 (Basileia)

하나님 마음에 있는 소원을 성취하기 위해 인간은 이 땅을 통치해야 한다.
하나님의 왕국이 이 땅에 임하도록 하는 것은 놀라운 축복이며
인간은 이 일을 위해 창조되었다.

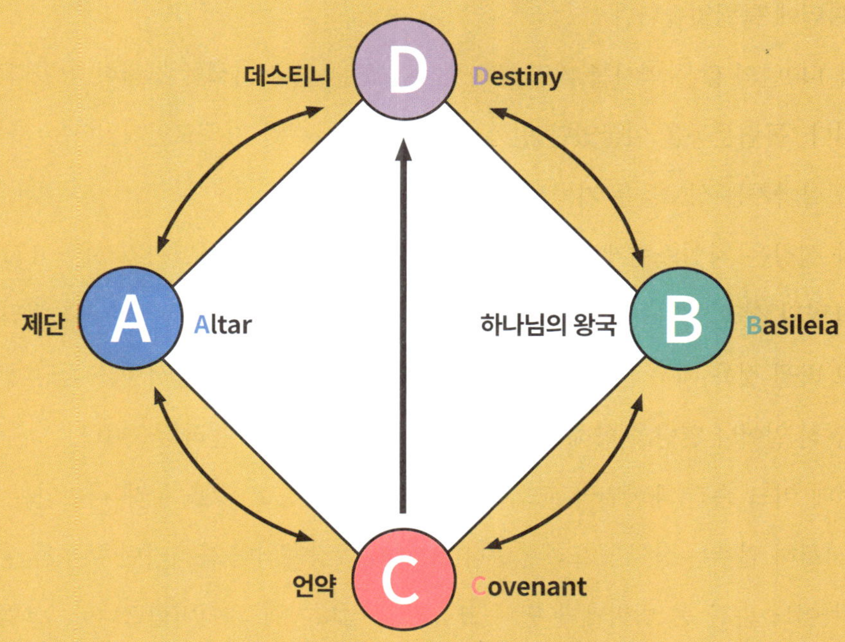

마태복음 6:9-10
"그러므로 너희는 이렇게 기도하라
하늘에 계신 우리 아버지여 이름이 거룩히 여김을 받으시오며 나라가 임하시오며
뜻이 하늘에서 이루어진 것 같이 땅에서도 이루어지이다"

잃어버린 하나님 왕국

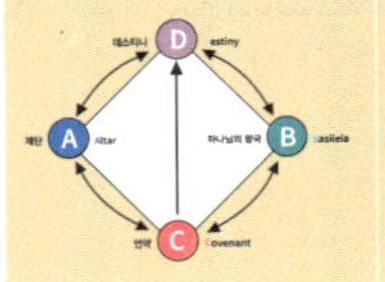

하나님 마음에 있는 소원을 성취하기 위해 인간은 이 땅을 통치해야 한다.
하나님의 왕국이 이 땅에 임하도록 하는 것은
놀라운 축복이며 인간은 이 일을 위해 창조되었다.

21세기를 살아가는 대한민국 교회의 가장 큰 축복은 140년밖에 되지 않은 교회 역사상 유례없는 강력한 부흥과 성장을 이루어냈다는 것입니다. 이것은 하나님의 은혜요 축복임에 틀림없습니다.

불과 140년의 짧은 역사를 가진 대한민국 교회는 한국 사회에 강력한 영향력을 끼쳤습니다. 독립운동을 이끌었던 민족 지도자들의 다수가 기독교인이었다는 것을 21세기를 살아가는 성도들은 기억해야 할 것입니다.

교회 성장은 자연스럽게 세계 선교로 이어졌습니다. 2024년까지 세계 171개국 21,621명의 선교사 파송을 이루어냈습니다[1]. 선교 대상 국가에서 선교를 감당하는 나라로 바뀐 것은 매우 큰 은혜입니다. 한국 선교사들은 자신의 사명을 감당하기 위해 분연히 일어나 열방을 향해 걸어 나갔습니다. 그 열매는 놀라웠습니다.

그런데 어느 순간 대한민국 교회는 정체되기 시작했고, 앞을 향해 나아가는 발걸음이 서서히 멈추는 상황이 도래했습니다. 거대한 강물처럼 흘러가던 부흥과 성장의 물길이 어느 순간 큰 방파제를 만나 표류하는 상태처럼 되어버렸습니다. 그럼에도

---

1) KWMA(한국세계선교협의회) 보고서 참고

선교사로 헌신하는 사람들이 계속 일어나고 있습니다.

많은 사람이 대한민국 교회의 부흥과 성장이 멈추었다고 이야기합니다. 그러나 지금도 하나님은 일하고 계십니다. 하나님께서는 정하신 그 때를 향해서 쉼 없이 일하고 계시는 것입니다.

> 로마서 9:28 "주께서 땅 위에서 그 말씀을 이루고 속히(with speed and finality) 시행하시리라 하셨느니라(주께서는 그 말씀하신 것을 온전히, 그리고 조속히 온 땅에서 이루실 것이다—표준새번역)"

어느 순간 멈춘 것 같은 대한민국 교회를 향해 하나님께서는 140년 동안 이 땅에 부어주셨던 하늘의 계시와 지혜를 더욱 강화하고 계십니다. 더 깊고 풍성한 하늘의 것을 부어주고 계십니다. 이전에도 일하신 하나님께서 새로운 일을 행하고 계십니다. 그 일은 이전에 경험해 보지 못했던 너무나 다른 형태의 흐름입니다. 그 흐름 속에 지금은 멈춘 것 같고, 힘을 잃어버려 잠자는 것 같아도 강하고 용맹한 하나님의 군대를 일으키고 준비시키고 계십니다.

> 다니엘 11:32 "그가 또 언약을 배반하고 악행 하는 자를 속임수로 타락시킬 것이나 오직 자기의 하나님을 아는 백성은 강하여 용맹을 떨치리라"

> 마태복음 24:14 "이 천국 복음(gospel of the kingdom)이 모든 민족에게 증언되기 위하여 온 세상에 전파되리니 그제야 끝이 오리라"

지금 이 땅에 부어지는 새로운 계시와 지혜는 하나님께서 다스리시는 통치와 밀접한 관계가 있습니다. 성령을 통해 부어지는 계시와 지혜로 앞으로 벌어질 일들을 미리 준비시키고 계십니다. 하나님께서는 쉽게 건너뛰시는 일이 없습니다.

아브라함을 시작으로 성경의 모든 흐름은 하나님께서 정하신 때에 일어나고 성취되어 왔습니다.

 "모든 일을 그의 뜻의 결정대로 일하시는 이의 계획을 따라 우리가 예정을 입어 그 안에서 기업이 되었으니"

하나님은 속히 행하시지만, 성취될 그때와 장소를 당신께서 정하십니다. 이스라엘은 AD 70년에 전 세계로 흩어졌습니다. 그 후 1948년이 되어서야 UN으로부터 국가로 승인받았으며 열방에 흩어져 있던 이스라엘 백성들이 합법적으로 고토(故土)로 돌아올 수 있었습니다. 무려 1,900년 가까이 시간이 흐르고서야 일이 성취되었습니다. 우리는 하나님께서 어떤 일을 정하시면 그 일이 성취되는 시점까지 철저하게 일을 진행하신다는 것을 이해해야 합니다. 준비되는 과정이 필연적이라는 말입니다. 신부가 준비되어야 예수님께서 오시는 것입니다. 복음이 땅끝까지 증거되어야(마 24:14) 주님께서 이 땅에 오시는 것입니다. 또한 유대인들이 예수님을 초청해야(마 23:39) 주님께서 이 땅에 오시는 것입니다.

1. 잃어버린 하나님 왕국의 재발견

하나님 왕국의 재발견(Rediscovering)이란 우리가 잃어버린 것을 다시 발견한다는 의미입니다. 사복음서를 읽으면 예수님께서 선포하신 말씀의 초점과 관심 그리고 메시지는 하나님의 왕국(Kingdom of God) 또는 하늘의 왕국(Kingdom of Heaven), 즉 천국이었습니다. 사실 성경 전체는 왕과 그분의 왕국에 대해 다루고 있습니다. 그러나 우리는 하나님의 왕국에 대해서 거의 듣지 못하고 신앙생활을 하고 있습니다.

우리는 믿음, 축사, 치유, 선교, 부흥, 성령님에 대해서 많이 들어왔습니다. 그러나 하나님의 왕국에 대해서는 듣기 어려운 시대에 살고 있습니다. 신학교에서도 하나님의 왕국에 대해 잘 가르쳐 주지 않습니다. 많은 목회자와 유대인 랍비들조차도 하나님 왕국에 관해서 자주 언급하지 않습니다. 예수님께서는 유대주의(Judaism)나 기독교(Christianity)를 언급하신 적이 단 한 번도 없으십니다. 단지 예수님께서는 거듭나지 않으면 하나님 왕국을 볼 수 없다고 하셨습니다. 또한 물과 성령으로 거듭나지 아니하면 하나님 왕국에 들어갈 수 없다고 하셨습니다.

요한복음 3:3-5 "예수께서 대답하여 이르시되 진실로 진실로 네게 이르노니 사람이 거듭나지 아니하면 하나님의 나라(the kingdom of God)를 볼 수 없느니라 니고데모가 이르되 사람이 늙으면 어떻게 날 수 있사옵나이까 두 번째 모태에 들어갔다가 날 수 있사옵나이까 예수께서 대답하시되 진실로 진실로 네게 이르노니 사람이 물과 성령으로 나지 아니하면 하나님의 나라(the kingdom of God)에 들어갈 수 없느니라"

신약성경의 사 복음서에서 예수님께서는 '왕'에 대해서 50번, '하나님 왕국'에 대해서 120번 그리고 '구원자'에 대해서 25번 언급하셨습니다. 그리고 35번이 넘게 '하나님 왕국'을 비유로 말씀해 주셨습니다. '교회'에 대한 언급은 두 번만 나타납니다(마 16:18, 18:17). 교회는 열방이 주께 돌아와서 하나님 왕국에 들어가도록 인도하는 역할을 하는 하나님 백성들의 공동체입니다.

마태복음 24:14 "이 천국 복음이 모든 민족에게 증언되기 위하여 온 세상에 전파되리니 그제야 끝이 오리라(And this gospel of the kingdom will be preached in the whole world as a testimony to all nations, and then the end will come)"

예수님께서는 제자들에게 마지막 때에 하나님 왕국의 복음(Gospel of The Kingdom)이 증거되면 그제야 끝이 온다고 말씀하셨습니다.

사도행전 1:3 "그가 고난받으신 후에 또한 그들에게 확실한 많은 증거로 친히 살아 계심을 나타내사 사십 일 동안 그들에게 보이시며 하나님 나라(Kingdom of God)의 일을 말씀하시니라"

예수님께서는 부활하시고 승천하시기 전까지 사십 일 동안 제자들에게 하나님 왕국의 일을 말씀해 주셨습니다.

마태복음 6:9-10 "그러므로 너희는 이렇게 기도하라 하늘에 계신 우리 아버지여 이름이 거룩히 여김을 받으시오며 나라가 임하시오며 뜻이 하늘에서 이루어진 것같이 땅에서도 이루어지이다"

누가복음 12:32 "적은 무리여 무서워 말라 너희 아버지께서 그 나라(The Kingdom)를 너희에게 주시기를 기뻐하시느니라"

예수님께서는 이 땅에 하나님의 왕국이 임할 것이라고 말씀하셨습니다. 그리고 하나님의 왕국을 우리에게 주시기를 기뻐하셨습니다.

2. 인간 창조의 두 가지 목적

모든 피조물은 그 자체로 목적과 창조 이유가 있습니다. 이 세상의 모든 것은 그 존재 목적이 있습니다. 나를 향한 하나님의 뜻이 무엇인지 모른다면 내 인생은 물론 주변 사람들의 인생까지 낭비하게 할 수 있습니다. 하나님의 창조 목적을 알지 못하면 정체성과 인간관계에서 심각한 어려움을 겪게 됩니다. 이 문제를 해결하기 위해서는 우리를 향한 창조주의 뜻을 찾아내야 합니다.

창조 이유는 디자인을 말합니다. 하나님은 결코 만물을 창조하신 후에 그 목적을 정하신게 아닙니다. 오히려 마음속에 특별한 목적을 가지고 창조하기로 계획하셨다는 말입니다. 그래서 모든 만물을 각각의 창조 목적과 역할에 맞게 디자인하셨고, 피조물은 그 목적을 이루기 위한 역할을 수행하게 됩니다. 피조물의 창조 목적이 그 피조물의 성질과 모양, 특징을 결정합니다.

그래서 우리가 가장 우선적으로 인식하고 깨달아야 하는 것은 바로 하나님께서 인간을 디자인하신 목적을 발견하고 그 목적대로 살아가야 한다는 것입니다. 창조의 목적을 알 때 우리는 남자와 여자의 창조 본연의 고유한 특성과 권리를 알게 되는 것입니다. 이를 온전하게 이해하기 위해서는 하나님이 목적을 가지고 창조하셨다는 것이 무엇을 의미하는지 깨달아야 합니다.

1) 예배

이사야 43:21 "이 백성은 내가 나를 위하여 지었나니 나를 찬송하게 하려 함이니라"

인간이 창조된 첫 번째 목적은 하나님을 경배하기 위해서입니다. 예배는 하나님을 사랑하는 인간이 할 수 있는 최상의 행위입니다. 하나님의 개인적인 목적, 곧 하나님과의 관계를 형성할 대상으로 인간을 창조하셨습니다. 경배(worship)는 하나님과 인간의 관계성(relationship)과 연관되어 있습니다. 경배라는 단어는 '제사 용어'입니다. 즉 제사장이 되는 것이 인간이 창조된 목적 중에 하나라는 뜻입니다. 제사장은 '하나님 앞에 백성들을 대신하여 서 있는 자'입니다.

하나님 왕국에서는 경배를 볼 수 있습니다. 하나님의 왕국에서 경배는 필수입니다. 하나님께서 모든 것을 소유하고 계심을 우리가 인정할 때 경배는 우리를 보호합니다. 개인적으로 감사할 때 반드시 개인적인 번영이 주어집니다. 마찬가지로 민족적으로 감사할 때 민족적인 번영이 옵니다. 한 민족이 하나님을 경외할 때 하나님께서 반드시 그분의 보호하심을 허락하십니다. 따라서 한 민족이 경배하는 것이 중요합니다.

2) 통치

창세기 1:26 "하나님이 이르시되 우리의 형상을 따라 우리의 모양대로 우리가 사람을 만들고 그들로 바다의 물고기와 하늘의 새와 가축과 온 땅과 땅에 기는 모든 것을 다스리게 하자(Let them have dominion over,ESV) 하시고"

마태복음 21:43 "그러므로 내가 너희에게 이르노니 하나님의 나라를 너희는 빼앗기고 그 나라의 열매 맺는 백성이 받으리라"

인간이 창조된 두 번째 목적은 이 땅을 다스리기 위해서입니다. 이 세상을 섬김으로 다스릴 때 이웃을 사랑하라는 하나님의 명령이 성취되는 것입니다.

하나님의 공적인 목적으로 인간인 우리가 이 세상에서 하나님을 대신해 일할 수 있도록 우리를 창조하셨습니다. 통치(rulership)는 하나님께서 인간에게 주신 위임명령(mandate)과 상관이 있습니다. 통치는 '정치 용어'입니다. 하나님의 원래 계획은 그분이 하늘에서 다스리시고 우리가 땅에서 다스리는 것입니다. 하나님의 사역을 감당하는 것입니다. 왕은 다스리는 존재입니다.

왕은 또한 주인(Lord)입니다. 왕은 통치, 다스림과 관련이 있고, 주님(Lord)은 영역이나 영토와 관련이 있습니다.

다니엘 7:18 "지극히 높으신 이의 성도들이 나라를 얻으리니(will receive the Kingdom) 그 누림이 영원하고 영원하고 영원하리라"

다음 글을 읽으십시오.

창세기 1장 26절 말씀에서 중요한 것 두 가지가 있습니다.

창세기 1:26 "하나님이 이르시되 우리의 형상을 따라 우리의 모양대로 우리가 사람을 만들고 그들로 바다의 물고기와 하늘의 새와 가축과 온 땅에 기는 모든 것을 다스리게 하자(Let them have dominion over) 하시고"

첫 번째, 사람(Man-Adam/אדם)이라는 단어가 복수(plural)입니다. 하나님이 사람 한 명을 만든 것이 아니라, 한 종(species)을 만드신 것입니다. 그래서 하나님이 '그들로'라고 말씀하신 것입니다. '그들로'는 히브리어로 '이쉬(איש)'가 사용되었습니다. 복수의 형태로 한 종, 인류를 의미하는 것입니다. 우리의 형상대로 한 종을 만들자고 하신 것입니다. 여기서 형상(image)이라는 것은 바로 그 속성(nature)을 의미하며 또한 성품(character)을 의미합니다. 모든 사람은 하나님의 속성과 도덕적인 성품을 가지고 있습니다. 대부분의 시간에 그렇게 행하고 있지 않다고 해도 각 개인은 일반적으로 그것들을 가지고 있습니다. 그런 다음 하나님이 그 종(species)들에게 그들로 하여금 다스리게 하자라고 하신 것입니다.

두 번째, 히브리어로 다스림(dominion)이라는 말은 '맘라카(ממלכה)'입니다. 영어로는 정확하게 '왕국(Kingdom)'입니다. 하나님이 아담에게 주신 것이 '맘라카', 즉 '왕국'을 주신 것입니다. 왕국은 바로 통치자가 어떤 영역을 다스리는 것을 의미합니다. 그래서 왕은 통치자이고, 그 왕이 영토를 다스리는 것이 왕국입니다. 영토(territory)를 영지(domain)라고 하고 왕을 'King'이라고 합니다. 그래서 왕(King)이 그 영토(domain)에 있으면 바로 왕국(King + domain = Kingdom)이 되는 것입니다. 그러므로 하나님이 아담에게 이 땅을 그 영토로 주신 것입니다. 곧 하나님이 그 영토에 대한 왕권(Kingship)을 아담에게 주신 것입니다. 다시 말하면 통치(rulership)가 인간 창조의 목적인 것입니다. 인간에게 허락하신 위임명령(mandate)인 것입니다.

우리가 경배(worship)에 너무 초점을 맞추어서 이 땅에 영향을 더 많이 끼치지 못하고 있습니다. 이 땅을 잘 다스리지 못하고 있다는 말입니다. 그런 결과로 경건치 못한 것들이 가득하게 된 것입니다. 교회가 위임명령(Mandate)을 잃어버렸습니다. 사람들이 천국 가는 것이 너무 바빠서, 이 땅에 영향을 끼치는 것에 소홀해 버린 것입니다. 이 말은 지금 이 땅에 교회가 자신들이 어디에 있어야 하는지 그 위치(position)를 모른다는 것입니다. 정확하게 말하자면 교회는 자신들의 임무(assignment)를 전혀 모르고 있다는 말입니다.

'맘라카'라는 단어를 통해서 우리는 하나님께서 그들로 다스리게 하자고 하신 정확한 의미를 부여받게 됩니다. 만약 하나님이 처음으로 인간에게 왕국 '맘라카'를 주셨다면 바로 하나님이 그것에 대한 동기(motive), 의도(intent), 목적(purpose)을 가르쳐 주고 있는 것입니다. 바로 이 땅을 다스리는 것입니다. 하나님께서는 인간이 땅을 경영하고(manage), 이끌고(lead), 다스리고(govern), 통제하기(be in charge)를 원하십니다. 그래서 이 땅이 주님을 찾도록 하는 것입니다. 영토가 없이는 왕이 될 수 없습니다. 아무것도 없을 때는 다스릴 수 없습니다. 다스릴 무엇인가가 있어야 하는 것입니다. 그래서 아담과 하와를 창조하시기 전에 하나님은 먼저 땅을 창조하신 것입니다.

아담이 나오기 전에 땅이 이미 만들어졌습니다. 하지만 성경에서는 땅이 만들어지기 전에 아담이 '하나님 안에 있었다'라고 말하기 때문에 창조 이전에 있었던 것은 분명합니다. 그러나 아담이 육신의 형상으로 나타나는(release) 것은 땅이 창조된 이후입니다. 하나님이 영으로 된 통치자(spiritual being)를 만드셨습니다. 영토가 없이는 통치자가 되지 못하기 때문에 성경에서 태초에 하나님이 천지를 창조하신 것입니다.

하나님이 물, 산, 나무, 동물, 곤충, 산소들을 만드셨습니다. 그리고 보시기에 좋았더라고 하신 것입니다. 그런 다음 '이제 사람들을 만들자'라고 하신 것입니다. 다시 말하면 하나님께서는 왕을 위해서 왕국을 먼저 만드신 것입니다. 왕을 위해서 영토를 만드신 것입니다. 하나님께서 아담을 그의 왕국에 보내준 것입니다. 아담이 타락했을 때, 바로 그가 불순종했을 때 아담은 하나님이 주신 것을 잃어버린 것입니다. 하나님께서 아담에게 주신 것은 종교가 아니었습니다. 그래서 예수님께서 이 땅에 오셨을 때, 아담이 잃어버린 것을 되찾기 위해 오신 것입니다. 아담이 잃어버린 것을 찾을 수 있는 방법은 바로 예수님이 무엇을 가지고 오셨는지 연구하면 알 수 있습니다. 사람이 잃어버린 것을 예수님께서 다시 이끌어 오신 것입니다.

「잃어버린 하나님의 왕국」 마일즈 먼로

인간은 무엇을 잃어버렸습니까?

____

____

____

3. 타락으로 통치권을 상실한 인간

1) 아담이 받은 명령

하나님께서는 최초의 인간인 아담을 창조하시면서 다음과 같이 말씀하셨습니다.

창세기 1:28 "하나님이 그들에게 복을 주시며 하나님이 그들에게 이르시되 생육하고 번성하여 땅에 충만하라, 땅을 정복하라, 바다의 물고기와 하늘의 새와 땅에 움직이는 모든 생물을 다스리라 하시니라(God blessed them and said to them, "Be fruitful and increase in number; fill the earth and subdue it. Rule over the fish in the sea and the birds in the air and over every living creature that moves on the ground.")"

창세기 1장 28절에서는 다음 세 가지를 아담에게 명령하고 있습니다.

첫째, 생육하고 번성하라(Be fruitful and increase in number).
둘째, 땅에 충만하라, 땅을 정복하라(fill the earth and subdue it).
셋째, 바다의 물고기와 하늘의 새와 땅에 움직이는 모든 생물을 다스리라 하시니라(Rule over the fish in the sea and the birds in the air and over every living creature that moves on the ground).

2) 노아가 받은 명령

그런데 대홍수 이후에 노아에게 하신 말씀에서는 아담에게 하신 말씀과 다른 부분을 찾을 수 있습니다.

창세기 9:7 "너희는 생육하고 번성하며 땅에 가득하여 그중에서 번성하라 하셨더라(as for you, be fruitful and increase in number; multiply on the earth and increase upon it)"

첫째, 생육하고 번성하며(be fruitful and increase in number).
둘째, 땅에 가득하여 그중에서 번성하라(multiply on the earth and increase upon it).

아담에게 명령하신 내용과 노아에게 말씀하신 것을 비교하면, 하나가 빠집니다. 그것은 '다스림'이었습니다. 인간은 타락 이후 '통치', '다스림'을 잃어버렸기 때문인 것입니다. 인간의 타락은 하나님 왕국을 다스릴 능력을 상실하게 만들어버렸습니다.

4. 예수님을 통해 잃어버린 통치권을 회복한 인간

인간의 타락으로 '통치권'을 상실한 인간은 예수님을 통해 다시 통치권을 회복하게 됩니다. 그리고 예수님께서는 그 잃어버린 '통치권'을 인류에게 다시 허락하셨습니다.

베드로전서 2:9 "그러나 너희는 택하신 족속이요 왕 같은 제사장들이요 거룩한 나라요 그의 소유가 된 백성이니 이는 너희를 어두운 데서 불러내어 그의 기이한 빛에 들어가게 하신 이의 아름다운 덕을 선포하게 하려 하심이라(But you are a chosen people, a royal priesthood, a holy nation, God's special possession, that you may declare the praises of him who called you out of darkness into his wonderful light, NIV)"

요한계시록 5:8-10 "그 두루마리를 취하시매 네 생물과 이십사 장로들이 그 어린 양 앞에 엎드려 각각 거문고와 향이 가득한 금 대접을 가졌으니 이 향은 성도의 기도들이라 그들이 새 노래를 불러 이르되 두루마리를 가지시고 그 인봉을 떼기에 합당하시도다 일찍이 죽임을 당하사 각 족속과 방언과 백성과 나라 가운데에서 사람들을 피로 사서 하나님께 드리시고 그들로 우리 하나님 앞에서 나라와 제사장들을 삼으셨으니 그들이 땅에서 왕 노릇 하리로다 하더라(they will reign on the earth)"

하나님께서는 자신의 귀한 백성들을 나라와 제사장 삼으시고 이 땅에서 왕 노릇 하도록 예정하셨습니다.

그래서 우리는 왕 같은 제사장(Ruler＋Worship)인 것입니다. 한국말로 왕 노릇이라고 번역이 되었지만, 정확히 말해서 왕이 되는 것입니다. 왕을 흉내 내는 것이 아닙니다. 왕과 비슷해지는 것이 아니라 왕 자체가 되는 것을 말합니다.

인간을 위한 하나님의 목적을 거부하면 인류는 끝내 스스로 파멸시키는 것으로 종말을 맞게 될 것입니다. 우리 계획이 하나님의 목적과 위배될 때, 이는 우리 자신을 고통스럽게 할 뿐만 아니라 다른 사람에게도 상처를 주게 됩니다.

우리는 반드시 어떤 물건을 사용할 때 왜 존재하는지를 알고 난 후에 그것을 사용해야 합니다. 만든 이의 참된 의도를 알지 못하면 그것을 올바른 방식으로 다룰 수 없기 때문입니다. 만일 우리가 어떤 물건의 제작 의도를 알지 못한다면 그 물건을 사용하지 않는 것이 최선입니다. 하지만 우리는 보통 그러한 원칙을 깨고 물건을 잘못된 방식으로 사용하곤 합니다.

이처럼 우리가 우리의 존재 목적을 알지 못하면, 우리가 아무리 성실하고 진중하다 해도 결국 우리 자신의 삶을 파괴하고 말 것입니다. 따라서 우리를 향한 하나님의 목적을 발견하는 것이 가장 중요한 일입니다. 이 창조 목적에 대한 지식이 없어서 하나님의 창조물을 잘못된 방식으로 다루게 되는 것입니다.

성경은 하나님의 진노가 불의한 사람들에게 이미 임하고 있다고 말합니다(롬 1:18). 이 말씀은 우리가 가지고 있는 많은 문제가 사실 하나님으로부터 멀어지면서 기인한 것임을 의미합니다. 다시 말해, 하나님이 우리를 벌하시는 것이 아니라 우리가 하나님을 알지 못하고 그분을 따르지 않은 결과로 인해 많은 문제가 생겨난다는 것입니다.

우리는 우리 인생에 대한 하나님의 목적을 알지 못하기 때문에 우리 삶을 잘못 사용하고 있습니다. 목적을 알지 못할 때 우리는 자신에게 상처를 주거나 다른 사람들을 괴롭게 할 수도 있습니다. 때로는 죄책감을 덜기 위해 잘못된 행동을 지속하도록 다른 사람들을 부추기기도 합니다. 우리를 향한 하나님의 목적을 알지 못할 때 우리는 그것을 잘못 사용하게 되고 그로 인해 자신이나 다른 사람들에게 해를 가하는 위험에 처하게 됩니다.

그러나 예수님을 통해서 잃어버린 통치권을 회복한 인간은 하나님의 계획과 목적을 알게 되고, 그것을 성취할 수 있습니다.

5. 예수님과 사복음서

예수님께서 사복음서에서 강조하신 핵심 내용은 무엇입니까?

예수님께서 공생애를 시작하시면서 공개적으로 말씀하신 내용이 있습니다. 그것은 왕국(Kingdom)이었습니다. 그래서 예수님께서 이 '왕국'이라는 단어를 쓰셨을 때, 예수님께서 생각하셨던 왕국의 정의는 '왕의 영향력을 그 해당 지역의 영토에 그분의 의도와 목적대로 확장하는 것이며, 통치의 영향이 영토(territory) 안에 그분의 속성을 드러내는 문화를 가진 시민들을 만들어 내는 것'입니다.[2] 그래서 왕의 존재 이유는 바로 그 영토를 왕국처럼 만드는 것입니다.

우리는 인생에서 무엇을 찾고 있습니까? 사랑, 소속감, 노후를 위한 준비, 음식, 물, 의복, 편안함, 돈, 권세, 신분, 남편, 아내, 빚 청산, 집, 연금. 자녀, 평안, 아름다움, 청춘, 지혜, 건강, 치유, 삶의 질, 우정, 기쁨, 명성, 교회, 목사님의 사랑, 삶의 의미, 목적, 열매, 어둠의 세력, 귀신, 사탄 등과 같은 것을 찾고 있습니까? 아니면 영원하며, 흔들리지 않는 하나님의 나라를 구하고 있습니까?

예수님께서는 분명하게 먼저 하나님의 나라(Kingdom of God)와 하나님의 의(Righteousness of God)를 구하라고 하셨습니다. 그리하면 모든 것을 주시고, 더하신다고 하셨습니다. 우리는 이 땅에 살면서 내일을 걱정하고 많은 염려를 하면서 살아가고 있습니다. 예수님께서는 우리에게 다음과 같이 말씀하셨습니다.

마태복음 4:17 "이때부터 예수께서 비로소 전파하여 이르시되 회개하라 천국이 가까이 왔느니라 하시더라(Repent: for the kingdom of heaven is at hand. KJV)"

마태복음 6:33 "그런즉 너희는 먼저 그의 나라(Kingdom)와 그의 의(Righteousness)를 구하라 그리하면 이 모든 것을 너희에게 더하시리라"

---

2) 피기영, 『킹덤티칭1』, 라이프링크, 2025, p.125.

마태복음 6:25 "그러므로 내가 너희에게 이르노니 목숨을 위하여 무엇을 먹을까 무 엇을 마실까 몸을 위하여 무엇을 입을까 염려하지 말라 목숨이 음식보다 중하지 아니하며 몸이 의복보다 중하지 아니하냐"

마태복음 6:30-31 "오늘 있다가 내일 아궁이에 던져지는 들풀도 하나님이 이렇게 입히시거든 하물며 너희일까보냐 믿음이 작은 자들아 그러므로 염려하여 이르기 를 무엇을 먹을까 무엇을 마실까 무엇을 입을까 하지 말라"

마태복음 6:34 "그러므로 내일 일을 위하여 염려하지 말라 내일 일은 내일이 염려 할 것이요 한 날의 괴로움은 그날로 족하니라(Therefore do not worry about tomorrow, for tomorrow will worry about itself. Each day has enough trouble of its own)"

마태복음 6:7-8 "또 기도할 때에 이방인과 같이 중언부언하지 말라 그들은 말을 많 이 하여야 들으실 줄 생각하느니라 그러므로 그들을 본받지 말라 구하기 전에 너 희에게 있어야 할 것을 하나님 너희 아버지께서 아시느니라"

빌립보서 4:19 "나의 하나님이 그리스도 예수 안에서 영광 가운데 그 풍성한 대로 너희 모든 쓸 것을 채우시리라"

연습 (Exercise)

다음 글을 읽으십시오.

예수님이 오셨을 때 그분은 왕국을 가지고 오셨습니다. 그분은 사람들의 마음에 왕국을 세우기를 소망하셨습니다. 왕국은 이 땅에 하나님의 통치 권세를 회복하 고 그 권세 안에서 살고 활동하는 법을 가르치는 것과 관련되어 있습니다.

시편 27:4 "내가 여호와께(LORD) 바라는 한 가지 일 그것을 구하리니 곧 내가 내 평생에 여호와의 집(House of the LORD)에 살면서 여호와의 아름다움(Beauty of the LORD)을 바라보며 그의 성전에서 사모하는 그것이라"

시편 27:8 "너희는 내 얼굴을 찾으라 하실 때에 내가 마음으로 주께 말하되 여호와여(LORD) 내가 주의 얼굴을 찾으리이다 하였나이다"

주인(Lord)은 이 세상의 정부 시스템에서 찾아보기 힘듭니다. 정부 어디에서도 그렇게 부르지 않습니다. 서구 사회에서는 "Lord"가 없습니다. 히브리어로 주님(Lord)은 때때로 아돈(אדון)의 복수형인 아도나이(אדני)로 번역되며 주인이나 소유자를 의미합니다. 백성의 순종이 없이는 주님의 주권(Lordship)은 없습니다. 주인(Lord)이라는 단어가 남아 있는 유일한 곳이 바로 영국 정부의 'House of Lords(상원)'입니다. 왜 왕을 'Lord'라고 했습니까?

모든 왕국에는 왕이 있습니다. 왕은 그의 나라를 소유합니다. 왕은 그 나라를 다스리는 것이 아니라, 그것을 소유(own)합니다. 왕이 대통령과 총리하고 다른 것이 바로 이것입니다. 대통령이 나라를 소유하는 것이 아니며, 총리가 국가를 소유하는 것도 아닙니다. 하지만 왕은 다릅니다. 왕은 개인적으로 그 땅의 모든 것을 소유합니다. 사람, 부(富), 물, 새, 고양이, 나무 모든 것들이 '왕' 개인의 소유입니다. 바하마가 영국의 식민지였을 때 'Crown Land(왕실 소유지)'라고 불렸습니다. 그 이유는 여왕의 땅이었기 때문입니다.

왕국에는 왕이나 왕의 가족들이 그 나라를 소유합니다. 소유자(Owner)는 성경의 '큐리오스(κύριος)'에서 나왔습니다. 바로 주님(Lord)입니다. 또한 히브리어에서는 '아도'입니다. 여기에서 '아도나이'가 나왔습니다. 그 뜻은 바로 'Master Owner'(총주인)입니다. '여호와'도 마찬가지입니다. '소유자(Owner)'라는 뜻입니다.

그러므로 왕(King)은 자동으로 주인(Lord)이 됩니다. 왜냐하면 자동으로 그의 왕국을 소유하기 때문입니다.

 "땅과 거기에 충만한 것과 세계와 그 가운데에 사는 자들은 다 여호와의

것이로다"

땅은 주인의 것입니다. 그리고 그곳에 충만한 것도 마찬가지입니다. 주인(Lord)이
라는 단어는 소유한다는 의미를 내포하고 있습니다. 이 말은 예수님이 왕이시며
주인이시라는 뜻입니다. 땅과 그 가운데 충만한 것을 다 소유하고 계십니다. 그
래서 소유주는 그가 가지고 있는 것을 어느 누구에게 언제든지 원하는 만큼 줄 수
있는 것입니다. 어느 누구도 그것에 대해 이의를 제기할 수 없습니다.

「잃어버린 하나님의 왕국」마일즈 먼로

예수님께서는 이 땅에 무엇을 가지고 오셨습니까? 인류를 위한 가장 성공적인 통
치를 가져올 수 있는 체제는 무엇입니까?

____

____

____

예수님의 메시지를 살펴보면 왕과 왕국이야말로 인류에게 성공적인 통치를 가져
올 수 있는 유일한 통로라는 것을 알 수 있습니다. 하나님께서 이 세상을 창조하신
목적은 그분의 보이지 않는 하늘의 왕국을 자신의 형상이 담겨 있는 인류로 하여금
이 땅에 확장하시는 것이었습니다. 인류가 하나님의 대사(ambassador)가 되는 것입니
다. 이 땅에서 하나님의 영역인 그분의 나라를 통해 인류가 진정한 통치자 아래에서

모두 동일한 통치자, 즉 왕 같은 제사장이 되는 것이 하나님의 계획이었습니다. 왕국의 개념은 이 땅의 것이 아니라 하늘의 것이며 모든 통치 체계의 기원입니다.

6. 우선순위의 비밀

이 땅에서 가장 효율적인 삶을 살아가는 방법은 무엇입니까? 그것은 우선순위와 관련됩니다.

마태복음 6:33 "그런즉 너희는 먼저 그의 나라와 그의 의를 구하라 그리하면 이 모든 것을 너희에게 더하시리라(and all these things will be given to you as well)"

인간의 우선순위는 보통 자동차, 여행, 관계, 사랑, 강아지, 돈, 물, 음식, 의복, 집, 땅, 안전, 보존, 자아실현(self-actualization), 의미, 철학, 주장, 주의(ism) 같은 것들입니다. 이 땅에서 가장 효율적인 삶을 살기 위해서는 우선순위가 지닌 원리와 힘을 이해해야 합니다. 하루하루 내린 결정들의 결정체가 바로 우리의 삶이기 때문입니다. 그리고 그 결정들은 우리가 매긴 우선순위에 의해 결정됩니다. 올바른 우선순위를 발견하는 것이야말로 성공한 인생의 기준이며 척도입니다.[3]

우선순위가 삶의 질을 결정합니다. 또한 우리의 행동에 영향을 미칩니다. 그래서 우리는 우선순위가 무엇인지 인식하고 이해해야 할 필요가 있는 것입니다. 인생에 있어서 가장 큰 비극은 죽음이 아닙니다. 그것은 목적이 없는 삶입니다. 다시 말하면 잘못된 우선순위를 가지고 살아가는 것입니다. 방향 없이 내가 어디로 가는지 모르고 살아가는 것은 비극입니다.

---

3) 마일즈 먼로(Myles Munroe)의 책 『잃어버린 하나님의 왕국』에서 발췌했다. 하나님 왕국에 관하여 마일즈 먼로 목사님처럼 설명할 수 있는 분이 이 지구상에 존재한다는 것에 대해 너무나 감사하다. 그러나 안타깝게도 마일즈 먼로 목사님은 2014년 비행기 사고로 돌아가셨다.

시간이야말로 인생의 진정한 척도입니다. 무엇이든지 자신이 시간을 투자하는 대로 일은 이루어집니다. 이 시간을 효율적으로 사용할 수 있는 열쇠는 올바른 우선순위를 수립하는 데 있습니다. 우선순위가 올바르게 정해지면 우리의 삶을 유지하고 보호할 수 있게 됩니다. 삶의 목적과 방향에 따라 우선순위를 정할 때 계속되는 성장과 발전 그리고 진보를 보장받을 수 있습니다. 올바른 우선순위는 우리의 시간을 지켜줍니다. 우선순위가 우리의 삶을 지켜주는 것입니다. 우선순위를 제대로 설정하면 의미 있는 목적을 위해 시간을 사용하게 됩니다.

하나님께서는 천지를 창조하셨을 때부터 우선순위를 세우셨고 이것을 인류에게 분명히 선포하셨습니다. 인류를 향한 하나님의 우선순위는 사람이 생각하는 것과는 완전히 다릅니다. 예수님께서는 사람이 생각하는 것을 책망하시며 시작하십니다(마 6:25-32). 예수님께서는 이렇게 말씀하십니다.

"왜 이런 것들로 걱정하느냐,

'음식', '의복', '땅', '차', '집', '돈'으로 우선순위를 삼느냐.

너희 아버지가 그것들이 필요하다는 것을 안다.

그것들은 우선순위가 아니다. 이런 것들은 이방인들이나 우선순위에 둔단다."

우리는 분명히 알아야 합니다. 하나님께서 가장 우선으로 두시는 것이 무엇인지 알고 있어야 합니다.

마태복음 6:33 "그런즉 너희는 먼저 그의 나라(seek first his kingdom)와 그의 의를 구하라 그리하면 이 모든 것을 너희에게 더하시리라"

너희는 먼저 그의 나라와 그의 의를 구하라. 먼저(first)라는 의미가 우선순위(priority)입니다. '그의 나라와 그의 의를 구하면 다른 것들은 더해진다'라고 말씀해 주십니다.

'먼저'는 헬라어로 '프로토스(πρῶτος)'입니다. 대부분 그리스도인이 하나님의 왕국을 구하고 개인적인 것, 즉 '먹을 것', '마실 것', '입을 것'을 나중에 구하는 것으로 생각합니다. 상대적으로 '먼저'라는 정도가 아니고 절대적인 의미로 '무엇보다도 먼저', '첫 번째로'라는 의미입니다. 예수님께서는 '먹을 것', '마실 것', '입을 것'을 걱정하지 말라고 하셨습니다.

> **마태복음 6:31-32** "그러므로 염려하여 이르기를 무엇을 먹을까 무엇을 마실까 무엇을 입을까 하지 말라 이는 다 이방인들이 구하는 것이라 너희 하늘 아버지께서 이 모든 것이 너희에게 있어야 할 줄을 아시느니라"

우리는 이제 삶 가운데 최우선으로 삼아야 할 것이 무엇인지 알게 되었습니다. 하나님의 왕국관이 인류가 지향해야 할 가장 가치 있는 목표인 것입니다. 먼저 하나님의 왕국과 그분의 의를 구하면 인생 가운데 필요한 모든 것이 채워지게 될 것입니다. 우선순위를 지키면 모든 것이 주어지게 됩니다. 이것이 우선순위의 비밀입니다.

'구한다'라는 의미는 '찾아다닌다'라는 뜻입니다. 그리고 추구하고 연구하며 새로운 것을 발견하고 이해하는 것입니다. 또한 배우고 깊이 생각한다는 의미도 여기에 포함됩니다. 그러나 이 모든 단어는 '지속성'을 요구합니다. 끊임없이 찾아야 하는 것을 말합니다. 그래서 이러한 것들을 공부하고, 탐구하고, 추구하고, 이해하려고 노력하고, 어떻게 적용되는지 알아가라고 하시는 것입니다. '구하는 자'는 알고자 하는 욕망이 있어야 합니다. 자신이 추구하는 대상에 대한 열정을 끝까지 지니고 있어야 합니다. 그러면 우선순위의 비밀이 풀어집니다.

그리스도인이 구해야 할 삶의 우선순위는 두 가지가 있습니다.

1) 하나님의 왕국을 구하라

그리스도인이 먼저 구해야 하는 것은 '하나님의 왕국'입니다. 다른 어떤 것보다 선행되어야 할 가장 중요한 위치에 '하나님의 왕국'을 두어야 한다는 뜻입니다. 하나님의 왕국을 가장 가치 있게 여기며 우리의 시선을 사로잡아 그 앞에 복종시켜야 한다는 뜻이기도 합니다. 하나님의 왕국은 다른 어떤 것과도 경쟁할 수 없을 정도로 가장 높은 위치에 있으며, 결국 우리 삶 가운데 절대적인 우선순위가 될 수밖에 없습니다.

예수님께서 '왕국'의 개념을 사용하신 이유가 무엇입니까? 그것은 인류가 종교나 다른 종교적인 의식을 추구하는데 우선순위를 두어서는 안 된다는 것을 보여주시려고 하신 것입니다. '왕국'이라는 단어는 히브리어로 '맘라카'(구약에 4467번), 헬라어로 '바실레이아'(신약에 923번)입니다. 두 단어 모두 '지배', '통치 권력', '왕국', '권세', 또는 '국왕의 권력'을 의미합니다.

실제적인 개념으로서의 '왕국'은 '주어진 영토 안에서 왕이 통치할 수 있는 권한을 행사해 자신의 뜻과 목적, 그리고 의도하는 바를 제대로 발휘하는 곳'을 의미합니다. 성경적 관점에서 '왕국'이라는 단어는 온 세상에 영향을 발휘하는 하나님의 행정권이며 지배력을 온전히 행사하는 권력 그 자체를 의미합니다. 그래서 '하나님의 왕국'이란 하나님께서 실행하시는 계획, 그 자체이면서 법의 집행이며 또한 하늘의 영향력임과 동시에 하나님의 경영이 있는 곳입니다. 하나님의 영향력이 집결된 곳이 바로 '하나님의 왕국'인 것입니다.

왕국이란 주어진 영토 안에서 왕이 통치할 수 있는 권한을 행사해 자신의 뜻과 목적, 그리고 의도하는 바를 온전히 실천하며 이 과정에서 왕의 바램을 그대로 반영하는 문화와 가치, 그리고 도덕률과 삶의 방식이 이 나라의 시민들에게 자연스럽게 드러나는 곳입니다.

2) 하나님의 의를 구하라

그 다음 그리스도인이 구해야 하는 것은 '의'입니다. '의'는 '종교 용어'가 아닙니다. 이것은 '법정 용어'입니다. 법을 실현하는 과정에서 적용되는 단어입니다. 그리고 또 다른 의미로 의롭다는 것은 정부의 권세에 따라 올바르게 위치시키는 것입니다

(rightly position according to the authority of the government). 즉 적절한 자리를 잡아준다는 의미입니다. '의롭게 된다는 것'은 권세 아래 정렬된 상태, 혹은 권력과 함께 적절한 위치에 자리를 잡는 것을 의미합니다. 또한 권력 아래 올바른 관계를 맺는 것, 그리고 법을 준수하며 권력이 요구하는 바를 충족시키는 것을 의미합니다. '의로움'은 본질적으로 통치 권세와 적절한 관계를 맺어 이 권세 아래 놓인 혜택을 제공받을 만한 자격을 받을 수 있는지 확인하는 관문과 같은 역할을 하는 것입니다.

여러분이 운전을 하다가 빨간 불 신호등에 멈추어 섰다면, 당신은 의로운 상태입니다. 정부가 정해놓은 교통법규를 지켰기 때문입니다. 당신이 빨간 불일 때 달린다면, 그것은 의롭지 않은 행동입니다. 왜냐하면 당신이 정부와의 관계를 단절한 것이기 때문입니다. 예수님께서는 하나님의 정부를 먼저 찾고, 그리고 정부가 정해놓은 선 안에 거하는 것, 곧 죄를 짓지 말고, 법을 어기지 말고, 언약을 깨지 말고, 정부와 문제를 만들지 않으면, 너의 모든 필요가 너에게 더해질 것이라고 말씀하셨습니다.

그래서 예수님께서 '하나님의 왕국'과 '의'를 강조하신 것입니다. 여기에는 '물질적인 필요'와 '사회적인 필요', 그리고 각종 '감정적인 필요'와 '심리적인 필요', '재정적인 필요'와 '안전과 관련된 모든 필요'가 모두 포함되어 있습니다. 또한 자존감과 자기 정체성 그리고 삶의 목적을 위한 필요 역시 충족될 수 있습니다.

하나님께서는 인류를 향해 오직 두 가지의 우선순위를 제시하셨습니다. '하나님의 왕국'과 '하나님의 의', 두 가지가 바로 그것입니다 '왕국'은 하늘의 다스리는 권세를 의미합니다. '의로움'은 그 권세 아래 올바른 관계를 맺는 것을 의미합니다. 우리의 삶의 최우선 과제는 바로 하나님의 왕국에 들어가는 것과 하나님의 다스림 안에서 올바른 관계를 맺는 것입니다. 이것이 가장 중요하고 강력한 예수님의 메시지입니다.

어떻게 하면 왕국으로 나아갈 수 있습니까?

왕국의 중심에는 사람이 있습니다. 기관이 있는 것이 아닙니다. 이것이 열쇠입니다. 바로 왕 자신이 그 왕국입니다. 이 왕권은 바로 태생부터 타고난 것입니다. 그래서 예수님께 나오게 되면 '너희가 왕국을 알게 된다'라고 말씀하시는 것입니다.

예수님께서 제자들에게 '하나님의 왕국이 너희와 함께 있다(with you)'라고 하셨습니다. 이 말은 예수님이 그들과 같이 있었다는 말입니다. 하지만 나중에는 '너희 안에 있게 될 것'이라고 하셨습니다. '내가 왕국의 통치자인 성령님을 너희 안에 넣어 줄 것이다'라고 하신 것입니다. 오순절에 예수님께서 제자들에게 불어넣어 주셨습니다. 그들은 문자 그대로 왕국을 받은 것입니다. 왕국은 먼저 사람으로 시작하기 때문입니다. 그리고 나머지는 행정으로 행해집니다.

7. 왕국의 특징

성경에서 말하는 하나님 왕국의 특징들은 다음과 같습니다.

1) 왕국은 왕이 직접 다스리는 곳이다.

왕국은 왕이 다스리는 곳입니다. 무엇보다 왕국은 왕이 자신의 영역 안에서 영향력을 행사할 수 있는 곳입니다.

다윗의 자손이며 영광의 왕이신 예수님께서 이스라엘과 열방을 통치하시기 위해 예루살렘에서 다윗의 보좌에 앉으셔서 다스릴 것입니다. 그리고 원수들은 왕의 발밑에 두실 것입니다.

창세기 49:8-10 "유다야 너는 네 형제의 찬송이 될지라 네 손이 네 원수의 목을 잡을 것이요 네 아버지의 아들들이 네 앞에 절하리로다 유다는 사자 새끼로다 내 아들아 너는 움킨 것을 찢고 올라갔도다 그가 엎드리고 웅크림이 수사자 같고 암사자 같으니 누가 그를 범할 수 있으랴 규가 유다를 떠나지 아니하며 통치자의 지팡이가 그 발 사이에서 떠나지 아니하기를 실로가 오시기까지 이르리니 그에게 모든 백성이 복종하리로다”

시편 2:6-9 “내가 나의 왕을 내 거룩한 산 시온에 세웠다 하시리로다 내가 여호와의 명령을 전하노라 여호와께서 내게 이르시되 너는 내 아들이라 오늘 내가 너를 낳았도다 내게 구하라 내가 이방 나라를 네 유업으로 주리니 네 소유가 땅 끝까지 이르리로다 네가 철장으로 그들을 깨뜨림이여 질그릇같이 부수리라 하시도다”

시편 93:1-2 “여호와께서 다스리시니 스스로 권위를 입으셨도다 여호와께서 능력의 옷을 입으시며 띠를 띠셨으므로 세계도 견고히 서서 흔들리지 아니하는도다 주의 보좌는 예로부터 견고히 섰으며 주는 영원부터 계셨나이다”

시편 110:1-5 “여호와께서 내 주에게 말씀하시기를 내가 네 원수들로 네 발판이 되게 하기까지 너는 내 오른쪽에 앉아 있으라 하셨도다 여호와께서 시온에서부터 주의 권능의 규를 내 보내시리니 주는 원수들 중에서 다스리소서 주의 권능의 날에 주의 백성이 거룩한 옷을 입고 즐거이 헌신하니 새벽이슬 같은 주의 청년들이 주께 나오는도다 여호와는 맹세하고 변하지 아니하시리라 이르시기를 너는 멜기세덱의 서열을 따라 영원한 제사장이라 하셨도다 주의 오른쪽에 계신 주께서 그의 노하시는 날에 왕들을 쳐서 깨뜨리실 것이라”

이사야 11:10-12 “그날에 이새의 뿌리에서 한 싹이 나서 만민의 기치로 설 것이요 열방이 그에게로 돌아오리니 그가 거한 곳이 영화로우리라 그날에 주께서 다시 그의 손을 펴사 그의 남은 백성을 앗수르와 애굽과 바드로스와 구스와 엘람과 시날과 하맛과 바다 섬들에서 돌아오게 하실 것이라 여호와께서 열방을 향하여 기치를 세우시고 이스라엘의 쫓긴 자들을 모으시며 땅 사방에서 유다의 흩어진 자들을 모으시리니”

마태복음 22:43-45 "이르시되 그러면 다윗이 성령에 감동되어 어찌 그리스도를 주라 칭하여 말하되 주께서 내 주께 이르시되 내가 네 원수를 네 발 아래에 둘 때까지 내 우편에 앉아 있으라 하셨도다 하였느냐 다윗이 그리스도를 주라 칭하였으즉 어찌 그의 자손이 되겠느냐 하시니"

로마서 15:12 "또 이사야가 이르되 이새의 뿌리 곧 열방을 다스리기 위하여 일어나시는 이가 있으리니 열방이 그에게 소망을 두리라 하였느니라"

고린도전서 15:23-26 "그러나 각각 자기 차례대로 되리니 먼저는 첫 열매인 그리스도요 다음에는 그가 강림하실 때에 그리스도에게 속한 자요 그 후에는 마지막이니 그가 모든 통치와 모든 권세와 능력을 멸하시고 나라를 아버지 하나님께 바칠 때라 그가 모든 원수를 그 발 아래에 둘 때까지 반드시 왕 노릇 하시리니 맨 나중에 멸망 받을 원수는 사망이니라"

요한계시록 11:15 "일곱째 천사가 나팔을 불매 하늘에 큰 음성들이 나서 이르되 세상 나라가 우리 주와 그의 그리스도의 나라가 되어 그가 세세토록 왕 노릇 하시리로다(He will reign for ever and ever) 하니"

요한계시록 17:14 "그들이 어린양과 더불어 싸우려니와 어린양은 만주의 주시요 만왕의 왕이시므로 그들을 이기실 터이요 또 그와 함께 있는 자들 곧 부르심을 받고 택하심을 받은 진실한 자들도 이기리로다"

요한계시록 19:6b-7 "할렐루야 주 우리 하나님 곧 전능하신 이가 통치하시도다 우리가 즐거워하고 크게 기뻐하며 그에게 영광을 돌리세 어린양의 혼인 기약이 이르렀고 그의 아내가 자신을 준비하였으므로"

2) 왕국은 종교, 민주주의, 공화주의가 아니다.

왕국은 종교도 아니고, 민주주의도 아니고 공화주의도 아닙니다.

▶ 왕국은 종교가 아니다.

우리는 성경을 종교로 제한시켰습니다. 예수님께서는 종교를 창시하려고 오신 것이 아닙니다. 하나님 왕국을 이 땅에 선포하고, 가르치시려고 오셨습니다.

▶ 왕국은 민주주의가 아니다.

민주주의를 기반으로 한 사회에서 성경을 읽으면, 성경을 오해할 소지가 있습니다. 왜냐하면 당신은 그 문화의 경험을 가지고 그 성경을 보려고 하기 때문입니다. 고대 그리스. 로마에서 기원한 민주주의가 오늘날 민주주의의 기원입니다. 많은 그리스도인이 착각을 합니다. 민주주의(民主主義)라는 것은 사람이 주인이라는 뜻입니다. 오직 주인은 하나님이십니다.

▶ 왕국은 공화주의도 아니다.

왕국에는 대통령이 없습니다. 왕국은 왕의 통치가 그의 영토 내에서 그의 의지(will), 목적(purpose), 의도(intend)에 따라서 이루어지는 곳입니다.

3) 왕국은 왕의 속성과 왕국의 문화를 나타내는 시민을 만들어 낸다.

왕국은 왕의 마음에 의해서 영향을 받습니다. 사람들의 입법 활동을 통해서가 아닙니다. 그래서 예수님께서 "당신의 왕국이 임하시고, 당신의 뜻이 이루어지이다"라고 하신 것입니다. 왕국은 왕의 마음과 의지에 영향을 받습니다. 왕의 의지가 왕국에 나타납니다. 또 왕국의 문화가 드러나고, 왕의 속성을 나타내는 시민들을 만들어 냅니다. 온전한 인생에 담긴 비밀은 이 땅에 존재하는 하나님 왕국을 발견하고 이해하며 그 왕국의 원리대로 살아갈 때 드러나게 될 것입니다.

우리를 향한 하나님의 열망은 단 하나입니다. 그것은 우리가 하나님 왕국 안으로 당장 들어가 이를 경험하고 새로운 사실을 발견하는 것입니다. 그리고 이 땅에서 하나님 왕국이 지닌 혜택과 약속들, 그리고 축복들을 누리며 그 방식대로 살아가는 것입니다.

꽃봉오리의 영광은 바로 활짝 핀 꽃입니다. 영광은 어떤 것이 가득히 나타나는 것입니다. 이것은 무언가의 가득한 무게가 나타나는 것이고 바로 이것을 히브리어로 '카보드(כבוד)'라고 합니다. 하나님이 온 세상을 그분의 속성으로 가득히 채우고 싶어 하시는 것입니다.

아담에게 있었던 영광은 하나님의 속성을 의미합니다. 아담은 하나님께 불순종했을 때 그 하나님의 속성을 잃어버렸습니다. 이와 같이 우리의 반역으로 인해 그 영광이 가리워진 것입니다. 그래서 "피조물이 고대하는 바는 하나님의 아들들이 나타나는 것이니(롬 8:19)"라고 하는 것입니다. 피조물들은 아담이 옛적에 어떤 모습이었는지를 기억하고 있습니다. 동물들도 "왜 진정한 하나님의 속성을 볼 수 없냐"라고 외칩니다. 왜냐하면 하나님의 속성이 사람들의 죄로 덮여 있기 때문입니다.

예수님께서는 하나님의 영광을 보여주기 위해서 오셨습니다. 이 땅이 하나님의 속성 곧 영광으로 가득하도록 하시기 위해 오신 것입니다. 사람들이 우리를 보고 천국이 어떤지 알 수 있어야 합니다. 바로 이것이 왕국의 시민의 모습입니다.

4) 왕국은 왕국의 시민들을 통해 하늘의 영향력과 문화를 이 땅에서 이식시키는 것이다.

왕국은 왕의 통치의 영향이 그의 영역 안에서 그의 의지와 목적, 뜻 그리고 의도를 이룰 수 있는 곳이며 왕이 지닌 품성과 가치들 그리고 도덕적 규범 등이 문화와 사회 속에서 반영되어 나타나는 곳입니다. 왕의 뜻이 전 영역에 고루 전달되어 백성들에게 영향을 미치며 왕이 직접 통치하는 곳이 바로 왕국입니다.

그래서 하나님의 형상으로 창조되어 하나님의 이름으로 통치 권력을 가지게 된 왕국의 시민들을 통해 하늘 왕국의 권능이 나타날 때 하나님의 통치가 이 땅 가운데에서도 일어나는 것입니다.

왕국이라는 개념은 인류에 의해서 창조된 것이 아닙니다. 가장 먼저 통치의 형태를 소개한 분은 창조주 하나님이십니다. 하나님에게서 받은 인류 최초의 사명은 바로 '왕국'에 대한 것입니다. 인류의 사명은 하늘의 영향력과 문화를 이 세상에 심는 것입니다. 인류에게 심겨 있는 하나님의 형상을 확장시켜 하늘에 속한 규칙들을 펼쳐 보이는 방법을 통해서 하나님의 속성과 가치들 그리고 도덕적 삶을 이 세상에 전파하는 것입니다.

이 땅의 사람들이 왕국 시민의 삶의 방식, 태도, 문화적 반응을 보며 하나님 왕국이 어떤 곳인지 알 수 있어야 합니다.

5) 왕국은 하늘로부터 오는 능력을 근간으로 건설된다.

세상은 독자적으로 하늘의 왕국을 일으킬 힘을 가지고 있지 않습니다. 하늘에서부터 오는 능력을 근간으로 건설해야만 하는 것이 바로 하늘의 왕국입니다. 인류는 왕국을 잃어버렸습니다. 하지만 왕국이야말로 인류가 고대하는 것입니다.

고린도전서 15:20 "하나님의 나라는 말에 있지 아니하고 오지 능력에 있음이라"

6) 왕국은 문화를 만들어 내지만 종교는 시스템을 만들어 낸다.

종교는 체제를 만들어 내지만, 왕국은 문화를 만들어 냅니다. 종교는 시스템을 만들고, 규칙 리스트를 만들어서 사람들이 따라오게 만듭니다. 왕국은 문화를 만들어 냅니다. 이 말은 자연스러운 삶의 방식을 말하는 것입니다. 하나님은 돌 판에 새겨진 율법을 좋아하지 않으셨습니다. 이 법들을 좋는 것이 아니라, 우리의 머리와 마음에 새겨서 자연스러운 생활 방식(natural life style)이 되도록 하는 것을 원하셨습니다.

우리는 서로를 사랑해야 합니다. 그분이 시켜서가 아니라 우리의 문화이기 때문입니다. 우리는 원수를 용서해야 합니다. 죄책감이 아니라 우리의 문화이기 때문입니다. 우리의 왕국에서는 원수를 사랑하는 것이 생활 방식이기 때문입니다. 우리는 그냥 그렇게 사는 것입니다. 나누는 것도 마찬가지입니다. 강요당하는 마음에서 하는 헌금은 종교적 행위입니다. 천국 문화에 젖은 왕국 시민이라면 물질로써 세계 복음 전파에 헌신하는 것을 기뻐합니다. 하지만 대부분 그렇지 않고 강요를 당합니다. 왜냐하면 그것이 종교적이기 때문입니다. 헌금이 문화가 되면 그것은 아주 자연스러운 것이 됩니다.

마태복음 23:13 "화 있을진저 외식하는 서기관들과 바리새인들이여 너희는 천국 문(You shut the door of kingdom of heaven)을 사람들 앞에서 닫고 너희도 들어가지 않고 들어가려 하는 자도 들어가지 못하게 하는도다"

화 있다고 예수님께서 저주한 사람들은 죄인들이 아니었습니다. 종교인들이었습니다. 예수님은 어떤 죄인에게도 저주나, 화 등을 언급하신 적이 없습니다. 하지만 종교인들에게는 '화 있을진저'라고 말씀하셨습니다. 바리새인들과 율법 학자들은 사람들 앞에서 왕국에 들어가지 못하게 앞에서 문을 잠가(shut) 버렸습니다. 그것은 왕국에 대해서 언급도 하지 않는다는 것입니다. 서기관과 바리새인 자신들도 들어가고자 하지 않는다고 하셨습니다. 또한 들어가고자 하는 자들에게도 들어가지 못하게 한다고 말씀하셨습니다.

하나님의 왕국은 하나님의 사랑과 지혜와 생각을 드러냅니다.

요한일서 4:18 "사랑 안에 두려움이 없고 온전한 사랑이 두려움을 내쫓나니 두려움에는 형벌이 있음이라 두려워하는 자는 사랑 안에서 온전히 이루지 못하였느니라"

야고보서 3:17 "오직 위로부터 난 지혜는(But the wisdom that comes from heaven) 첫째 성결(pure)하고 다음에 화평(peace-loving)하고 관용(considerate)하고 양순(submissive)

하며 긍휼(mercy)과 선한 열매(good fruit)가 가득하고 편견(impartial)과 거짓이 없나
니(sincere)"

7) 왕국의 가장 큰 적은 종교다

종교를 심어줌으로 사람들이 하나님 왕국에 들어가지 못하게 하기 때문에 종교는
왕국에 대한 가장 큰 경쟁자이고 왕국에 대한 가장 큰 위협입니다. 왜냐하면 종교는
하나님의 왕국을 대체하려고 하기 때문입니다. 하나님의 왕국으로 가는 것을 방해하
는 것은, 그 어떤 것이라도 하나님을 대적하는 것입니다.

예수님은 절대 종교 그룹에 들어가지 않으셨습니다. 그분은 산헤드린 공회에 들어
가지 않으셨습니다. 심지어 예수님을 잡아서 산헤드린 공회에 세웠을 때조차 한마디
도 하지 않으셨습니다.

왜냐하면 그것은 종교 재판이었기 때문입니다. 그분은 종교적인 분이 아니기 때문
입니다. 예스님께서 빌라도에게 가기 전까지는 아무런 말씀을 하지 않으셨습니다.
하지만 빌라도를 만나신 다음에는 빌라도가 로마 제국의 사람이기 때문에 말씀하신
것입니다. 빌라도는 황제(왕)를 섬기는 제국(왕국)의 사람이었습니다.

종교 지도자들이 예수님을 잡아 그날 밤에 종교 재판에 세웠습니다. 하지만 예수
님은 어떤 답변도 하지 않으셨습니다. 왜냐하면 그곳은 잘못된 법정이었기 때문입니
다. 하지만 빌라도에게는 말씀하셨습니다. 그것은 왕국에 관한 것이기 때문에 이제
이야기할 수 있었던 것입니다. 빌라도가 예수님께 "네가 왕이냐?"라고 묻자, 예수님
은 다음과 같이 말씀하셨습니다.

요한복음 18:37 "빌라도가 이르되 그러면 네가 왕이 아니냐 예수께서 대답하시되
네 말과 같이 내가 왕이니라 내가 이를 위하여 태어났으며 이를 위하여 세상에 왔
나니 곧 진리에 대하여 증언하려 함이로라 무릇 진리에 속한 자는 내 음성을 듣느
니라 하신대"

예수님께서 빌라도에게 하신 말씀을 다시 풀어보면 이렇습니다.

'나는 왕이기 때문에 이 땅에 왔다.

그리고 시험들을 통해 내가 왕임을 증명하려 한다.

왕이 이곳에 있으며 그의 왕국이 도래했다는 진실을 확인시키려는 것이다.

그리고 누구든 이 왕국으로 들어오는 것이 가능해졌다는 사실을 알리려 한다.'

진리에 속한 사람은 주님의 음성을 듣습니다. 진리는 무엇입니까? 예수님께서 왕이시라는 것을 믿는 것입니다. 예수님께서 이스라엘에서는 큰 믿음을 찾지 못했다고 하셨습니다. 그러나 큰 믿음을 왕국의 사람(Kingdom Man)에게서 찾았습니다. 그 사람이 바로 로마 백부장입니다.

마태복음 8:5-10 "예수께서 가버나움에 들어가시니 한 백부장이 나아와 간구하여 이르되 주여 내 하인이 중풍 병으로 집에 누워 몹시 괴로워하나이다 이르시되 내가 가서 고쳐 주리라 백부장이 대답하여 이르되 주여 내 집에 들어오심을 나는 감당하지 못하겠사오니 다만 말씀으로만 하옵소서 그러면 내 하인이 낫겠사옵나이다 나도 남의 수하에 있는 사람이요 내 아래에도 군사가 있으니 이더러 가라 하면 가고 저더러 오라 하면 오고 내 종더러 이것을 하라 하면 하나이다 예수께서 들으시고 놀랍게 여겨 따르는 자들에게 이르시되 내가 진실로 너희에게 이르노니 이스라엘 중 아무에게서도 이만한 믿음을 보지 못하였노라"

로마 백부장은 로마 제국의 사람으로, 왕국의 개념을 가지고 있었습니다.

8) 왕국의 시민들은 법적인 근거를 가지고 당당히 요청한다.

종교를 가지고 있는 사람은 자신이 섬기는 신에게 무엇인가를 달라고 요청합니다.

일반적으로 신들은 선물을 주기 때문입니다. 하지만 왕국에서 살아가는 시민은 자신이 시민이기 때문에 당연하게 요구합니다.

종교에 소속된 사람은 신을 향해 감정에 호소합니다. 울면서 제발 들어달라고 하면서 기도합니다. 그러나 응답을 받지 못합니다. 하지만 왕국의 시민은 권리에 근거해서 요구합니다. 왕국의 시민은 심판이나 판사 앞에서 울면서 애걸하지 않습니다. 헌법에 근거(legal ground)해서 요청하는 것입니다.

로마의 백부장이 예수님께 말씀드렸을 때, 그는 로마 헌법의 능력에 근거해서 행한 것입니다. 그래서 예수님께서 하나님의 왕국을 이렇게 잘 이해하는 사람을 본적이 없다고 하신 것입니다. 백부장은 당신이 왕이라면 말하는 것이 법이 되니까, 말씀만 하시면 나의 종이 나을 것이라고 답변합니다. 백부장은 종교적 개념을 기초로 예수님께 나아온 것이 아니라, 왕국의 시민으로서 왕을 알현한 것처럼 나아왔던 것입니다.

예수님께서는 이것이 바로 왕국의 생각(Kingdom thinking)과 개념이라고 하신 것입니다. 종교적 개념에 사로잡혀 있던 이스라엘 사람 중에서 이만한 믿음을 지닌 자가 없었다고 이야기하신 이유가 바로 이것입니다. 그런 이유로 하나님께서는 사도 바울을 택하신 것입니다. 그가 로마의 시민권을 지닌 사람이었기 때문입니다.

이스라엘 사람들은 기도를 오래하고, 애걸하고, 길게 말합니다. 그래야 응답해 주신다고 생각합니다. 많은 사람의 기도가 응답이 되지 않고 치유가 되지 않는 이유는 감정적으로 접근해서 하나님께서 미안하게 느끼도록 해드리면 응답해 줄 것이라고 생각하기 때문입니다.

그러나 왕국의 사람들은 왕에게 합법적으로 요구합니다. 왕이 한 마디하면 모든 것이 이루어지기 때문입니다. 왕국의 시민들은 마치 재판관에게 나아가는 것처럼 요구해야 하는 것입니다. 법적인 근거를 가지고 명확하게 요구하는 것입니다.

9) 왕국에는 종교인이 없다.

왕국에서는 종교인이 없습니다. 오직 종교에만 종교인이 있습니다. 왕국에는 시민이 있는 것입니다. 그래서 바울이 우리의 시민권이 천국에 있다고 했던 것입니다.

빌립보서 3:20 "그러나 우리의 시민권은 하늘에 있는지라 거기로부터 구원하는 자 곧 주 예수 그리스도를 기다리노니"

예수님은 절대로 종교인이라는 표현을 쓰지 않으셨습니다. 왕은 자기 나라에 종교인들을 데리고 있는 것이 아니라, 시민들을 데리고 있습니다. 그리스도인들은 종교에 속해 있는 사람들이 아닙니다. 그리스도인들은 하나님의 왕국에 속해 있는 '천국 시민'들인 것입니다.

그리스도인들은 종교인들이 아닙니다. 그리스도인들은 하나님 왕국의 시민들입니다. 시민은 하나님 왕국에 속한 사람들입니다.

10) 왕국에는 삼위일체 하나님을 닮은 자들이 모여있는 곳이다.

에베소서 1:10 "하늘에 있는 것이나 땅에 있는 것이 다 그리스도 안에서 통일되게 하려 하심이라"

골로새서 1:15-19 "그는 보이지 아니하는 하나님의 형상이시오 모든 피조물보다 먼저 나신 이시니 만물이 그에게서 창조되되 하늘과 땅에서 보이는 것들과 보이지 않는 것들과 혹은 왕권들이나 주권들이나 통치자들이나 권세들이나 만물이 다 그로 말미암아 그를 위하여 창조되었고 또한 그가 만물보다 먼저 계시고 만물이 그 안에 함께 섰느니라 그는 몸인 교회의 머리시라 그가 근본이시요 죽은 자들 가운데서 먼저 나신 이시니 이는 친히 만물의 으뜸이 되게 하심이요 아버지께서는 모든 충만으로 예수 안에 거하게 하시고"

골로새서 1:26-27 "이 비밀은 만세와 만대로부터 감추어졌던 것인데 이제는 그의 성도들에게 나타났고 하나님이 그들로 하여금 이 비밀의 영광이 이방인 가운데 얼마나 풍성한지를 알게 하려 하심이라 이 비밀은 너희 안에 계신 그리스도시니 곧 영광의 소망이니라"

골로새서 3:9-10 "너희가 서로 거짓말을 하지 말라 옛 사람과 그 행위를 벗어 버리고 새 사람을 입었으니 이는 자기를 창조하신 이의 형상을 따라 지식에까지 새롭게 하심을 입은 자니라"

11) 왕국은 인간이 필요로 하는 것이 모두 준비된 곳이다.

빌립보서 4:19 "나의 하나님이 그리스도 예수 안에서 영광 가운데 그 풍성한 대로 너희 모든 쓸 것을 채우시리라"

하나님 왕국의 성령님과 문화[1]

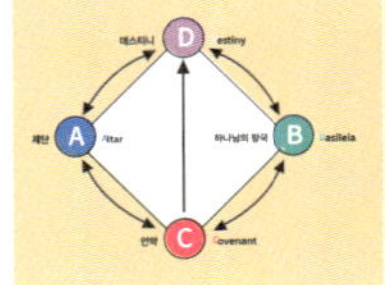

하나님 마음에 있는 소원을 성취하기 위해 인간은 이 땅을 통치해야 한다.
하나님의 왕국이 이 땅에 임하도록 하는 것은
놀라운 축복이며 인간은 이 일을 위해 창조되었다.

1. 왕국의 식민지(植民地, colony of God's Kingdom)

왕국(Kingdom)은 왕이 원하는 윤리, 도덕, 가치, 삶의 양식, 문화, 통치 그리고 영향력이 영토(territory) 안에서 구현되는 곳입니다. 그러므로 왕국의 구성 요소 중 가장 중요한 것은 왕의 영향력이 표출될 수 있는 땅이 있어야 하는 것입니다. 왕은 자신의 의지, 목적, 의도대로 왕국 안에 거하는 자신의 백성을 보호하고, 양육하고, 세워나가는 일을 합니다. 그래서 왕국에서는 왕이 정부의 수장인 것입니다.

예수 그리스도는 대통령이 아닙니다. 내각제 총리도 아닙니다. 그분은 왕이십니다. 왕은 투표로 선출되지 않습니다. 왕은 태어나면서부터 왕입니다. 왕은 자신의 영토에서 자신의 백성들을 친히 다스리시는 분이십니다. 하늘의 보좌에 좌정하고 계시는 하나님께서는 이 땅을 당신의 식민지(植民地)로 삼기를 진심으로 원하고 계십니다.

많은 경우 식민지라는 표현을 부정적으로 볼 수 있습니다. 특히 제국들로 인해 식민 지배를 받은 경험이 있던 나라들은 이 단어를 극단적으로 거부하는 경향이 있습

---

1)　이 과는 마일즈 먼로 목사님의 책을 요약 정리해서 구성했다.

니다. 그 이유는 국가로서의 주권을 상실한 쓰라린 경험을 했기 때문입니다. 대한민국 국민은 식민지에 관해서 대단히 부정적입니다. 그래서 일본을 극단적으로 싫어합니다. 그러나 다른 경우도 있습니다.

'영연방(英聯邦)'을 표현하는 영어 단어는 'commonwealth'입니다. '공화국', '공화정'을 뜻하며 'republic'과 비슷한 단어입니다. '영연방'은 '영국의 지배를 받았던 국가들을 중심으로 구성된 국제기구'입니다. 서로 협력하고 우의를 증진하고 있는 단체로 캐나다, 오스트레일리아, 뉴질랜드 등 영국의 식민지였던 국가로 구성된 국제기구입니다. 오늘날에는 영연방에 가입한 국가가 56개국에 이릅니다. 심지어 영국과 영국의 식민지였던 나라들이 4년마다 영연방 소속 국가 간의 종합 스포츠 대회(commonwealth games)까지 개최하고 있습니다.

식민 종주국에 대한 악감정이 있다면 어떻게 지금까지 연합체를 구성해서 협력할 수 있겠습니까? 식민지에 관한 정의는 누군가에게는 치욕으로 다가옵니다. 그러나 누군가에는 기념할 만큼 좋은 추억으로 가슴에 새겨져 있다는 것입니다. 식민지(植民地)[2]의 해석은 다음과 같습니다.

"본국 밖에 있으면서 본국의 특수한 지배를 받는 지역"

하나님께서는 이 땅을 당신의 식민지로 만들기 원하십니다. 하나님 왕국을 이 땅에 이식하기 위해서는 두 가지가 중요합니다.

1) 문화(성령의 열매)

먼저 천국(kingdom of heaven)의 생활 방식, 행동 양식 그리고 문화를 이 땅에 이식(移植)해야 합니다. 이 일은 사람들(people)을 통해서 진행됩니다.

---

2) 식민지의 한자는 '심을 식(植)', '백성 민(民)', '땅 지(地)'로 '자국민을 어느 지역에 심는다'라는 표현이다.

 "오직 성령의 열매는 사랑과 희락과 화평과 오래 참음과 자비와 양선과 충성과 온유와 절제니 이같은 것을 금지할 법이 없느니라"

영국 런던에 무슬림 인구가 1,300,000명 정도 거주하고 있습니다. 백인이 살았던 동네에 소수의 무슬림이 정착하기 시작합니다. 시간이 지나면서 많은 무슬림이 유입됩니다. 얼마 후 마을 전체가 완전히 이슬람 공동체가 되어버립니다. 그러면 자연스럽게 이슬람 문화가 무슬림을 통해 한 지역에 주도적 문화로 자리를 잡게 됩니다.

하나님의 왕국도 마찬가지로 이렇게 되어야 합니다. 천국의 문화가 성령의 열매로 충만한 하나님 왕국의 시민들을 통해서 이 땅에 퍼져나가는 것입니다. 하나님의 말씀에 기초하여 국가가 세워져야 합니다. 시간이 필요하지만 사랑, 희락, 화평, 오래 참음, 자비, 양선, 충성, 온유, 절제와 같은 하나님 왕국의 문화가 이 땅에 이식되어야 합니다. 성령의 열매는 하나님 왕국의 생활 양식, 행동 방식을 나타내는 것이기에 그리스도인들은 사회 각 영역에서 하나님 왕국의 삶이 주도적 문화가 되도록 일조(一助)해야 합니다.

성령의 열매는 그리스도인들이 이 땅을 살아가는 가치관, 행동 양식, 생활 방식, 성품의 속성을 품고 있는 것이며, 그것은 사람들을 통해서 반드시 공동체의 관계성 안에서 문화로 표출됩니다. 하나님의 사람들은 하늘의 문화를 이 땅에 이식하고 드러내야 하는 사명이 있습니다.

"성령의 열매는 천국의 문화다"

2) 권능(성령의 은사)

두 번째는 은사를 통해 이 땅에 수많은 사람이 하나님 왕국으로 인도될 수 있습니다. 은사는 하늘나라의 주권(sovereignty)이자 권능(authority)입니다. 주권이란 한 국가의 가장 중요한 권리며, 국민이 나라의 중요한 일을 스스로 결정하는 권리를 말합니다.

 "은사는 여러 가지나 성령은 같고 직분은 여러 가지나 주는 같으며 또 사역은 여러 가지나 모든 것을 모든 사람 가운데서 이루시는 하나님은 같으니 각 사람에게 성령을 나타내심은 유익하게 하려 하심이라 어떤 사람에게는 성령으로 말미암아 지혜의 말씀을, 어떤 사람에게는 같은 성령을 따라 지식의 말씀을, 다른 사람에게는 같은 성령으로 믿음을, 어떤 사람에게는 한 성령으로 병 고치는 은사를, 어떤 사람에게는 능력 행함을, 어떤 사람에게는 예언함을, 어떤 사람에게는 영들 분별함을, 다른 사람에게는 각종 방언 말함을, 어떤 사람에게는 방언들 통역함을 주시나니 이 모든 일은 같은 한 성령이 행하사 그의 뜻대로 각 사람에게 나누어 주시는 것이니라"

하나님의 왕국을 이 땅에 확장시키기 위해서 하나님께서는 성령의 은사를 통해 일하십니다. 은사는 강력한 권능이 있습니다. 은사를 통해서 수많은 사람이 하나님의 왕국에 들어을 수 있습니다. 은사는 놀라운 매개체입니다. 은사는 무엇인가를 성취하도록 하는 종력을 제공합니다.

"성령의 은사는 천국의 권능이다"

바울은 성령의 은사를 지혜의 말씀, 지식의 말씀, 믿음, 병 고침, 능력 행함, 예언, 영들 분별, 각종 방언 말함, 방언들 통역으로 구분하고 있습니다.

성령의 은사는 하나님의 주권과 권능을 드러냅니다. 성령님의 은사는 하나님 왕국의 시민이 자신의 임무를 수행하기 위해 주어지는 능력입니다. 그 능력들은 하나님의 뜻이 세상에 펼쳐지도록 하기 위해서만 사용되어야 합니다. 그래서 성령님이 주시는 은사들은 임명받은 사람들이 갖게 되는 권능과 권위, 주권을 의미하는 것입니다.

오순절 다락방에 성령의 불이 임할 때 120명의 제자는 하나님 왕국의 문화를 이 땅에 퍼뜨리기 위한 성령의 권능을 받았습니다. 그 권능은 성령의 은사였습니다.

성령의 열매가 하나님의 본성이 드러나는 하나님 왕국의 문화적 특징들이라면, 성령의 은사는 그 특징들이 더 발전한 하나님의 능력과 권능, 주권입니다. 이와같이 하나님께서는 성령의 열매(문화)와 성령의 은사(권능)로 이 땅을 천국의 식민지로 만들어 가십니다.

다음 글을 읽으십시오.

문화와 권능이 없이는 식민화가 이루어질 수 없습니다. 사랑, 희락, 화평, 오래 참음, 자비, 양선, 충성, 온유, 절제와 같은 열매는 권능과는 아무 상관이 없는 문화와 관련된 것들입니다. 천국의 문화인 것입니다.

문화는 우리가 어떤 사람들인지 보여줍니다. 이스라엘은 자기들만의 문화가 있고, 레바논도 자기들만의 문화가 있습니다.

요르단도 마찬가지입니다. 또한 나이지리아와 가나도 같은 아프리카의 같은 흑인들의 나라이지만 문화는 전혀 다릅니다. 잠비아, 말라위, 보츠와나도 모두 아프리카의 흑인 국가이지만 문화가 그들을 구별시켜 줍니다.

그래서 어떤 사람들의 문화를 이해하게 되면 곧 그 사람들에 대한 지식을 가지게 됩니다. 요점은 온 땅에 대한 하나님의 계획은 천국의 문화로 채우는 것입니다. 바로 사람은 그 문화로 구별되기 때문입니다. 우리가 어떻게 살고 어떻게 행동하는지로 어떤 왕국에 속해 있는지를 알게 됩니다.

하나님 왕국의 열매는 곧 하나님 왕국의 문화를 의미합니다. '문화(culture)'라는 말의 어원은 '재배하다(cultivar)', '경작하다', '키우다'와 깊이 관련이 있습니다. 아담과 하와가 에덴에서 쫓겨나 일을 하면서 농사를 재배하고, 가축을 키우게 됩니다. 비로소 문화가 시작된 것입니다.

우리가 성령을 받았다는 것은 곧 하나님 왕국의 씨앗이 심어졌다는 뜻입니다. 우리는 그 씨가 잘 자라도록 하나님 왕국의 영양분을 공급해야 합니다. 문화는 성장하는 것입니다. 성숙의 과정을 겪으면 자연스럽게 열매가 맺어지게 됩니다. 성령의 열매 역시 하나님 왕국의 시민이 지속적으로 하늘의 문화를 이식받고, 그리스도를 닮아가는 삶을 살아가는 과정에서 열리게 됩니다.

우리가 하나님 왕국의 시민으로 살아간다면 우리의 삶에서 '선함'이 자연스럽게 드러난다는 것입니다. 종교는 경쟁에 기반하고, 간혹 파괴도 가져옵니다. 하나님의 왕국은 종교가 아닙니다. 하나님의 왕국은 문화를 가진 나라입니다. 우리를 싫어하는 자를 사랑할 것입니다. 우리를 경멸하고 이용하는 자들을 선대(善待) 할 것입니다. 우리를 학대하는 자를 용서할 것입니다. 원수도 미워하지 않을 것입니다. 왜냐하면 이것이 우리의 문화이기 때문입니다.

우리가 하나님의 사람들이라면 성령의 열매를 통해서 하나님 왕국의 문화가 이 땅에 가득해지고 백성들의 삶에서 자연스럽게 배어 나올 것입니다.

통치자(Gcvernor)는 성령님이십니다. 성령님께서 통치자로서 이 땅을 하나님의 왕국의 식민지가 되도록 백성들을 사용하십니다.

「내가 만난 최고의 VIP, 성령님」 마일즈 먼로

하나님 왕국의 문화가 이 땅에 확장되기 위해서는 믿음의 사람들이 어떤 태도와 자세를 취해야 합니까?

2. 문화의 주체이신 성령 하나님

하나님 왕국에서 문화의 주체는 성령님이십니다. 오직 성령님께서 하나님 왕국의 문화를 만들어 가십니다.

요한복음 20:22 "이 말씀을 하시고 그들을 향하사 숨을 내쉬며 이르시되 성령을 받으라"

로마서 14:17 "하나님의 나라는 먹는 것과 마시는 것이 아니요 오직 성령 안에 있는 의와 평강과 희락이라"

요한복음 16:13 "그러나 진리의 성령이 오시면 그가 너희를 모든 진리 가운데로 인도하시리니 그가 스스로 말하지 않고 오직 들은 것을 말하며 장래 일을 너희에게 알리시리라"

요엘 2:28 "그 후에 내가 내 영을 만민에게 부어 주리니 너희 자녀들이 장래 일을 말할 것이며 너희 늙은이는 꿈을 꾸며 너희 젊은이는 이상을 볼 것이며"

예수님께서는 제자들을 향해 숨을 내쉬면서 성령을 받으라고 말씀하셨습니다. 하나님의 왕국은 성령님 안에 있는 '의'와 '평강'과 '희락'입니다. 진리의 성령님이 임하시면 놀라운 일이 벌어집니다. 하나님은 만민에게 성령을 부어주시기를 원하십니다. 그 성령님이 바로 하나님 왕국의 문화를 이 땅에 가져다주는 주체(主體)이십니다.

연습 (Exercise)

다음 글을 읽으십시오.

1954년 나는 바하마에서 태어났는데, 영국의 식민지로 200년이 되는 시점이었습니다. 이 섬의 가장 중요한 사람은 영국에서 온 백인 주지사(governor)였습니다. 그 사람은 섬 가운데의 핑크색 집에 살았습니다. 통치자였던 주지사는 절대로 그 식민지에서 오지 않습니다. 직접 왕국에서만 옵니다. 그의 존재는 바로 왕국이 그곳에 있다는 것을 의미합니다. 그의 책임(responsibility)은 식민지를 왕국처럼 만들어야 하기 때문에 그렇습니다. 그곳에 속해 있을 때는 그곳을 다른 곳으로 변화시킬 수 없습니다. 다른 곳에서 와야만 합니다. 그래서 성령님이 하늘에서 오신 것입니다. 왕국으로부터 독립을 선언하게 되면 이 주지사는 떠나야 합니다. 주지사가 떠났다는 것은 곧 정부가 떠났다는 말입니다. 왕이 다시 식민지를 되찾기 위해서는 왕이 주지사를 그 안에 품고 다시 식민지로 돌아와야 합니다.

그래서 예수님께서 성령님을 그 안에 모시고 오신 것입니다. 3년 반 동안 성령님께서 하시는 것만 하셨습니다. 3년 반 동안 이 땅에 성령님의 역사도 없었습니다. 그리스도께서 이 땅에 계시는 동안 말입니다. 왜냐하면 성령님께서 예수님 안에 거하고 계셨기 때문입니다. 예수님은 왕으로서 통치자를 다시 식민지에 이끌어 오신 것입니다. 그리고 가장 먼저 시민들을 회복시킨 것입니다.

갈보리 사건에 대해서 살펴보겠습니다. 경험상 주시자가 사는 집은 식민지의 사람들에 의해서 지어진 집이 절대로 아닙니다. 왕국의 왕이 그 집을 지어줍니다. 바하마 주지사의 핑크색 집은 영국의 왕이 지어준 것입니다. 하나님이 이 땅을 식민지로 가지고 계셨고, 통치자가 살 집을 만드셨습니다. 여러분의 몸을 땅의 흙으로 지으셨습니다. 성경은 여러분의 몸이 성령님의 집이라고 말하고 있습니다. 성령님이 거절되었을 때, 그 집이 오염되어서 통치자는 그 집을 떠나야 했습니다. 우리의 집은 더러워졌고, 통치자는 거룩하신 분이기 때문입니다.

그리스도께서 십자가에서 피를 흘리신 것은 그 집을 청소하고, 회복하고, 정결케 하고 그런 다음 떠나시기 전에 통치하시는 성령님을 받으라고 하신 것입니다.

아담이 죄를 범했을 때, 성령님은 떠나셨습니다. 예수님께서 왕으로서 통치자인 성령님을 그분 안에 품고 우리에게 풀어놓으신 것입니다. 십자가에서 돌아가셨을 때 오염된 그 집을 깨끗하게 만들어 주신 것입니다. 아담의 죄로 인해서 통치자는 어떤 인간의 몸 안에도 거하실 수 없었습니다.

창세기 3장부터 요한복음 20장까지 '성령님이 사람 안에 거했다'라는 구절이 없습니다. 성령님께서 사람들 위에 임했다가 예언을 하고 떠나기는 했었습니다. 삼손에게도 임하셔서 역사하시고 떠나셨으며, 엘리야에게 임하셨다가 떠나셨습니다. 성령님이 하나님의 남종과 여종에게 임하셨다가 떠나셨던 것만을 성경은 기록하고 있습니다.

예수님이 이 땅에 오셨을 때, 하나님의 왕국이 너희와 함께(with you) 있지만, 후에는 너희 안에(in you) 있게 된다고 말씀하셨습니다. 이 일은 십자가에서 피를 흘리시고, 우리를 정결케 하시고, 용서하시고, 부활하시어, 이것을 내가 오래 기다렸다고 하시며, 이제 성령님을 받으라고 말씀하십니다.

여기서 '받다(receive)'라는 단어는 2개로 만들어진 단어입니다. 're'+'ceive'로 만들어졌습니다. 're'는 '다시 원래 상태로 돌아가라'라는 것이고, 'ceive'는 '소유하다'라는 의미입니다. 'ceive'는 '가지는 것'이고, 'receive'는 '다시 가지는 것'입니다. 예수께서 성령님을 받으라고 하는 것은 너희가 이전에 가지고 있었고, 하지만 잃었던 것을 이제 다시 받으라고 하는 것입니다. 이 세상에서 가장 중요한 분은 여전히 통치자이신 성령님이십니다. 왜냐하면 통치자가 있는 곳에 왕국이 임하기 때문입니다. 그래서 사도 바울은 이렇게 말했습니다.

세상은 성령님이 필요합니다. UN도, 총리도, 대통령도, 주지사도 모든 사람에게 필요하다는 말입니다. 통치자는 왕을 대변하고, 왕의 생각을 대변합니다. 통치자는 식민지에 있을 때 절대로 자기가 원하는 대로 말하지 않습니다. 통치자는 식민지에서 왕을 대변합니다. 바하마를 통치하던 주지사는 이런 표현을 씁니다.

“보좌에서 나오는 말씀(Speech from the Throne)”

바하마의 주지사는 말할 때마다 이렇게 표현합니다. 절대로 자신의 생각을 말하지 않고 본국에 계시는 왕의 생각을 대변해서 말합니다.

“식민지에서 가장 중요한 분은 바로 성령님이십니다. ”

하나님의 큰 아이디어는 이 땅에 종교를 가져다주는 것이 아니라, 이 땅에 천국 문화(Kingdom culture)를 가져다주는 것이며, 모든 인류에게 부어주시기를 원하신다는 것입니다. 오늘날 교회들은 성령님에 대한 독점적 권리가 있다고 생각하지만 이것은 성경적이지 않습니다. 요엘서 2장에서 성령님께서 오시면, 온 육체에 임하기를 원하신다고 말해주고 있습니다. 왜냐하면 모든 인류가 그분을 잃어버렸기 때문입니다.

불교 신자, 힌두교, 이슬람, 무신론자, 불가지론자, 인본주의자, 공산주의자든 상관없이 모든 사람이 놓치고 있는 것이 바로 하나님이십니다. 성령님께서 하나님을 다시 당신에게 이끌어 와 주십니다. 당신의 삶에 다시 하나님의 왕국이 임하게 하려면 하나님의 권세 아래에 들어와야 합니다. 마음을 먼저 왕에게 열어야 하는 것입니다. 그러면 예수님께서 여러분에게 통치자이신 성령님을 보내주십니다. 예수 그리스도는 왕이십니다. 그는 선지자도, 거룩한 성인, 현인도 아니라, 이 땅에 80억의 사람들을 원래의 왕국으로 되돌리기 위해서 이 땅에 오신 왕이십니다. 그래서 우리에게 다시 통치자 성령님을 보내주신 것입니다. 성령님은 우리가 하나님의 영향 아래에 있도록 하십니다. 이것이 우리의 삶에 가장 중요한 것입니다. 예수께서 하나님의 왕국을 모든 사람에게 주려고 하시는 것입니다. 성령님께서 식민지를 변화시킬 책임이 있다는 말입니다. 그래서 하나님의 왕국은 오직 성령 안에 있는 의와 평강과 희락(롬14:17)입니다. 성령님이 없이는 왕국이 없습니다.

식민지에 통치자(주지사)가 있을 때, 왕이 그곳에 있을 필요가 없습니다. 그래서 예수께서는 권능의 보좌에 앉아 계시는데, 왜냐하면 통치자(주지사)가 이곳에 있기 때문입니다. 어떤 사람들은 하나님의 왕국이 오고 있다고 합니다. 그것은 사실이 아닙니다.

바하마의 경우 대영제국은 영국에 있었습니다. 또한 바하마도 대영제국이었습니다. 바로 통치자 안에 말입니다. 통치자가 존재해 있는 동안에는 왕국에 있는 것과 마찬가지입니다. 예수님께서 "내가 하나님의 영으로 마귀를 쫓아낸 것이면 하나님의 왕국이 너희에게 임하였다"라고 하셨습니다. 아픈 자를 치유하고, 죽은 자를 살리고, 마귀를 쫓으며 멍에를 부수는 것은, 하나님의 왕국이 그곳에 임해 있다는 증거입니다. 경기침체, 높은 실업률, 유가 폭등 등은 하나님의 왕국에 영향을 끼칠 수 없습니다. 그 왕국은 안정적인 국가입니다.

베드로는 '흔들리지 않는 왕국'이라고 말했습니다. 당신은 이 왕국 안에 들어와야 합니다. 하나님의 나라(Kingdom of Heaven)에는 위기가 없습니다.

「내가 만난 최고의 VIP 성령님」 마일즈 먼로

여러분은 성령님이 어떤 분이라고 생각하십니까?

하나님께서 성령님을 보내신 궁극적 목적은 무엇입니까?

성령님의 복귀가 세상을 향한 하나님의 궁극적인 목적은 아닙니다. 하나님의 뜻은 인간을 통해서 세상을 온전히 통치하는 것입니다. 이것이 창세 전부터 하나님께서 품으셨던 처음 의도였으며 구원은 그 과정에 불과한 것이었습니다.

그런데 우리는 이 점을 간과하는 경향이 있습니다. 하나님의 관심사는 당신의 왕국에 있습니다. 어떤 기독교인들은 오직 '십자가'만을 강조하고, 또 어떤 이들은 '성령 세례'만을 강조합니다. 이 모두가 하나님의 본래의 뜻을 잘 이해하지 못한 결과입니다. 우리는 '하나님의 왕국'을 위해 세상을 다시 통치해야 합니다. 그때 세상은 다시 창조되는 것이며 두 번째의 창세기가 시작되는 것입니다.

하나님의 왕국에 들어가는 사람은 누구나 변화를 체험합니다. 인간의 영혼, 정신 그리고 몸은 성령님의 임재를 통해 변화되면서 하나님이 창조하신 본래의 모습으로 돌아갑니다. 성령님이 사람에게 임하시면 제일 먼저 그 사람의 잘못된 마음을 바로잡는 일을 하십니다.

하나님 왕국은 성령님을 통한 의로움과 평화와 기쁨으로 가득합니다(롬14:17). 성령님이 임하시면 하나님 왕국은 곧 우리의 고향이 됩니다. 성령님이 어떤 한 사람에게 임하시면 그 사람은 원래 태어난 목적을 향해 삶의 방향을 바꿉니다. 성령님에 대해 잘못 이해하면, 인간은 하나님 왕국의 통치에 반(反)하는 태도를 지니게 되고 유혹과 싸우면서 시간을 소모하게 됩니다. 하지만 진정으로 성령님이 임재하시면 우리는 유혹을 자연스럽게 극복할 수 있게 됩니다.

성령님은 우리가 하나님 왕국의 일을 하도록 힘을 줄 뿐만 아니라, 왕 같은 제사장이 되어 우리의 꿈과 비전이 이 땅에 펼쳐지도록 인도하십니다. 성령님이 임할 때 우리는 하나님의 왕국과 직접 교감을 나눌 수 있습니다. 그리하여 우리도 하나님의 계획을 세상어 실현할 수 있습니다. 만약 성령님이 현존하지 않거나 하나님 왕국과의 의사소통이 이루어지지 않는다면 하나님의 통치력은 세상에서 힘을 발휘하지 못할 것입니다. 우리는 예수님의 희생에 대한 믿음과 성령님을 통해서만 하나님을 접견할 수 있습니다.

3. 왕국의 확장을 위해 보냄을 받으신 성령 하나님

1) 왕국의 식민화를 위해 보냄을 받으신 성령님

예수님과 성령님은 아버지로부터 보냄을 받으십니다. 그리고 아버지의 뜻을 성취하기 위해 세상에서 일하십니다. 예수님은 세상을 구원하기 위해 오셨으며, 성령님은 예수님을 통해 오셔서 우리에게 능력을 부어주십니다.

성령님은 인간으로 하여금 깨끗함을 얻도록 하실 뿐만 아니라 인간이 하나님 왕국의 시민이 되도록 인도하십니다. 그렇기에 성령님을 욕되게 하는 것은 곧 하나님의 왕국과 구원의 역사를 모두 거부하는 일이기도 합니다. 그래서 인간이 유일하게 용서받지 못하는 죄가 성령을 거스르는 것입니다.

> **마태복음 12:31-32** "그러므로 내가 너희에게 이르노니 사람에 대한 모든 죄와 모독은 사하심을 얻되 성령을 모독하는 것은 사하심을 얻지 못하겠고 또 누구든지 말로 인자를 거역하면 사하심을 얻되 누구든지 말로 성령을 거역하면 이 세상과 오는 세상에서도 사하심을 얻지 못하리라"

예수님은 우리를 깨끗하게 하시고, 아버지는 우리를 용서하시며, 성령님은 우리를 하나님 왕국의 시민으로 새롭게 만드십니다. 만약 우리가 하나님 왕국의 문화를 배우고 싶다면, 먼저 하나님 왕국의 도움을 얻어야 합니다. 우리가 성령님을 삶의 주인으로 받아들이는 것만이 변화를 가능하게 한다는 것을 기억해야 합니다. 성령님은 우리로 하여금 하나님과 하나님 왕국에 대한 가장 정확한 정보를 제공하시며 잘못된 추측이나 오해로부터 하나님의 자녀들을 보호하십니다.

본국의 왕이 식민지에 원하는 것이 있다면 그것을 성취하는 것은 식민지를 관할(管轄, jurisdiction) 하는 총독의 몫입니다. 왕에게서 파송된 총독은 백성을 독려해서 성취해야 할 목표를 향해 나아가게 만듭니다.

성령님의 도움이 없이는 우리 자신이 누구인지도 모르기 때문에, 많은 사람이 자신의 잠재력을 모른 채 살아갑니다. 우리는 여기서 두 가지 재능을 이해해야 합니다. 그중 하나는 태어나면서 얻는 것이며 또 다른 하나는 성령의 임재를 통해 얻는 것입니다. 그리고 우리의 타고난 재능 역시 성령의 도움이 있어야 제대로 발휘된다는 것을 기억해야 합니다.

하나님 왕국 밖에 사는 사람들은 자신이 하나님 왕국의 시민이라는 확신이 필요합니다. 그 힘을 주시는 분이 바로 성령님입니다. 또한 성령님은 하나님 왕국의 시민들의 태도와 행동이 적절한지 확인하고 교정해 주십니다. 하지만 성령님은 하나님 왕국의 시민들에게 올바른 기대와 기준, 그리고 법을 제시할 뿐이지 억지로 무엇인가를 강요하지는 않습니다.

하나님 아버지께서는 하나님 왕국의 시민들을 자기 마음대로 조종하시는 존재가 아닙니다. 하나님은 자녀들이 당신의 뜻에 따라 살기를 바라실 뿐입니다. 성령님은 그러한 아버지의 뜻을 우리에게 알려주시고, 우리가 그렇게 살아갈 수 있도록 지혜와 능력을 부어주십니다.

성령님은 하나님의 본성에 어긋나는 삶으로부터 시민들을 해방하시고, 하나님이 주신 재능을 방해하는 모든 장애물을 제거해 주십니다. '거룩'이라는 말은 순수함과 분별, 구별을 뜻합니다. 성령님은 우리의 삶의 발전에 장애가 되는 모든 것을 분별해서 제거함으로써 구별되어 순수한 상태를 유지하게 만드십니다. 이는 마치 알곡과 가라지를 분리하는 것과 같습니다.

2) 성령님의 임무와 그 역할

성령님의 임무는 세상을 하나님의 뜻에 따라 통치하는 것입니다. 성령님은 하나님 왕국의 시민들이 자신들의 영토를 지키도록 훈련하십니다. 성령님의 선물은 하나님 왕국의 시민이 자신의 임무와 역할을 잘 수행하기 위해 주어진 능력입니다. 그 능력들은 하나님의 뜻과 목적대로 사용되어야 합니다. 예수님은 성령님의 능력을 통해 사람들의 문제를 해결하고자 하셨으며 그러한 과정은 지금도 우리에게 적용되고 있습니다.

성령님의 선물들은 임명받은 사람들이 갖게 되는 특정한 능력과 권위를 의미합니다. 우리는 하나님 왕국의 시민으로서 세상을 다스리기 위해 받은 선물들을 어떻게 사용해야 할지 잘 알아야 합니다.

성령님으로부터 받은 권능은 어떤 종류이든지 오직 하나님 왕국의 통치를 위해 존재해야 합니다. 성령님은 하나님 왕국을 대리해서 세상을 섬기시고, 세상을 하나님 왕국으로 인도하기 위해 일하십니다.

오늘날 많은 사람이 성령님의 선물을 잘못 사용하고 있습니다. 어떤 이는 성령의 치유나 예언을 통해 재물을 얻으려고 합니다. 하나님 왕국의 통치는 오직 세상 백성의 온전한 삶을 위해 존재합니다. 그렇기에 만약 성령님이 단지 몇 사람의 유익을 위해 사용된다면, 그것은 하나님 왕국의 통치에 어긋나는 것입니다.

세상의 정부에서도 공무원이 일할 때 사용하는 자동차나 컴퓨터는 개인의 재산이 아니기 때문에 자기 마음대로 처분할 수 없습니다. 그 재산들은 오직 국가의 이익을 위해 사용되어야 합니다. 그리고 공무원은 자신의 임기가 끝나면 그 재산을 다시 정부에 반납해야 합니다. 공무를 위해 사용되는 재산은 한 개인의 특권이 아니라 단지 책임 수행을 위한 도구일 뿐입니다. 하나님 왕국의 통치를 가능하게 하는 성령님의 선물 역시 같은 지위를 갖습니다.

그러나 어떤 사람들은 성령님의 선물을 자신의 능력으로 오해하곤 합니다. 그렇게 되면 성령님의 선물은 사적 소유의 대상이 되고 개인적인 목적을 위해 사용되고 맙니다. 이는 성령님의 선물을 잘못 사용하는 사람들에게 매우 위험한 결과를 가져다

줍니다. 성령님의 인도(引導, leading)를 거스르는 사람은 처벌의 대상이 됨을 성경은 분명하게 지적했습니다.

> **마태복음 12:31-32** "그러므로 내가 너희에게 이르노니 사람에 대한 모든 죄와 모독은 사하심을 얻되 성령을 모독하는 것은 사하심을 얻지 못하겠고 또 누구든지 말로 인자를 거역하면 사하심을 얻되 누구든지 말로 성령을 거역하면 이 세상과 오는 세상에서도 사하심을 얻지 못하리라"

성령님은 하나님 왕국의 영향력을 세상에 펼치기 위해 세상의 모든 것에 관심을 가지고 계십니다. 바울은 성령님의 선물을 특별한 역할로서 이해했습니다. 그 역할이란 하나님 왕국의 시민들을 세상에 올바로 세우는 것입니다. 그렇기때문에 하나님 왕국은 세상 사람들에게 영향력을 발휘함으로 그 존재를 증명합니다. 또한 성령님을 통해 시민들에게 주어진 권능은 세상에서 직면하는 어려움과 갈등을 이겨나가도록 도와줍니다.

이 세상은 적절하고 실제적이며 효과적인 도움이 필요합니다. 지금보다 더 높고 강력한 수준의 통치, 즉 성령님의 통치가 다시 임해야 합니다. 하나님의 통치는 오직 왕의 권세와 생명력을 통해 회복되며, 우리에게는 성령님을 통해 주어짐을 알아야 합니다.

한 국가의 질적 수준은 한 개인의 질적 수준에서 비롯됩니다. 리더들의 가치관과 도덕적 수준은 곧 한 나라의 법과 질서의 기준이 될 수 있으며, 그 나라의 문화 수준을 결정합니다. 성령님의 임재는 종교를 떠나 국가와 온 세상이 관심을 가져야 할 중요한 목표입니다. 하나님께서는 각 사람이 성령님을 받고 세상을 살아가도록 계획하셨습니다. 이것은 종교, 사회, 정치, 경제, 문화적인 면에서 매우 중요합니다.

개인적 삶의 의미와 목적의 완성은 모든 잠재력과 목적을 성취하는 것에 그치지 않고 성령님께 의존할 때 완성됩니다. 하나님은 우리가 혼자서 살아가기를 원하지 않으십니다. 하나님의 계획은 성령님을 통해서 세상을 다스리는 왕과 제사장들의 공동체를 세우는 것입니다. 성령님은 모든 인간에게 생명을 부여하는 중요한 열쇠입니다. 그래서 세상은 창조된 본래의 모습을 회복하기 위해 성령님의 인도함을 받아야 합니다.

왕과 제사장의 공동체가 하나님의 본성을 드러내며 온전한 화합을 이룰 때, 우리는 하나님 왕국의 통치를 세상에 펼칠 수 있는 능력을 지니게 됩니다. 그렇게 되면 우리는 사회적 안정, 경제적 발전, 건강한 환경, 교육의 진보, 육체적 건강과 안녕, 언론의 투명성, 예술의 건전성, 과학적 혁신, 정치적 신뢰, 정의로운 행정, 문화적 상호 이해를 이룰 수 있습니다.

어둠의 세상을 주관하는 자는 태초부터 인간의 선함을 공격해 온 사탄입니다. 사탄은 세상에 두려움과 슬픔을 주입해서 세상을 조작하려고 합니다. 인간의 자유를 빼앗고 자신의 비참한 통치 아래 세상을 빠뜨립니다. 그렇기에 예수님께서 왕으로 임재하시고 이 땅을 통치하시는 것이 중요합니다. 그렇게 될 때 세상은 어둠으로부터 벗어날 수 있습니다.

세상은 지금 왕이신 예수님으로부터 오는 하나님 왕국의 빛과 생명이 절실히 필요합니다. 성령님을 통해 세상을 다스리는 통치는 우리의 목표이며 소명입니다. 성령님을 통해 오는 것이 무엇이든지 그것은 사람들에게 생명을 줄 것이며 세상의 모든 문화와 사회에 선한 영향력을 끼칠 것입니다.

한 나라의 모든 판사가 성령님의 영향력 아래 있다고 상상해 보십시오. 판사들의 판결은 하나님 왕국의 사랑과 평화의 메시지가 될 것입니다. 정치인들이 성령님의 영향력 아래 있다고 생각해 보십시오. 모든 미디어와 언론이 성령님과 동행한다고 상상해 보십시오. 교육 영역에 종사하는 사람들 위에 성령님의 임재가 늘 함께하시는 것을 생각해 보시기 바랍니다.

성령님의 영향을 받은 문화는 생명을 보호하고 번성케 하는 문화입니다. 세상은 하나님의 이미지와 본성을 따라 변화하고 있습니다. 이 계획은 새로운 하늘과 땅의 창조와 더불어 완성됩니다. 그때 하늘과 땅은 하나가 되며 하나님은 자신의 백성 가운데 임재하실 것입니다.

새 하늘과 새 땅은 성령님의 임재를 통해 실현될 하나님의 계획의 정점입니다. 하나님은 이 계획을 처음부터 갖고 계셨습니다. 세상 사람들은 왕과 제사장의 참된 공동체를 만들 것입니다. 온전한 모습으로 하나님 왕국의 삶을 영위할 것입니다. 우리 모두 하나님과 화해하고, 우리의 삶 속에 성령을 받아들이며, 창조의 목적대로 하나님 왕국의 왕족으로 살아갈 것입니다. 성령님은 세상에 주어진 열쇠입니다. 성령님은 하나님 왕국의 권세를 우리에게 부여한다는 의미에서 가장 중요한 존재이십니다.

3) 성령의 열매와 은사

오순절에 성령이 임재할 때 하나님 왕국의 시민들은 하나님 왕국의 문화를 이 땅에 퍼뜨리기 위한 성령의 권능을 받았습니다. 그 권능은 "성령의 선물"로 표현됩니다. 성령의 열매가 하나님의 본성을 드러내는 특징들이라면, 성령의 은사(선물)는 그 특징들이 더 발전한 하나님의 능력입니다.

성령의 열매	사랑, 희락, 화평, 오래 참음, 자비, 양선, 충성, 온유, 절제
성령의 은사	지혜의 말씀, 지식의 말씀, 믿음, 병 고침, 능력 행함, 예언, 영들 분별, 각종 방언 말함, 방언들 통역

성령의 열매는 시간을 두고 열립니다. 개인이나 국가의 품격과 성품을 계발하는 데에는 시간이 오래 걸립니다. 하지만 능력은 하나님과의 관계를 회복한 후 즉각 받습니다.

모든 사람은 권능을 원합니다. 그러나 능력의 사용법과 목적을 분명히 알아야 합니다. 그래서 능력을 받기는 쉽지만, 그것을 열매로 발전시키는 것은 어렵습니다. 열매 없는 능력은 매우 위험합니다.

하나님 왕국의 시민에게 두 요소의 균형은 아주 중요합니다. 그래서 예수님은 공생애 동안 하나님 왕국의 시민이 어떻게 살고, 생각하고, 행동해야 하는지를 가르치시는데 중점을 두셨던 것입니다.

성령의 특징과 능력은 세상을 향한 하나님의 영향력이 됩니다. 우리가 성령님의 영향력 아래에서 변화된 삶을 살 때 우리 역시 사람들에게 영향력을 끼치게 됩니다. 신앙인들의 사랑과 나눔, 가르침, 권능은 하나님 왕국의 문화를 보여줌과 동시에 사람들이 새로운 삶의 스타일을 갖게 합니다.

고린도전서에 제시된 아홉 가지 성령의 선물들은 세상에서 하나님의 통치를 이루기 위해 사용될 능력들입니다. 아홉 가지 선물은 다음의 세 가지로 분류할 수 있습니다.

말하는 은사	예언, 방언, 방언 해석
행하는 은사	믿음, 이적, 치유
드러남의 은사	지혜의 말, 지식, 분별

성령님의 은사는 다양하지만 각각의 선물들은 동일한 목적을 갖습니다. 권능은 성령 세례를 통해 임합니다. 하나님 왕국의 시민들은 하나님 왕국의 대리자가 되고 세상에서 승리하는 삶을 위하여 이 세례를 받아야 합니다. 세례를 받지 않으면 우리는 세상에서 하나님 왕국을 섬기며 살아갈 준비가 되어 있지 않은 것입니다. 영적인 권능은 성령의 임재를 경험하는 모든 신앙인에게 주어진 특권입니다. 우리는 거듭남을 통해 합법적인 권위를 하나님으로부터 인정받습니다.

우리는 거듭남으로 하나님의 인격과 성품을 닮아갑니다. 성령 세례를 통해 하나님의 능력과 권능을 갖춥니다. 하나님 왕국에 들어가기 위해서는 성령의 열매(인격, 성품)를 필요로 하지만, 이 세상에서 승리하는 삶을 위해서는 성령 세례를 받아야 합니다. 예수님은 성령을 통해 세상을 치유하고 온전히 세우는 계획을 우리 손에 맡기셨습니다. 성령 세례는 하나님의 능력이 우리 안에 허락되는 통로입니다.

4. 문화의 속성

문화는 사람들을 규정합니다. 신념, 태도, 음식, 의복, 언어, 정부, 교육, 예배 방식 등 어떤 집단의 전체 삶의 방식을 나타내는 것입니다. 그래서 문화는 세계관을 형성하고 사회사상과 이념을 이끌며 사람들의 가치관과 행동 양식, 생활 방식에 절대적인 영향을 끼칩니다.[3]

모든 국가, 도시, 사회에는 독특한 자신들만의 문화가 존재합니다. 문화는 그 땅에서 살아온 사람들의 행동 양식과 생활 방식이기 때문입니다. 모든 인류는 종교, 언어, 지역적으로 문화를 이루어 왔고, 문화를 발전시켜서 향유(享有)해 왔습니다.

유네스코는 문화에 대한 속성을 이렇게 정의합니다.

"한 사회의 구성원들에게 공통으로 나타나며(공유성),

타고나는 것이 아니라 후천적으로 습득된다(학습성).

문화는 다음 세대로 전해지면서 기존 문화에 새로운 문화 내용이 쌓이며(축적성),

고정된 것이 아니라 시간의 흐름에 따라 달라진다(변동성).

각 요소 상호 유기적 관련을 맺고 통합성을 가진다(총체성)."

모든 인류는 긴 시간 동안 각 나라의 오랜 전통과 문화가 중심을 이루면서 공유해 왔고, 후천적으로 학습해 왔으며, 축적된 시간의 흐름에 따라 변화, 발전하면서 통합성을 지니게 되었습니다. 학습, 축적되어 형성된 문화는 시간이 지나면서 세계관(世界觀)을 형성합니다. 그러면서 논리적 판단 체계가 형성되는데 이것을 사상(思想)이라고 합니다.

또한 문화는 교육과 전문가들의 원조와 훈련을 통해 지적 그리고 도덕적으로 형성된 공동체가 지속적으로 발전시켜 온 행동 양식과 생활 방식을 의미합니다. 부모와

---

3) 피기영, 『그리스도의 복음』, 라이프링크, 2023, p.p.56-57.

사회는 자녀들이 문화의 요소들을 배울 수 있도록 가르치고 자녀들은 문화 요소들을 배우면서 이를 체화(體化)합니다. 그리고 그 안에서 살아가기 시작하는 것입니다.

문화는 공동체 안에서 지적, 미적 훈련을 통해 개화(開花)하며 습득될 수 있는 탁월성을 나타냅니다. 다시 말해서 문화는 학습되며 내재적이라는 말입니다. 우리는 각자가 자라 온 환경에 따라 생각하는 습관을 지닙니다. 우리가 속한 사회에서 살아가게 될 때 삶의 양식을 규정하는 사고 구조를 형성하게 됩니다. 그래서 우리는 문화 속에서 훈련받게 되어 있는 것입니다. 그 누구도 문화를 습득한 상태로 태어나지 않습니다. 이미 형성된 문화 속에서 태어나는 것이지 문화를 가지고 이 땅에서 삶을 시작하는 것은 아닙니다.

문화는 배움과 지식 전수의 방법을 통해 습득해 나가는 인간의 능력에 의존해 인간의 지식, 신앙 그리고 행동 양식, 생활 방식을 하나로 통합시킨 것입니다. 이 과정은 다음 세대를 존속시키기 위해서도 반드시 필요한 과업인 것입니다.

인간은 태어날 때 이미 어떤 나라와 문화에 속해 있습니다. 그곳에서 성장의 발판을 마련하는 것입니다. 부모와 공동체 그리고 사회가 따르고 있는 관습과 가치, 도덕, 사회 규범들 속에서 영향을 받으며, 다듬어지고, 자라가는 것입니다. 우리는 이곳에서 언어와 규범, 체계, 관습, 가치관 등을 배웁니다.

인간이나 동물 모두 문화를 가지고 있습니다. 물고기의 문화는 물에서 생겨납니다. 새들의 문화는 공중에서 생겨납니다. 개미들의 문화는 땅속에서 생겨납니다.

이 땅에서의 전쟁은 곧 문화전쟁입니다. 그리고 문화는 사람들의 집합적인 사고방식이 그대로 재현된 것입니다. 어떤 집단의 사람들이 공동으로 사고해 얻어진 것들, 즉 신념이나 가치와 같은 것이 그들의 문화로 자리 잡습니다. 누구든 사람들의 생각을 통제하는 사람이 곧 문화를 통제하게 되고, 인간 사고를 조정할 수 있는 존재가 문화를 창조하는 것입니다.

성경은 그 사람의 마음 안에 있는 생각이 곧 그 사람을 나타내는 것이라고 말하고 있습니다.

잠언 23:7 "대저 그 마음의 생각이 어떠하면 그 위인도 그러한즉 그가 네게 먹고

마시라 할지라도 그의 마음은 너와 함께 하지 아니함이라"

이 말씀의 해석은 다음과 같습니다.

'우리가 생각하는 방식이 우리의 모습을 만들어 간다'

5. 문화가 내포하는 요소

한 나라가 나라를 이루고 한 집단이 그 집단을 이루는 데는 그들만의 고유한 문화가 필요합니다. 문화는 많은 요소(要素, element)를 내포합니다.

1) 땅

모든 나라에는 땅(land), 즉 영토가 존재합니다. 땅이 없이는 국가도 없습니다. 역사적으로 땅의 조건에 따라 그곳에 거주하는 사람들을 통해 문화에 영향을 미쳤습니다. 각각의 문화는 삶을 이루는 환경을 그대로 반영한 것입니다.

2) 언어

모든 나라는 각각의 언어(language)를 가지고 있습니다. 하나의 공용어를 가지기 전까지는 하나의 나라를 구성할 수 없습니다. 언어는 그 나라에 사는 사람들을 하나로 연합시키고 소통하는 역할을 합니다. 또한 한 나라의 문화를 이루는 주된 요소이기도 합니다.

3) 헌법

국가들이 공통으로 가지고 있는 구성 요소 중 하나는 헌법입니다. 헌법(constitution)은 국민과 정부 사이의 계약입니다. 헌법은 문화적인 문서라고 할 수 있습니다. 헌법은 국가의 기본 원리, 국민의 기본권, 국가 기관의 조직 등을 규정하는 최상위의 법입니다. 모든 법의 근간이 되는 기준입니다.

4) 법률

모든 나라에는 법률(law)이 있기 마련입니다. 법률은 국회에서 제정되는 일반적인 법을 말합니다. 법률은 헌법의 범위 내에서 만들어집니다. 각각의 나라는 국민의 평화와 안녕, 그리고 질서를 보장하기 위해 모두가 지켜야만 하는 법률적 토대를 지니고 있습니다. 법률이 없이는 국가는 존재할 수 없습니다. 법률의 부재는 혼란을 일으킵니다. 규범이 무너지면 나라를 다스리거나 안정된 정국을 유지할 수 없게 됩니다. 문화와 법률은 상호 영향을 끼칠 수밖에 없는 존재인 것입니다.

5) 상징물

모든 나라 안에는 그 나라를 대표하는 특별하면서도 독특한 상징물(symbol)들이 존재합니다. 상징물은 한 사회의 정체성과 가치를 표현하고 전달하는 중요한 역할을 합니다. 국기(national flag)는 그 나라 국민의 역사와 희생, 고통과 승리를 나타내는 것입니다. 그래서 모든 나라는 각 나라의 고유한 상징물을 가지고 있습니다.

6) 도덕과 윤리

모든 나라들은 각 나라에 맞는 도덕과 윤리를 가지고 있습니다. 도덕과 윤리는 모두 옳고 그름을 판단하는 기준을 제시합니다.

도덕(道德, moral)은 인간이 마땅히 지켜야 할 도리 및 그에 맞는 행위입니다. 개인의 내면적인 가치관이나 신념에 기반한 보편적인 도리를 뜻합니다. 그래서 도덕은 개인적인 양심과 깊은 관련이 있습니다.

윤리(倫理, ethic)는 사회 구성원으로서 지켜야 할 규범이나 규칙을 의미합니다. 그래서 윤리는 사회적 책임과 관련이 깊습니다. 한 나라의 도덕과 윤리는 국민이 스스로 통치하기 위해 선택한 내용에 따라 살아가기로 동의한 기준을 담고 있습니다. 대부분 도덕과 윤리는 문서화된 것과 그렇지 않은 표준 두 가지를 모두 담고 있습니다. 기록된 표준들은 법률과 법규를 통해 표현되는 반면 기록되지 않은 표준들은 전통과 관습 그리고 문화 속에 녹아 있습니다.

7) 가치

모든 나라들이 공통으로 공유하고 있는 가치들이 있습니다. 가치(價値, value)는 인간의 행위에 대한 판단 기준이나 목표를 의미합니다. 사람이나 사회가 중요하게 여기고 추구하는 대상을 뜻합니다. 그래서 가치는 무엇이 옳고 무엇이 그른지, 바람직한지 여부(與否)에 대해서 중요한 영향을 미칩니다.

하지만 가치는 자신이 속한 공동체마다 다르게 나타납니다. 국가를 효율적으로 운영하기 위해서는 국민이 동일한 가치들을 공유할 수 있도록 해야 합니다. 한 집단의 사람들은 삶의 모습이나 화평, 혹은 자유와 같은 공통 가치들에 동의할 수 있어야 합니다.

8) 관습

어느 나라든지 그 나름의 관습(custom)을 발전시켜 왔습니다. 관습은 한 나라가 공유하고 있는 가치들로부터 비롯된 상습적이면서 전통적인 행동 양식을 말하는 것입니다. 관습은 그 나라 사람들이 무엇인가 습관적으로 행해 오던 방식이나 행동 양식입니다. 관습은 보통 지역적인 다양성을 지니고 있음에도 불구하고 한 나라를 통째로 아우르는 것입니다. 한 나라의 관습들은 그 나라의 독특한 특징을 나타냅니다.

9) 사회 규범

사회 규범(social norms)들이 있습니다. 사회 구성원들이 특정 상황에서 기대하는 의견, 태도, 행동의 일반적인 기준을 의미합니다.

사회 규범은 관습과 비슷하지만, 사회 안에서 더 큰 영향력과 권한을 행사합니다. 사회 규범은 대부분 사람이 광범위하게 수용하고 있는 말과 생각 그리고 행동들의 기준을 나타냅니다. 땅과 언어, 헌법, 법률, 상징물, 도덕과 윤리, 공유된 가치들과 관습들 그리고 사회 규범에 이르기까지, 이 모든 것을 총칭(總稱)해서 문화라고 부릅니다.

6. 킹덤 문화의 발현(發現)[4]

한 사람이 보여주는 문화는 그 사람이 어디 출신인지를 드러냅니다. 그들만이 갖는 특징이 언어와 행동에 나타나기 때문입니다. 이와 마찬가지로 하나님 왕국에 속한 시민의 행동도 곧 그 사람이 하나님으로부터 왔음을 보여주는 증거가 됩니다.

세상에 살면서 하나님 왕국의 시민임을 증명하려면 세상과는 다른 하나님 왕국의 문화적 속성이 있어야 합니다. 세상 사람들이 우리를 보면서 "이 사람들은 하나님 왕국 사람들이군요!"라고 판단하는 것은 거기에 걸맞은 태도와 특징을 보였기 때문입니다. 그래서 예수님은 이렇게 말씀하신 것입니다.

마태복음 7:20 "이러므로 그들의 열매로 그들을 알리라"

하나님 왕국의 시민이 되는 것은 하나님의 성품과 본성으로 변화되는 과정입니다. 우리 안에 성령이 임하시면 우리는 결코 하나님을 대적하거나 불순종하는 삶을 즐거

---

4) 숨겨져 있던 것이 드러나 보이는 것.

워하지 않을 것입니다.

문화는 여러 가지 모습으로 발현됩니다.

1) 가치

가치(value)는 문화가 내포하는 요소이면서 동시에 문화를 통해 발현됩니다. 우리가 가치 있게 여기는 그것이 곧 우리 자신을 드러내는 것입니다. 소유하고 있는 가치들이 곧 자신의 특성을 나타낸다고 할 수 있습니다. 가치는 어떤 개인이나 한 집단의 사람들이 의미 있다고 여기는 신념이나 확신입니다. 우리가 중요하게 여기는 가치를 통해 우리의 태도와 행동 양식 그리고 세계관을 결정합니다. 하나님 왕국의 문화 안에서 살기 위해 어떻게 해야 할지 배우기를 원한다면 우선 하나님 왕국의 가치들에 대해 배워야 합니다.

마태복음 5:3-10 "심령이 가난한 자는 복이 있나니 천국이 그들의 것임이요 애통하는 자는 복이 있나니 그들이 위로를 받을 것임이요 온유한 자는 복이 있나니 그들이 땅을 기업으로 받을 것임이요 의에 주리고 목마른 자는 복이 있나니 그들이 배부를 것임이요 긍휼히 여기는 자는 복이 있나니 그들이 긍휼히 여김을 받을 것임이요 마음이 청결한 자는 복이 있나니 그들이 하나님을 볼 것임이요 화평하게 하는 자는 복이 있나니 그들이 하나님의 아들이라 일컬음을 받을 것임이요 의를 위하여 박해를 받은 자는 복이 있나니 천국이 그들의 것임이라"

'팔복(beatitudes)'은 'be'라는 단어와 'attitudes'의 합성어입니다. 영어로 'be'는 '존재 동사'입니다. 어떤 존재가 되는 것을 말합니다. 'attitude'는 '태도'와 '자세'를 말합니다. '그러한 자세와 태도를 가지는 것'이라고 표현할 수 있습니다. 예수님께서 축복하신 대상들은 하나님 왕국의 시민으로서 지녀야 할 품성과 태도 그리고 행동 양식을 오랜 시간 지켜온 자들이었기 때문입니다. 가치들은 엄청난 능력을 지니고 있을 뿐만 아니라 행동을 정하는 기본 토대를 형성하기도 합니다. 가치들은 한 나라의 기초를 마련해 주며 궁극적으로 개개인의 삶과 일상적인 경험들 전반에 깊이 관여하고 있습니다.

2) 우선순위

우선순위(priority) 역시 문화와 밀접한 관련을 갖습니다. 문화는 우리가 가장 중요하게 여기는 것들이 무엇인지 명확하게 보여줍니다. 우리의 삶 속에서 우선순위로 여기고 있는 것은 어떠한 것이든 문화 속에 나타납니다. 가장 우선시하는 것들이 문화로 발현됩니다. 우리가 귀하게 여기고 소중히 여기는 것은 반드시 문화로 발현합니다. 역설적으로 사람들이 우선으로 생각하는 무엇인가가 문화로 발현이 되었다는 것은 그 무엇인가가 중요시되고 있다는 방증(傍證)[5]이기도 합니다.

> **마태복음 6:31-33** "그러므로 염려하여 이르기를 무엇을 먹을까 무엇을 마실까 무엇을 입을까 하지 말라 이는 다 이방인들이 구하는 것이라 너희 하늘 아버지께서 이 모든 것이 너희에게 있어야 할 줄을 아시느니라 그런즉 너희는 먼저 그의 나라와 그의 의를 구하라 그리하면 이 모든 것을 너희에게 더하시리라"

하나님 왕국의 문화는 먼저 그의 나라와 의를 우선순위에 놓는 문화입니다. 그러므로 우리는 사랑, 희락, 화평, 오래 참음, 자비, 양선, 충성, 온유, 절제를 우선 할 때 그것이 문화로 반영될 것입니다.

3) 행동 양식

행동 양식(pattern of behavior)을 통해 문화를 이해할 수 있습니다. 우리가 행동하는

---

5) '방증'은 사실을 직접 증명할 수 있는 증거가 되지는 않지만 주변의 상황을 밝힘으로써 간접적으로 그 증명에 도움을 줄 수 있는 증거를 의미한다. '방증'은 그냥 '증거'로 바꾸어도 말이 잘된다.

방식은 곧 우리의 문화를 나타내는 것입니다. 문화는 세계관을 형성하고 사회사상과 이념을 이끌며 사람들의 행동 양식, 생활 방식에 절대적인 영향을 끼칩니다.[6] 그래서 사람들이 살아가는 삶의 양식이나 태도들을 살펴보면 그 나라의 문화가 어떠한지 판별이 가능한 것입니다.

하나님께서는 진실하고 정직한 분이십니다. 그리스도인들은 하나님의 성품을 닮고 싶어 하는 자들입니다. 하나님은 거짓이 없으신 분이십니다. 그러므로 그리스도인들도 거짓 없는 삶을 추구합니다.

욥은 정직한 삶을 살아낸 성경 인물의 표상입니다.

욥기 1:8 "여호와께서 사탄에게 이르시되 네가 내 종 욥을 주의하여 보았느냐 그와 같이 온전하고 정직하여 하나님을 경외하며 악에서 떠난 자는 세상에 없느니라"

4) 사회 기준

사회 기준(social standards) 또한 문화로 발현됩니다. 사회 기준은 사회 구성원들이 일반적으로 받아들이고 따르는 행동이나 가치관의 표준을 의미합니다. 예를 들어서 '그 사회의 사회적 기준은 매우 엄격하다'와 같은 표현이 적절한 예시가 될 것입니다.

문화는 우리가 정한 기준보다 더 우위에 있을 수는 없습니다. 모든 인류는 긴 시간 동안 각 나라의 오랜 전통과 문화로 중심을 이루면서 공유해 왔고, 후천적으로 학습해 왔으며. 축적된 시간의 흐름에 따라 변화, 발전하면서 통합성을 지니게 되었습니다.[7] 후천적으로 학습되면서 각 문화는 자신만의 사회 기준을 성립합니다. 그리고 사회 기준이 축적되면 그것이 문화로 발현됩니다.

서기관들과 바리새인들이 음행 중에 잡힌 여자를 끌고 와서 예수님 앞에 세웠을 때 이스라엘의 사회적 기준은 돌로 쳐서 죽이는 것이었습니다. 누구도 그런 행위를

---

6) 피기영, 『그리스도의 복음』, 라이프링크, 2023, p.56.
7) 위의 책, p.57.

할 때 반박하지 않았습니다. 스데반이 순교하는 장면에서도 사람들이 돌로 쳤던 것을 기억합니다. 사회 기준에 어긋난 행동을 하는 자들에게 돌로 치는 것이 허락되었던 것을 통해 사회 기준은 오랜 시간 공동체에서 형성된 문화의 발현인 것을 알 수 있습니다.

> 사도행전 7:59 "그들이 돌로 스데반을 치니 스데반이 부르짖어 이르되 주 예수여 내 영혼을 받으시옵소서 하고"

5) 축제

축제(festival)만큼 문화를 잘 나타내 주는 것도 없습니다. 축제는 한 지역이나 공동체의 문화적 특성을 보여주는 중요한 행사입니다. 축제는 단순히 즐기는 행위를 넘어 그 지역의 역사, 전통, 가치관 등을 반영합니다. 공동체에 속해 있는 구성원들의 정체성을 강화하고 공동체 의식을 함양하는 역할을 감당합니다.

마지막 때에 혼인 잔치가 벌어질 것입니다. 지구상 가장 큰 대규모의 축제가 이 땅에서 벌어지는 것으로 인해 하나님께 경배와 찬양을 드립니다.

> 요한계시록 19:7-9 "우리가 즐거워하고 크게 기뻐하며 그에게 영광을 돌리세 어린 양의 혼인 기약이 이르렀고 그의 아내가 자신을 준비하였으므로 그에게 빛나고 깨끗한 세마포 옷을 입도록 허락하셨으니 이 세마포 옷은 성도들의 옳은 행실이로다 하더라 천사가 내게 말하기를 기록하라 어린 양의 혼인 잔치에 청함을 받은 자들은 복이 있도다 하고 또 내게 말하되 이것은 하나님의 참되신 말씀이라 하기로"

어린 양의 혼인 잔치에 청함을 받은 자들은 세마포 옷을 입고 참석할 수 있습니다. 세마포 옷은 성도들의 옳은 행실(righteous acts)입니다.

 "내가 여호와로 말미암아 크게 기뻐하며 내 영혼이 나의 하나님으로 말미암아 즐거워하리니 이는 그가 구원의 옷을 내게 입히시며 공의의 겉옷을 내게 더하심이 신랑이 사모를 쓰며 신부가 자기 보석으로 단장함 같게 하셨음이라"

신부가 자기 보석으로 단장함같이 옳은 행실, 즉 공의의 겉옷(세마포)을 입을 것을 이사야가 선포하고 있습니다. 신부는 자신을 스스로 예비하고 준비해야 하는 것입니다. 지구 역사상 가장 큰 축제가 벌어질 것입니다. 문화는 축제를 통해 발현됩니다. 하나님 왕국의 문화가 가장 잘 발현되는 때가 바로 어린 양의 혼인 축제일 것입니다.

6) 도덕성

도덕성(morality)은 문화의 지표입니다. 도덕성은 개인의 행동이나 판단 기준을 규정하는 원칙입니다. 그러므로 도덕성은 문화 안에 형성된 가치관이나 규범에 영향을 받아 형성되고 발전하는 것입니다. 문화는 도덕성을 통해 발현됩니다. 그래서 우리의 도덕적 의식과 양심은 우리의 문화를 가늠하는 척도입니다.

성경은 도덕성에 관하여 직접적으로 언급하지 않습니다. 그러나 성경 전반에 도덕성과 관련된 내용이 많습니다.

마가복음 7:20-23 "또 이르시되 사람에게서 나오는 그것이 사람을 더럽게 하느니라 속에서 곧 사람의 마음에서 나오는 것은 악한 생각 곧 음란과 도둑질과 살인과 간음과 탐욕과 악독과 속임과 음탕과 질투와 비방과 교만과 우매함이니 이 모든 악한 것이 다 속에서 나와서 사람을 더럽게 하느니라"

에베소서 5:5 "너희도 정녕 이것을 알거니와 음행하는 자나 더러운 자나 탐하는 자 곧 우상 숭배자는 다 그리스도와 하나님의 나라에서 기업을 얻지 못하리니"

하나님 왕국의 기업을 얻기 위해서 우리는 도덕성을 잘 갖추어야 할 것입니다. 도덕성은 문화를 통해 발현되는 것입니다.

7) 인간관계

인간관계(human relationships)를 통해 문화를 읽을 수 있습니다. 인간관계는 사람과 사람 사이의 모든 관계를 포괄합니다. 사람 사이에 헌신과 사랑, 신뢰가 자리 잡고 있다면 그 문화는 하나님 왕국의 문화가 발현되고 있다는 증거가 됩니다.

그러나 서로 비방하고, 갈등이 증폭되어 서로를 향한 미움이 싹트고 있다면 공동체 안에 인간관계가 썩 좋지 않다는 것을 예표(豫表) 하는 것입니다. 인간관계는 문화를 통해 발현됩니다. 좋은 인간관계를 구축하든 그렇지 않든 반드시 문화를 통해 드러나는 것입니다.

하나님 왕국 안에 속한 인간관계를 형성한 곳에서는 하나님 왕국의 문화가 드러나게 됩니다. 하나님 왕국의 문화적 특성은 굶주린 사람들을 먹이려고 합니다. 서로를 잘 돌보는 문화가 형성되어 고아, 과부, 유기견, 연약한 노인, 임산부, 어린아이들에 관한 사랑과 관심이 가득합니다. 서로를 존중하는 문화가 저변에 깔려있어서 인격을 상하게 하는 말이나 행동을 자제하고, 희생하는 문화가 일상화되어 누군가 어려움에 놓이면 서로가 도우려는 문화가 발현되곤 합니다.

야고보서 2:8 "너희가 만일 성경에 기록된 대로 네 이웃 사랑하기를 네 몸과 같이 하라 하신 최고의 법을 지키면 잘하는 것이거니와"

그래서 하나님 왕국의 문화가 기저(基底)에 있는 곳에서는 끊임없이 품어주고 용서하는 문화가 형성되어 있습니다.

마태복음 18:21-22 "그때에 베드로가 나아와 이르되 주여 형제가 내게 죄를 범하면 몇 번이나 용서하여 주리이까 일곱 번까지 하오리이까 예수께서 이르시되 네게 이르노니 일곱 번뿐 아니라 일곱 번을 일흔 번까지라도 할지니라”

하나님 왕국의 문화 속에서는 끊임없는 용서의 원리가 적용됩니다. 용서받을 수 있으리라는 소망을 가지고, 우리가 할 수 있는 만큼 용서해야 하는 곳이 바로 하나님 왕국입니다.

우리가 따르고자 하는 왕을 바라보십시오. 그분은 우리를 용서하셨습니다. 그리고 계속해서 용서하고 계십니다. 우리도 공동체 안에서 예수님께서 행하신 용서를 실천해야 하는 것입니다.

8) 의복

의복(clothes)을 통해 문화를 이해할 수 있습니다. 의복은 한 사회의 역사, 가치관, 신념, 예술, 종교 등의 특성을 반영합니다. 의복을 착용하는 사람의 사회적 지위, 정체성, 개성을 드러내는 수단이 되곤 합니다. 그러므로 의복은 문화를 통해 발현됩니다. 우리가 옷 입는 방식은 우리의 가치와 이념 그리고 우리 자신에 대해 어떻게 느끼고 있는지 보여줍니다.

성경에서드 군인이 입고 있는 의복을 통해 그리스도인의 삶이 어떠해야 하는지 명확하게 가르쳐 주고 있습니다.

에베소서 6:13-17 “그러므로 하나님의 전신 갑주를 취하라 이는 악한 날에 너희가 능히 대적하고 모든 일을 행한 후에 서기 위함이라 그런즉 서서 진리로 너희 허리 띠를 띠고 의의 호심경을 붙이고 평안의 복음이 준비한 것으로 신을 신고 모든 것 위에 믿음의 방패를 가지고 이로써 능히 악한 자의 모든 불화살을 소멸하고 구원의 투구와 성령의 검 곧 하나님의 말씀을 가지라”

9) 음식

음식(food) 또한 문화를 이루는 중요한 요소입니다. 음식은 단순히 생존을 위한 수단이 아닙니다. 한 사회, 국가의 역사, 신념, 가치관을 담아내는 문화의 산물입니다. 무엇을 먹고 마시느냐에 따라 삶의 질이 달라집니다. 마찬가지로 그리스도인들도 하나님의 입으로부터 나오는 말씀을 먹고 마셔야 할 것입니다.

> 마태복음 4:4 "예수께서 대답하여 이르시되 기록되었으되 사람이 떡으로만 살 것이 아니요 하나님의 입으로부터 나오는 모든 말씀으로 살 것이라 하였느니라 하시니"

> 요한복음 4:34 "예수께서 이르시되 나의 양식은 나를 보내신 이의 뜻을 행하며 그의 일을 온전히 이루는 이것이니라"

10) 수용

수용(受容, acceptance)의 방식 또한 문화와 긴밀한 관계를 갖습니다. 우리가 음탕하고 비도덕적인 것을 받아들인다면 그것이 우리 문화를 특징짓는 요소들이 될 것입니다. 부패와 부정직함을 사회 영역에서 승인한다면 타락함과 거짓이 만연한 문화가 창조될 것입니다. 물질만능주의를 교회에 받아들이게 되면 하나님 왕국의 문화가 형성되기 어려울 것입니다.

하지만 사랑, 희락, 화평, 오래 참음, 자비, 양선, 충성, 온유, 절제와 같은 가치들을 인정하고 수용한다면 우리의 문화는 이러한 가치들에 의해 그 특징이 정해질 것입니다. 우리가 무엇을 받아들이냐에 따라 우리의 문화가 결정될 것입니다.

> 베드로전서 3:8-12 "악을 악으로, 욕을 욕으로 갚지 말고 도리어 복을 빌라 이를 위하여 너희가 부르심을 받았으니 이는 복을 이어받게 하려 하심이라 그러므로 생명을 사랑하고 좋은 날 보기를 원하는 자는 혀를 금하여 악한 말을 그치며 그 입

술로 거짓을 말하지 말고 악에서 떠나 선을 행하고 화평을 구하며 그것을 따르라 주의 눈은 의인을 향하시고 그의 귀는 의인의 간구에 기울이시되 주의 얼굴은 악 행하는 자들을 대하시느니라 하였느니라"

11) 거부

거부(refusal)하는 행동은 문화를 이루는 데 있어서 없어서는 안 되는 중요한 요소입 니다. 우리가 무엇을 거부하느냐에 따라서 우리의 문화가 어떠한지를 나타내 주는 척도가 됩니다. 오늘날의 문화를 살펴보면 절대적인 기준 자체를 받아들이려 하지 않습니다. 모든 것은 그저 상대적일 뿐입니다. 그러나 하나님 왕국의 문화는 이러한 상대주의를 거부합니다. 왜냐하면 말씀을 불변하는 기준으로 삼고 있기 때문입니다.

하나님 왕국의 백성들은 옳지 못한 것을 거절하고 옳은 것을 끌어안아야 할 책임 이 있습니다. 성경에는 동성애 구절 관련 성구가 여러 차례 언급됩니다.

레위기 18:22 "너는 여자와 교합함같이 남자와 교합하지 말라 이는 가증한 일이니 라."

레위기 20:13 "누구든지 여인과 교합하듯 남자와 교합하면 둘 다 가증한 일을 행함 인즉 반드시 죽일찌니 그 피가 자기에게로 돌아가리라."

신명기 23:17-18 "이스라엘 여자 중에 창기가 있지 못할 것이요 이스라엘 남자 중에 미동(美童)[8]이 있지 못할지니 창기의 번 돈과 개 같은 자의 소득은 아무 서원하는 일로든지 네 하나님 여호와의 전에 가져오지 말라 이 둘은 다 네 하나님 여호와께 가증한 것임이니라."

---

8) 남자에게 몸을 파는 남자아이.

열왕기상 14:24 "그 땅에 또 남색(男色)[9]하는 자가 있었고 여호와께서 이스라엘 자손 앞에서 쫓아내신 국민의 모든 가증한 일을 무리가 본받아 행하였더라"

열왕기상 15:12 "남색(男色) 하는 자를 그 땅에서 쫓아내고 그 열조의 지은 모든 우상을 없이 하고."

열왕기상 22:45-46 "여호사밧의 남은 사적과 그 베푼 권세와 그 어떻게 전쟁한 것은 다 유다 왕 역대지략에 기록되지 아니하였느냐 저가 그 부친 아사의 시대에 남아 있던 남색(男色) 하는 자를 그 땅에서 쫓아내었더라."

열왕기하 23:7 "또 여호와의 성전 가운데 남창(미동)의 집을 헐었으니 그곳은 여인이 아세라를 위하여 휘장을 짜는 처소였더라"

욥기 36:13-14 "마음이 경건하지 아니한 자들은 분노를 쌓으며 하나님이 속박할지라도 도움을 구하지 아니하나니 그들의 몸은 젊어서 죽으며 그들의 생명은 남창(男娼)[10]과 함께 있도다"

로마서 1:26-27 "이 때문에 하나님께서 그들을 부끄러운 욕심에 내버려 두셨으니 곧 그들의 여자들도 순리대로 쓸 것을 바꾸어 역리로 쓰며 이와같이 남자들도 순리대로 여인 쓰기를 버리고 서로 향하여 음욕(淫慾)[11]이 불일 듯하매 남자가 남자로 더불어 부끄러운 일을 행하여 저희의 그릇됨에 상당한 보응을 그 자신에 받았느니라."

---

9) 남자끼리 하는 성행위(남성 동성애자).
10) 남색 파는 것을 업으로 하는 남자.
11) 음탕한 욕심. 호색하는 마음. 색욕. 육욕.

고린도전서 6:9-10 "불의한 자가 하나님의 나라를 유업으로 받지 못할 줄을 알지 못하느냐 미혹을 받지 말라 음행하는 자나 우상 숭배하는 자나 간음하는 자나 탐색하는 자나 남색하는 자나 도적이나 탐욕을 부리는 자나 술 취하는 자나 모욕하는 자나 속여 빼앗는 자들은 하나님의 나라를 유업으로 받지 못하리라."

디모데전서 1:10 "음행하는 자와 남색하는 자와 인신매매를 하는 자와 거짓말하는 자와 거짓 맹세하는 자와 기타 바른 교훈을 거스르는 자를 위함이니"

유다서 1:7 "소돔과 고모라와 그 이웃 도시들도 저희와 같은 모양으로 간음을 행하며 다른 색(色)[12]을 따라가다가 영원한 불의 형벌을 받음으로 거울이 되었느니라."

만약 한국교회가 예수님께서 이 땅에 왕으로 오실 것에 대해 의구심 없이 진실하게 믿는다면 왕이 하신 말씀을 절대적으로 믿고 따를 것입니다. 성경에 단지 한 문장만 언급이 되어 있더라도 이 말씀은 왕의 말씀이기에 바꿀 수도 없고 변개(變改)할 수도 없는 절대적 권위를 가집니다.

그러기 때문에 예수님을 왕으로 진실하게 믿고 따른다고 한다면 백성들에게 나타나는 반응은 하나밖에 없습니다. 그것은 '말씀에 대한 순종'입니다. 다시 말해 하나님의 말씀을 바꾸고 섞는 것에 관해 '거부'해야 합니다. 왕이 '하라' 하면 해야 하고, 왕이 '하지 말라' 하면 안 하는 것이 백성들의 태도입니다. 그 어떤 의문도 있을 수 없습니다. 왕의 말은 뱉으면 그것은 법(法)이기 때문입니다. 단지 시행하느냐 하지 않느냐 둘 중 하나만 선택해야 합니다.[13]

문화는 다른 이들과 구별되는 우리만의 차별성을 보여줍니다. 우리가 삶의 질을 결정하는 기준이 어떠하냐에 따라 우리의 문화가 좌우됩니다. 우리의 모든 행위 속

---

12) 동성연애를 말함.
13) 피기영, 『그리스도의 복음』, 라이프링크, 2023, p.p.75-77.

에서 하나님 왕국의 백성들은 세상에 끌려가는 것이 아니라 항상 떳떳한 모습으로 모든 이를 올바른 길로 인도해야 할 책임이 있습니다.

우리는 하나님 왕국의 백성으로서 사회적, 도덕적 그리고 영적으로 선한 것을 우리의 동료들을 위해 묶고 풀 수 있는 권세를 가지고 있습니다. 그래서 세상을 떠나 있지 않고 세상 속에서 유행하고 있는 문화들을 이해하고 하나님 나라의 문화로 도전하고자 하는 자세를 배워야만 하는 것입니다.

7. 하나님 왕국의 문화

1) 하나님 왕국의 문화가 아닌 것

파멜라 하디(Pamela Hardy)가 쓴 책 『세상을 바꾸는 하나님 나라의 능력』에서 하나님 왕국의 문화적 특징에 관해 다음과 같이 서술하고 있습니다. 특히 하나님 왕국의 문화가 아닌 것들을 나열하면서 그리스도인에게 수용하지 말 것을 권면하고 있습니다.

- 거짓은 왕국의 문화가 아닙니다.
- 도적질은 왕국의 문화가 아닙니다.
- 우상숭배는 왕국의 문화가 아닙니다.
- 두려움은 왕국의 문화가 아닙니다.
- 부족함은 왕국의 문화가 아닙니다.
- 불안정은 왕국의 문화가 아닙니다.
- 우울증은 왕국의 문화가 아닙니다.
- 이기심은 왕국의 문화가 아닙니다.
- 교만은 왕국의 문화가 아닙니다.
- 가난은 왕국의 문화가 아닙니다.

- 용서하지 않는 것은 왕국의 문화가 아닙니다.

- 험담은 왕국의 문화가 아닙니다.

- 수치심은 왕국의 문화가 아닙니다.

이 글을 읽고 느낀 점을 서로 나누기길 바랍니다.

2) 하나님 왕국의 문화인 것

이 땅에 세워져야 할 하나님 왕국은 천국의 복사판이 되어야 합니다. 하나님의 왕국은 '의와 평강과 희락'(롬 14:17)이라고 성경은 말하고 있습니다. 한국대학생선교회(CCC)의 설립자인 김준곤 목사(1925~2009)는 그의 책『나는 무엇을 믿는가?』에서 하나님 왕국에 관해서 언급하고 있습니다.

- 죽음이 없는 곳이다.

- 눈물이 없는 곳이다.

- 욕심이 없는 곳이다.

- 시기와 질투가 없는 곳이다.

- 거짓이 없는 곳이다.

- 공포와 두려움이 없는 곳이다.

- 생명이 충만한 곳이다.

- 평화가 가득 찬 곳이다.

- 사랑과 행복이 넘치는 곳이다.

- 기쁨, 감사가 언제나 충만한 하나님의 집이다.

이 글을 읽고 느낀 점을 서로 나누기길 바랍니다.

---

3) 하나님 왕국의 평가 척도

하나님께서 한 나라에 하나님 왕국이 임하였는지 평가할 때, 그 나라의 부와 백성들의 생활 수준, 지적 열망 또는 전통이나 습관을 가지고 평가를 하는 것이 아닙니다. 하나님께서 평가하는 기준은 그 나라의 백성들이 하나님의 말씀을 얼마나 잘 순종하는지에 관한 부분입니다.

그래서 하나님 말씀의 법도가 각 사회 영역에서 열매를 맺을 때 평가의 척도가 되는 것입니다.

마태복음 22:37-40 "예수께서 이르시되 네 마음을 다하고 목숨을 다하고 뜻을 다하여 주 너의 하나님을 사랑하라 하셨으니 이것이 크고 첫째 되는 계명이요 둘째도 그와 같으니 네 이웃을 네 자신 같이 사랑하라 하셨으니 이 두 계명이 온 율법과 선지자의 강령이니라"

마가복음 12:28-31 "서기관 중 한 사람이 그들이 변론하는 것을 듣고 예수께서 잘 대답하신 줄을 알고 나아와 묻되 모든 계명 중에 첫째가 무엇이니이까 예수께서 대답하시되 첫째는 이것이니 이스라엘아 들으라 주 곧 우리 하나님은 유일한 주시라 네 마음을 다하고 목숨을 다하고 뜻을 다하고 힘을 다하여 주 너의 하나님을 사랑하라 하신 것이요 둘째는 이것이니 네 이웃을 네 자신과 같이 사랑하라 하신 것이라 이보다 더 큰 계명이 없느니라"

예수님께서 가르쳐 주신 가장 큰 계명인 하나님을 사랑하고 이웃을 사랑하는 말씀이 바로 이 땅의 그리스도인이 살아내야 하는 가장 숭고한 명령인 것입니다. 우리가 기도하고, 말씀을 듣고, 열방을 제자 삼는 궁극적 이유가 바로 이것입니다.

하나님을 사랑하는 것은 예배(worship)로 표출이 됩니다. 그래서 각 나라와 도시, 직장 그리고 사회의 많은 영역(입법부, 사법부, 행정부, 경제, 과학, 예술, 언론, 미디어, 교육, 관공서, 군대 등)에 제단을 세워나가야 하는 것입니다.

이웃을 사랑하는 것은 통치와 다스림(kingship)으로 표출됩니다. 그래서 그리스도인은 사회의 도든 영역에서 이웃을 섬김으로 다스려야 하는 것입니다.

하나님 왕국의 평가 기준		
하나님을 사랑하라	예배	worship
이웃을 사랑하라	통치	kingship

예수님께서는 모든 열방을 제자 삼을 때 모든 일을 가르쳐 지키게 하라고 명령하셨습니다.

마태복음 28:19-20 "그러므로 너희는 가서 모든 민족을 제자로 삼아 아버지와 아들과 성령의 이름으로 세례를 베풀고 내가 너희에게 분부한 모든 것을 가르쳐 지키게 하라 볼지어다 내가 세상 끝날까지 너희와 항상 함께 있으리라 하시니라"

하나님 왕국의 정부

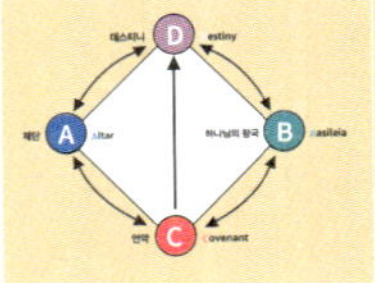

하나님 마음에 있는 소원을 성취하기 위해 인간은 이 땅을 통치해야 한다.
하나님의 왕국이 이 땅에 임하도록 하는 것은
놀라운 축복이며 인간은 이 일을 위해 창조되었다.

1. 하나님 왕국으로 변화시킬 국가 영역

이 땅에 하나님 왕국이 임하는 것은 하나님의 뜻입니다. 국가는 하나님 왕국으로 변화시켜야 할 영역입니다. 그래서 이 땅의 모든 나라와 각 영역에 하나님의 통치가 이루어져야 합니다.

연습 (Exercise)

다음 글을 읽으십시오.

1975년 8월에 우리 가족은 콜로라도 지역 서쪽의 경사지에 있는 작은 오두막에서 휴가를 보냈다. 휴가 둘째 날에 기도하던 중 주님이 내게 열방을 제자 삼으려면 '사회 영역'을 전략적으로 이용해야 한다는 말씀을 주셨다.

마태복음 28:18-20 "예수께서 나아와 말씀하여 이르시되 하늘과 땅의 모든 권세를 내게 주셨으니 그러므로 너희는 가서 모든 민족을 제자로 삼아 아버지와 아들과 성령의 이름으로 세례를 베풀고 내가 너희에게 분부한 모든 것을 가르쳐 지키게 하라 볼지어다 내가 세상 끝 날까지 너희와 항상 함께 있으리라 하시니라”

나는 ①가정(가족), ②교회(종교), ③교육, ④커뮤니케이션(전자와 문서), ⑤예술(오락, 스포츠), ⑥경제(연구와 개발, 생산, 판매와 서비스, 즉 상업), ⑦정부(모든 관련 부서)라고 종이에 적었다.

다음 날, 콜로라도에 있는 C.C.C.의 창시자인 빌 브라이트(Bill Bright, 1921–2003) 부부가 우리 부부를 초대했다. 우리가 방문했을 때, 빌은 하나님이 열방을 제자 삼으라고 보여주신 전략을 나누었고, 그때 나는 윗옷 주머니에 있던 목록을 꺼냈다! 그의 목록에는 나의 목록과 같은 영역이 적혀 있었다.

이 계시는 새롭지는 않지만 회복된 것이었다. 19세기에 네덜란드 출신의 아브라함 카이퍼(Abraham Kuyper, 1837–1920, 네덜란드의 목회자며 정치가)는 하나님의 말씀으로 4개 '관할구'를 나누었다. 영국의 신발 수선공이었던 윌리엄 캐리는 인도에서 개척 선교사가 되어 사회 영역에서 프로그램을 실시했다.

몇 가지만 나열하자면, 그는 전 아시아에 첫 간행물을 내고, 가난한 사람들을 위해 돈을 대출해 주는 은행을 설립했다. 또한 학교를 시작하고 교회를 개척했으며, 과부를 태워 죽이는 관습을 금하도록 법안을 바꾸자고 주장했다.

『열방을 변화시키는 하나님의 책』 로렌 커닝햄

이 글을 읽고 느낀 점을 서로 나누기길 바랍니다.

이 땅에 하나님의 왕국이 임하는 것이 예수님의 기도였습니다. 또한 이것이 하나님의 뜻이었습니다. 이 땅은 하나님의 공의, 정의, 사랑과 진리를 실천하는 특별한 장입니다. 이 땅에는 많은 영역이 존재합니다. 각 영역에 하나님의 통치가 이루어지기를 진심으로 하나님께서 원하십니다.

우리는 하나님께서 품고 계신 마음의 소원을 이 땅에서 성취해 드려야 할 의무와 사명이 있습니다.

2. 정부

1) 교회의 정치 참여 문제

기독교 리더 중 많은 분이 오늘날까지 교회가 '정치'에 참여해서는 절대로 안 되고, 목양을 담당해야 한다고 가르치고 있습니다. 그러나 이 부분에 대해서 성경은 정반대로 이야기하고 있습니다.

교회는 '정치'라는 단어를 혐오했습니다. 세속적인 사람들이 자신의 이상을 실현하기 위한 발판으로 이해했습니다. 그래서 교회는 절대 정치에 관여해서는 안 된다고 성도들에게 각인시켰습니다. 이러한 영향을 받아서인지 21세기를 살아가는 기독교인들은 사회, 정치, 경제와 관련된 국가적 사안들에 불참하는 경향이 다분합니다.

예수님께서는 하나님 아버지의 왕국에 정부의 역할이 있다는 것을 너무나 잘 알고 계셨습니다. 예수님께서는 하나님이 왕의 왕이시라는 것과 하나님의 말씀이 구원과 정치적 공의에 관한 말씀이라는 점을 분명히 이해하셨습니다.

> **이사야 9:6-7** "이는 한 아기가 우리에게 났고 한 아들을 우리에게 주신 바 되었는데 그의 어깨에는 정사를 메었고(The Government will be on His Shoulders) 그의 이름은 기묘자라, 모사라, 전능하신 하나님이라, 영존하시는 아버지라, 평강의 왕이라 할 것임이라 그 정사와 평강의 더함이 무궁하며(Of The Increase of His Government and Peace there will be no end) 또 다윗의 왕좌와 그의 나라에 군림하여 그 나라를 굳게 세우고 지금 이후로 영원히 정의와 공의로 그것을 보존하실 것이라 만군의 여호와의 열심이 이를 이루시리라"

예수님의 어깨에는 정부(The Government)가 있다고 이사야는 기록하고 있습니다.

2) 그리스도인의 태도와 행실에 상응[1]하는 정부

> **로마서 13:1-5** "각 사람은 위에 있는 권세들에게 복종하라 권세는 하나님으로부터 나지 않음이 없나니 모든 권세는 다 하나님께서 정하신 바라 그러므로 권세를 거스르는 자는 하나님의 명을 거스름이니 거스르는 자들은 심판을 자취하리라 다스리는 자들은 선한 일에 대하여 두려움이 되지 않고 악한 일에 대하여 되나니 네가 권세를 두려워하지 아니하려느냐 선을 행하라 그리하면 그에게 칭찬을 받으리라 그는 하나님의 사역자가 되어 네게 선을 베푸는 자니라 그러나 네가 악을 행하거든 두려워하라 그가 공연히 칼을 가지지 아니하였으니 곧 하나님의 사역자가 되어 악을 행하는 자에게 진노하심을 따라 보응하는 자니라 그러므로 복종하지 아니할 수 없으니 진노 때문에 할 것이 아니라 양심을 따라 할 것이라"

---

1) '상응(相應)'의 한자어 문자 그대로의 뜻은 '서로에게 응한다', '서로에게 답한다'로, 일반 사전적인 의미는 '① 서로 응(應)함 ② 서로 맞아 어울림 ③ 서로 기맥이 통(通)함'이다.

정부는 하나님의 결정으로 세워지는 것입니다. 정부가 기독교인들에게 어떤 영향을 미칠지는 기독교인들의 태도와 행실에 달려있습니다. 만약 기독교인들이 하나님의 뜻에 순종하는 삶을 살면, 정부와 관리들은 '하나님의 사역자가 되어 네게 선을 베푸는 자(4절)'가 될 것입니다. 그렇지만 기독교인들이 하나님의 뜻에 순종하지 않고 살아간다면, 정부와 관리들은 '하나님의 사역자가 되어 악을 행하는 자에게 진노하심을 따라 보응하는 자(4절)'가 될 것입니다.

기독교인들은 그들의 행실에 상응하는 정부를 갖게 됩니다. 결국 기독교인들의 태도와 행실에 따라 어떻게 정부를 위해 기도하느냐에 따라 정부가 결정되는 것입니다. 그러므로 기독교인들은 정부를 위해 기도해야 합니다.

로마서 13:6-7 "너희가 조세를 바치는 것도 이로 말미암음이라 그들이 하나님의 일꾼이 되어 바로 이 일에 항상 힘쓰느니라 모든 자에게 줄 것을 주되 조세를 받을 자에게 조세를 바치고 관세를 받을 자에게 관세를 바치고 두려워할 자를 두려워하며 존경할 자를 존경하라"

바울은 정치계에서 일하는 사람들을 존경하라고 했습니다. 또 위에 있는 권세들에게 복종하라고 말합니다. 정치인을 존경하고 권세들에게 복종하는 것은 우리의 선택이 아니라 의무이고 책임입니다. 왜냐하면 말씀이 그것을 지시하고 있기 때문입니다.

신명기 1:9-18 "그때에 내가 너희에게 말하여 이르기를 나는 홀로 너희의 짐을 질 수 없도다 너희의 하나님 여호와께서 너희를 번성하게 하셨으므로 너희가 오늘날 하늘의 별같이 많거니와 너희 조상의 하나님 여호와께서 너희를 현재보다 천 배나 많게 하시며 너희에게 허락하신 것과 같이 너희에게 복 주시기를 원하노라 그런즉 나 홀로 어찌 능히 너희의 괴로운 일과 너희의 힘겨운 일과 너희의 다투는 일을 담당할 수 있으랴 너희의 각 지파에서 지혜와 지식이 있는 인정받는 자들을 택하라 내가 그들을 세워 너희 수령을 삼으리라 한즉 너희가 내게 대답하여 이르기를 당신의 말씀대로 하는 것이 좋다 하기에 내가 너희 지파의 수령으로 지혜가 있고 인정받는 자들을 취하여 너희의 수령을 삼되 곧 각 지파를 따라 천부장과 백부장과 오십 부장과 십 부장과 조장을 삼고 내가 그때에 너희의 재판장들에게 명하여 이르기를 너희가 너희의 형제 중에서 송사를 들을 때에 쌍방 간에 공정히 판결할 것이며 그들 중에 있는 타국인에게도 그리할 것이라 재판은 하나님께 속한 것인즉 너희는 재판할 때에 외모를 보지 말고 귀천을 차별 없이 듣고 사람의 낯을 두려워하지 말 것이며 스스로 결단하기 어려운 일이 있거든 내게로 돌리라 내가 들으리라 하였고 내가 너희의 행할 모든 일을 그때에 너희에게 다 명령하였느니라”

모세는 처음에 이스라엘 백성의 다툼을 혼자서 재판하려고 했습니다. 모세의 장인은 이런 모서를 보면서 재판을 중재할 정부를 구성하는 것을 제안합니다. 모세는 장인 이드로가 제안한 의견을 그대로 수용하여 재판할 정부를 구성하게 됩니다.

연습 (Exercise)

다음 글을 읽으십시오.

나미비아(Namibia)의 흑인이 처음으로 투표권을 소유했을 때, 그들은 공산주의 정부를 선임(選任)했다. 이는 인구의 85%가 그리스도인이라고 고백하는 나라에서 일어난 충격적인 일이었다. 한 가닥 희망이 있다면, 새롭게 들어선 정부가 교회 지도자들에게 성경의 가치관으로 나라를 다스리도록 도와주기를 바란다는 전갈을 보낸 것이다. 얼마나 큰 특권인가!

그렇지만 누구도 이에 응답하지 않았다! 투표율이 65%에 달하고, 그중 약 70%가 그리스도인인 남아프리카의 현 정권이 권력을 유지하기 힘든 이유는 무엇인가? 바로 일부 교회가 사회, 정치, 경제 사안에 대해 사회에 불참하는 문화를 조성하기 때문이다. 한 미국 정부 관료의 말에 따르면, 미국 시민의 투표율이 50%에 훨씬 못 미친다고 한다. 더 충격적인 사실은 그중 그리스도인의 투표율은 25%도 안 된다는 점이다.

성경으로 정치를 연구하면 입법부, 행정부, 사법부, 군대의 기능을 살펴볼 수 있다. 법률, 국가와 지역의 권한, 국제 관계, 전쟁, 정치와 관련된 지역 개발을 비롯해 사사, 왕, 공적 역량으로 나라를 위해 일했던 사람들의 역할과 활동을 본다.

여호수아, 사사기, 사무엘상, 사무엘하, 열왕기상, 열왕기하, 역대상, 역대하에는 이스라엘 안팎의 정치계에서 벌어진 사건들이 나와 있다. 여기에는 이스라엘 정치 지도자가 한 일, 이스라엘에 미친 영향, 하나님이 이런 사건을 어떻게 생각하시는지가 기록되어 있다.

느헤미야, 에스더, 다니엘은 정치계에서 신실하게 하나님을 섬기려 했던 사람들의 이야기를 들려준다. 흥미롭게도 느헤미야, 에스더, 다니엘은 모두 이방의 우상 숭배 국가와 왕정을 섬겼다. 요즘 일부 그리스도인은 정부의 의로운 사람만을 섬겨야 한다고 주장한다. 그러나 성경은 이를 지지하지 않는다.

시편, 잠언, 전도서, 아가서는 주로 다윗과 솔로몬 두 왕의 생애를 가능한 한 전부 기록했다. 이 말씀은 정부에 관한 원칙뿐 아니라 훨씬 더 많은 점을 가르친다. 또 이사야와 예레미야가 선지자의 관점으로 기록된 것과는 달리, 이는 정부 입장에서 기록된 것이다. 신명기를 연구해 보면, 약 25%가 정치 사안과 관련된 가르침과 사건으로 구성되어 있음을 알 수 있다.

『나라를 제자 삼는 하나님의 8가지 영역』란다 콥

어떻게 해서 인구의 85%가 기독교인이라고 고백하는 나라 나미비아에서 공산주의 정권이 수립되었던 것입니까?

3. 교회란 무엇인가?

일반적으로 기독교인들에게 교회가 무엇인지 질문을 하면 대부분 기독교인은 '믿음의 사람들이 모인 공동체'라고 대답합니다. 그러나 이 대답은 진정으로 교회가 어떤 의미를 지니고 있는지 모르기 때문에 언급되는 내용입니다.

마태복음 16:18 "또 내가 네게 이르노니 너는 베드로라 내가 이 반석 위에 내 교회(에클레시아)를 세우리니 음부의 권세가 이기지 못하리라"

교회는 헬라어로 '에클레시아(ἐκκλησία)'입니다.

1) 에클레시아의 기원[2]

연습 (Exercise)

다음 글을 읽으십시오.

에클레시아의 기원은 다음과 같습니다.

고대 그리스[3]에는 가장 강력한 권력 기관이 두 개가 있었습니다. 하나는 '불레(The Boule)'라고 불리는 '입법회의'였으며 또 다른 하나는 더 중요한 권력 기관인 '에클레시아'라는 '민회(lawful assembly)'가 있었습니다.

그리스 도시국가를 일컫는 폴리스(πόλις)에서 직접 민주주의가 시작됩니다. 500인회로 알려진 '불레'는 폴리스 전체 민회에서 심의, 의결하는 법안을 고안하여 상정하는 일뿐 아니라 폴리스의 국정을 담당하는 집정관을 직접 뽑는 일을 담당합니

---

2) 피기영, 『하나님의 뜻과 목적』, 라이프링크, 2023, p.p.19-23.
3) 고대 그리스 아테네에 가장 핵심적 정치 기구는 민회였다. 민회는 직접민주주의의 형태로 아테네의 주요 정책들을 결정하는 최고 의결 기구라 할 수 있다.

다.[4] '불레'는 민회에서 심의 의결한 법안을 고안하여 상정했다는 대목에서 민회가 바로 '에클레시아'입니다. 민회 즉 에클레시아는 '시민의 대표자들이 모인 곳'이었습니다. 한 도시국가의 시민권자들[5]이 모여서 폴리스의 중대사를 직접 의논하는 자리가 '에클레시아'였습니다. 민회에 참석한 의원들은 '에클레시아스타이(ἐκκλησίασται)' 혹은 '에클레시아존테(ἐκκλησίαζοντε)'로 불렸습니다.

> "이번에 아르키메데스와 호르데노스 중에 누구를 집정관(통령)으로 세울 것인가?"
>
> "아테네는 델로스나 스파르타와 어떤 관계를 맺을 것인가?"
>
> "페르시아의 침입 앞에 어떻게 대처할 것인가?"
>
> "가이오가 선동을 일으킨다는데 사형을 시켜야 하는 것이 맞는 것인가?"

시민들이 정기적으로 모여서 법령을 통과시키고 도시국가의 중대사를 결정하는 자리가 에클레시아였던 것입니다.[6]

민회인 에클레시아는 중요한 일들을 결정했습니다. 대사를 택해서 해외에 파송하고, '군대의 파견'에 관해 결정했으며, '빚을 탕감'하고, 다른 나라와 동맹을 강화했으며 조약을 체결하는 '외교'도 담당했습니다. 외국인에 대한 시민권을 부여하고 또한 나라의 중대사와 관련된 '재판의 집행'과 법률을 제정하고, 판결에 '최후 결정권'을 가졌습니다. 에클레시아는 행정, 사법, 재정 등의 업무를 처리하는 가장 중요한 시민 의회였던 것입니다.

다시 말해서 '에클레시아'는 헬레니즘 시대에 최고 권력 기관으로 통치, 외교, 판결, 군대 파병, 관료 임명권을 쥐고 있는 가장 중요한 의결기관이었던 것입니다. 그 중요성과 가치를 논할 수 없을 정도로 한 사회와 도시, 국가를 지탱하는 가장

---

4) 유재원, "아테네 '철저한 권력 분산'으로 독재 원천 차단", 한겨레, 2016. 06. 12. 그리스는 아르콘, 로마는 콘술로 불렀다.

5) 남자 시민들은 20세가 되면 민회에 참가할 자격을 부여받았다.

6) 전영호, "왜 기독교인들의 모임을 에클레시아라고 정의하는가?(본질, 특징, 사명)", 한국 서번트리더십 훈련원 강좌에서 발췌.

중요한 기관이었습니다.

현대적 의미로 에클레시아가 어떤 기관이었는지 확증해 줄 수 있는 정치 기구가 있습니다. 가장 근접한 현대의 정치기관이 미국의 '상원(United States Senate)'입니다. 미국 상원을 뜻하는 'Senate'는 로마 원로원을 뜻하는 '세나투스(Senatus)'에서 기원하는 단어입니다. 원로원은 로마 정치에 있어서 가장 강력한 정치 기구였습니다.

고대 그리스 에클레시아와 오늘날 미국 상원은 기능적으로 너무나 비슷합니다. 상원의 권한은 '군대의 파견', '관료의 임명', '외국 조약에 대한 승인', '세금과 경제에 대한 권한' 등 범국가적이고 신속을 요하는 것들입니다.

고대 그리스에는 최고의 권력 기관으로 '민회'로 불리는 에클레시아가 있었습니다.

하나님의 왕국에는 '부름을 받은 자들의 모임'인 교회(에클레시아)가 있는 것입니다.

미국에는 최고의 권력 기관으로 불리는 상원(Senate)이 존재합니다.

「하나님의 뜻과 목적」 피기영

에클레시아는 로마의 최고 내각회의였습니다. 예수님의 행정그룹입니다. 즉 각료들입니다. 교회는 사법, 입법, 행정부의 기능을 감당하는 곳입니다.

2) 교회의 본질적 의미

교회의 본질적인 의미는 '하나님의 법으로 이 세상을 다스리는 공동체'라는 말입니다. 교회는 일반적인 사람들이 생각하는 것과는 완전히 다른 '정부의 조직'을 의미하는 것입니다. 그래서 장 칼뱅(John Calvin, 1509-1564)은 스위스의 제네바를 하나님의 말씀을 기초로 통치되는 도시국가로 만들려고 했습니다. 존 웨슬리(John Wesley, 1703-1791)도 영국에 하나님의 왕국이 임하기를 간절히 소망하면서 사역을 감당했습니다.

이사야 33:22 "대저 여호와는 우리 재판장이시요 여호와는 우리에게 율법을 세우

신 이요 여호와는 우리의 왕이시니 그가 우리를 구원하실 것임이라"

이사야는 분명하게 하나님은 ①재판장(사법부)이시며, ②율법을 세우신 이(입법부)요 우리의 ③왕(행정부)이라고 말하고 있습니다. 하나님은 사법, 입법, 행정의 하나님이십니다. 이와 같이 교회도 동일한 직임을 받아 이 땅에 세워진 하나님의 거룩한 정부입니다.

예수님께서는 제자들에게 작은 것에 충성하면 10개의 도시를 다스릴 권세(행정)를 차지할 것과 이스라엘의 지파들을 다스리게(사법) 될 것에 대해 말씀해 주셨습니다. 교회는 우리가 생각하는 것보다 더 큰 위임을 받은 예수님의 피로 사신 바 된 놀라운 열매입니다.

누가복음 19:17 "주인이 이르되 잘하였다 착한 종이여 네가 지극히 작은 것에 충성

하였으니 열 고을 권세를 차지하라(take charge of ten cities) 하고"

누가복음 22:29-30 "내 아버지께서 나라를 내게 맡기신 것같이 나도 너희에게 맡겨

너희로 내 나라에 있어 내 상에서 먹고 마시며 또는 보좌에 앉아 이스라엘 열두

지파를 다스리게(judging the twelve tribes of Israel) 하려 하노라"

그러므로 교회는 정치와 너무나 밀접할 수밖에 없습니다. 사실 교회 자체가 정부인 것입니다.

에베소서 1:22 "또 만물을 그의 발 아래에 복종하게 하시고 그를 만물 위에 교회의

머리로 삼으셨느니라"

교회의 머리는 예수 그리스도이십니다. 우리는 예수님을 머리로 하는 교회의 지체들입니다. 이 교회가 만물을 다스리는 것입니다. 만물이 교회의 발아래에 복종하는 것입니다. 하나님의 법도와 율례가 이 땅을 통치하도록 해야 하는 것입니다. 교회는 정부의 역할을 감당해야 합니다.

4. 통치자 선택의 중요한 요소

정부가 세워질 때 통치자를 세우는 것은 중요한 일입니다.

신명기 1:15-17 "내가 너희 지파의 수령으로 지혜가 있고 인정받는 자들을 취하여 너희의 수령을 삼되 곧 각 지파를 따라 천부장과 백부장과 오십부장과 십부장과 조장을 삼고 내가 그때에 너희의 재판장들에게 명하여 이르기를 너희가 너희의 형제 중에서 송사를 들을 때에 쌍방 간에 공정히 판결할 것이며 그들 중에 있는 타국인에게도 그리할 것이라 재판은 하나님께 속한 것인즉 너희는 재판할 때에 외모를 보지 말고 귀천을 차별 없이 듣고 사람의 낯을 두려워하지 말 것이며 스스로 결단하기 어려운 일이 있거든 내게로 돌리라 내가 들으리라 하였고"

정부가 세워지는 목적은 신뢰할 만한 공의와 정의를 제공함으로 국민을 섬겨야 한다는 것입니다. 어떤 경우에도 귀천의 차별 없이 공평하게 백성을 섬기는 일이 중요한 목적이어야 합니다.

신명기 1:13 "너희의 각 지파에서 지혜와 지식이 있는 인정 받는 자들을 택하라 내가 그들을 세워 너희 수령을 삼으리라 한즉"

 "여호와의 영이 나를 통하여 말씀하심이여 그의 말씀이 내 혀에 있도다 이스라엘의 하나님이 말씀하시며 이스라엘의 반석이 내게 이르시기를 사람을 공의로 다스리는 자, 하나님을 경외함으로 다스리는 자여 그는 돋는 해의 아침 빛 같고 구름 없는 아침 같고 비 내린 후의 광선으로 땅에서 움이 돋는 새 풀 같으니라 하시도다"

지도자가 되는 조건이 바로 이 말씀에 언급되어 있습니다. 통치자가 갖추어야 할 두 가지 자격 요건은 먼저 공의로워야 하고, 둘째로 하나님을 두려워해야 한다는 것입니다. 이런 사람이 통치하는 자리에 오를 때, 축복이 따른다고 하나님은 약속하십니다. 하나님은 두 가지 중요한 기본 자격 요건을 충족시키는 공직자들이 속한 정부에게 축복을 약속하십니다. 하나님은 정부 공직자들이 공의롭고, 하나님을 두려워하는 자이기를 요구하십니다.

연습 (Exercise)

다음 글을 읽으십시오.

모세는 하나님의 사람이자 하나님과 대면하여 대화한 유일한 사람이었습니다. 하나님은 모세에게 이스라엘을 인도할 상세한 지침을 주셨습니다. 모세가 이스라엘 정부를 세울 때, 하나님은 "지혜와 지식이 있는 인정 받는 자들을 택하라"라고 말씀하셨습니다.

이때 누가 지도자를 택했습니까? 모세였습니까? 아론, 미리암입니까? 아닙니다. 이스라엘 백성이었습니다.

하나님이 모세를 통해 정부를 세울 때 처음 하신 일은 선택할 권한을 백성에게 주는 것이었습니다. 정치 지도자를 뽑을 권리를 이스라엘 백성에게 주신 것입니다. 하나님이 백성에게 통치권을 주신 것입니다. 다스릴 사람을 선택할 권리와 책임을 백성에게 주셨습니다. 하나님은 밑에서 위로 오는 권위를 세우신 것입니다. 백성이 선택하고 나서야 지도자가 권위를 얻었습니다.

하나님은 정치 지도자를 선택하는 이스라엘 백성을 진공상태로 내버려 두지 않으셨습니다. 그들에게 지침을 주셨습니다. 일부 지침은 지도자의 성품, 지식, 평판에 초점이 맞추어져 있었습니다.

한 나이지리아인 친구가 서구인과 아프리카인은 개인을 판단하는 기준에서 크게 차이가 난다고 말한 적이 있습니다. 서구인은 어떤 사람이 무엇을 가졌는지, 무엇을 했는지 또는 지위가 어떤지로 사람을 평가하는 경향이 있다고 합니다. 반면 아프리카인은 다른 사람들이 그 사람을 어떻게 생각하는지 그것으로 평가합니다. 다시 말해, 아프리카 사회가 당신에게 어떤 지위를 주면 당신은 그 사회에서 그 지위를 소유하게 되는데, 이것은 소유나 업적과 같은 외적 요소 때문이 아닙니다. 이처럼 아프리카 방식은 관계 중심적이고, 성품처럼 사회 안에서 관찰할 수 있는 개인의 행동과 관련이 있습니다.

하나님은 정치 지도자를 택하실 때 아프리카의 방식을 사용하십니다. 백성은 지도자들의 성품을 평가하여 정치권력을 부여할 책임이 있었고, 자신들의 결정에 따른 결과대로 살아야 했습니다.

모세는 이스라엘 지도자를 찾는 데 ①지혜 ②지식(이해) ③인품이라는 세 가지 사항이 필요하다고 전했습니다. 돈과 권력이라는 요소가 부적절한 것은 아니지만, 그는 그것을 기준으로 언급하지는 않았습니다. 이렇듯 평가 요인이 성품이었기에, 지도자는 사람들에게 잘 알려진 인물이어야 했습니다. 그리고 사람들은 '지혜와 지식을 갖추었다'라는 말이 어떤 의미인지 결정해야 했습니다. 이런 자격을 갖춘 사람을 찾아야 했고, 자질의 속성을 이해하려고 노력해야 했습니다. 또한 성품이란 주제로 국가적 차원의 논쟁을 벌일 수도 있었습니다. 하나님은 그저 정부를 주는 게 아니라, 백성을 시민 되도록 성장시킨 것입니다.

정부는 백성의 분쟁을 다루고, 정의와 관련된 사항을 중재함으로써 백성을 대표합니다. 새로운 땅과 정부에서 모든 지파가 대표성을 지녀야 했습니다. 정치적 대표성은 성경의 원칙입니다.

이스라엘 백성이 항상 모세에게 동의한 것은 아니었습니다. 처음에 모세가 약속의 땅으로 나아가자고 했을 때, 그들은 두려움과 불신앙으로 가지 않겠다고 했습니다. 이른바 쿠데타라 불리는 일을 꾸몄고, 모세와 여호수아, 갈렙이 권고했음에도 장정들은 약속의 땅에 가자는 도전을 거부했습니다. 하나님은 백성이 약속의 땅으로 갈 것을 준비하셨고 모세도 준비하고 있었습니다. 그러나 백성은 동의하지 않았습니다. 하나 되지 못한 정부는 앞으로 나아가지 못했습니다. 그 선택의 결과로 이스라엘 백성은 광야에서 40년을 보내야 했습니다. 다윗이 이스라엘 왕이 되는 사건에서, 유다 왕조와 사울 왕조는 합의를 보지 못했습니다. 다윗은 백성에게 이의를 제기하지 않았고 다만 기다렸습니다.

합의의 원칙은 아주 중요합니다. 예수님은 이것을 하나님 나라의 원칙으로 언급하셨습니다. "스스로 분쟁하는 나라마다 황폐하여질 것이요"(마 12:25). 합의가 이루어진 나라는 정부도 안정됩니다. 합의가 안 된 나라는 약한 나라입니다. 따라서 장기적으로 볼 때, 백성에게 억지로 강요하는 정부는 합의 하(下)에 다스리는 정부보다 더 불안정하게 될 것입니다. 이렇듯 합의는 정부의 중요한 원칙이자 강력한 기초입니다.

『나라를 제자 삼는 하나님의 8가지 영역』 란다 콥

무엇이 정부의 중요한 원칙이자 강력한 기초입니까?

____

____

____

5. 좋은 정부는 하나님의 뜻

디모데전서 2:1-4 "그러므로 내가 첫째로 권하노니 모든 사람을 위하여(for all men) 간구와 기도와 도고와 감사를 하되 임금들과 높은 지위에 있는 모든 사람을 위하여 하라 이는 우리가 모든 경건과 단정함으로 고요하고 평안한 생활을 하려 함이라 이것이 우리 구주 하나님 앞에 선하고 받으실 만한 것이니 하나님은 모든 사람이 구원을 받으며 진리를 아는 데에 이르기를 원하시느니라"

바울은 모든 사람을 위하여 기도하고, 특히 임금들과 정부 지도자들을 위해 기도하라고 권면하고 있습니다. 또한 하나님의 집은 모든 나라를 위해(for all nations) 기도하는 집입니다.

이사야 56:7 "내가 곧 그들을 나의 성산으로 인도하여 기도하는 내 집에서 그들을 기쁘게 할 것이며 그들의 번제와 희생을 나의 제단에서 기꺼이 받게 되리니 이는 내 집은 만민이 기도하는 집이라 일컬음이 될 것임이라(for my house will be called a house of prayer for all nations, NIV)"

하나님은 '모든 사람'과 '만민'에게 관심을 가지십니다. 이것은 하나님께서 원하시는 기도입니다. 많은 기독교인이 자기중심적인 기도를 하고 있습니다. 그러나 우리는 하나님이 시키시는 기도를 해야 할 줄 믿습니다. 디모데전서 2장에서 '높은 지위에 있는 모든 사람'이란 국가를 통치하는 책임을 맡은 사람들을 가리킵니다. 이런 사람들을 한 단어로 이야기하면 '정부'가 됩니다.

오늘날 기독교인들은 정부를 위해 '첫 번째'로 기도하지 않을 뿐만 아니라, 아예 기도하는 일이 드뭅니다. 병든 사람, 감옥에 갇힌 사람, 목사, 선교사, 전도사, 믿지 않는 사람들을 위해서는 정기적으로 기도하지만, 하나님이 제일 먼저 기도하라고 말씀하신 정부를 위해서는 기도하지 않습니다. 심지어 헌신된 기독교인들조차도 자기 나라 정부를 위한 진지한 기도를 일주일에 한 번도 하지 않는다는 것은 과장이 아닙니다.

디모데전서 2장 3절에서 바울은 '이것이 우리 구주 하나님 앞에 선하고 받으실 만한 것이니(For this is good and acceptable in the sight of God our Savior. KJV)'라고 말합니다. 대명사 이것(this)이 가리키는 것은 2절의 주제이고 그것은 앞에서 요약한 바 있는 '좋은 정부(good government)'입니다. 즉 좋은 정부로 이것을 대체하면 다음과 같은 문장이 성립됩니다.

'좋은 정부는 우리 구주 하나님 앞에 선하고 받으실 만한 것이니.'

더 단순하게 바꾸어 말하면, 다음과 같은 문장이 됩니다.

'좋은 정부는 하나님의 뜻이니.'[7]

이것은 광범위한 파장을 불러일으키는 선언입니다. 많은 기독교인의 말과 행위로 판단하건대, 기독교인들은 좋은 정부를 별로 기대하지 않거나 전혀 기대하지 않는 것 같습니다. 기독교인들은 정부를 비효율적이고, 낭비가 심하고, 독단적이고, 부패하고, 불의한 집단일 것이라고 생각하며 대체로 체념하고 맙니다. 그러나 정부에 대한 하나님의 뜻은 확고하십니다. 하나님의 뜻 가운데 하나는 '좋은 정부'를 세우는 것입니다.

사람들이 구원받으려면 먼저 예수님의 속죄라는 '진리를 아는 데에 이르러야' 합니다. 사람들이 진리를 알기 위해서는 복음을 그들에게 전파해야 합니다. 복음이 그들

---

7) 이 내용은 데릭 프린스의 책 『역사를 움직이는 중보기도(Shaping history through prayer and fasting)』를 참고로 요약했다.

에게 전파되지 않으면, 사람들은 예수님의 속죄로 값을 치르고 산 구원을 자신의 것으로 삼을 수 없게 됩니다.

이 부분을 정리하면 이렇습니다. 하나님은 '모든 사람이 구원받는 것'을 원하십니다. 사람들이 구원받으려면 '진리를 아는 데에 이르러야' 합니다. '진리를 아는 것'은 복음 전파를 통해서만 가능합니다. 그러므로 하나님은 복음이 모든 사람에게 전파되는 것을 원하시는 것입니다. 따라서 좋은 정부는 나쁜 정부와 대조적으로 복음 전파를 수월하게 하는 반면에 나쁜 정부는 그것을 방해한다는 결론이 도출됩니다. 이런 이유로 좋은 정부는 하나님의 뜻입니다. 그래서 우리가 믿음으로 하나님의 뜻대로 기도하면 하나님께서 들어주시는 것입니다.[8]

> 요한일서 5:14-15 "그를 향하여 우리가 가진 바 담대함이 이것이니 그의 뜻대로 무엇을 구하면 들으심이라 우리가 무엇이든지 구하는 바를 들으시는 줄을 안즉 우리가 그에게 구한 그것을 얻은 줄을 또한 아느니라"

세계적인 영적 리더였던 데릭 프린스(Derek Prince, 1915-2003)는 어떻게 정부를 위해 기도해야 하는지 가르쳐주고 있습니다. 믿는 사람들이 정기적으로 만나 친교를 나눌 때 제일 먼저 해야 할 사역과 선교활동은 기도가 되어야 합니다.

- 그 기도의 첫 번째 구체적 제목은 정부가 되어야 한다.
- 우리는 좋은 정부를 위해 기도해야 한다.
- 하나님은 모든 사람에게 복음의 진리가 전파되기를 원하신다.

---

8) 복음을 나눌 때 구원만을 다룬다면 하나님 왕국에 관한 주요 부분을 놓치게 된다. 구원은 필수다. 하나님 왕국에 들어갈 다른 방법은 없다. 하지만 구원은 하나님 왕국에 들어가는 입구일 뿐이다. 이는 목표가 아니며, 하나님 왕국 자체도 아니다. 구원이 목적이 될 때 하나님의 메시지를 대부분 잃어버리게 된다. 구원만으로는 남은 생애 동안 하나님을 아는 지식까지 자랄 수 없고, 모든 선한 일에 열매를 맺지 못한다. 예수님을 만나 구원에 이르면 하나님의 왕국에 들어갈 수는 있다. 그러나 이 땅에서 진리와 함께 실제 삶과 일터에서 살아가는 방법을 배우려고 한다면 하나님 왕국의 진리를 더 알아가야 한다.

- 좋은 정부는 복음 전파를 수월하게 하는 반면, 나쁜 정부는 그것을 방해한다.
- 그러므로 좋은 정부는 하나님의 뜻이다.

우리가 정부를 위해 기도함으로써 성취할 수 있는 것을 온전히 이해하려면, 바울의 가르침(딤전 2:1-4)과 요한의 가르침(요일 5:14-15)을 종합할 필요가 있습니다. 그 결과는 다음과 같습니다.

- 첫째, 만약 우리의 기도가 하나님의 뜻과 일치한다는 것을 안다면,
  그것이 우리에게 허락되었다는 확신을 갖는다.
- 둘째, 좋은 정부는 하나님의 뜻과 일치한다.
- 셋째, 만약 우리가 하나님의 뜻인 좋은 정부를 위해 기도하면,
  좋은 정부가 우리에게 허락되었다는 확신을 갖는다.

그렇다면 왜 대다수 기독교인은 좋은 정부가 허락되었다는 확신이 없습니까? 두 가지 이유밖에 없습니다. 그들이 좋은 정부를 위해 기도하지 않거나, 아니면 좋은 정부를 위해 기도하지만, 그것이 하나님의 뜻이란 것을 알지 못하고 기도하기 때문입니다.

대부분 기독교인은 좋은 정부를 위해서 진지한 기도를 전혀 하지 않습니다. 좋은 정부를 위해 기도하는 소수의 기독교인 중에서 그것이 하나님의 뜻이라는 성경적 확신을 갖고 기도하는 사람도 거의 없습니다.

그러나 하나님께서는 기독교인들의 기도를 통해 좋은 정부를 확보하는 것이 가능하도록 계획해 놓으셨습니다. 기독교인들은 하나님으로 자기 나라 정부를 비판할 책임을 부여받은 것이 아니라, 정부를 위해 기도할 책임을 부여받습니다. 기독교인들이 정부를 위해 기도하지 않는 한, 정부를 비판할 권리는 없습니다.

6. 정부를 위한 기도

앞에서도 언급했지만 너무나 중요한 내용이어서 반복해서 말씀드립니다. 통치자가 갖추어야 할 두 가지 자격 요건은 먼저 공의로워야 하고, 둘째로 하나님을 두려워해야 한다는 것입니다. 이런 사람이 통치하는 자리에 오를 때, 축복이 따른다고 하나님은 약속하십니다.

하나님은 두 가지 중요한 기본 자격 요건을 충족시키는 공직자들이 속한 정부에게 축복을 약속하십니다. 하나님은 정부 공직자들이 공의롭고, 하나님을 두려워하는 자이기를 요구하십니다.

연습 (Exercise)

다음 글을 읽으십시오.

1941년부터 1943년까지, 나는 북아프리카에 주둔한 영국군 의무병으로 복무했다. 나는 영국의 두 기갑사단과 함께 움직인 작은 의무대 소속이었다. 당시 북아프리카 사막에 있는 영국군의 사기는 매우 낮았다. 근본적인 문제는 사병들이 장교들을 신뢰하지 않는다는 것이었다. 당시 북아프리카 사막에 있던 영국 장교들은 자기중심적이고, 무책임하며, 무질서했다. 그들의 주된 관심사는 병사들의 사기나 효과적인 전쟁 수행이 아닌, 자신들의 육체적 안위에만 있었다.

그 기간에 우리의 가장 큰 고통은 물이 부족한 것이었다. 물 공급은 철저하게 제한되었다. 사병들의 물병은 이틀에 한 번 채워졌다. 그 한 병의 물로 세탁, 면도, 식수, 요리 등 모든 것을 해결해야 했다. 그러나 장교들은 매일 저녁 장교 클럽에서 위스키를 마시며 하사관과 사병들에게 할당된 물보다 더 많은 양의 물을 들이키고 있었다.

사병들의 사기에 영향을 미친 장교들의 무책임한 행동은 영국군이 역사상 가장 멀리 후퇴하는 결과를 초래했다. 트리폴리에 있는 엘 아게일라(El Agheila)에서 카이로 서쪽 약 50마일 지점에 있는 엘 알라메인(El Alamein)까지 영국군은 최후의 일전에 대비한 진지를 구축했다. 만약 엘 알라메인이 무너지면 추축국이 이집트를 장악하여 수에즈 운하를 봉쇄하고 팔레스타인까지 진출할 길이 열리는 셈이었다. 그러면 팔레스타인에 있는 유대인 공동체는 나치 치하의 유럽 전역에 있던 유대인들이 이미 당하고 있던 것과 같은 대우를 받게 될 상황이었다.

그때로부터 약 18개월 전에 나는 영국에 있는 어떤 군 막사에서 아주 극적이고도 강력하게 그리스도를 만나는 체험을 했다. 그러므로 나는 하나님의 능력의 실재를 경험으로 알고 있었다. 북아프리카 사막에는 교회도 없었고, 내게 조언을 해주거나 교제를 나눌 만한 목사도 없었다. 나는 하나님께서 모든 그리스도인에게 주시는 두 가지 중요한 필수품인 성경과 성령에 의존할 수밖에 없었다. 나는 신약 말씀에서 금식이 그리스도인들의 신앙 훈련의 일상적인 영역임을 알게 되었다. 북아프리카 사막에 주둔해 있던 그 시절에 나는 매주 수요일을 금식과 기도의 날로 특별히 정해놓고 지켰다.

사기가 꺾인 상태로 카이로 부근까지 긴 후퇴를 하는 동안 하나님은 내 마음에 북아프리카 사막에서 싸우는 영국군과 중동의 모든 상황을 위해 기도하라는 부담을 주셨다. 그렇지만 나는 무능하고 자질이 형편없는 영국군 지도부를 하나님이 어떻게 축복할 수 있을지 알 수가 없었다. 나는 그 상황에 적합하고도 진정한 믿음으로 기도할 수 있는 기도를 마음속으로 찾기 시작했다. 얼마 후, 성령님께서 내게 이런 기도를 주시는 것 같았다.

"하나님, 저희에게 훌륭한 지휘관을 보내주시고

그들을 통해 저희에게 승리를 주시어 하나님께 영광 돌리게 하소서."

나는 이 기도를 매일 계속했다. 이윽고, 영국 정부는 북아프리카 사막에 주둔한 영국군 사령관을 해임하고 다른 사람으로 교체하기로 결정했다. 영국 정부가 선택한 사람은 '윌리엄 고트(William Gott, 1897-1942)' 장군이었다. 고트 장군은 사령관에 취임하기 위해 카이로로 비행기를 타고 오다가, 비행기가 독일군 전투기가 쏜 총에 맞아 추락하면서 사망했다. 이 중대한 시점에 북아프리카 전장의 영국군은 사령관이 없는 상태가 되어버렸다. 영국의 수상 윈스턴 처칠은 당시 별로 알려지지 않은 몽고메리(B. L. Montgomery, 1887-1976) 장군을 후임 지휘관으로 임명했고, 몽고데리 장군은 급히 영국에서 비행기로 날아 왔다.

몽고메리 장군은 복음주의적 영국 성공회 주교의 아들로서, 하나님이 지도자에게 요구하는 두 가지 자질을 분명히 갖춘 사람이었다. 그는 공의롭고 하나님을 경외하는 사람이었다. 또한 몽고메리 장군은 철저하게 규율이 몸에 밴 사람이었다. 두 달 안에 그는 장교들에게 완전히 새로운 규율 의식을 주입했고 그 덕분에 장교들에 대한 사병들의 신임은 회복되었다.

그 후 엘 알라메인의 대격전을 치르면서, 그때까지 2차 대전을 통틀어 최초로 연합군 측의 주요 승리를 거두었다. 이집트, 수에즈 운하, 팔레스타인에 대한 위협은 마침내 저지당했고, 전쟁의 양상은 연합군에게 유리하게 바뀌었다. 엘 알라메인 전투는 의심의 여지 없이 북아프리카 전쟁의 분기점이 되었다.

엘 알라메인 전투가 끝나고 2-3일이 지난 후, 나는 진격 중인 연합군의 후방에서 불과 몇 마일 떨어진 사막에 있었다. 내 옆에 있는 군용 트럭에 놓인 소형 휴대용 라디오에서는 그 전투 바로 전날에 몽고메리 사령관의 본부에서 방송 기자는 몽고메리 사령관이 공개적으로 장교들과 사병들을 불러 다음과 같이 기도한 것을 회상했다.

"우리 모두 전쟁에 능하신 하나님께서

우리에게 승리를 주시도록 함께 기도합시다."

이 기도문이 그 휴대용 라디오를 통해 흘러나올 때, 하나님께서는 내 영에 아주 분명하게 말씀하셨다.

"이것이 너의 기도에 대한 응답이니라."

「역사를 움직이는 중보기도」데릭 프린스

이 글을 읽고 느낀 점을 서로 나누시기 바랍니다.

연습 (Exercise)

다음 글을 읽으십시오.

1947년에 팔레스타인의 미래에 대한 안건이 유엔(UN)총회에 상정되었다. 그 당시 영국은 제1차 세계대전 종전 직후 국제 연맹으로부터 위임통치령을 받아 팔레스타인을 통치하고 있었다. 1947년 11월 29일, 유엔은 팔레스타인을 두 개의 분리된 국가로 나누기로 표결했다. 작은 땅은 독립하는 유대인 국가에 배정하고 나머지는 아랍인들에게 주면서, 예루살렘은 여러 나라의 통치 아래 두기로 결의한 것이었다. 영국이 위임통치를 종결하고 팔레스타인에 새로운 정치적 질서를 도입하기로 예정된 날짜는 1948년 5월 14일이었다.

유엔의 분할 결정 직후, 팔레스타인의 아랍인들은 주변 아랍국가로부터 침투한 다른 아랍인들의 지원과 부추김을 받아 그들 한가운데에 있는 유대인 정착촌에 대해 선전포고도 없이 전쟁을 시작했다. 이 나라의 여러 주요 지역들은 정상적인 시민 정부의 형태를 갖추지 못한 채 실질적으로 아랍 무장 단체가 장악했다. 1948년 초에 예루살렘 내 유대인 정착촌은 이미 포위된 도시의 양상을 보이고 있었다. 식량 및 성필품 공급 두절로 거의 아사 직전의 상황이었다.

새로운 유대 국가 출범일로 예정된 날에, 주변의 모든 아랍국가는 이스라엘을 향해 동시에 선전포고(宣戰布告)도 없이 침범했다. 약 65만 명의 유대인들은 극히 최소한의 무기와 장비만 갖추었을 뿐, 정규군도 조직되지 않은 채 모든 접경지역에서 5천만의 강력한 병력과 풍부한 군수물자를 자랑하는 적대적인 아랍인들에게 포위되었다. 아랍국가 지도자들은 새로 탄생한 유대 국가를 섬멸시켜 유대인들을 바다로 쓸어 넣어버리겠다고 공개적으로 선언했다.

이때 내 아내 리디아와 나는 8명의 입양한 딸들과 함께 예루살렘의 유대인 구역 가운데서 살고 있었다. 리디아는 예루살렘 안에서 20년간 살면서 인근에서 오랫동안 발생해 온 유대인과 아랍인들 사이의 갈등을 목격한 증인이었다. 유대인들은 언제나 무장 상태가 열악했고, 아랍인들의 공격을 막아내기에 역부족이었다고 리디아는 회상했다. 이 결정적 시점에서 유대인들에 대한 반발심은 이전보다 훨씬 더 컸고, 패배의 결과는 상상만 해도 끔찍했다.

나는 리디아와 함께 성경에서 용기를 주는 말씀이나 하나님의 인도하심이 있는 말씀을 찾아보았다. 우리는 날이 갈수록 고통과 방랑의 긴 세월 동안 그들의 선지자들과 지도자들이 고대해 왔던 바로 그 이스라엘 회복의 때에 살고 있다는 것을 점점 더 확신하게 되었다. 이것은 시편에서 말하는 바로 그때였다.

시편 102:12-13 "여호와여 주는 영원히 계시고 주에 대한 기억은 대대에 이르리이다 주께서 일어나사 시온을 긍휼히 여기시리니 지금은 그에게 은혜를 베푸실 때라 정한 기한이 다가옴이니이다"

우리는 이스라엘을 향한 하나님의 약속이 성취되는 것을 목도하고 있음을 깨달았다.

이사야 43:5-6 "두려워하지 말라 내가 너와 함께 하여 네 자손을 동쪽에서부터 오게 하며 서쪽에서부터 너를 모을 것이며 내가 북쪽에게 이르기를 내놓으라 남쪽에게 이르기를 가두어 두지 말라 내 아들들을 먼 곳에서 이끌며 내 딸들을 땅 끝에서 오게 하며"

성경의 이러한 말씀들은 유대인이 그들의 땅으로 귀환하는 것이 하나님의 주권적 목적이 성취되는 일이라는 것을 우리에게 확신시켜 주었다. 만약에 이스라엘을 회복하는 것이 하나님의 목적이라면, 그들이 쫓겨나거나 섬멸되는 것이 하나님의 뜻일 리가 없었다. 이러한 확신은 민족적 편견에 근거한 것이 아니라 하나님의 뜻의 성경적 계시에 근거해서 이스라엘의 구원을 위해 기도하게 하는 믿음을 우리에게 주었다. 그리하여 리디아와 내가 하나님의 뜻이 이루어지도록 성령의 인도하심에 따라 한마음으로 기도했을 때, 우리의 기도는 마태복음에 기록된 조건을 충족시켰다.

마태복음 18:19 "진실로 다시 너희에게 이르노니, 너희 중의 두 사람이 땅에서 합심하여 무엇이든지 구하면, 하늘에 계신 내 아버지께서 그들을 위하여 이루게 하시리라"

어느 날 우리가 함께 기도하고 있을 때, 나는 리디아가 이런 짧은 기도를 하는 것을 들었다.

"하나님, 아랍인들을 마비시키소서."

예루살렘에서 전면전이 벌어졌을 때, 우리 집은 구 예루살렘의 서쪽 벽을 따라 형성된 전선에서 400m도 안 되는 거리에 있었다. 전쟁이 시작되고 6주 사이에 우리는 대략 150개의 창유리가 총탄에 맞아 부숴진 것을 셀 수 있었다. 그 기간 내내 우리 온 식구들은 지하의 커다란 세탁실에서 살았다.

우리 집이 전략적 위치에 있었기 때문에 집 뒤뜰은 자원한 유대인 방위군 하가나(Haganah, 이후에 이스라엘 정규군으로 발전함)가 점유했다. 비느하스라는 청년의 지휘하에 뒤뜰에 관측소가 세워졌다. 덕분에 우리는 관측소에 배치된 유대인 청년들과 친해질 수 있었다.

1948년 6월 초에 유엔이 4주간 휴전을 선언하여, 전투는 일시적인 소강상태에 들어갔다. 휴전 중 어느 날, 젊은 유대인 친구들이 우리 집 거실에 앉아 전쟁 초기에 겪은 자기들의 경험담을 자유로이 나누고 있었다.

"도저히 이해할 수 없는 일이 있었어."라고 한 젊은이가 말을 꺼내었다.

"아랍인들이 있는 지역으로 들어갔는데, 그쪽은 우리 한 명당 열 명꼴로

수적으로 우세했고 우리보다 훨씬 무장도 잘 되어 있었어.

그런데 그들이 우리에게 대항할 때 무기력해 보였어.

마치 마비된 사람들 같았다니까."

바로 우리 집 거실에서, 그 젊은 유대인 병사는 몇 주 전에 리디아가 한 기도를 그대로 이야기하고 있는 것이었다! 우리는 하나님의 신실하심에 감탄하지 않을 수 없었다. 나는 그 이후로 하나님의 신실하심에 경탄을 멈춘 적이 없다.

하나님은 "아랍인들을 마비시켜 주세요!"라고 한 리디아의 기도를 문자 그대로 응답해 주셨을 뿐 아니라, 전쟁에 직접 가담한 유대 병사의 입술을 통해, 그것은 하나님이 하신 일이라는 증언까지 우리 집 거실에서 듣게 해 주신 것이다!

이스라엘이 자기네 땅을 계속 차지할 수 있게 하시려는 하나님의 계획은 이렇게 기적적인 방법으로 성취되었다. 하나님께서 개입해 주셔서 더 컸을 생명의 손실도 적게 발생했다.

우세한 병력과 우수한 무기로 침공하던 아랍군은 결국 패배하고 물러났다. 이 최초의 이스라엘의 승리는 그 이후 20년간 두 차례에 걸쳐 일어난 전쟁에서 똑같은 극적인 승리로 더욱 굳어졌다. 오늘날 이스라엘은 국가로서 확고하게 자리를 잡았고, 국민들 삶의 모든 분야에서 놀라운 발전을 이룩했다.

리디아와 내게 있어서 이 모든 것은 단순히 군사적, 정치적 성과에 관한 기록에 불과하지 않고 훨씬 더 큰 의미가 있는 일이었다. 이스라엘의 지속적인 발전과 진보에 대한 새로운 소식을 접할 때마다 우리는 깊은 내적 만족감을 느끼며 말했다.

"우리의 기도가 한 역할을 했지."

『역사를 움직이는 중보기도』 데릭 프린스

이 글을 읽고 느낀 점을 서로 나누시기 바랍니다.

____

____

____

다음 글을 읽으십시오.

1949년부터 1956년까지 나는 영국 런던에서 목회를 하고 있었다. 나는 유대인을 향한 하나님의 다루심에 특별한 관심을 계속 가지고 있었다. 그 관심은 이스라엘이 건국되던 당시 예루살렘에서의 경험으로 인해 처음으로 불붙은 것이었다.

1953년 초에 신뢰할 만한 소식통으로부터 소련의 독재자 스탈린이 러시아에 있는 유대인들을 조직적으로 탄압하려 한다는 제보를 입수했다. 내가 이 상황을 놓고 묵상하고 있을 때, 하나님은 유대인들과 관련하여 사도 바울이 이방 그리스도인들에게 권면한 말씀을 기억나게 하셨다.

로마서 11:30-31 "너희가 전에는 하나님께 순종하지 아니하더니 이스라엘이 순종하지 아니함으로 이제 긍휼을 입었는지라 이와 같이 이 사람들이 순종하지 아니하니 이는 너희에게 베푸시는 긍휼로 이제 그들도 긍휼을 얻게 하려 하심이라"

어찌된 영문인지 하나님께서 내 앞에 러시아의 유대인을 향한 책임감을 부어주시고 계신다고 느끼게 되었다. 이 느낌을 유대인을 향해 특별한 관심을 갖고 있었던 영국 여러 지역에 있는 기도 모임 리더들에게 나누었다.

마침내 우리는 러시아의 유대인들을 위해 하루를 정해서 금식과 특별기도를 하기로 했다. 정확한 날짜는 기억나지 않지만, 목요일이었던 것으로 기억된다. 우리 그룹의 모든 지체는 자원해서 금식하며 러시아의 유대인을 위해 하나님께서 친히 개입하시도록 기도하는 시간을 가졌다. 우리 교회 성도들은 그날 저녁 그 기도 제목만을 가지고 함께 기도하기 위해 모였다.

그날 저녁 기도 모임에서 두드러진 영적인 역사도 없었고, 특별한 축복을 받거나, 감정적으로 충만했던 것도 아니었다. 그러나 그날부터 2주도 채 안 되어 러시아 역사의 흐름이 스탈린 사망이라는 한 결정적 사건으로 인해 뒤바뀌었다.

스탈린은 당시 73세였는데, 질병의 징후도 없었고, 죽음이 임박했다는 그 어떤 조짐도 없었다. 러시아에서 가장 뛰어난 열여섯 명의 의사가 마지막 순간까지 스탈린을 살리려고 노력했지만 헛수고였다. 사인은 뇌출혈이라고 했다.

분명한 것은 우리 그룹의 그 어떤 지체도 스탈린이 죽게 해달라고 기도하지는 않았다는 것이다. 우리가 한 것이라고는 순전히 러시아 내부의 상황을 주님께 의탁하고, 필요한 부분에 응답하시는 그분의 지혜를 신뢰한 것이다. 그럼에도 나는 스탈린의 죽음이라는 형태로 하나님께서 우리 기도에 응답하셨음을 확신할 수 있었다. 인류 역사에 있어서 기도는 때로는 신속하고도 무섭게 역사하는 권능이 있다.

스탈린의 갑작스러운 사망으로 러시아의 유대인들을 축출하려는 계획은 무산되었다. 대신에 러시아 내부 정책의 변혁기가 시작되었다. 당시의 정책 수정이 워낙 광범위해서 나중에 그때를 "탈 스탈린 시대"로 부르게 되었다.

스탈린의 동료로 후계자가 된 후르시초프는 스탈린을 러시아 국민을 부당하게 박해한 잔인한 인간이라고 비난했다. 무신론적 공산주의 이념의 가르침 아래 성장한 스탈린의 딸은 고국 땅을 탈출해 자신의 아버지가 그토록 끈질기게 매도했던 나라로 망명했다.

그 후 스탈린의 딸은 십자가에 못 박힌 한 유대인에 대한 신앙을 공개적으로 고백했다. 그녀의 아버지는 십자가에 못 박힌 그 유대인을 따르는 사람들을 그토록 잔인하게 박해했지만….

「역사를 움직이는 기도와 금식」 데릭 프린스

이 글을 읽고 느낀 점을 서로 나누시기 바랍니다.

____

____

____

합법적 삶 (Legal Life)

합법적 삶은 본질적인 예배를 회복하고
하나님 왕국이 이 땅에 임하도록 언약적 기초위에
하나님의 데스티니를 이루어나가는 삶이다

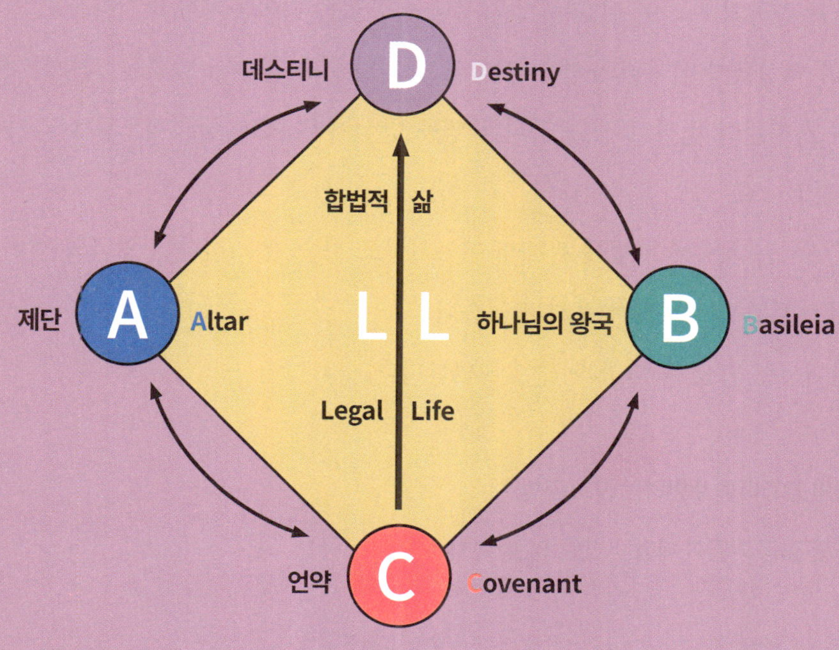

빌립보서 1:11
"예수 그리스도로 말미암아 의의 열매가 가득하여
하나님의 영광과 찬송이 되기를 원하노라"

합법적 근거

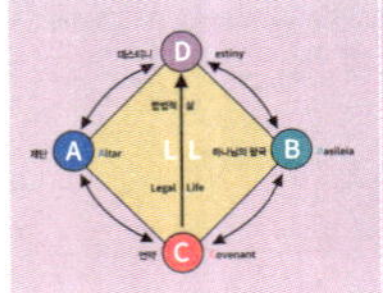

합법적 삶은 본질적인 예배를 회복하고 하나님 왕국이 이 땅에 임하도록
언약적 기초위에 하나님의 데스티니를 이루어나가는 삶이다.

1. 하나님 왕국의 법

하나님 왕국의 시민이 된다는 것은 하나님의 법을 받아들여서 지킨다는 것입니다. 이 땅의 백성들이 하나님의 법인 진리의 말씀을 읽고 삶에서 말씀을 적용하게 되면 개인의 가치관이 변하고 생활 양식과 행동 방식이 바뀌고, 궁극적으로 나라가 바뀌게 될 것입니다.

성경에서는 계속해서 법에 관해서 이야기하고 있습니다. 하나님 왕국의 법이 어떤 것인지 너무나 정확하게 선포하고 있습니다.

사전에서는 법(法)을 다음과 같이 정의합니다.

'국가의 강제력을 수반하는 사회 규범,

국가 및 공공 기관이 제정한 법률, 명령, 규칙, 조례'

어느 나라든지 각 나라가 정한 법적인 기준이 있습니다. 법적인 기준이 정해지면 그 나라 국민은 법을 지킬 의무가 있습니다. 법과 국가는 떨어뜨릴 수 없는 개념입니다. 그래서 하나님 왕국에서 하나님의 율법, 법도가 중요한 것입니다. 하나님께서 하나님의 율법을 그렇게 강조하신 이유가 여기에 있습니다.

한 나라의 가치체계나 국민 의식을 파악하기 위해서는 그 나라의 법적인 기준을 살펴보아야 합니다. 법은 나라와 국민이 합의한 규칙이기 때문입니다. 법은 각 나라의 국민이 살아가는 생활 방식, 행동 양식, 가치, 규범입니다.

어떠한 사항이 발의되기 위해서는 반드시 법적인 근거가 마련되어야 합니다. 법적으로 근거가 마련되지 않으면 아무리 좋은 법안이라 할지라도 무용지물이 됩니다. 그래서 각 나라에는 법을 상정(上程)하고 제정(制定)하는 기관이 필연적으로 존재합니다. 즉 '입법(立法)기관'이 존재한다는 것입니다. 입법기관의 크기나 형태는 그 나라가 '왕정'이든 '민주주의'든 혹은 '공산주의'든 천차만별이지만 어느 나라든지 법을 입법(Legislation)하는 기관이 있습니다. 입법(立法)의 개념은 다음과 같습니다.

'법률적으로 통치권에 의거해서 국가와 국민과의 사이에 효력을 가지는
성문의 법규를 정립하는 국가 작용'

각 나라의 국민은 어떤 법안이 법적으로 근거가 마련되어 입법화되면 정해진 법을 지켜나가게 됩니다. 그러나 어떤 항목의 법적인 근거(legal ground)가 마련되지 않으면 누구도 그 항목의 내용을 지킬 필요가 없습니다. 그래서 합법적 근거를 마련하는 것이 중요하고 무엇보다 선행되어야 하는 것입니다.

연습 (Exercise)

다음 글을 읽으십시오.

저는 개인적으로 3개의 운전면허를 가지고 있습니다. 대한민국과 영국 그리고 뉴질랜드의 운전면허 이렇게 3개를 가지고 있습니다. 만약 제가 한국의 운전면허만

가지고 영국에서 운전을 하거나, 뉴질랜드에서 운전을 할 경우에 무면허 운전자로 취급을 받게 될 것입니다.

영국이나 뉴질랜드에서 운전할 수 있는 합법적인 권한은 제가 그 나라의 법적인 근거를 가지고 있기 때문입니다. 다시 말해서 다른 나라에서 운전하려면 대한민국 면허증이 아니라 그 나라의 면허증을 소유하고 있어야 합니다. 또는 국제 면허증을 가지고 있어야 다른 나라에서 법적으로 문제가 발생하지 않습니다.

이렇듯 모든 나라에서 요구되는 것은 법적 근거입니다. 다른 나라에서 옳다고 인정을 받기 위해서는 반드시 그 나라의 법을 준수해야 합니다.

오래전 겪었던 일이 기억납니다. 인천 공항이 없던 시절, 김포 공항에서 영국행 비행기에 몸을 실었습니다. 저를 아끼던 분들이 공항으로 작별 인사를 하러 오셨습니다. 환송을 받으면서 대한민국 사람으로 당당하게 공항을 걸어 들어가 비행기에 올랐습니다.

장시간의 비행을 마치고 영국 히드로(Heathrow) 공항에 도착했습니다. 그런데 한 가지 마음 아팠던 사실은 그 당시 대한민국의 국력이 세계적으로 그렇게 인정을 받지 못했다는 것입니다. 영국 사람들, 유럽연합 사람들(EU), 그리고 일본 사람들은 별다른 제재 없이 공항 입국 심사관(UK Border Agency)을 통과하고 있었습니다. 일본 사람들을 전 세계 사람들이 인정하는 것에 대해 개인적으로 많이 부러웠습니다.

그런데 저는 한국 사람이어서 입국 심사를 까다롭게 받았습니다. 그리고 어떤 일인지 모르지만, 공항 경찰국으로 끌려갔고, 5시간이 넘는 시간 동안 취조를 받았습니다. 제가 테러리스트로 보였는지 아니면 범죄자로 보였는지 모르지만, 김포 공항에서는 아무런 문제가 없던 사람이 영국이라는 다른 나라에 도착하자마자 사달이 난 것입니다. 저는 영국에 도착했지만, 영국에서 저를 받아주지 않으면 바로 한국으로 돌아가야 하는 상황이었습니다. 제가 영국에 머물 수 있는 합법적 권한은 영국 입국 심사관이 저를 법적으로 받아주어야만 가능한 것이었습니다.

공항 경찰국에서 저는 영국에 머물 수 있는 그 어떤 법적 권한을 가지고 있지 못

했습니다.

『법적 근거』 피기영

여러분은 법이 모든 국가의 궁극적 기준(Ultimate Standard)이라는 사실에 대해서 어

떻게 생각하십니까?

____

____

____

2. 하나님을 합법적으로 만나는 장소

하나님 왕국의 법은 우리가 하나님을 합법적으로 만나는 장소, 원리, 조건들을 언

급하고 있습니다. 이 땅에 하나님의 왕국이 임하는 합법적인 통로가 있습니다. 그것

은 바로 '제단'입니다. 제단은 하나님을 만나는 합법적인 장소입니다. 이곳에서 하나

님은 우리가 주님을 더욱 닮도록 변화시키시며, 능력을 주시고, 새롭게 하십니다. 여

기에서 하나님의 임재를 경험합니다. 제단의 삶을 살아가는 것은 하나님 왕국이 이

땅에 임하도록 하는 '합법적 삶'인 것입니다.

출애굽기 29:43-44 "내가 거기서 이스라엘 자손을 만나리니 내 영광으로 말미암아

회막이 거룩하게 될지라 내가 그 회막과 제단을 거룩하게 하며 아론과 그의 아들

들도 거룩하게 하여 내게 제사장 직분을 행하게 하며"

하나님께서 제사장들을 세우신 이유는 바로 그 제단에서 이스라엘 자손과 만날 법적 근거를 마련해 주시기 위함입니다. 그러나 우리가 제단에서 하나님을 합법적으로 만나는 것을 가장 싫어하고, 방해하는 것은 사탄입니다. 사탄은 하나님과 깊은 만남을 경험하지 못하도록 모든 수단을 동원해서 방해하려고 합니다.

그래서 제단은 부패할 가능성이 있습니다. 부패를 방지하기 위해서 우리는 하나님과 언제나 동행해야 합니다. 이스라엘 역사상 제단은 누가 차지하느냐에 따라 하나님의 제단으로 불리기도 하고, 더러운 영들이나, 이방신을 위한 제단이 되기도 했습니다. 인류의 역사는 제단을 차지하려는 싸움으로 점철되어 지금까지 계속되어 왔습니다.

제단을 차지하는 자가 누구냐에 따라 이스라엘의 영적 대기가 결정되었습니다. 제단을 빼앗기지 말아야 합니다. 더러운 귀신들과 악한 영들은 이 제단을 차지하려고 몸부림치고 있습니다. 제단을 차지하면, 영혼을 강탈할 수 있게 됩니다. 우리의 마음을 사탄에게 내어주면 어둠에 삼킨 바 되는 것입니다.

개인 제단을 어둠에게 빼앗기면 개인의 삶은 참혹해집니다. 가정 제단을 어둠에게 빼앗기면 가정의 삶은 소망을 잃어버립니다. 각 교회가 제단을 어둠에게 빼앗기면 교회는 쇠퇴합니다. 도시와 나라가 제단을 어둠에게 빼앗기면 도시와 나라가 어둠으로 덮여버리게 됩니다.

그래서 우리는 어떤 경우에도 이 제단을 지켜야 합니다. 제단을 장악해야 합니다. 제단을 수축해야 합니다. 왜냐하면 제단은 하나님을 만나고, 하나님의 임재를 경험하고, 하나님의 왕국이 확장되도록 하는 합법적인 근거, 즉 법적 권한이기 때문입니다.

법적으로 권한을 가지는 것은 참으로 중요합니다. 법적 근거는 한 나라를 성립하고 지탱하게 하는 가장 중요한 요소입니다. 한 나라의 국민이 된다는 것은 그 나라의 법률을 받아들이고 정해진 법률을 지키는 것을 의미합니다.

사탄은 대한민국을 향한 하나님의 뜻이 온 열방에서 성취되는 것을 매우 싫어합니다. 대한민국은 합법적으로 귀신들에게 제단을 열어주는 두 절기가 있습니다. 그것은 바로 '구정', '추석'입니다. 민족의 절기이며 온 가족이 멀리 떨어져 있다 함께 모이는 아름다운 미풍양속임에도 불구하고 귀신들에게 '제사'를 행함으로 영적 전쟁이 한반도에서 정기적으로 그리고 합법적으로 벌어지고 있는 실정입니다.

> 고린도전서 10:20 "무릇 이방인이 제사하는 것은 귀신에게 하는 것이요 하나님께 제사하는 것이 아니니 나는 너희가 귀신과 교제하는 자가 되기를 원하지 아니하노라"

전국에서 매년 정기적으로 두 번씩 사악한 제단을 통해 사탄에게 법적 근거(legal ground)를 마련해 주고 있습니다. 이것은 정말로 놀라운 사탄의 전략입니다. 국가적으로 민족의 명절은 가족의 화합을 위해서 대단히 아름답고 중요한 절기임에도 불구하고 귀신에게 제사하는 것은 참으로 안타까운 일입니다. '구정'과 '추석'에 귀신에게 절하는 법적 근거가 마련됨으로 사탄이 합법적으로 대한민국에서 활개를 치며 다니게 되었습니다.

그래서 '구정'과 '추석' 때 교회들은 더 깨어있어야 합니다. 많은 교회가 이 민족의 절기에 영적으로 어떤 일들이 일어나는지 알고 있어야 합니다. 사탄은 제단을 통해서 일합니다. 자신에게 드려지는 합법적인 제사를 통해서 사악한 일들을 자행하고 있는 것입니다.

모든 땅어는 두 종류의 제사장이 있습니다. 사탄의 '사악한 제사장'과 그리고 하나님의 '거룩한 제사장'입니다. '거룩한 제사장'의 역할은 단지 제단을 섬기는 것만이 아닙니다. 제단을 섬기고 그 땅에 대한 권한을 가지고 땅을 대신해서 몸으로 막아서는 것입니다. 마찬가지로 '사악한 제사장'도 합법적인 근거가 마련되면 이 땅에 어둠이 뒤덮여지도록 할 수 있습니다.

열왕기상 18장을 살펴보면 엘리야 시대에 바알(Baal)[1]의 선지자들이 북이스라엘에 450명이나 있었습니다. 이들은 제사도 관장했습니다. 그들은 정기적으로 제단에 희생 제물을 바쳤고, 악한 신들과 끊임없는 교통을 통해 백성들의 마음을 바알에게로 돌려놓았습니다.

이 시대에도 사탄의 제사장들이 버젓이 활동하고 있습니다. 지구 곳곳에 사탄은 자신을 위한 제단과 제사장들을 가지고 있습니다. 모스크들과 힌두 사원들, 불교의 법당들 그리고 무당, 술사들의 점집들이 이 땅에서 증가하는 것은 사악한 제사장들의 영적인 행위로 인해서 물리적으로 나타난 것이라는 사실을 알 수 있을 것입니다. 열방에 어둠이 침투하고, 사악한 제사장들이 군림하는 것을 보고 있습니다.

그러나 삶을 하나님께 기꺼이 내어드리고, 하나님 왕국이 이 땅에 임하게 하면서 하나님의 임재를 갈망하는 하나님의 군대가 일어나고 있습니다. 거룩한 제사장들이 하나님께 즐거이 헌신하며 달려 나오고 있습니다.

신명기 32:15-21 "그런데 여수룬이 기름지매 발로 찼도다 네가 살찌고 비대하고 윤택하매 자기를 지으신 하나님을 버리고 자기를 구원하신 반석을 업신여겼도다 그들이 다른 신으로 그의 질투를 일으키며 가증한 것으로 그의 진노를 격발하였도다 그들은 하나님께 제사하지 아니하고 귀신들에게 하였으니 곧 그들이 알지 못하던 신들, 근래에 들어온 새로운 신들 너희의 조상들이 두려워하지 아니하던 것들이로다 너를 낳은 반석을 네가 상관하지 아니하고 너를 내신 하나님을 네가 잊었도다 그러므로 여호와께서 보시고 미워하셨으니 그 자녀가 그를 격노하게 한 까닭이로다 그가 말씀하시기를 내가 내 얼굴을 그들에게서 숨겨 그들의 종말이 어떠함을 보리니 그들은 심히 패역한 세대요 진실이 없는 자녀임이로다 그들이

---

1) '바알'은 고대 가나안 지역의 주신으로, '주인'을 뜻하는 칭호다. 성경에서 '바알'은 이스라엘 백성이 숭배했던 이방의 신이자 사탄의 다른 이름으로 묘사된다.

하나님이 아닌 것으로 내 질투를 일으키며 허무한 것으로 내 진노를 일으켰으니 나도 백성이 아닌 자로 그들에게 시기가 나게 하며 어리석은 민족으로 그들의 분노를 일으키리로다”

신명기 32장에서 ‘여수룬’, 즉 ‘이스라엘’은 다른 신을 섬김으로 하나님의 진노를 일으켰습니다. 그들이 알지 못하던 신들, 근래에 들어온 새로운 신들에게 제사했던 것입니다. 하나님께서는 바로 귀신들에게 제사했다고 직접적으로 말씀해 주셨습니다.

제단 싸움에서 지면 모든 것을 잃어버리게 됩니다. 사탄은 어떤 경우에도 제단을 장악하려고 발버둥 치고 있습니다. 하나님의 왕국, 통치, 은혜, 임재, 기름 부음이 사라지도록 하는 것이 사탄의 간악한 전략입니다. 제단은 모든 법적 근거를 마련하는 토대입니다.

한국은 지금 이 제단 싸움에 아무런 방어막을 형성하지 못하고 있습니다. 제단을 빼앗긴 나라는 어둠으로 뒤덮이게 됩니다. 한국은 지금 어떤 일들이 진행되고 있는지 모르고 있습니다.

앞부분에서 언급했듯이 익산 할랄 단지에서 판매되는 제품들에 대해 많은 시민이 관대합니다. 타 종교의 음식에 관해 굳이 거부할 필요가 없다고 주장합니다. 그러나 어떤 사람들은 이것에 관해 대단히 강경한 입장을 고수합니다. 하지만 이 두 주장을 자세히 살펴보면 누구도 정확한 배경을 이해하고 있지 못하는 것 같습니다.

3. 할랄(Halal)이란 무엇인가?

할랄(Halal)이란 ‘이슬람 율법에 따라 도축한 동물의 고기’를 말합니다. 이슬람 율법에서 말하는 할랄(Halal) 음식은 다음과 같은 특징이 있습니다.

- 첫째, 소고기, 양고기, 닭고기, 비늘 없는 생선 등 율법에 허락된 고기여야 합니다.
- 둘째, 도축 전에는 예배를 드려야 하고 목을 자를 때 '비스밀라'(Bismillah), 즉 '알라의 이름으로'라고 말하면서 잘라야 합니다.
- 셋째, 육축이나 생선은 '메카' 방향으로 바라보게 해서 잡은 것이어야 합니다.

무슬림이 식사를 하거나, 여행을 하거나, 어떤 일을 시작하거나 일상생활에서 중요한 일을 시작할 때 나지막하게 읊조리듯이 말하는 고백이 있습니다. 그것은 '비스밀라(Bismillah)'입니다. 뜻은 "알라의 이름으로 도움을 청하다"이지만 결코 가볍지 않은 뜻입니다. 이 단어에는 '언약적 의미'가 내포되어 있습니다.

연습 (Exercise)

다음 글을 읽으십시오.

우간다가 변화될 수 있었던 이유는 우리가 기도하려고 모였을 때 영적으로 한 지역에 있는 어둠의 권세들을 집중해서 대적하며 싸웠기 때문입니다. 우리는 지역을 장악하고 있는 영들에 대해 지속적으로 영적 전쟁을 벌였습니다. 왜 그곳에 사악한 영들이 존재하는지 그 원인을 찾으려고 노력했습니다. 혹시나 사악한 자들과 계약이 형성되었다면 가차 없이 파기했습니다. 우리는 그 지역에 영들과 맺은 모든 언약적 행위들과 희생을 회개했습니다. 어둠의 영들은 그 지역의 사람들과 언약을 맺을 때 다스릴 수 있습니다.

거의 모든 나라와 도시에서 무슬림들은 동물을 죽일 수 있는 법적 권리를 획득하려고 애를 씁니다. 그 이유는 어둠의 세력들에게 바쳐질 희생제물이 필요하기 때문입니다.

제물로 바쳐진 육류들은 '할랄(Halal)' 인증을 받아야 합니다. 무슬림의 예배 인도자인 '이맘(Imam)'은 제물을 도살할 때 언약의 말을 선포합니다. 제물을 드리면 드릴수록 언약이 더 강화됩니다. 반드시 이슬람법에 근거해 제사를 드린 희생제물만 식용으로 사용할 수 있습니다. 그러므로 익산에 무슬림을 위한 할랄 단지가 세워진다는 것은 단지 사람들을 위한 시장(market)의 기능만이 아닙니다. 그것은 언약의 희생제물로 바쳐진 육류를 먹는 것을 의미합니다. 다시 말해서 어둠의 권세에게 드려진 고기를 구입하게 된다는 사실입니다.

「기도 혁명」 **World Trumpet Mission**

할랄 음식에 대해서 여러분은 어떻게 생각하셨습니까? 이 글을 읽고 여러분이 느낀 점은 무엇입니까?

____

____

____

할랄 음식이 국가에서 인증이 된다는 의미는 영적으로 말해서 어둠의 권세가 대한민국을 뒤덮을 수 있는 법적인 근거를 마련한다는 뜻으로 해석할 수 있습니다.

사탄은 법적인 근거가 마련되어야만 자신의 영향력을 확장할 수 있습니다. 할랄 음식은 영적으로 사탄이 한반도를 장악하도록 하는 근거를 마련하는 토대로 기능할 수 있습니다. 그래서 많은 기독교인이 이 부분을 염려하는 것입니다. 법적 근거를 마련하지 못하면 사탄은 힘을 발휘할 수 없습니다. 그래서 사탄은 어떻게 하든지 법적 근거를 확보하기 위해서 최선을 다하고 있는 것입니다.

사탄은 이 사실을 너무나 잘 알고 있습니다. 법적 근거를 가져야만 자신이 이 땅에 간섭할 수 있고, 하나님을 대적할 수 있는 여건을 조장할 수 있다는 사실을 너무나 잘 인식하고 있기 때문입니다.

4. 의의 길

우리가 놓치면 안 되는 개념이 하나 있습니다. 많은 기독교인이 '의'에 대해서 이야기합니다. '의'라는 단어는 '종교 언어'가 아닙니다. 앞에서도 언급했지만, 이 단어는 '법적 언어'입니다. 그 나라의 법을 지키는 것이 '의'인 것입니다. 의인으로 인정을 받는 길은 그 나라의 법을 지키고 수호하고, 행하는 것입니다.

> **로마서 2:12-13** "무릇 율법 없이 범죄한 자는 또한 율법 없이 망하고 무릇 율법이 있고 범죄한 자는 율법으로 말미암아 심판을 받으리라 하나님 앞에서는 율법을 듣는 자가 의인이 아니요 오직 율법을 행하는 자라야 의롭다 하심을 얻으리니"

그래서 성경은 하나님의 법을 지키고 즐거워하고 묵상하는 자들에 대해서 복 있는 사람이라고 말씀하고 있는 것입니다.

> **시편 1:1-2** "복 있는 사람은 악인들의 꾀를 따르지 아니하며 죄인들의 길에 서지 아니하며 오만한 자들의 자리에 앉지 아니하고 오직 여호와의 율법을 즐거워하여 그의 율법을 주야로 묵상하는도다"

하나님의 법을 지키는 자들을 성경에서는 '의인'이라고 칭합니다. 의인들이 이 땅에 번성해서 하나님의 말씀을 순종하는 '합법적 삶'을 살아가게 될 때 이 땅에 의의 열매가 가득 찰 것입니다. 그로 인해 하나님께 영광과 찬송이 될 것입니다.

> **빌립보서 1:11** "예수 그리스도로 말미암아 의의 열매가 가득하여 하나님의 영광과 찬송이 되기를 원하노라"

그렇다면 법은 누가 정하신 것입니까?

야고보서 4:12 "입법자와 재판관은 오직 한 분이시니 능히 구원하기도 하시며 멸하기도 하시느니라 너는 누구이기에 이웃을 판단하느냐"

법을 입법하신 분은 하나님이십니다. 하나님께서 법을 세우셨고, 그 법을 지키는지 안 지키는지 판결하시는 분도 하나님이십니다. '의', '의인'이라는 개념이 '법적인 용어'라는 것을 우리는 깨닫고 있어야 합니다.

대한민국에 많은 불법체류자(不法滯留者)를 예로 들 수 있습니다. 만약 한국에 처음 왔을 때 해외에서 온 노동자들이 한국이 정한 법적 테두리 안에 있었다면 절대 불법체류자가 아니었을 것입니다. 어디를 가든지 당당하게 다닐 수 있습니다. 사람을 의식할 필요도 없습니다. 왜냐하면 한국에서 정한 법적인 권한을 가지고 있고, 지키고 있기 때문입니다. 그러나 한국에서 정해준 법적인 테두리를 벗어나면서부터 이들은 불법체류자 신분으로 전락하게 됩니다. 의롭다고 인정을 못 받는 것입니다. 죄인이 되는 것입니다.

그래서 '의'라고 하는 단어는 '법정(法政) 용어'라는 것을 우리는 기억해야 합니다. 진정으로 하나님 왕국의 백성이 되기 위해서는 하나님이 정하신 법을 지켜야 합니다. 하나님 왕국의 말씀에 정렬한 사람들을 의롭다고 하시기 때문입니다.

한 나라의 시민이 된다는 것은 그 나라의 법률을 받아들이고 정해진 법률을 지키는 것을 의미합니다. 하나님 왕국의 시민이 된다는 것은 하나님의 법을 받아들여서 지키는 것입니다. 성경에서는 계속해서 법에 관해서 이야기하고 있습니다. 하나님 왕국의 법이 어떤 것인지 너무나 정확하게 선포하고 있습니다.

'법적 근거'라는 요소는 한 나라가 성립하고 지탱하게 되는 가장 중요한 개념이며 국가, 도시, 사회가 유지되는 근간입니다.

5. 사탄에게 빼앗긴 권리

우리는 성경의 한 장면을 보면서 법적인 근거가 얼마나 중요한지를 찾아볼 수 있습니다. 우리가 명심해야 할 것은 사탄은 합법적으로 상황을 열어줄 때 영향력을 발휘한다는 것입니다.

창세기 3장에서 아담과 하와에게 이 땅을 통치하고, 다스리라는 하나님의 위임명령을 뱀의 유혹으로 빼앗기는 장면을 분명하게 알고 있습니다. 예수님께서 광야에서 시험을 받으실 때 마귀가 이렇게 말했습니다.

> 누가복음 4:5-6 "마귀가 또 예수를 이끌고 올라가서 순식간에 천하만국을 보이며 이르되 이 모든 권위와 그 영광을 내가 네게 주리라 이것은 내게 넘겨준 것이므로 내가 원하는 자에게 주노라"

위 말씀에서 천하만국의 권위와 영광을 넘겨받았다고 마귀가 이야기합니다. 이 부분에 대해 예수님께서 마귀의 이야기를 반박하지 않으셨습니다. 왜냐하면 예수님께서는 마귀가 창세기 3장에서 온 세상을 다스리는 권세를 넘겨받았다는 것을 알고 계셨기 때문입니다.

사탄은 어떤 일을 행할 때 '합법적인 권한'을 위임받는 것이 대단히 중요한 것임을 알고 있습니다.

6. 법적 근거 강화

> 요한계시록 19:11 "또 내가 하늘이 열린 것을 보니 보라 백마와 그것을 탄 자가 있으니 그 이름은 충신과 진실이라 그가 공의로 심판하며 싸우더라(With justice he judges

and makes war, CSV)"

시편 76:6-9 "야곱의 하나님이여 주께서 꾸짖으시매 병거와 말이 다 깊이 잠들었나이다 주께서는 경외 받을 이시니 주께서 한 번 노하실 때에 누가 주의 목전에 서리이까 주께서 하늘에서 판결을 선포하시매(From heaven you pronounced judgment) 땅이 두려워 잠잠하였나니 곧 하나님이 땅의 모든 온유한 자를 구원하시려고 심판하러 일어나신 때에로다(셀라)"

예수님은 심판하시고 싸우십니다(계 19:11). 무작정 싸우시는 것이 아닙니다. 심판하시면서 싸우십니다. 심판하는 것은 법적인 활동을 뜻합니다. 하늘에서 판결을 선포하실 때 땅이 두려워 잠잠하게 됩니다. 그러므로 하늘 법정 판결을 받는 방법을 배워야 합니다.

연습 (Exercise)

다음 글을 읽으십시오.

성경을 통해서, 최초의 투쟁이 일어나는 장소는 전쟁터가 아니라 법정이라는 것을 나는 믿는다. 최초로 중보가 이루어지는 장소는 하늘의 법정이어야 한다. 승리를 위해 전쟁터로 출전하기 전에 바로 이 법정에서 먼저 유리한 판결을 반드시 받아야 한다.

대부분 기독교인이 기도할 때 자기들이 전쟁터에 있다고 믿는 것이 문제이다. 그들은 하늘로부터 판결을 확보하지 않고 성급하게 투쟁으로 돌입한다. 이렇게 하면 패배와 혼동과 사탄의 세력으로부터 격렬한 반발을 겪게 되고, 심지어 삶에 파멸을 가져오는 치명적인 실수를 하게 된다. 기도의 장소로 성급하게 돌입하고 결국은 나아지기보다는 더 나빠지는 것을 보게 될 뿐이다. 이것은 전쟁터에 나가기 위해 먼저 법적 판례를 세우지 않고 전쟁터에서 전쟁을 일으키기 때문이다.

나는 사람들이 "상황이 더 나빠지면 무엇인가 진행되고 있다는 표시"라고 말하는 것을 들었다. 진행되는 것은 맞지만 잘못된 방향으로 진행될 뿐이다. 군대의 리더들이 이 '지혜'를 적용할지 한번 상상해 보라. 적군의 손에 패배당하고 있는데 계속해서 싸우기만 하고, 이겼으면 좋겠다고 생각하는 전쟁에 계속해서 군사들을 보내어 목숨을 잃게 한다. 이것은 터무니없는 전략이다.

많은 기독교인이 계속해서 전쟁에 뛰어들고 마귀에게 고함치고 선포하곤 한다. 귀신의 세력을 해체하기보다는 더욱더 흔들어 놓는 기도를 한다. 이것은 모두 하나님의 보좌로부터 법적인 판례를 얻지 못했기 때문에 일어나는 일이다. 그 결과 하늘로부터 응답은 오지 않고 승리보다 인명 손실을 겪게 되는 것이다.

이 얼마나 불합리한 것인가! 올바른 결과를 얻도록 기도하고 영적 전투를 할 수 있는 더 좋은 방법이 있지 않을까? 나는 "있다!"라고 말한다. 전쟁터에서 물러나서 하늘 법정으로 들어가는 것이 그 해답이다. 예수님께서는 '심판'하시고 그다음에 '싸움을' 하신다.

요한계시록 19:11b "…그가 공의로 심판하며 싸우더라"

성경이 '심판하는 것'을 말할 때는 재판 활동을 말하는 것이다. 하늘 법정에서부터 흘러나오는 그 재판 활동에 의해 전쟁이 이루어진다. 우리는 반드시 하늘 법정에서 받는 판결과 결의에만 근거해서 전쟁하는 것을 배워야 한다. 하늘 법정에서 판결을 받지 않고 전쟁을 하려고 한다면 전쟁터에 있을 법적 근거나 전쟁에 관여할 법적 근거가 없기 때문에 패배하게 되고, 심지어 사탄의 격렬한 반발을 받게 된다. 반면에 준비된 상황에 대해 법적 진술을 얻을 수 있다면 전쟁터로 진격할 수 있고 매번 승리할 수 있다. 우리를 뒷받침해 주는 하늘로부터 법적인 판결을 받지 않고 전쟁터에서 승리하려 했다는 것이 문제다. 판결을 제대로 받는 방법을 반드시 배워야 한다. 그러면 우리 기도가 응답 될 수 있고 그리스도 왕국의 명분이 이 땅에 임할 수가 있는 것이다.

기도할 때 우리는 법정으로 들어간다고 예수님께서 누가복음 18장에서 분명히 선포하고 계신다. 도시에 한 과부가 재판장에게 나아가서 원한을 풀어달라고 한 대목을 통해 알 수 있다. 만일 이 과부가 법정에서 끈질기게 호소함으로써 불의한 재판장에게서 응답을 받고 판결을 받을 수 있었다면, 하물며 하나님의 선택된 백성인 우리는 만민의 의로우신 심판자 앞에서 얼마나 많은 응답을 받을 수 있겠는가! 사람들이 기도를 포기하지 않도록 하기 위해서 예수님이 이 비유를 말씀하신 것이 아주 흥미롭다. 기도의 결과가 없다고 해서 더 많은 노력을 해야 하는 것만이 아니라는 것을 반드시 깨달아야 한다. 새로운 지혜가 없이 더 많은 노력을 기울인다면 피곤해지고 지치기 십상이다.

우리는 부득이하게 노력을 더 많이 기울일 것이 아니라 기도 응답을 받을 수 있는 비밀을 배워야 한다. 노력만 하다 보면, 좌절을 맛볼 수도 있지만 비밀에 대한 계시를 받으면 열매를 맺게 된다. 애석하게도 교회가 가지고 있는 사고방식에는 오류가 있다.

교회에서 우리가 하는 실수는 열매를 맺지 못하면서 그저 계속해서 오랫동안 열심히 기도하기만 한다면 언젠가 마법처럼 무슨 일이 일어날 것이라고 생각한다는 것이다.

사역을 시작하기 전에 나는 불법 노동자들이 많이 있었던

고기 포장 공장에서 일을 하였다.

정부가 이러한 관행을 엄중하게 단속하기 전이었다.

나는 정비 요원이었고 기계를 계속 작동시켜서

최대의 생산을 달성하도록 하는 책임을 지고 있었다.

그런데 이 노동자들은 일을 할 때 파손되는 것에

전혀 신경을 쓰지 않는 문제점이 있었다.

예를 들면, 어느 날 어떤 장비를 다른 곳으로 옮기고 있었는데 문을 통과해야 했다.

이 장비를 문에 넣었더니 꽉 껴서 움직이지 않았다.

그들은 뒤로 돌아가서 왜 문에 끼었는지 알아보지 않고 더 많은 사람을 부르더니

더 세게 밀어버렸다. 장비는 결국 빠져나왔으나 주변에 있는 물건들이 파손되었다.

그들이 가지고 있던 철학은 교회가 가지고 있는 많은 철학과 동일하다. '왜 작동하지 않고 꼼짝 못 하고 있는지 조사하고 알아봐야 하는 것 아닌가?' 더 많이 노력하는 것이 항상 해답이 될 수 있는 것은 아니다. 많은 경우, 적은 노력으로 실제적인 돌파를 일으키게 하고 계시를 통해 더 큰 결과를 얻게 하는 비밀을 발견하는 것이 해답이 되곤 한다.

만일 우리가 같은 일을 수년간 했음에도 진척이 없고 더 나빠졌다면 한번 조사를 해봐야 한다. 어떤 사람은 이것을 '정신이상'으로 정의하였다. '정신이상'이란 같은 일을 누차 되풀이하면서 새로운 일이 일어나기를 바라는 것이라고 그들은 말했다. 우리는 더 많은 노력과 분투를 하기보다는, 새로운 결과를 만들어 내는 새로운 차원을 밝혀주는 비밀을 찾아야 한다.

그렇기 때문에 예수님은 이 비유를 말씀하고 계신 것이다. 예수님은 '기도는 법정에서 하는 것'이라는 비밀을 풀어주고 계신다.

과부는 원한을 풀기를 원했을 때 전쟁터가 아니라 법정으로 갔다. 그 과부는 전쟁터로 진격해서 원수에게 고함칠 필요가 없다는 것을 알고 있었다. 단지 법정으로부터의 판결이 필요했던 것이다. 사실 이 비유는 그 과부가 자기 원수를 지목하지도 않았고 자기 원수에게 말을 했다고도 하지 않는다. 재판장에게만 말을 했었다. 불의한 재판장 앞에 계속해서 간청했을 때 재판장은 결국 과부의 요청을 들어주었고 그 과부는 원한을 푸는 판결을 받았던 것이다. 그 과부는 재판장이 법적 판결을 내리면 원수의 모든 권세가 파쇄되고 자기가 이기게 된다는 것을 알았던 것

이다. 그렇게 되었을 때 그 과부의 원수는 법정의 판결에 무릎을 꿇어야만 했다.

이것은 우리에게도 마찬가지이다. 우리에 대한 하나님 왕국의 목적에 대적하는 영적인 영역의 모든 원수는 하늘 법정의 판결에 무릎을 꿇게 될 것이다. 우리는 적에게 고함칠 필요도, 비명을 지를 필요도, 저주를 퍼부을 필요도 없다. 하늘로부터 온 판결에 근거한 법적 판례만 있으면 다 되는 것이고 싸움은 끝이다. 우리는 정해진 판결을 시행하기만 하면 된다. 합법적인 근거가 먼저 세워진 다음에야 비로소 선포하는 것이다.

내가 전쟁터에서 물러나서 하늘 법정으로 들어갔을 때, 수년 동안 기도해 왔던 기도의 응답이 오는 것을 목격하였다. 이전에 전쟁하고 울고 고함치고 탄원했던 모든 것이 하늘로부터 응답받지 못하였다. 그러나 내가 하늘 법정에 항로를 맞추는 법을 배우자, 전에는 전혀 일어나지 않았던 일이 즉시, 그리고 빠르게 일어났다. 나의 원수들은 잠잠해졌고 나는 '신속하게' 보복할 수 있었다.

「하늘 법정으로 가는 기도」로버트 핸더슨

위의 글을 읽고 느낀 점을 서로 나누시기 바랍니다.

____

____

____

7. 예수님의 5대 직무

예수님께서는 그리스도인들이 하나님 왕국에서 합법적인 삶을 살기를 원하셨습니다. 예수님의 사역은 다음 다섯가지로 요약됩니다. 예수님께서는 공생애 동안 5가지

직무(사역, work)를 감당하셨습니다. 그리고 이 사역들은 지금까지 교회 역사 2,000년을 관통해서 지켜지고 행해져 왔습니다.

마태복음 10:7-8 "가면서 전파하여 말하되 천국이 가까이 왔다 하고(케리그마) 병든 자를 고치며 죽은 자를 살리며 나병환자를 깨끗하게 하며 귀신을 쫓아내되(디아코니아) 너희가 거저 받았으니 거저 주라"

마가복음 9:31a "이는 제자들을 가르치시며(디다케)…"

누가복음 22:20 "저녁 먹은 후에 잔도 그와 같이 하여 이르시되 이 잔은 내 피로 세우는 새 언약이니(코이노니아) 곧 너희를 위하여 붓는 것이라"

요한복음 7:14 "이미 명절의 중간이 되어 예수께서 성전에 올라가사(레이투르기아) 가르치시니(디다케)"

- **코이노니아**(κοινωνία, 교제)
- **케리그마**(κήρυγμα, 선포)
- **레이투르기아**(λειτουργια, 예배)
- **디아코니아**(διακονία, 섬김)
- **디다케**(διδαχή, 교육)

초대교회 이후로 교회는 예수님께서 행하신 '5대 직무'를 지키고 행하기 위해 온 마음과 정성을 다해 순종해 왔습니다. 교회 역사가들은 이것을 '교회의 5대 사명', '교회의 5대 본질', '교회의 5가지 요소', '교회의 5대 사역' 등과 같이 다양하게 표현했습니다.[2]

---

2) 피기영, 『왕 같은 제사장』, 라이프링크, 2025, p.p.45-57.

1) 코이노니아

'코이노니아'는 '동업자', '동료', '친구', '배우자'라는 뜻을 가진 헬라어 '코이노노스 (κοινωνός)'에서 유래했습니다. '코이노니아'는 그리스 문학사상 모든 시대에 걸쳐 사용된 말로서 '친밀하며 깨질 수 없는 항구적인 관계'라는 뜻을 갖고 있습니다.

예수님께서는 제자들과 '새 언약(코이노니아)'을 맺으셨습니다. 제자들은 예수님과 끊을 수 없는 '언약적 관계'가 구축이 되었던 것입니다. 그 결과 초대교회 그리스도인들은 사도들의 가르침을 받아 서로 교제했습니다. 교회는 이 전통을 이어받아 항구적이고 영속적이며 끊을 수 없는 결속이었던 '코이노니아'의 삶을 살아갔습니다. '코이노니아'는 그리스도인의 삶 속에서 드러나는 '언약적 관계'였습니다.

> **사도행전 2:42-47** "그들이 사도의 가르침을 받아 서로 교제하고(코이노니아) 떡을 떼며 오로지 기도하기를 힘쓰니라 사람마다 두려워하는데 사도들로 말미암아 기사와 표적이 많이 나타나니 믿는 사람이 다 함께 있어 모든 물건을 서로 통용하고 또 재산과 소유를 팔아 각 사람의 필요를 따라 나눠 주며 날마다 마음을 같이하여 성전에 모이기를 힘쓰고 집에서 떡을 떼며 기쁨과 순전한 마음으로 음식을 먹고 하나님을 찬미하며 또 온 백성에게 칭송을 받으니 주께서 구원 받는 사람을 날마다 더하게 하시니라"

오늘까지 교회는 예수님과 새 언약을 맺으면서 코이노니아의 삶을 실천하면서 살아왔던 것입니다.

2) 케리그마

예수님께서는 열두 제자를 불러 하나님 왕국을 선포(케리그마)하셨습니다.

> **누가복음 9:1-2** "예수께서 열두 제자를 불러 모으사 모든 귀신을 제어하며 병을 고

치는 능력과 권위를 주시고 하나님의 나라를 전파하며(케리그마) 앓는 자를 고치게

하려고 내보내시며"

예수님께서 부활하시고 승천하신 후에 제자들은 예수님께서 '그리스도', 즉 '왕'이라는 사실과 하나님 왕국의 도래를 선포하러(케리그마) 열방으로 흩어졌습니다.

 "빌립이 하나님 나라와 및 예수 그리스도의 이름에 관하여 전도함을 (케리그마) 그들이 믿고 남녀가 다 세례를 받으니"

그러므로 교회는 예수님을 그리스도로 선포하며 하나님 왕국을 증거해 왔습니다. '케리그마(κήρυγμα)'의 문자적 의미는 '전달자로서 선포하다'라는 뜻입니다. 고대 지중해 문화권에서는 전쟁에서의 승리를 비롯하여 황제와 관련된 모든 사건은 '좋은 소식'이었습니다. 황제의 출생, 생일, 즉위식, 승전보 등을 전달하는 것을 케리그마로 생각했습니다.

제자들은 열방을 제자 삼으라는 주님의 명령을 이어받아 전 세계로 흩어져서 예수님께서 왕이신 것을 선포했습니다. 제자들은 예수님을 만왕의 왕으로 '선포', 즉 '케리그마'했던 것입니다.

3) 레이투르기아

예수님께서는 예배하는 삶(레이투르기아)을 사셨습니다. 이스라엘에 절기가 찾아오면 예수님께서는 예루살렘 성전(제단)으로 향하셨습니다.

 "그 후에 유대인의 명절이 되어 예수께서 예루살렘에 올라가시니라"

예수님께서는 인류의 죄를 사하시기 위해 친히 '화목 제물'이 되어주셔서 십자가에

달리셨습니다.

> **요한일서 2:2** "그는 우리 죄를 위한 화목 제물이니 우리만 위할 뿐 아니요 온 세상
> 의 죄를 위하심이라"

또한 예수님은 '대제사장'이 되셨습니다.

> **히브리서 4:14** "그러므로 우리에게 큰 대제사장이 계시니 승천하신 이 곧 하나님의
> 아들 예수시라 우리가 믿는 도리를 굳게 잡을지어다"

예수님의 몸 된 교회는 지난 2천 년 동안 예배의 삶을 살아왔습니다.

4) 디아코니아

예수님께서는 섬김의 삶(디아코니아)을 사셨습니다.

> **마가복음 10:45** "인자가 온 것은 섬김(디아코니아)을 받으려 함이 아니라 도리어 섬
> 기려 하고 자기 목숨을 많은 사람의 대속물로 주려 함이니라"

예수님께서는 이 땅에서 섬김으로 다스리셨습니다. 이 방식이 하나님 왕국이 세상
에 임하도록 하는 통치의 모습입니다.

> **사도행전 21:19** "바울이 문안하고 하나님이 자기의 사역(디아코니아)으로 말미암아
> 이방 가운데서 하신 일을 낱낱이 말하니"

> **요한계시록 2:19** "내가 네 사업과 사랑과 믿음과 섬김(디아코니아)과 인내를 아노니

네 나중 행위가 처음 것보다 많도다”

‘디아코니아(διακονία)’는 식탁이나 다른 천한 일에 시중을 드는 집사, 하인이라는 뜻을 지니고 있습니다. ‘디아코니아’는 ‘국가나 사회 또는 공동체에 속한 다른 사람들을 위하여 자신의 힘을 바쳐 일하는 것’이었습니다. 제자들을 비롯한 교회 공동체는 예수님의 삶을 본받아 이 땅에 하나님의 왕국이 임하도록 하기 위해 섬김으로 사역해 왔으며 사랑의 실천을 통해 세상을 섬겨왔습니다.

5) 디다케

예수님께서는 제자들과 사람들에게 날마다 하나님 왕국의 삶을 가르치셨습니다(디다케).

> 마가복음 6:34 “예수께서 나오사 큰 무리를 보시고 그 목자 없는 양 같음으로 인하여 불쌍히 여기사 이에 여러 가지로 가르치시더라(디다케)”

> 누가복음 5:3 “예수께서 한 배에 오르시니 그 배는 시몬의 배라 육지에서 조금 떼기를 청하시고 앉으사 배에서 무리를 가르치시더니”

‘디다케(διδαχή)’는 ‘가르침’이라는 뜻입니다. 스승이 제자들을 교육할 때 사용하는 단어입니다. 교회 공동체는 예수님의 모범을 따라 성도들에게 하나님 왕국의 시민으로 살아가는 구체적인 삶을 가르쳤습니다. 하나님의 말씀 안에 머물고 순종하는 삶, 즉 법을 지키며, ‘합법적 삶’을 살아가는 ‘의의 길’로 행하는 것이 무엇인지 가르쳐 왔습니다. 교육은 지속적인 노력이 필요합니다. 성도들을 성장시키기 위해서 교회는 지금까지 ‘합법적 삶’을 살아가도록 가르치는 사역을 감당했던 것입니다.

8. 법적 근거와 성취

선한 사역이 성취될 때 또한 악한 일이 성취될 때 언제나 우리가 조심해야 하는 것이 있습니다. 그것이 법적 토대를 근거로 성취되느냐 하는 문제입니다. 하나님께서도 합법적인 부분을 기초로 일하시고, 사탄도 합법적인 기초위에서 일을 진행한다는 것입니다.

> 창세기 4:7 "네가 선을 행하면 어찌 낯을 들지 못하겠느냐 선을 행하지 아니하면 죄가 문에 엎드려 있느니라(sin lieth at the door, KJV) 죄가 너를 원하나 너는 죄를 다스릴지니라"

가인이 아벨에게 화를 낼 만한 근거를 가지게 되었을 때, 살인의 영(귀신)이 그의 마음속에 들어오게 되었습니다. 가인의 시대에 귀신 들림이 시작되었습니다. 어떤 사람을 향한 미움과 옳지 않은 분노는 일종의 진입로가 됩니다. 이때 사탄이 그 사람 안에 직접 악한 영을 배치합니다.

죄는 결국 귀신들이 일하도록 하는 진입로가 됩니다. 합법적인 통로가 됩니다. 법적인 근거가 마련되는 것입니다. 귀신들은 죄를 짓는 사람들에 의해 권리를 부여받습니다. 우리가 지은 죄를 회개하지 않는다면 귀신들은 율법에 의거해 그들이 얻은 영역에 머물 수 있는 권리를 주장할 수 있게 됩니다.

귀신들이 그리스도인들을 떠나지 않는 가장 일반적인 이유 중 하나는 그들이 거기에 있을 수 있는 권리를 지니고 있기 때문입니다.

현재 우리는 예수님께서 행하셨던 것 이상의 할 수 있는 권리가 없습니다. 즉 귀신들을 현재 점유하고 있는 곳에서 쫓아내며, 다시는 그곳으로 돌아가지 말라고 명령하는 것 이상을 해서는 안 됩니다. 귀신들은 자기들의 권리를 알고 있으며 권리가 허락하는 한 어디라도 가려고 할 것입니다. 따라서 축사 후에 우리가 차단해야 하는 것은 귀신들이 여전히 돌아갈 수 있는 권리를 가지고 있다고 느끼게 해 주는 통로입니다.

결국 사탄은 죄라는 합법적 근거인 진입로를 통해서 ①인류를 하나님과 분리하고, ②육체적 질병을 야기하고, ③정신적인 고통 그리고 ④죽음을 생겨나게 했습니다.

예수님께서는 십자가에서 죽으심으로 십자가 승리를 통해 영원한 생명을 얻을 자격, 즉 합법적 권한을 얻으셨습니다. 사탄과 그의 사악한 일들을 물리칠 수 있는 합법적인 위치에 서게 된 것입니다.

9. 인간의 몸을 입으신 예수 그리스도

1) 합법적 근거인 성육신

예수님은 인류의 죄를 사하기 위해 그리고 하나님 왕국을 위한 합법적 근거를 마련하기 위해 성육신하셨습니다.

> 레위기 17:11 "육체의 생명은 피에 있음이라 내가 이 피를 너희에게 주어 제단에 뿌려 너희의 생명을 위하여 속죄하게 하였나니 생명이 피에 있으므로 피가 죄를 속하느니라"

> 히브리서 9:18-22 "이러므로 첫 언약도 피 없이 세운 것이 아니니 모세가 율법대로 모든 계명을 온 백성에게 말한 후에 송아지와 염소의 피 및 물과 붉은 양털과 우슬초를 취하여 그 두루마리와 온 백성에게 뿌리며 이르되 이는 하나님이 너희에게 명하신 언약의 피라 하고 또한 이와 같이 피를 장막과 섬기는 일에 쓰는 모든 그릇에 뿌렸느니라 율법을 따라 거의 모든 물건이 피로써 정결하게 되나니 피 흘림이 없은즉 사함이 없느니라"

죄를 용서받기 위해서는 반드시 피를 흘려야 했습니다. 구약의 많은 제사에서 동물의 희생 제물로 인해 그 피가 뿌려질 때 죄를 용서받았던 것을 기억해야 합니다. 피 흘림이 없으면 죄 사함도 없습니다. 그러므로 피가 죄를 속하는 것입니다. 죄를 용서받는 방법 가운데 하나가 바로 피를 흘리는 것입니다. 누군가 피를 흘려야 죄가 용서받는 것이 법적인 근거입니다.

> **누가복음 22:31-32** "시몬아, 시몬아, 보라 사탄이 너희를 밀 까부르듯 하려고 요구하였으나 그러나 내가 너를 위하여 네 믿음이 떨어지지 않기를 기도하였노니 너는 돌이킨 후에 네 형제를 굳게 하라"

예수님께서 베드로의 믿음이 떨어지지 않도록 하기 위해 기도로 도우셨던 때는 예수님께서 부활하신 후가 아니었습니다. 육신의 옷을 입고 계실 때 하신 것입니다.

> **빌립보서 2:5-11** "너희 안에 이 마음을 품으라 곧 그리스도 예수의 마음이니 그는 근본 하나님의 본체시나 하나님과 동등됨을 취할 것으로 여기지 아니하시고 오히려 자기를 비워 종의 형체를 가지사 사람들과 같이 되셨고 사람의 모양으로 나타나사 자기를 낮추시고 죽기까지 복종하셨으니 곧 십자가에 죽으심이라 이러므로 하나님이 그를 지극히 높여 모든 이름 위에 뛰어난 이름을 주사 하늘에 있는 자들과 땅에 있는 자들과 땅 아래에 있는 자들로 모든 무릎을 예수의 이름에 꿇게 하시고 모든 입으로 예수 그리스도를 주라 시인하여 하나님 아버지께 영광을 돌리게 하셨느니라"

빌립보서 2장의 말씀은 예수님이 이 땅에서 육신을 입은 인간으로서 사셨다는 것을 보여줍니다. 예수님께서는 하나님의 본체 이시지만, 하나님과 동등됨을 취하지 않으셨습니다. 도리어 자기를 비워 종의 형체를 가지셨습니다.

마태복음 26:52-54 "이에 예수께서 이르시되 네 칼을 도로 칼집에 꽂으라 칼을 가지는 자는 다 칼로 망하느니라 너는 내가 내 아버지께 구하여 지금 열두 군단 더 되는 천사를 보내시게 할 수 없는 줄로 아느냐 내가 만일 그렇게 하면 이런 일이 있으리라 한 성경이 어떻게 이루어지겠느냐 하시더라"

예수님은 이 땅에서 육신을 입은 인간으로 사셨습니다. 예수님은 세상에 계시는 동안 한 번도 하나님으로서 가지는 능력에 손을 대지 않으셨습니다. 예수님은 하나님으로서가 아니라 하나님으로 충만한 인간으로서 모든 것을 행하셨습니다. 심지어 열두 군단 더 되는 천사(72,000명)를 보내실 수 있음에도 불구하고 신성(神性, Divine Power)을 사용하지 않으셨습니다.

마태복음 4:3 "시험하는 자가 예수께 나아와서 이르되 네가 만일 하나님의 아들이어든 명하여 이 돌들로 떡덩이가 되게 하라"

사탄은 만약 예수님이 이 땅에 사시는 동안 하나님이 가지신 신적인 능력을 사용한다면, 이 땅을 구속해서 하나님께 돌려드릴 자격을 상실하게 될 것을 알았습니다. 예수님께서는 성령의 충만함으로 하나님께서 시키시는 일을 감당하셨습니다.

요한복음 14:30 "이후에는 내가 너희와 말을 많이 하지 아니하리니 이 세상의 임금이 오겠음이라 그러나 그는 내게 관계할 것이 없으니"

마귀가 다가와서 예수님을 참소할 여지를 찾았지만 발견할 수 없었습니다.

요한일서 4:2 "이로써 너희가 하나님의 영을 알지니 곧 예수 그리스도께서 육체로 오신 것을 시인하는 영마다 하나님께 속한 것이요"

하나님께 속한 영은 예수 그리스도께서 육체로 오신 것을 시인합니다. 예수님은 하나님 왕국의 합법적 근거를 마련하기 위해 성육신(incarnation) 하신 것입니다.

다음 글을 읽으십시오.

우리의 혈통에 있는 것은 무엇이나 사탄이 참소할 수 있는 합당한 먹잇감이 될 수 있다. 이 사실은 누군가가 사탄이 우리의 부르심을 막기 위해 이용할 수 있는 합법적인 문을 열어놓았다는 것이다.

예수님이 이 땅에 계실 때 하나님이 가지는 능력을 사용하지 않고 어떻게 사역하셨을까?

예수님께서 이 땅에 사시는 동안 하나님이 가지는 신성한 능력을 사용하셨더라면 우리의 구세주가 될 권리를 박탈당하셨을 것이다. 예수님은 이 땅에서 '하나님'으로 사신 것이 아니라 '하나님으로 충만한 인간'으로서 사셨던 것이다. 요단강에서 성령이 예수님께 임하였을 때 예수님은 하나님으로 충만하게 되셨다. 그래서 '성육신한 자(Incarnate One)'라는 말이 예수님을 가리키는 말로 사용되는 것이다.

'성육신'이라는 말은 '영으로 충만한 몸(a body filled with a spirit)'이라는 뜻이다. 예수님은 성령으로 충만한 삶을 사셨다. 예수님은 성령으로 충만해지기 전에는 기록된 기적 중 한 가지도 행하지 않으셨다. 바로 우리가 살아야 하는 삶을 예수님이 사셨던 것이다. 우리도 '하나님으로 충만한 사람'들로서 살아야 한다. 이것은 우리가 예수님이 행하신 모든 것을 행하는 것이 합법적이라는 말이다. 만일 예수님이 하나님으로서 기적을 행하셨더라면 우리는 기적을 행할 수가 없다. 우리는 하나님이 아니라 인간이기 때문이다.

그래서 베드로를 위해서 하셨던 예수님의 기도에서 중요한 사실을 알 수 있다. 예수님은 하늘 법정에서 대제사장으로서나 하나님으로서 중보한 것이 아니었다. 예

수님은 아직 대제사장의 지위를 갖지 못하셨다. 예수님은 베드로를 위해 기도하

실 때 하나님으로 충만한 사람으로서 성령님의 기름 부음 아래 하셨던 것이다.

다시 말하자면, 예수님이 베드로를 위해 하셨던 것을 우리도 또한 할 수 있다는

것이다. 예수님이 하늘 법정으로 가서 베드로의 부르심을 확고히 하신 것처럼 우

리도 역시 하늘 법정으로 가서 우리 책에 있는 우리의 부르심을 확고히 할 수 있

다는 것이다. 우리는 우리와 관계된 사람들의 부르심도 또한 확고히 할 수 있다.

여기서 중요한 점은 우리가 하늘과 하늘 법정 체계에서 가지는 권세와 권위에서

자격을 박탈당하지 말아야 한다는 것이다.

「하늘 법정으로 가는 기도」 로버트 핸더슨

위의 글을 읽고 느낀 점을 서로 나누시기 바랍니다.

---

2) 법을 지키는 삶

법적 근거는 위치(position)를 얻게 합니다. 적합한 지위를 확보한다는 뜻입니다.

법을 지킴	의인	합법
법을 어김	죄인	불법

법을 지키는 것은 '합법'입니다. '의인'은 법을 지키는 자들입니다. 법을 지키지 않

는 것은 '불법'입니다. '죄인'은 법을 안 지키는 자들입니다. 그러므로 법을 지켜야 합

니다. '의의 길로 행한다'라는 것은 하나님께서 명령하신 법을 준행하는 삶으로 나아

가는 것을 듯합니다. 합법적 근거를 토대로 살아갈 때 하나님께서는 우리를 '합법적 삶'으로 인도하실 것입니다. '의의 길'은 진리(眞) 되신 예수님께서 하나님의 말씀에 순종하며 살아내신 길(道)을 따라 사는 것을 의미합니다.

시편 23:3 "내 영혼을 소생시키시고 자기 이름을 위하여 의의 길로 인도하시는도다"

이 땅에 그리스도인들이 '의의 길'로 행할 때 열매를 맺는 삶을 살게 되고 그것이 하나님께 영광과 찬송이 될 것입니다.

빌립보서 1:11 "예수 그리스도로 말미암아 의의 열매가 가득하여 하나님의 영광과 찬송이 되기를 원하노라"

주의 길로 행하는 삶을 우리는 '합법적 삶'이라고 표현할 수 있습니다. '합법적 삶'은 하나님의 법도를 준수하며 하나님 왕국의 가치와 문화 안에서 살아가는 것을 의미합니다. 이는 단순히 법을 지키는 것을 넘어, 하나님 왕국의 가치관을 바탕으로 책임감 있게 선택하고 행동하며, 이웃을 사랑하고 하나님께서 부여하신 인간으로서의 영적 존엄성과 정체성을 지키며 사는 삶을 총괄합니다. 즉, 하나님 왕국의 공동체적 규범과 가치관이 조화를 이루는 삶이라고 할 수 있습니다.

기록된 책

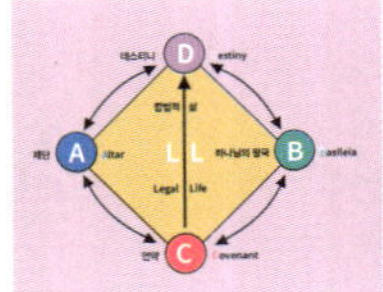

합법적 삶은 본질적인 예배를 회복하고 하나님 왕국이 이 땅에 임하도록
언약적 기초위에 하나님의 데스티니를 이루어나가는 삶이다.

1. 개인의 부르심과 사명이 기록된 책

인류의 삶의 목적과 데스티니는 하나님의 책에 기록되어 있습니다.

출애굽기 32:32-33 "그러나 이제 그들의 죄를 사하시옵소서 그렇지 아니하시오면
원하건대 주께서 기록하신 책에서 내 이름을 지워 버려 주옵소서 여호와께서 모
세에게 이르시되 누구든지 내게 범죄 하면 내가 내 책에서 그를 지워 버리리라"

시편 69:27-28 "그들의 죄악에 죄악을 더하사 주의 공의에 들어오지 못하게 하소
서 그들을 생명책에서 지우사 의인들과 함께 기록되지 말게 하소서"

시편 139:16 "내 형질이 이루어지기 전에 주의 눈이 보셨으며(your eyes saw my
unformed body) 나를 위하여 정한 날이 하루도 되기 전에 주의 책에(in your book) 다
기록이 되었나이다"

다니엘 7:10 "불이 강처럼 흘러 그의 앞에서 나오며 그를 섬기는 자는 천천이요 그 앞에서 도셔 선 자는 만만이며 심판을 베푸는데 책들이 펴 놓였더라"

요한계시록 3:5 "이기는 자는 이와 같이 흰옷을 입을 것이요 내가 그 이름을 생명책에서 결코 지우지 아니하고 그 이름을 내 아버지 앞과 그의 천사들 앞에서 시인하리라"

요한계시록 10:9-11 "내가 천사에게 나아가 작은 두루마리를 달라 한즉 천사가 이르되 갖다 먹어 버리라 네 배에는 쓰나 네 입에는 꿀같이 달리라 하거늘 내가 천사의 손에서 작은 두루마리를 갖다 먹어 버리니 내 입에는 꿀같이 다나 먹은 후에 내 배에서는 쓰게 되더라 그가 내게 말하기를 네가 많은 백성과 나라와 방언과 임금에게 다시 예언하여야 하리라 하더라"

하나님께서는 '누구든지 내게 범죄를 하면, 내가 내 책에서 그를 지워 버리리라'라고 모세에게 말씀하셨습니다(출 32:32-33). 다윗도 죄인들이 의인들과 함께 기록되지 말게 해달라고 하나님께 간청하고 있습니다(시 69:27-28). 또한 다윗은 자신에 대한 하나님의 창조 목적이 하나님의 책에 기록되어 있다고 고백하고 있습니다(시 139:16). 다니엘은 하나님께서 심판을 베푸실 때 그 앞에 책들이 펼쳐져 있는 것을 이야기합니다(단 7:10). 사도 요한은 이기는 자는 하나님의 생명책에서 이름이 지워지지 않는다고 언급하고 있으며, 두루마리 책에 관해서 설명하고 있습니다(계 3:5, 계 10:9-11).

하나님의 왕국에는 책이 있습니다. 이 책에는 모든 사람이 태어나기도 전에 각자의 삶에 대한 부르심과 목적이 기록되어 있습니다.

시편 40:6-8 "주께서 내 귀를 통하여 내게 들려주시기를 제사와 예물을 기뻐하지 아니하시며 번제와 속죄제를 요구하지 아니하신다 하신지라 그때에 내가 말하기

를 내가 왔나이다 나를 가리켜 기록한 것이 두루마리 책에 있나이다 나의 하나님이
여 내가 주의 뜻 행하기를 즐기오니 주의 법이 나의 심중에 있나이다 하였나이다"

다윗은 자신을 가리켜 기록된 책에 관해서 명확하게 밝히고 있습니다.

히브리서 10:5-10 "그러므로 주께서 세상에 임하실 때에 이르시되 하나님이 제사와
예물을 원하지 아니하시고 오직 나를 위하여 한 몸을 예비하셨도다 번제와 속죄
제는 기뻐하지 아니하시나니 이에 내가 말하기를 하나님이여 보시옵소서 두루마
리 책에 나를 가리켜 기록된 것과 같이 하나님의 뜻을 행하러 왔나이다 하셨느니
라 위에 말씀하시기를 주께서는 제사와 예물과 번제와 속죄제는 원하지도 아니하
고 기뻐하지도 아니하신다 하셨고 (이는 다 율법을 따라 드리는 것이라) 그 후에
말씀하시기를 보시옵소서 내가 하나님의 뜻을 행하러 왔나이다 하셨으니 그 첫째
것을 폐하심은 둘째 것을 세우려 하심이라 이 뜻을 따라 예수 그리스도의 몸을 단
번에 드리심으로 말미암아 우리가 거룩함을 얻었노라"

히브리서 기자는 시편 40편을 인용하면서 주께서 책에 기록된 것처럼 하나님의 뜻
을 행하러 왔다고 고백하고 있습니다. 인용된 시편 본문의 내용은 장차 오실 메시아
께서 소나 양과 같은 제물로 드리는 번제물과 속죄 제물이 아닌, 자신의 몸을 친히
드려 하나님의 뜻을 행하실 것이 두루마리 책에 기록되어 있다는 것을 이야기하고
있습니다.

요한복음 13:3 "저녁 먹는 중 예수는 아버지께서 모든 것을 자기 손에 맡기신 것과
또 자기가 하나님께로부터 오셨다가 하나님께로 돌아가실 것을 아시고"

사도 요한은 예수님께서 하나님의 뜻과 목적을 성취하셨고 하늘로 돌아가실 것을

이미 알고 겨셨다는 것을 분명하게 언급하고 있습니다.

> **디모데후서 1:9** "하나님이 우리를 구원하사 거룩하신 소명으로 부르심은 우리의 행위대로 하심이 아니요 오직 자기의 뜻과 영원 전부터 그리스도 예수 안에서 우리에게 주신 은혜대로 하심이라"

바울과 디모데는 '영원 전부터' 하나님께서 이들에게 행위가 아닌 은혜를 따라 주셨다는 것을 증거하고 있습니다. 이와 같이 모든 사람의 삶의 목적과 데스티니는 하나님의 책에 정해져 기록되어 있습니다.

> **다니엘 7:10** "불이 강처럼 흘러 그의 앞에서 나오며 그를 섬기는 자는 천천이요 그 앞에서 모셔 선 자는 만만이며 심판을 베푸는데 책들이 펴 놓였더라"

그런데 문제는 기록된 하나님의 뜻과 목적대로 삶을 살아가지 않을 때 심판을 받는다는 것입니다. 이것은 마치 죄인이 기록된 책에서 지워지는 것과 같습니다.

연습 (Exercise)

다음 글을 읽으십시오.

하나님은 우리 각자의 삶에 대한 부르심과 하나님 왕국의 목적을 책에 기록하셨다. 하나님은 우리가 존재하기도 전에 이 땅에 있는 우리의 형질을 보셨다. 그리고 정한 날 속에 있는 우리의 활동과 삶에서 성취할 것들을 보셨다.
우리 개거인의 책은 하나님이 우리를 위해 계획하신 모든 것과 우리 삶에 예정하신 하나님 왕국의 영향력을 전부 기록하고 있다. 이 세상에 태어난 사람들은 모두 자신에 대해 기록한 책을 가지고 있다. 책에 있는 내용들이 이 땅에 나타나도록 하는 것(Destiny)이 전투다.

예수님이 이 땅에서 하나님 왕국의 목적을 이루실 것을 상술한 책이 하늘에 있다. 예수님은 하늘에 있는 책에 예수님에 대해 기록한 것을 완성하시기 위해 열정과 헌신을 가지고 오셨다.

요한복음 1:14 "말씀이 육신이 되어 우리 가운데 거하시매 우리가 그의 영광을 보니 아버지의 독생자의 영광이요 은혜와 진리가 충만하더라"

예수님은 성육신하신 말씀이시다. 다시 말하자면, 예수님은 하늘이 보낸 말씀이었는데 육신으로 태어나신 것이다. 예수님이 육신으로 탄생하신 것은 하늘의 책에 기록된 것이 육체에 나타난 것이었다. 그리고 33년 반을 사시면서 책에 기록된 것을 이루셨던 것이다.

하나님께서 정하신 모든 것은 하늘의 책이나 두루마리에 먼저 기록된다. 기록된 것이 육신이 되기 전에 반드시 하늘에서 보냄을 받아야 하고, 이 땅의 영역에서 태어나야 한다. 예수님도 그러셨고 이 땅의 영역에서 '태어난' 우리들이나 모든 것들이 다 그렇다. 그래서 우리는 이 땅에 오기 전에 두루마리에 기록된 말(Word)이었다고 할 수 있겠다. 우리가 이 땅에 태어났을 때, 하늘에 있는 책에 기록된 대로 우리는 하나님 왕국의 목적으로 살아가기 시작했던 것이다.

에베소서 2:10 "우리는 그가 만드신 바라 그리스도 예수 안에서 선한 일을 위하여 지으심을 받은 자니 이 일은 하나님이 전에 예비하사 우리로 그 가운데서 행하게 하려 하심이니라"

개인들에 관한 책만 있는 것이 아니다. 교회와 사업, 사역, 도시, 주, 지역과 나라들에 관한 책도 있다. 하늘은 책으로 가득 차 있다. 하나님을 목적으로 하는 모든 것은 하늘에 있는 책으로 시작할 것이다.

 "하나님이 이르시되 우리의 형상을 따라 우리의 모양대로 우리가 사람을 만들고 그들로 바다의 물고기와 하늘의 새와 가축과 온 땅과 땅에 기는 모든 것을 다스리게 하자 하시고"

이 말씀을 통해 삼위일체 하나님께서 인간을 창조하실 때 서로 의견을 내시면서 회의(Let us)를 하셨다는 것을 미루어 짐작할 수 있다. 이 회의를 거쳐서 세상과 인간과 하나님의 창조물에 대한 부르심이 책에 기록되었던 것이다.

 "누가 여호와의 회의에 참여하여 그 말을 알아들었으며 누가 귀를 기울여 그 말을 들었느냐"

하늘에 있는 책들은 여호와의 '회의'에서 만들어진다. 히브리어로 '회의'라는 말은 '소드(סוד)'다. 소드는 '회의 중인 사람들', 또는 '비밀'을 뜻한다. 이 말은 히브리어 '야사드(יסד)'에서 유래되었는데 '함께 앉다', '앉아서 상의하다'라는 뜻이다. 분명히 하나님은 앞으로 올 하나님 왕국의 일을 계획하기 위해 하늘에서 열리는 회의를 주최하신다.

바울과 디모데에 대한 목적은 하늘의 책들에 기록되어 있는 것이고, 그 목적을 이 땅의 영역에 현실로 나타나게끔 능력을 부여하는 것은 은혜였다. 그들은 '영원 전부터' 혹은 '여호와의 회의에서' 이 은혜를 받았던 것이다.

히브리인들은 우리가 이 땅에 있기 전에 하늘에서 하나님과 함께 있었다고 믿는다. 우리는 하나님과 함께 있었던 영적인 존재들이었고 하늘의 회의에 참여하였다는 것이다. 이 회의에 참여하면서 우리는 하나님이 우리를 통해서 성취하려고 하셨던 계획에 '동의하였다'라고 그들은 믿는다. 우리는 우리가 태어날 당시에 제정된 임무를 받아들였고 우리에게 할당된 임무를 성취해 나간다. 우리가 이 임무를 여호와의 회의에 참여하여 받아들이면 그 임무는 두루마리나 책에 기록되고 우리는 그 두루마리의 '말'이 되어 육신이 되기 위해 이제 이 땅에 오는 것이다.

우리가 이 땅의 영역에서 살고 있는 것은 수십만 영겁의 세월 전에 여호와의 회의에서 미리 예정한 것을 시간에 맞추어 실제로 만들어 내고 있는 것이다. 이것은 매우 중요한 사실이고 이로 인해 우리는 심오한 목적의식(Destiny)을 가져야 한다.

모든 사람이 여호와의 회의에서 정해지고 책에 기록한 대로 살아가는 것은 아니다. 그러나 책에 기록된 것을 발견하고 성취하고 자연 세계의 형태로 이 땅에 가져오는 것은 우리가 해야 할 일이다.

우리는 내세에서 이것에 대한 심판을 받을 것이다. 우리의 심판은 이런 죄나 저런 죄에 대한 심판만이 아닐 것이다. 우리의 심판은 하늘의 책에 기록된 삶과 얼마나 유사한 삶을 살았는가 하는 사실에 근거해서 이루어질 것이다. 하늘의 책들과 일치하는 삶을 살지 않는 것은 이 땅에서 우리의 시간을 낭비하는 것이다. 우리는 하늘에서 영원히 살게 되겠지만 이 땅에서 우리의 삶과 이 시대를 향한 하나님 왕국의 목적을 제대로 성취하지 못할 것이다.

우리 모든 사람은 여호와의 회의에서 나온 산물이다. 하나님은 우리 한 사람 한 사람을 생각하시고 그 회의에서 우리 삶에 관한 책을 기록하셨다. 하나님의 말씀이 육신이 되도록 하기 위해, 그리고 우리의 두루마리에 기록된 것을 성취하기 위해 우리 한 사람 한 사람은 이 땅에 태어난 것이다. 이것이 이루어질 때 하나님 왕국이 이 땅에 영향력을 미치게 되고 하늘에 있는 것과 같은 하나님 왕국의 문화가 나타나게 되는 것이다.

『하늘 법정으로 가는 기도』 로버트 핸더슨

위의 글을 읽고 느낀 점을 서로 나누시기 바랍니다.

____

____

____

2. 열방의 부르심과 사명이 기록된 책

하늘에 기록된 책에는 열방의 부르심과 사명이 기록되어 있습니다.

요한계시록 10:8-11 "하늘에서 나서 내게 들리던 음성이 또 내게 말하여 이르되 네가 가서 바다와 땅을 밟고 서 있는 천사의 손에 펴 놓인 두루마리를 가지라 하기로 내가 천사에게 나아가 작은 두루마리를 달라 한즉 천사가 이르되 갖다 먹어버리라 네 배에는 쓰나 네 입에는 꿀같이 달리라 하거늘 내가 천사의 손에서 작은 두루마리를 갖다 먹어버리니 내 입에는 꿀같이 다나 먹은 후에 내 배에서는 쓰게 되더라 그가 내게 말하기를 네가 많은 백성과 나라와 방언과 임금에게 다시 예언하여야 하리라 하더라"

사도 요한은 하늘에 있는 동안 열방들의 부르심이 기록된 작은 두루마리(책)를 천사로부터 받았고 그것을 먹으라는 명령을 받았습니다. 이 작은 두루마리는 백성과 나라와 방언, 임금에 관해 기록된 책입니다.

이 책이 하늘로부터 왔고 열방들의 미래와 하나님 왕국의 목적을 기록한 책이라는 것을 우리가 알게 된 것은 사도 요한이 이 책을 먹고 난 후 백성과 나라와 방언과 임금에게 예언하는 능력을 얻었기 때문입니다.

모든 열방을 향한 하나님의 마음은 그들이 책에 기록된 부르심을 성취하는 것입니다. 하나님이 열방들에 대하여 말씀하신 것을 그 책으로부터 다시 예언하는 것이 사도 요한의 데스티니였습니다.

다음 글을 읽으십시오.

하나님께서 허락하신 각 개인, 가정, 교회, 도시, 국가의 부르심을 성취하기 위해서는 반드시 그들의 책을 먼저 취해야 한다. 요한은 천사로부터 두루마리 책을 먹어 버리라는 말을 들었다. 요한이 열방들의 부르심이 기록된 책을 먹었을 때 능력을 부여받아 열방들의 부르심을 예언하고 그 부르심을 열방들에게 밝히 드러내게 되었다. 또한 하늘 법정에서 그 열방들을 위해 탄원할 수 있었다.

이런 과정을 통해 한 걸음씩 우리는 어둠의 권세들의 합법성을 무효화시키고 하나님 왕국의 뜻을 이루시도록 하나님께 법적 권한을 드리게 되고 각 나라에 대한 하나님 왕국의 목적이 성취되는 것을 볼 수 있게 된다.

국가적 차원이든 개인적 차원이든 마귀는 책에 있는 것이 이 땅에 구현되는 것을 싫어한다. 나라들이나 교회나 사업체나 개인이나 어떠한 것이든 간에 책에 기록된 것이 이 땅의 영역으로 오는 것을 막으려는 시도가 있을 것이다. 사탄은 어떤 차원에서도 말씀이 육신이 되는 것을 원치 않는다. 개인과 나라와 하나님 왕국의 목적과 하나님의 갈망에 대해 책에 기록된 모든 것을 향한 싸움이 있을 것이다. 마귀는 책에 기록된 것이 이 땅에 태어나고 육신이 되는 것을 원치 않는다.

책에 기록된 것에 대한 투쟁이 전쟁터에서 일어나는 것이 아니라 법정에서 일어난다는 것을 깨닫는 것이 가장 중요한 사안이다. 그래서 다니엘 7장에서 법정이 개정되었을 때 책이 펴져 있었던 것이다. 하나님 왕국의 목적이 이 땅에 이루어지도록 하기 위해서 우리는 전쟁터가 아니라 법정에 있어야 한다. 우리는 궁극적인 승리를 위해서 법적인 일을 올바로 세우도록 노력해야 하는 것이다.

우리의 몸은 이 땅에 있지만 우리의 영은 하늘 법정에서 기능할 수 있고 그곳에서 권위를 행사할 수 있다. 또한 하나님 앞에 거룩한 우리의 행보나 행위로 우리가 하늘 법정에서 권위를 얻는 것이다. 우리가 하나님을 존귀하게 여기며 행보하면 하늘이 우리를 알아본다.

하나님의 은혜는 나를 죄에서 구원하지만, 그 은혜는 또한 내가 죄를 초월하여 살아가도록 능력을 부여한다. 내가 이 세상에서 경건하게 살도록 능력을 부여해 줄 것이다. 너가 하나님의 은혜를 내 삶에 두어서 성결한 삶을 살 때, 나는 하늘 법정 앞에서 권위를 얻게 되는 것이다.

「하늘 법정으로 가는 기도」로버트 핸더슨

위의 글을 읽고 느낀 점을 서로 나누시기 바랍니다.

____

____

____

3. 하늘의 법정을 취하라

하늘 법정을 어떻게 취할 수 있습니까? 합법적인 근거를 마련해야 합니다.

다니엘 7:10 "불이 강처럼 흘러 그의 앞에서 나오며 그를 섬기는 자는 천천이요 그 앞에서 모셔 선 자는 만만이며 심판을 베푸는데 책들이 펴 놓였더라"

하나님께서 하늘의 법정에서 심판을 베푸실 때 책들이 펼쳐져 있습니다.

스가랴 3:7 "만군의 여호와의 말씀에 네가 만일 내 도를 행하며 내 규례를 지키면 네가 내 집을 다스릴 것이요 내 뜰[1]을 지킬 것이며 내가 또 너로 여기 섰는 자들 가운데에 왕래하게 하리라(you will govern my house and have charge of my courts, and I will give you a place among these standing here)"

스가랴 3장 7절에 '내 뜰을 지킬 것이며'의 영어 표현은 'have charge of my courts' 입니다. 하나님의 법도를 행하면 하나님의 집을 다스리게 됩니다. 또한 '하나님의 뜰', 즉 '법정'을 지키게 됩니다. 하늘의 법정(궁정)을 차지하게 됩니다.

시편 100:4 "감사함으로 그의 문에 들어가며 찬송함으로 그의 궁정에 들어가서 (Enter his gates with thanksgiving and his courts with praise) 그에게 감사하며 그의 이름 을 송축할지어다"

찬송함으로 하나님의 '궁정(חָצֵר, 하쩨르)', 즉 '법정(his courts)'으로 들어가게 됩니다.

연습 (Exercise)

다음 글을 읽으십시오.

우리는 스가랴 3장 7절 말씀에 '내 뜰을 지킬 것'이라는 말씀에 주목해야 합니다. 이 말씀에서 언급하고 있는 '내 뜰에서'의 '뜰'은 '법정들'(courts)을 말합니다. 모든 법정은 기능이 다르고 가지고 있는 역할과 관할이 다릅니다.
우리나라에도 다양한 법원이 존재합니다. 6개의 법원이 존재하는데 대법원, 고등 법원, 지방법원, 특허법원, 가정법원, 행정법원입니다. 이 다양한 법정들은 승인

---

1) 히브리어로 '뜰'은 '하쩨르(חָצֵר)'로 이사야 1장 12절에서 '마당'으로 번역이 되었다. 영어로는 'Courts'이며 '법정'이라 는 뜻이 분명하다.

된 영역 안에서만 기능을 수행하게 되어 있습니다. 마찬가지로 하늘에도 다양하고 많은 법정이 있으며 각 법정의 역할과 기능에 따라 운용되고 있다는 것을 이 말씀을 통해 확증할 수 있습니다.

모든 사람이 모든 법정에서 승인을 받는 것은 아닙니다. 또한 모든 법정을 운용하는 것도 아닙니다. 우리가 하늘 법정을 운용할 수 있는 것은 우리가 받은 통치나 관할권의 정도에 따라 결정됩니다.

대법원을 예로 들자면, 대법원에 상고된 특정 사건을 의뢰받은 변호사만이 해당 사건 재판에서 역할을 감당할 수 있습니다.

그렇지만 대법원에서 진행되는 재판과 아무 상관이 없는 변호사라면 대법원에서 그 어떠한 역할도 감당하기 어려울 것입니다. 우리는 이 비밀을 깨달아 알아야 합니다. 우리가 법적 권한과 근거 없이 어떤 일을 감당하게 되면 큰 문제에 봉착하게 될 것입니다.

각 법정의 특징에 맞게 합법화된 법적 절차를 통해 하나님께 나아가지 않으면 어둠의 권세로부터 거센 공격과 반발을 받게 되고, 결국 우리의 삶에 그 어떠한 응답이나 해결책 없이 삶을 위험과 어려움에 빠뜨릴 수 있습니다.

우리가 들어갈 수 있는 아주 실제적인 하늘 법정이 있습니다. 이 법정에서 우리가 법적인 일들을 올바로 세워야 합니다. 그러면 하늘의 책에 기록된 개인, 가정, 도시, 국가들의 목적과 데스티니가 성취될 것입니다.

하나님과 우리를 분리하는 모든 법적 문제를 예수님께서 해결하셨습니다. 인류가 죄로 인해 하나님께 나아가지 못했던 모든 법조문으로 쓴 증서를 예수님께서 친히 없애버리셨습니다.

골로새서 2:13-15 "또 범죄와 육체의 무할례로 죽었던 너희를 하나님이 그와 함께 살리시고 우리의 모든 죄를 사하시고 우리를 거스르고 불리하게 하는 법조문으로 쓴 증서를 지우시고 제하여 버리사(having canceled the written code, with its regulations, NIV) 십자가에 못 박으시고 통치자들과 권세들을 무력화하여 드러내어 구경거리로 삼으시고 십자가로 그들을 이기셨느니라”

그렇다고 하더라도 우리가 자동으로 구원받은 것은 아닙니다. 우리는 예수님께서 행하신 일들이 합법적으로 이루어진 것을 반드시 이해해야 합니다.

고린도후서 5:18-20 “모든 것이 하나님께로서 났으며 그가 그리스도로 말미암아 우리를 자기와 화목하게 하시고 또 우리에게 화목하게 하는 직분을 주셨으니 곧 하나님께서 그리스도 안에 계시사 세상을 자기와 화목하게 하시며 그들의 죄를 그들에게 돌리지 아니하시고 화목하게 하는 말씀을 우리에게 부탁하셨느니라 그러므로 우리가 그리스도를 대신하여 사신이 되어 하나님이 우리를 통하여 너희를 권면하시는 것같이 그리스도를 대신하여 간청하노니 너희는 하나님과 화목하라”

예수님께서 죽으심으로 하나님과 인류가 화목하게 되었습니다. 모든 법적 문제가 십자가를 통해서 제거된 것입니다. 예수님의 십자가 사건을 합법적으로 인정하고 그분의 보좌 앞으로 겸손히 나아오는 자들은 구원을 받게 됩니다. 그렇지만 이렇게 법적인 모든 문제를 해결해 주셨다 하더라도 인간이 하나님께 나아오지 않으면 아무런 의미가 없고 그 어떤 힘도 발휘하지 못합니다.

구원받기 위해서는 그분이 행하신 일들에 합법적으로 반응해야 합니다. 또한 구원받은 사람들은 예수님이 이루신 것을 법적으로 부여잡고 자기 것으로 만들어야만 합니다. 우리는 반드시 하나님과 화목해야 합니다. 이것이 우리가 해야 할 일입니다.

『법적 근거』 피기영

하나님의 뜰 즉 법정에 들어가는 합법적 권한을 차지하는 것이 왜 그렇게 중요한 것입니까?

____

____

____

하나님 왕국이 이 땅에 임하지 않는 것은 모두 법적인 문제입니다. 만일 하나님 왕국이 나타나지 않았다면, 우리를 향한 하나님의 목적이 성취될 수 있도록 아버지께 법적 권한을 드리지 않았기 때문입니다.

우리가 하나님의 뜻대로 오랫동안 기도해 왔다고 생각하지만, 응답이 안 되는 이유는 법적인 문제가 길을 막아서고 있기 때문입니다. 사악한 권세들이 어떤 영적인 영역에서 기도 응답이 오지 못하도록 합법적 권한을 발견한 것입니다. 그래서 사탄이 우리를 대적해서 참소하고 있다는 것을 배워야 합니다. 또한 이 참소에 대응하기 위해서는 하늘 법정의 음성을 배우고 그 음성에 동의해야 하는 것입니다.

4. 나라가 고통을 받는 이유

1) 이스라엘이 고통받는 이유

이스라엘이 왜 고통을 당했습니까?

이사야 43:25-28 "나 곧 나는 나를 위하여 네 허물을 도말하는 자니 네 죄를 기억하지 아니하리라 너는 나에게 기억이 나게 하라 우리가 함께 변론하자 너는 말하여 네가 의로움을 나타내라 네 시조가 범죄 하였고 너의 교사들이 나를 배반하였나니 그러므로 내가 성소의 어른들을 욕되게 하며 야곱이 진멸 당하도록 내어 주며 이스라엘이 비방 거리가 되게 하리라"

 "그들이 다른 신으로 그의 질투를 일으키며 가증한 것으로 그의 진노를 격발하였도다 그들은 하나님께 제사하지 아니하고 귀신들에게 하였으니 곧 그들이 알지 못하던 신들, 근래에 들어온 새로운 신들 너희의 조상들이 두려워하지 아니하던 것들이로다 너를 낳은 반석을 네가 상관하지 아니하고 너를 내신 하나님을 네가 잊었도다"

이스라엘이 고통을 받은 이유가 조상들이 범죄를 행하였기 때문이라는 것을 이사야를 통해 알 수 있습니다. 신명기에서 이스라엘 백성들이 하나님을 경외하지 않고 우상을 숭배하고 귀신을 제사한 것에 관해서 이야기하고 있습니다. 이것이 바로 나라가 고통을 당하는 근본적인 이유입니다.[2]

연습 (Exercise)

다음 글을 읽으십시오.

사탄은 할 수 있는 모든 것을 다 이용할 것이라는 점이다. 우리 대부분은 평생에 걸쳐서 마귀에게 참소당할 수 있는 빌미를 제공하는 개인적인 문제들을 많이 가지고 있다. 게다가 이보다 더 큰 문제가 있을 수 있는데, 우리 혈통에 있는 것은 무엇이나 사탄이 참소할 수 있는 합당한 먹잇감이 될 수 있다는 것이다.

다시 말하자면, 우리 혈통에 있는 사람들이 성적인 죄나 성도착, 언약 파기, 무고한 피 흘림, 도둑질, 다른 신과 우상숭배, 귀신 숭배 등등의 죄를 지었다면 마귀

---

2) 한 나라의 백성들이 예수님을 왕으로 영접하고, 하나님의 말씀에 순종하는 삶을 살아가면 더 이상 조상들의 범죄로부터 영향을 받지 않게 된다.

는 우리 책에 기록된 것을 대적하기 위해 하늘 법정에서 이러한 죄들을 이용할 수 있다는 것이다. 그 죄로 인해 누군가가 사탄이 우리의 부르심을 막기 위해 이용할 수 있는 합법적인 문을 열어 놓았던 것이다.

이사야 43:25-28 "나 곧 나는 나를 위하여 네 허물을 도말하는 자니 네 죄를 기억하지 아니하리라 너는 나에게 기억이 나게 하라 우리가 함께 변론하자 너는 말하여 네가 의로움을 나타내라 네 시조가 범죄 하였고 너의 교사들이 나를 배반하였나니 그러므로 내가 성소의 어른들을 욕되게 하며 야곱이 진멸 당하도록 내어 주며 이스라엘이 비방 거리가 되게 하리라"

위의 말씀에서 한 나라의 부르심이 극히 불안정한 상태에 있다는 것을 주목해야 한다. 하늘 법정에서 일을 적절하게 수행하지 못했기 때문에 야곱이 저주를 받게 되고 이스라엘이 비방거리가 된다고 하나님은 말씀하고 계신다.

하늘 법정에서 일을 수행하는 것은 개인적인 차원이지만 그것이 나라의 부르심이 성취되는 것에 영향을 미칠 수 있다. 이사야 말씀에서 한 나라가 고통을 받았던 것은 '시조(조상)의 죄' 때문이었다는 것을 알 수 있다. 또한 한 나라의 부르심이 '중재자들의 허물(위반/범법, transgressions)' 때문에 실현되지 못할 수도 있다고 계속적으로 말하고 있다.

하나님께서는 하나님 자신을 위하여 우리의 '허물(transgressions)을 도말하신다.'라고 말씀하신다. 이 말씀은 하나님은 우리를 필요로 하신다는 뜻이다. 나라를 구원하는 것은 그분의 주권적인 행위가 아니었다. 하나님은 하늘 법정에서 우리가 협조하는 것을 필요로 하신다. 우리는 하나님의 용서를 받아들이고 그 용서 안에서 행해야 한다.

나는 사람들에게 "하나님을 위해서 당신 자신을 용서하세요"라고 말을 한다. 하나님은 용서의 은혜를 받아들이는 우리를 필요로 하신다. 그래서 하나님의 뜻이 열방들에 이루어지도록 우리가 법정에 서서 하나님과 함께 일할 수 있게 되는 것이다.

그런 다음 하나님은 "나에게 기억이 나게 하라"라고 말씀하신다. 우리가 법정에 있다는 것을 기억하라. 하나님이 "나에게 기억이 나게 하라"라고 말씀하시는 것은 하나님이 하늘의 책에 기록하신 것을 우리가 하나님께 상기시켜 드려야 한다는 것을 말씀하시는 것이다.

하나님이 당신이나 교회나 사업체나 가족이나 심지어 나라에 대해서 말씀하셨던 것을 기억하시게 하라. 하나님은 "내가 전에 예정했던 것을 성취할 수 있는 법적인 근거를 나에게 달라"라고 말씀하고 계신 것이다. 이것이 우리가 해야 할 일이다. 하나님이 긍휼을 베푸시고 하늘의 책에 기록되어 있는 것을 성취하시도록 법적인 근거를 하나님께 드려야 한다.

그리고 하나님은 "우리가 함께 변론하자"라고 말씀하신다. 이 장면이 법정이라는 것을 다시금 기억하라. 이 구절은 우리가 '하나님과' 변론을 벌여야 한다는 것을 의미하는 것이 아니고 오히려 우리가 '하나님과 함께(with Him)' 참소자에 대항해서 변론을 벌일 것을 의미한다.

하나님이 책에 기록된 것을 법적으로 허락하실 수 있을 때까지 우리가 함께 모든 참소에 대해서 대응할 것이다. 하나님은 우리의 적이 아니고, 하나님의 열정을 성취하실 수 있는 법적 권한을 하나님께 드리기 위해 우리는 개인으로서 또한 에클레시아로서 하나님과 함께하는 것이다. 일단 이것이 제대로 되면 하나님 왕국의 통치가 이 땅의 영역으로 임하게 된다.

열방과 우리 자신에 대한 판결을 받지 못하게 방해하는 두 가지 요인이 있다는 것을 주목하라. 그것은 ①'중재자들의 허물'과 ②'조상의 죄'이다.

첫째, 중재자의 허물이다.

중재자는 어떤 존재인가? 히브리어로 '중재자'라는 말은 '외국어를 말하려고 시도하고 있는 사람'이라는 뜻이다. 법정 체계는 자체의 언어가 있다. 법정의 언어를 배우지 않는다면 법정에서 효력을 나타낼 수 없을 것이다.

변호사들은 법과 법정 언어를 배우기 위해 수년 동안 학교를 다닌다. 그들은 그들의 변론이 응답 될 수 있도록 사법 체계의 규약을 배운다. 이 체계에 대한 적절한 지식을 가지지 않는다면 그들은 제 역할을 감당할 수도, 법정으로부터 판결도 얻어낼 수도 없는 것이다. 마찬가지로 우리가 법정 언어를 알지 못한다면 하늘 법정에 있을 수도 없다. 우리가 이 최고의 법정 체계에서 효력을 발휘하기 위해서는 적절한 행위와 규약이 필요한 것이다.

하나님은 이사야를 통해 이러한 '중재자들(법적 용어와 기능)이 죄'를 지었다고 말씀하셨다. 다시 말하자면, 그들은 죄 때문에 하늘 법정에서 자신들의 자리와 권위를 상실했다는 말이다. 우리가 땅에 있는 것들은 속이고 나아갈 수 있으나 우리 삶에 죄가 있다면 영적인 영역은 그것을 안다. 우리가 우리 삶에서 죄를 처리하지 않으면 하늘 법정에서의 우리 권위를 모두 상실하게 되는 것이다. 이사야 43장에서는 그러한 결과로 한 나라가 저주를 받게 되고 비방거리가 되며 심판을 받게 되었다. 우리가 나라들을 하나님 나라의 목적을 이루도록 변화시키지 못한 이유는 하늘에서 권위를 가져야 하는 우리들이 죄 때문에 그 권위를 상실했기 때문이라고 할 수 있다.

우리가 회개하면 하나님은 우리를 용서하신다. 우리는 반드시 하늘 법정에서 일을 수행하는 것과, 하나님이 열방들과 우리를 다시 축복하시도록 하나님께 법적 권한을 드리는 것을 배워야 한다. 하나님의 마음은 우리를 축복하시기를 원하신다. 그러나 그렇게 할 수 있도록 우리가 반드시 하나님께 법적 권한을 드려야 하는 것이다.

둘째, 조상들의 죄이다.

열방들이 그들의 책에 기록된 부르심에 미치지 못하게 하는 또 다른 문제는 '조상의 죄'이다. 이것은 나의 개인적인 죄를 말하는 것이 아니라 나의 혈통과 연관된 죄를 말하는 것이다. 심지어 수천 년 전의 과거에서 나의 혈통들을 오염시킨 죄가 있다면 이 죄는 참소자에게 하늘 법정에서 나를 대적할 수 있는 법적 권한을 부여하게 된다.

이러한 이유로 느헤미야와 다니엘과 같은 선지자들이 자기 조상들의 죄를 회개하였던 것이다. 그들은 마귀가 그들을 포로로 잡도록 빌미를 제공했던 죄들이 법적으로 다루어지지 않으면 구원도 없다는 것을 알았던 것이다. 법적인 근거가 사라지기 전까지 마귀는 그 법적인 근거를 가지고 그들을 괴롭히고 방해할 것이다. 느헤미야 1장 4-7절에 언급된 죄는 느헤미야를 괴롭힐 수 있는 법적 권한이 마귀에게 허락된 것이다. 이것이 조상의 죄의 영향을 보여준다.

기억해야 한다. 마귀는 생명책에 기록된 내가 감당해야 할 일을 막기 위해서 내 개인의 삶에서 법적 근거를 찾지 못한다면 내 혈통을 뒤질 것이다. 심지어 마귀는 예수님의 삶과 혈통까지 뒤졌다.

요한복음 14:30 "이후에는 내가 너희와 말을 많이 하지 아니하리니 이 세상의 임금이 오겠음이라 그러나 그는 내게 관계할 것이 없으니"

이 말씀을 통해서 우리에게 마귀가 예수님을 탐색하였지만 참소할 여지를 발견하지 못하였다는 걸 보여준다. 마귀가 예수님에게서 아무런 여지를 찾지 못한 것은 예수님이 온전한 삶을 사셨고 온전한 혈통을 가지셨기 때문이었다.

예수님의 혈통은 성령을 통해서 하나님 아버지로부터 왔다. 그래서 온전한 것이다. 그렇지만 우리의 혈통은 온전하지 않다. 마귀가 찾아서 들추어낼 수 있는 온갖 종류의 여지를 가지고 있는 것이다. 마귀가 우리의 혈통에서 처리되지 않은 무엇인가를 발견하면 그것으로 우리를 대적할 법적 권한을 가지게 된다. 여기서 한 가지 중요한 것은, 우리가 마귀에게 정부 차원의 위협이 될 때에야 비로소 우리 혈통을 가지고 괴롭힌다는 것이다.

마귀의 이러한 전략을 정치 영역에서도 볼 수 있다. 어떤 사람이 선거 기간 동안 정치 무대에 부상하면 항상 표적이 된다. 정부의 고위직에 올라가려고 시도를 하면, 그들의 상대방은 그들과 그들의 이력을 탐색한다. 상대 적수들은 그들에게 손상을 입히고 그들이 차지하려고 하는 자리에서 자격을 박탈하게 하는 참소의 미끼를 찾으려고 하는 것이다. 이것은 우리가 변화를 가져올 수 있는 정부적 차원의 권위로 들어가려고 할 때 영적인 영역에서 일어나는 일과 아주 흡사하다.

우리가 하늘 법정에 들어가서 법적으로 일을 올바로 세우는 중요한 인물이 되면 될수록 마귀는 점점 더 우리를 막을 방법을 강구할 것이다. 마귀가 우리를 대적하는 유일한 무기는 법정에서 하는 참소라는 것을 기억하라. 다른 모든 공격은 바로 이 참소에서부터 이루어지는 것이다.

마귀는 우리의 혈통을 뒤져서 우리를 합법적으로 참소할 방법을 찾을 것이다. 우리는 마귀의 반발을 두려워하지 않고 하늘 법정에서 우리의 권위를 차지하기 위하여 반드시 우리 혈통을 지속적으로 깨끗하게 하는 법을 알아야 한다. 이러한 이유로 성경에서 회복이 일어나기 전에 개인의 죄를 회개할 뿐 아니라 '조상들의 죄'까지 회개하였던 것이다. 이 모든 일은 하늘 법정에서 일어나는 것이다.

『하늘 법정으로 가는 기도』 로버트 핸더슨

위의 글을 읽고 느낀 점을 서로 나누시기 바랍니다.

2) 법적 근거 되찾기

느헤미야는 중재자로서 하늘 법정에서 법적 근거를 찾기 위해서 어떻게 했습니까?

느헤미야 1:4-7 "내가 이 말을 듣고 앉아서 울고 수일 동안 슬퍼하며 하늘의 하나님 앞에 금식하며 기도하여 이르되 하늘의 하나님 여호와 크고 두려우신 하나님이여 주를 사랑하고 주의 계명을 지키는 자에게 언약을 지키시며 긍휼을 베푸시는 주 여 간구하나이다 이제 종이 주의 종들인 이스라엘 자손을 위하여 주야로 기도하 오며 우리 이스라엘 자손이 주께 범죄한 죄들을 자복하오니 주는 귀를 기울이시 며 눈을 여시사 종의 기도를 들으시옵소서 나와 내 아버지의 집이 범죄하여 주를 향하여 크게 악을 행하여 주께서 주의 종 모세에게 명령하신 계명과 율례와 규례 를 지키지 아니하였나이다"

느헤미야는 이스라엘 자손이 하나님께 범죄 한 것을 자복하고 있습니다. 아버지의 집이 범죄를 해서 하나님의 계명과 율례와 규례를 지키지 않았다고 고백하고 있습니다. 느헤미야는 이스라엘을 포로와 억압 상태에 처하게 할 수 있는 마귀의 법적 권한을 그에게서 빼앗아 오기 위하여 회개하였습니다. 마귀가 이스라엘을 법적으로 그렇게 만들 수 있었던 것은 '조상들의 죄' 때문이었습니다.

이러한 이유로 성경에서 회복이 일어나기 전에 개인의 죄를 회개할 뿐 아니라 '조상들의 죄'까지 회개하였던 것입니다.

'조상들의 죄'에 대해 하나님의 긍휼을 입으면 하늘의 영역에서 법적 문제가 달라집니다. 하나님께서 땅에 회복을 가져다줄 수 있는 법적 권한을 가지시기 위해서는 반드시 조상들의 죄를 처리해야만 합니다.

죄는 시간이 흐른다고 자연히 사라지지 않습니다. 누군가가 예수님의 보혈을 붙잡고 그 죄에 대적하여 보혈을 타당하게 적용하기만 하면 법적인 일이 질서를 찾게 되고 마침내 하늘이 움직이게 되고, 그 죄가 영원히 사라지게 됩니다. 예수님의 보혈의 능력은 모든 죄를 사하는 권세가 있기 때문입니다. 모든 불의는 과거에 조상들이 지은 죄까지도 포함하는 것입니다.

그래서 우리는 하늘 법정에서 일을 수행하고 원수의 참소에 대응하는 것을 배워야 합니다. 하나님께서 영원 전부터 책에 기록하신 일을 이루시도록 하나님께 법적 권한을 드리기 바랍니다.

5. 은혜가 있는 곳에 귀신의 역사가

하나님은 일하고 계십니다. 그런데 은혜가 있는 곳에 귀신의 역사가 강하게 나타나는 이유는 무엇입니까?

제단에 성령의 기름 부음이 임하면 멍에가 부러집니다. 어둠의 결박과 속박에서 벗어나게 됩니다. 사탄은 하늘이 열리는 것을 정말로 싫어합니다. 필사적으로 막고, 장애물을 두고, 망치고, 하늘의 유업을 빼앗고, 멸하고, 우리를 죽이려고 합니다. 그래서 국가적으로 하나님의 일을 했던 곳에 사탄이 어떻게 하든지 어둠이 덮이게 하려고 하는 것입니다.

우리는 독일의 모라비안 교도들과 경건주의자들이 활동했던 지역(구동독)이 200년이 지나면서 공산주의라는 거대한 물결에 휩쓸려 고립되었던 것을 알고 있습니다. 대부흥을 경험한 평양이 지금 북한 공산정권의 중심 도시로 변한 것을 압니다. 교회와 제단이 세워졌던 곳에 우상으로 대체되었다는 것을 알고 있습니다.

미국의 아주사 대부흥이 일어났던 도시가 지금 미국에서 가장 사악한 도시로 변하고 있다는 소식을 전해 듣습니다. 이 도시에서 전 세계 음란물의 대다수가 제작되고, 하나님을 거역하는 음악과 영상들을 전 세계로 수출하고 있습니다. 마약이 성행하고, 패역함으로 진동하는 도시로 변했습니다.

이와 같이 하나님의 역사를 경험하고 하늘의 문이 열렸던 가정, 교회 그리고 도시와 나라들이 지금 어둠으로 가득 차게 되는 일이 벌어지고 있습니다. 하나님의 은혜를 깊이 경험하면 어둠의 권세는 하나님께서 각 도시와 국가에 행하신 데스티니를 방해하기 위해 문제를 일으킵니다. 하나님의 왕국이 이 땅에 임하도록 하는 하나님의 뜻과 목적을 성취하기 위한 합법적 권한을 상실하게 만들어 버립니다. 은혜가 있는 곳에 귀신의 역사가 큰 이유가 바로 그것입니다.

부흥과 변혁을 경험하게 되면 사탄의 세력들이 더욱 공격적으로 강화되기 시작합니다. 그것이 영적 전쟁입니다.

캐나다, 미국, 남아공, 스코틀랜드, 잉글랜드, 독일, 네덜란드, 프랑스 등은 하나님의 제단을 통해서 놀라운 하나님의 임재를 경험했던 나라들이었습니다. 그러나 이 나라들이 동성애를 찬성했고 동성결혼을 합법화했습니다.[3] 법적인 근거(legal ground)를 어둠의 세력에게 마련해 준 것입니다.

왜 이런 움직임이 일어나고 있는 것입니까? 그것은 분명합니다. 사탄이 각 가정, 교회, 도시 그리고 국가의 데스티니를 이루지 못하도록 막아서기 때문입니다. 미국의 동성 결혼 합법화는 미국에게 허락하신 하나님의 데스티니를 성취하지 못하도록 하는 사탄의 공격이 분명합니다.

그렇지만 하나님께서는 이런 움직임과는 반대로 구별되도록 부름을 받은 사람들

---

3) 2024년 기준으로 39개국이 동성결혼을 법적으로 인정하고 있다.

을 전 세계에서 일으키고 계십니다. 전 세계에 숨겨진 사람들이 일어나기 시작하고 있습니다. 이 흐름은 증폭될 것입니다. 이 놀라운 흐름으로 인해서 나라들과 대륙이 흔들릴 것입니다. 하나님께서는 세계를 관통하시며 모든 지역에 하나님 스스로 그 움직임을 이끌어 나가실 것입니다.

재림의 법적 근거

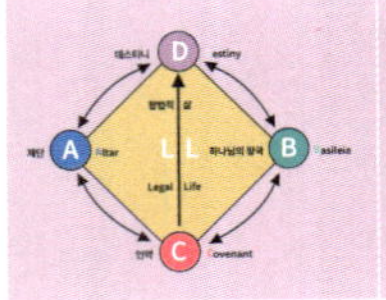

합법적 삶은 본질적인 예배를 회복하고 하나님 왕국이 이 땅에 임하도록 언약적 기초위에 하나님의 데스티니를 이루어나가는 삶이다.

1. 다시 오실 예수님

예수님께서 초림(初臨) 하셨을 때 예수님께서는 친히 인간의 몸을 입고 이 땅에 오셨습니다. 그 이유는 인류가 죄를 용서받기 위해서는 반드시 피가 필요했기 때문입니다. 인간의 죄를 사하려면 인간의 피를 흘려야 합법적인 근거를 마련할 수 있기에 예수님께서는 유월절 어린양으로 십자가에 달려 돌아가신 것입니다. 예수님이 흘리신 보혈의 은혜로 말미암아 인류의 모든 죄를 탕감받은 것입니다.

마찬가지로 예수님께서 이 땅에 다시 오시기 위해서는 합법적인 근거가 마련되어야 합니다. 그것은 여러 가지 합당한 조건들이 성립될 때 가능합니다. 성경에서는 예수님께서 이 땅에 다시 오시기 위한 합법적 근거들에 대해 구체적으로 묘사하고 있습니다.

예수님은 만왕의 왕이십니다. 만주의 주이십니다. 예수님께서 이 땅에 다시 오실 때에는 구원주(救援主)로 오시는 것이 아닙니다. 심판주(審判主)로 그리고 통치자로 이 땅에 다시 오십니다. 예수님께서 왕으로 다시 오시기 위해서는 왕을 위한 승리의 대관식이 준비되어 있어야 합니다.

시편 2:8-9 "내게 구하라 내가 이방 나라를 네 유업으로 주리니 네 소유가 땅끝까지 이르리로다 네가 철장으로 그들을 깨뜨림이여 질그릇같이 부수리라 하시도다"

시편 110:5-6 "주의 오른쪽에 계신 주께서 그의 노하시는 날에 왕들을 쳐서 깨뜨리실 것이라 뭇 나라를 심판하여 시체로 가득하게 하시고 여러 나라의 머리를 쳐서 깨뜨리시며"

이사야 63:1-6 "에돔에서 오는 이는 누구며 붉은 옷을 입고 보스라에서 오는 이 누구냐 그의 화려한 의복 큰 능력으로 걷는 이가 누구냐 그는 나이니 공의를 말하는 이요 구원하는 능력을 가진 이니라 어찌하여 네 의복이 붉으며 네 옷이 포도즙 틀을 밟는 자 같으냐 만민 가운데 나와 함께 한 자가 없이 내가 홀로 포도즙 틀을 밟았는데 내가 노함으로 말미암아 무리를 밟았고 분함으로 말미암아 짓밟았으므로 그들의 선혈이 내 옷에 튀어 내 의복을 다 더럽혔음이니 이는 내 원수 갚는 날이 내 마음에 있고 내가 구속할 해가 왔으나 내가 본즉 도와 주는 자도 없고 붙들어 주는 자도 없으므로 이상하게 여겨 내 팔이 나를 구원하며 내 분이 나를 붙들었음이라 내가 노함으로 말미암아 만민을 밟았으며 내가 분함으로 말미암아 그들을 취하게 하고 그들의 선혈이 땅에 쏟아지게 하였느니라"

요한계시록 19:11-16 "또 내가 하늘이 열린 것을 보니 보라 백마와 그것을 탄 자가 있으니 그 이름은 충신과 진실이라 그가 공의로 심판하며 싸우더라 그 눈은 불꽃 같고 그 머리에는 많은 관들이 있고 또 이름 쓴 것 하나가 있으니 자기밖에 아는 자가 없고 또 그가 피 뿌린 옷을 입었는데 그 이름은 하나님의 말씀이라 칭하더라 하늘에 있는 군대들이 희고 깨끗한 세마포 옷을 입고 백마를 타고 그를 따르더라 그의 입에서 예리한 검이 나오니 그것으로 만국을 치겠고 친히 그들을 철장으로 다스리며 또 친히 하나님 곧 전능하신 이의 맹렬한 진노의 포도주 틀을 밟겠고 그

옷과 그 다리에 이름을 쓴 것이 있으니 만왕의 왕이요 만주의 주라 하였더라”

예수님께서 이 땅에 초림하실 때는 구원주로 오셨습니다. 그러나 예수님께서 다시 오실 때는 왕으로 오실 것입니다. 온 땅을 심판하시는 분으로 나타나실 것입니다. 예수님은 죄에 맞서 맹렬하게 싸우시는 용사이자, 왕중의 왕, 전쟁의 왕, 통치자로 이 땅에 다시 오실 것입니다.

마지막 때는 예수님의 이름을 부르는 자들에게는 큰 축복의 날이 될 것입니다. 왜냐하면 그렇게 고대하던 예수님께서 우리 앞에 다시 나타나시기 때문입니다. 그러나 주님을 거절하고 대적하는 자들에게는 무서운 심판과 저주의 날이 될 것입니다.

예수님께서는 왕의 대관식을 통해 보좌에 앉으시고 이 땅의 백성들의 목자가 되실 것입니다. 하나님께서는 자녀들의 눈에서 모든 눈물을 씻어주실 것입니다.

요한계시록 7:9 “이 일 후에 내가 보니 각 나라와 족속과 백성과 방언에서 아무도 능히 셀 수 없는 큰 무리가 나와 흰옷을 입고 손에 종려 가지를 들고 보좌 앞과 어린양 앞에 서서”

요한계시록 7:14-17 “내가 말하기를 내 주여 당신이 아시나이다 하니 그가 나에게 이르되 이는 큰 환난에서 나오는 자들인데 어린양의 피에 그 옷을 씻어 희게 하였느니라 그러므로 그들이 하나님의 보좌 앞에 있고 또 그의 성전에서 밤낮 하나님을 섬기매 보좌에 앉으신 이가 그들 위에 장막을 치시리니 그들이 다시는 주리지도 아니하며 목마르지도 아니하고 해나 아무 뜨거운 기운에 상하지도 아니하리니 이는 보좌 가운데에 계신 어린 양이 그들의 목자가 되사 생명수 샘으로 인도하시고 하나님께서 그들의 눈에서 모든 눈물을 씻어 주실 것임이라”

우리의 신앙생활의 목표는 주님과 영원토록 충성스럽게 동행하여 더 좋은 부활을 얻는 것으로 나아가는 것입니다. 어떤 경우이든지 우리는 생명을 포기하기까지 충성해야 할 것입니다. 이것이 하나님이 인정하시는 성공적인 사역의 최고 정점이 되는 것입니다.

> 빌립보서 3:10-11 "내가 그리스도와 그 부활의 권능과 그 고난에 참여함을 알고자 하여 그의 죽으심을 본받아 어떻게 해서든지 죽은 자 가운데서 부활에 이르려 하노니"

> 히브리서 11:35 "여자들은 자기의 죽은 자들을 부활로 받아들이기도 하며 또 어떤 이들은 더 좋은 부활을 얻고자 하여 심한 고문을 받되 구차히 풀려나기를 원하지 아니하였으며"

고난을 통과한 믿음의 용사들은 예수님께서 왕으로 온 땅을 통치하실 때 분봉(分封) 왕들이 되어 예수님의 통치에 동참할 것입니다.

> 요한계시록 20:4-6 "또 내가 보좌들을 보니 거기에 앉은 자들이 있어 심판하는 권세를 받았더라 또 내가 보니 예수를 증언함과 하나님의 말씀 때문에 목 베임을 당한 자들의 영혼들과 또 짐승과 그의 우상에게 경배하지 아니하고 그들의 이마와 손에 그의 표를 받지 아니한 자들이 살아서 그리스도와 더불어 천 년 동안 왕 노릇 하니 (그 나머지 죽은 자들은 그 천 년이 차기까지 살지 못하더라)이는 첫째 부활이라 이 첫째 부활에 참여하는 자들은 복이 있고 거룩하도다 둘째 사망이 그들을 다스리는 권세가 없고 도리어 그들이 하나님과 그리스도의 제사장이 되어 천 년 동안 그리스도와 더불어 왕 노릇 하리라"

2. 재림의 합법적 근거

 "베드로가 이것을 보고 백성에게 말하되 이스라엘 사람들아 이 일을 왜 놀랍게 여기느냐 우리 개인의 권능과 경건으로 이 사람을 걷게 한 것처럼 왜 우리를 주목하느냐 아브라함과 이삭과 야곱의 하나님 곧 우리 조상의 하나님이 그의 종 예수를 영화롭게 하셨느니라 너희가 그를 넘겨주고 빌라도가 놓아 주기로 결의한 것을 너희가 그 앞에서 거부하였으니 너희가 거룩하고 의로운 이를 거부하고 도리어 살인한 사람을 놓아주기를 구하여 생명의 주를 죽였도다 그러나 하나님이 죽은 자 가운데서 그를 살리셨으니 우리가 이 일에 증인이라 그 이름을 믿으므로 그 이름이 너희가 보고 아는 이 사람을 성하게 하였나니 예수로 말미암아 난 믿음이 너희 모든 사람 앞에서 이같이 완전히 낫게 하였느니라 형제들아 너희가 알지 못하여서 그리하였으며 너희 관리들도 그리한 줄 아노라 그러나 하나님이 모든 선지자의 입을 통하여 자기의 그리스도께서 고난받으실 일을 미리 알게 하신 것을 이와 같이 이루셨느니라 그러므로 너희가 회개하고 돌이켜 너희 죄 없이 함을 받으라 이같이 하면 새롭게 되는 날이 주 앞으로부터 이를 것이요 또 주께서 너희를 위하여 예정하신 그리스도 곧 예수를 보내시리니 하나님이 영원 전부터 거룩한 선지자들의 입을 통하여 말씀하신 바 만물을 회복하실 때까지는 하늘이 마땅히 그를 받아 두리라"

사도행전 3장 20절에 "또 주께서 너희를 위하여 예정하신 그리스도 곧 예수를 보내시리니"라는 말씀은 분명히 예수님께서 다시 오시는 장면을 말하고 있습니다. 12절부터 자세히 읽어보면 그 의미가 더 명확해집니다.

그런데 우리는 21절에 예수님의 재림에 대단히 중요한 한 가지 합법적 근거를 찾아볼 수 있습니다. 이 말씀을 통해 예수님께서 언제 다시 오실지에 대한 한 가지 중요한 단서를 찾아낼 수 있습니다.

예수님께서 재림하시기 위한 합법적 근거를 성립시켜 주는 조건은 바로 '만물을 회복하실 때까지(To Restore Everything)'라는 표현입니다.

먼저 '회복(Restoration)'이라는 단어부터 살펴보아야 합니다. 이 구절에서 회복의 원어는 헬라어로 '아포카타스타세오스(ἀποκαταστάσεως)'입니다.

'아포카타스타세오스'라는 단어의 뜻은 '이전 상태로의 복귀', '원래의 상태를 되찾는 것'입니다. 이 단어는 또한 '빌린 것을 돌려줌', '새롭게 함', '회복', '치유'의 뜻을 포함하기도 합니다. 다시 새롭게 하면서 시작하는 것을 말합니다. 하나님께서 인간을 창조하실 때의 모습으로 복귀하는 것을 말하는 것입니다. 그래서 회복이라는 단어를 이해하면서 21절을 해석해 보면 이렇게 됩니다.

"모든 것이 새롭게 되고 모든 것이 원래의 모습으로 돌아갈 때까지

하늘이 예수님을 받아 둔다(하늘에 머물러 계신다)"

영어 성경을 통해 살펴보면 그 뜻이 더 분명해집니다.

"He must remain in heaven until the time comes for God to restore everything(NIV)"

이 말씀을 통해서 제자들에게 부탁하신 대위임명령이 성취될 때, 예수님께서 다시 돌아오신다는 것을 깨달을 수 있습니다. 모든 나라가 예수님의 제자가 되어야 합니다. 모든 열방에 주님을 경외하는 자들이 존재해야 하는 것입니다.

마태복음 28:18-20 "예수께서 나아와 말씀하여 이르시되 하늘과 땅의 모든 권세를 내게 주셨으니 그러므로 너희는 가서 모든 민족을 제자로 삼아 아버지와 아들과 성령의 이름으로 세례를 베풀고 내가 너희에게 분부한 모든 것을 가르쳐 지키게 하라 볼지어다 내가 세상 끝 날까지 너희와 항상 함께 있으리라 하시니라"

주님께서 다시 오시기 위해서 우리는 주님께서 맡기신 그 일을 성취해야 합니다. 예수님께서 언제 오시는지 그날과 시간은 오직 하나님만 아십니다. 아무도 그것을 알 수 없습니다. 그것은 먼저 일어나는 일들에 달린 것이기 때문입니다. 다시 말해 예수님께서 이 땅에 다시 오시기 위한 합법적 근거가 마련되어야 하기 때문입니다.

만물의 회복이란 타락한 아담의 죄로 인해 잃었던 모든 것의 완전한 회복을 포함합니다. 그렇다면 우리는 지금 무엇이 회복되었고 앞으로 무엇이 회복될 것인지 주의 깊게 말씀을 살펴보아야 합니다. 모든 것의 회복이 지금까지 어떻게 진전되었는지 우리가 역사를 통해서 자세하게 살펴본다면 주님께서 합법적으로 이 지구를 통치하시기 위해 언제 다시 오시는지 깨달을 수 있을 것입니다.

3. 열방의 회복(세계 선교)[1]

모든 나라가 회복되는 것은 예수님이 선포하신 천국 복음이 땅끝까지 증거되어야 가능해지는 것입니다. 세계 선교는 예수님께서 이 땅에 다시 오시는 합법적 근거입니다.

> 마태복음 24:14 "이 천국 복음이 모든 민족에게 증언되기 위하여 온 세상에 전파되리니 그제야 끝이 오리라"

예수님께서 다시 오시기 위해서는 먼저 세계 선교가 반드시 이루어져야 합니다.

1989년 7월 11일부터 10일간 제2차 로잔대회가 170여 개국 복음주의 지도자 3,000여 명이 모인 가운데 필리핀 마닐라에서 있었습니다. 윌리엄 캐리(William Carry) 이후 선교의 역사는 약 200년 만인 제2차 로잔대회 이후 새로운 국면을 맞이하게 됩

---

1) 피기영의 『기도의 깃발』 책에서 언급된 내용을 더 수정해서 보완했다.

니다. 선교 역사에 가장 강력하고 혁명적인 사건이 벌어집니다. 그것은 미전도 종족에 대한 전 세계 교회의 관심이 폭발했다는 것입니다. 선교 역사에 가장 위대한 선교 전략이 세워진 것입니다.

미전도 종족이란 아직까지 예수님의 복음이 들어가지 않은 종족을 말합니다. 종족이라는 단어의 개념은 '나라', '이방', '족속' 등으로 번역이 됩니다. 마태복음 28장 19절에 모든 민족이라는 단어의 헬라어 표현은 '에뜨네(ἔθνη)'입니다.

> **마태복음 28:19** "그러므로 너희는 가서 모든 민족을 제자로 삼아 아버지와 아들과
> 성령의 이름으로 세례를 베풀고"

이 단어 '에뜨네'는 언어와 문화 그리고 세계관과 종교를 공유하는 종족 집단(peoples group)을 의미합니다[2]. 그러므로 미전도 종족이란 아직 예수님을 믿지 않는 모든 종족을 뜻하는 것입니다. 1982년 3월에 시카고에서 열린 미전도 종족 선교에 관한 회의에서 미전도 종족에 대해 이렇게 정의했습니다.

'미전도 종족이란 자신의 종족에게 복음을 전할 수 있는

기독교인의 자생적 공동체가 없는 종족 집단이다.'

'특정 지역이나 문화권에서 복음을 듣지 못한 사람들의 집단.'

또한 이 회의에서 종족에 대해서도 이렇게 정의 내렸습니다.

'종족이란 언어, 종교, 인종, 주거, 직업, 계급이나 계층, 처지 등이나

혹은 이것들이 결합된 것을 공유하고 있으므로,

그들 스스로가 상호 간에 공동의 유대가 있다는 것을 알고 있는 개인들의 큰 집단.'

---

2) 미국 은혜한인교회에서 사역하고 있는 양태철 목사가 2012년 발표한 소논문을 참고했다.

　1989년 당시 전 세계 24,000개의 종족 가운데 복음이 들어간 족속은 13,000개였으며[3] 무려 11,000개의 미전도 종족이 남아있었습니다. 이 발표는 복음주의 지도자들에게 큰 충격으로 다가왔습니다. 무려 2,000여 년 동안 복음을 전파해 왔지만, 아직도 1만 개가 넘는 미전도 종족이 남아있다는 것은 교회 지도자들에게는 너무나 무거운 부담으로 다가왔던 것입니다.

　제2차 로잔대회[4] 이전에 선교는 성직자 중심으로 전개가 되었으나 이후부터 이런 흐름에서 많이 탈피해서 평신도 전문인 선교가 선교 전선에 가장 중요한 역할을 감당할 수 있는 시대로 전환을 이루게 됩니다. 이로 인해서 전 세계는 선교사역에 더 집중할 수 있게 되었습니다. 세계 교회는 미전도 종족에 최선을 다해 복음을 증거하는 것으로 주님의 다시 오심에 대한 열망을 불러일으키게 되었습니다.

　1994년 즈음에는 미전도 종족 선교와 더불어서 10/40(십/사십)창 선교[5]가 세계적인 선교 신학자 루이스 부시(Luis Bush)에 의해서 세계 교계의 주요 이슈로 등장했습니다. 선교의 힘을 결집할 이슈가 등장한 것입니다. 2만 4천 개의 종족 가운데 1만 1천여 개 종족에 아직 복음이 증거되지 못했던 1989년 당시와 비교해서 이 운동의 전략적인 접근과 노력으로 10년 뒤 1999년에는 8,000개의 미전도 종족만이 남아있게 되고 이후 2004년 6,000개의 종족만이 남게 되었습니다. 2004년을 기점으로 전 세계 미전도 종족은 5,000개 종족이 남게 됩니다. 놀랍게도 17년 만에 무려 6,000개의 종족이 복음을 받아들이게 된 것입니다.[6] 2006년에는 3,600개, 2008년 3,300개가 남아있는 것으로 보았고, 2011년 1,500개가 남은 것으로 조사 되었습니다.[7]

　한국세계선교협의회(KWMA)에서 발표한 통계를 보면 2006년 한국에서는 14,896

---

3)　이 주장은 민족적, 언어적 조건에 따라 달라질 수 있다. 하지만 통상적으로 이 숫자는 전 세계 선교단체들이 공통으로 인정하고 있다.
4)　안타깝게도 로잔대회는 3차, 4차가 진행이 되면서 조금씩 그 목적과 설립 취지에 있어서 논쟁이 양산되고 있는 실정이다.
5)　미전도종족의 90% 이상이 중동과 아시아 대륙에 특히 북위 10도와 40도 사이에 집중이 되어있다는 것이다.
6)　우리는 종족 집단을 분류하는 기준이 목적에 따라 다양하기 때문에 언어권별 구분인지 민족별 구분인지에 따라 그 숫자가 달라집니다.
7)　미전도종족에 대한 개념이 선교단체마다 상이하다. 그래서 어느 단체에서는 2025년 현재, 약 7,000개의 미전도 종족이 존재한다고 발표하기도 했다.

명의 선교사가 파송되었는데 그중 약 7,000명이 목회자이고 나머지 약 8,000명이 평신도 선교사인 것으로 나타났습니다. 2007년 17,697명이 선교사로 파송되었습니다. 그리고 10년이 지난 2017년 27,205명의 선교사가 열방에 파송되어 천국 복음이 땅끝까지 증거되도록 생명을 다해 선교사역을 감당하고 있습니다.

주님이 다시 오시기 위해서는 마태복음 24장 14절의 말씀처럼 반드시 천국 복음(kingdom gospel)이 땅끝까지 증거되어야 합니다. 다시 말해서 온 열방이 주님이 왕으로 이 땅에 다시 오시기 위한 합법적 근거를 마련해야 한다는 것입니다. 모든 나라가 예수님을 그리스도로 선포해야 합니다. 땅의 백성이 주님을 합법적으로 초청하지 않으면 왕이신 주님이 그 나라를 다스릴 수 없는 것입니다.

그러나 세상의 시각은 아직도 어둠의 권세에 잡혀 있어 선교에 대해서 그리 관대하지 않습니다. 땅끝까지 복음이 증거되면 어둠의 권세가 불못으로 영원히 던져지게 되기 때문입니다(계 20:14-15). 우리는 2007년 아프가니스탄에서 순교를 당한 한국인 선교사들을 기억해야 합니다. 선교에 있어서 절차와 방법에 문제가 없었던 것은 아니지만, 아프가니스탄에 선교하러 갔던 사람들은 주님의 다시 오심을 앞당기게 하기 위해서 자신의 목숨을 순교의 자리까지 내어준 것입니다. 선교는 피 뿌림이 없이는 이루어지지 않습니다.

우리나라에 들어온 선교사 가운데 최초의 순교자로 인정을 받은 사람은 영국 웨일스 출신의 젊은 선교사 로버트 토마스(Robert Jermain Thomas, 1839-1866)였습니다. 그의 순교 즉 피 흘림을 통해 한국 땅에 복음의 씨앗이 뿌려진 것입니다. 서울에 있는 양화진에는 수백 명 선교사들의 무덤이 있습니다. 이들은 한국 땅에서 목숨을 초개와 같이 버리고 복음의 씨앗을 뿌린 사람들입니다. 한국에서 순교를 당하거나 목숨을 바친 선교사의 수가 3,000명이라는 통계도 있습니다. 하나님의 왕국이 확장되려면 대가가 필요합니다. 그래서 주님의 다시 오심을 위해서는 엄청난 대가가 필요한 것입니다.

이 첫 번째 근거는 이방 교회에게 부여된 사명입니다. 천국 복음이 땅끝까지 증거되어야 열방이 합법적으로 예수님을 메시야로 즉 왕으로 모실 수 있는 것입니다. 전 세계 교회는 이 말씀을 가지고 주님을 초대할 수 있는 것입니다. 복음이 24,000 종족 모두에게 전파되면 우리는 주님을 초대할 수 있게 됩니다. 예수님께서 합법적으로 이 땅에 오시는 것입니다. 그래서 선교는 사명이며, 주님의 대(大) 위임명령인 것입니다. 그것을 교회에 맡기셨습니다. 만물의 회복에는 열방의 회복이 하나의 조건인 것입니다. 하나님은 모든 열방을 예수 그리스도의 복음의 능력으로 회복시키고 계십니다. 만물이 회복될 때 예수님께서 다시 오실 것입니다.

4. 이스라엘의 회복

마태복음 23:39 "내가 너희에게 이르노니 이제부터 너희는 찬송하리로다 주의 이름으로 오시는 이여 할 때까지 나를 보지 못하리라 하시니라"

예수님께서는 이스라엘이 예수님을 왕으로 초대하면 이 땅에 다시 오실 것을 말씀 하셨습니다. 즉 이스라엘이 예수님께 '찬송하리로다 주의 이름으로 오시는 이여'라고 할 때 주님이 오신다고 말씀하고 있는 것입니다. 백성이 왕으로 오실 주님을 맞을 준 비가 되면, 다시 말해서 합법적으로 왕을 초청하면 오신다는 것입니다.

예수님이 십자가에 달려 돌아가실 때 유대인 정치 지도자들의 모략[8]이 있었습니다. 그래서 예수님이 다시 오실 때에는 이제 유대인들, 즉 이스라엘의 합법적인 초대 가 있어야 하는 것을 성경은 분명하게 언급해 주고 있습니다. 이스라엘은 전심으로 주님의 오심을 찬양하고 선포해야 합니다. 주님의 길을 예비하고 합법적인 환경을

---

8) 이 모략은 히브리적인 사고에서만 이해될 수 있다. 당시의 정치, 종교 지도자들은 예수님을 정치적으로 이해해서 자신들의 기득권을 빼앗아 갈 수 있는 인물로 보았다. 좀 더 정확히 말하면 자신들이 누리고 있었던 주도권(헤게모니)을 예수님께 빼앗기고 싶지 않았던 것이다. 메시아를 대망하지만, 사실 자신들은 그것을 원하지 않았던 것이다. 메시아가 왕으로 다스리게 되면 자신들의 입지를 잃어버릴 것을 알았다.

조성해야 합니다. 그래야 주님께서 다시 오시는 것입니다.

'너희는 찬송하리로다 주의 이름으로 오시는 이여 할 때까지(until)…'에서 분명히 유대인들이 주님을 초대해야 하는 것을 말씀은 이야기하고 있습니다. 이것이 주님의 재림에 있어서 합법적인 근거가 되는 것입니다.

유대인이 예수님을 초청해야 한다는 사실을 잘 알고 있던 사탄은 이스라엘을 지구상에서 완전히 없애려는 계획을 더 악랄하게 시행했습니다. 이스라엘이 완전히 사라진다면 주님의 말씀이 성취되지 못하고, 합법적으로 주님은 다시 오실 수 없기 때문입니다. 그것이 바로 약 1,900년간 나라 없이 살던 유대인들을 핍박하고 압제하였던 이유입니다. 그 역사의 현장을 하나하나 짚어갈 때마다 놀라움을 금치 못합니다. 우리가 알고 있는 상황과는 확연하게 다른 역사가 전개되었습니다. 유대인들이 겪었던 고초와 압제는 모세 시대의 애굽 포로 사건, 바벨론 포로 사건보다 더 힘들었고, 이들은 삶의 어려운 시간을 견뎌온 것입니다.

AD 70년 로마의 '티투스(A.D.39-81)' 장군에 의해서 110만 명이 죽임을 당하고 유대인들은 전 세계로 흩어집니다. 그 후 이스라엘이 당했던 학살과 고난의 배후에는 사탄의 철저한 계획이 있었습니다. 그래서 유대인들은 전 세계를 유리 방황합니다. 역사의 순간순간마다 유대인들은 학살의 위험에 노출되어 있었습니다. 그 역사의 긴 시간 동안 우대인들은 죽임을 당하고 전 세계에 흩어졌습니다. 그러나 이스라엘이 망한 후 약 1,900년이 지난 1948년 5월 14일, 이스라엘은 역사적인 순간을 맞이합니다. 바로 이스라엘이 회복된 것입니다.

이사야 49:8-13 "여호와께서 이같이 이르시되 은혜의 때에 내가 네게 응답하였고 구원의 날에 내가 너를 도왔도다 내가 장차 너를 보호하여 너를 백성의 언약으로 삼으며 나라를 일으켜 그들에게 그 황무하였던 땅을 기업으로 상속하게 하리라 내가 잡혀 있는 자에게 이르기를 나오라 하며 흑암에 있는 자에게 나타나라 하리라 그들이 길에서 먹겠고 모든 헐벗은 산에도 그들의 풀밭이 있을 것인즉 그들이 주리거나 목마르지 아니할 것이며 더위와 볕이 그들을 상하지 아니하리니 이는 그들을 긍휼히 여기는 이가 그들을 이끌되 샘물 근원으로 인도할 것임이라 내가 나의 모든 산을 길로 삼고 나의 대로를 돋우리니 어떤 사람은 먼 곳에서, 어떤 사람은 북쪽과 서쪽에서 어떤 사람은 시님 땅에서 오리라 하늘이여 노래하라 땅이여 기뻐하라 산들이여 즐거이 노래하라 여호와께서 그의 백성을 위로하셨은즉 그의 고난 당한 자를 긍휼히 여기실 것임이라"

이사야 60:8-9 "저 구름 같이, 비둘기들이 그 보금자리로 날아가는 것 같이 날아오는 자들이 누구냐 곧 섬들이 나를 앙망하고 다시스의 배들이 먼저 이르되 먼 곳에서 네 자손과 그들의 은금을 아울러 싣고 와서 네 하나님 여호와의 이름에 드리려 하며 이스라엘의 거룩한 이에게 드리려 하는 자들이라 이는 내가 너를 영화롭게 하였음이라"

예레미야 31:7-10 "여호와께서 이와 같이 말씀하시니라 너희는 여러 민족의 앞에 서서 야곱을 위하여 기뻐 외치라 너희는 전파하며 찬양하며 말하라 여호와여 주의 백성 이스라엘의 남은 자를 구원하소서 하라 보라 나는 그들을 북쪽 땅에서 인도하며 땅 끝에서부터 모으리라 그들 중에는 맹인과 다리 저는 사람과 잉태한 여인과 해산하는 여인이 함께 있으며 큰 무리를 이루어 이 곳으로 돌아오리라 그들이 울며 돌아오리니 나의 인도함을 받고 간구할 때에 내가 그들을 넘어지지 아니하고 물 있는 계곡의 곧은 길로 가게 하리라 나는 이스라엘의 아버지요 에브라임은 나의 장자니라 이방들이여 너희는 여호와의 말씀을 듣고 먼 섬에 전파하여 이르기를 이스라엘을 흩으신 자가 그를 모으시고 목자가 그 양 떼에게 행함 같이 그를 지키시리로다"

이스라엘의 회복은 예수님께서 부활 승천하신 이후에 현재까지 일어난 역사적 사건 가운데 가장 중요하고, 강력한 사건이었습니다. 이 사건은 콜럼버스의 신대륙 발견, 산업혁명, 임진왜란, 세계대전 등과 비교해 볼 때도 가장 중요한 것이었습니다. 이스라엘의 회복은 하나님의 살아계심을 증거하는 결정적 단서중에 하나입니다.

성경은 이 세상에서 1,900년간 온전한 말씀으로 인정되어 오지 못했습니다. 성경에 나오는 이스라엘은 고대에 존재했던 한 나라로만 취급되었습니다. 하나님의 언약과 계시를 통해서 세워진 이스라엘은 상상 속에 존재하는 한 나라에 불과했습니다. 그러나 1948년 5월 14일 이스라엘이 다시 회복되면서 하나님의 말씀이 실제화된 것입니다. 말씀이 성취가 된다는 것을 통해 하나님의 신실하심이 증명된 것입니다.

하나님께서 아직도 이스라엘을 지키시고, 일으키신다는 것을 세상이 알게 되었습니다.

스가랴 2:8 "만군의 여호와께서 이같이 말씀하시되 영광을 위하여 나를 너희를 노략한 여러 나라로 보내셨나니 너희를 범하는 자는 그의 눈동자를 범하는 것이라"

이스라엘의 독립은 하나님의 살아 계심을 나타내며 결정적으로 예수님의 다시 오심이 얼마 남지 않았다는 것을 우리에게 말해주고 있습니다.

이스라엘에서 1967년 6일 전쟁이 일어났을 때 예수 그리스도를 주권자로 인정하고 믿는 유대인(Messianic Jew)의 수가 150명 남짓 되었습니다. 그러나 2007년, 40년이 지난 시점에서 믿는 유대인의 수가 약 15,000명으로 증가했습니다. 2017년 25,000명이 되었고, 2025년에는 30,000명이 넘는 숫자가 예수님을 영접했습니다. 물론 그렇게 많은 수는 아니지만, 이스라엘의 정치, 사회, 경제적 상황 속에서 믿는 유대인 교회가 놀랍게 부흥해 온 것은 분명한 사실입니다.

우리는 이 사실에 주목해야 합니다. 지금 이스라엘에서는 믿는 유대인들이 예배 때마다 마태복음 23장 39절의 말씀을 선포하고 있습니다. '찬송하리로다 주의 이름으로 오시는 이여' 하면서 전심을 다해 선포하는 것입니다. 예수님의 다시 오심을 갈

망하고 있는 무리의 수가 오늘도 늘어나고 있습니다. 믿는 유대인들 가운데 이렇게
이야기하는 무리도 있습니다.

'이제 계시록의 말씀처럼 144,000명의 믿는 유대인들이

남는 자로 이스라엘에 생겨나게 되면 마지막 때(End Time)가 시작될지도 모릅니다.

그러니 전 세계 교회는 깨어있어야 합니다.

우리 믿는 유대인의 믿음을 주목해서 보아야 합니다.

주님께서 말씀하신 마지막 때의 시계가 우리이기 때문입니다.'

요한계시록 7:4 "내가 인침을 받은 자의 수를 들으니 이스라엘 자손의 각 지파 중에
서 인침을 받은 자들이 십사만 사천이니"

사탄은 자신이 완전히 멸망 당하게 된다는 것을 정확히 알고 있습니다. 그것은 예
수님께서 이 땅에 다시 오실 때 이루어질 것입니다. 이 사실을 너무나 자명하게 인식
하고 있는 사탄의 할 일은 이스라엘 사람들을 이 땅에서 사라지게 하는 것이며, 결단
코 저들을 이스라엘로 돌아가지 못하게 하는 것이고, 또한 세계 선교를 방해하는 것
입니다. 예수님께서 합법적으로 이 땅에 다시 오실 근거를 없애버리려고 몸부림치고
있습니다.

그러나 아브라함, 이삭, 야곱과 언약을 세우신 하나님께서는 그 말씀을 변개(變改)
치 않으셨습니다. 제자들에게 말씀하셨던 예수님의 약속은 변하지 않았던 것입니다.
신실하신 하나님께서는 언약을 지키셨고 계속해서 지켜나가실 것입니다.

이것이 바로 우리에게 허락된 구속의 역사입니다. 이 구속의 역사는 하나님과 그
백성 이스라엘 그리고 악랄한 사탄의 관계 속에서 해석이 될 수 있습니다. 이 모든
구속의 역사를 담당하는 주인공은 당연히 우리의 주님이신 예수 그리스도이십니다.

무화과나무의 비유를 통해서 가지가 연하여지고 잎사귀를 내면 여름[9], 곧 주님께서 다시 오실 것에 대해 배울 수 있습니다. 우리는 시대를 잘 분별해야 합니다. 우리가 살펴본 구속사의 끝은 이제 얼마 남지 않았습니다. 정확하게 주님이 다시 오시는 때는 오직 하나님만이 아신다고 성경은 언급하고 있습니다. 그러나 예수님께서는 무화과나무의 비유에서처럼 시대를 분별할 것을 말씀해 주고 계십니다.

예수님의 다시 오심은 반드시 앞에서 언급한 전제조건들이 성립할 때 가능하다고 성경에서 이야기하고 있습니다. 이스라엘이 회복되고 영적 부흥이 있어도, 전 세계에 복음이 증거되지 못하면 이 약속은 이루어지지 못합니다.

또한 아무리 24,000 종족[10]에 복음의 씨앗이 뿌려져도, 이스라엘에 회복이 없으면 마찬가지로 주님의 다시 오심은 불가능하게 됩니다. 이 두 가지 조건은 밀접한 관계가 있는 것입니다. 지금 역사는 만물이 회복되는 방향으로 흐르고 있습니다.

5. 순교자의 피

열방이 회복되고 이스라엘이 회복될 때 수많은 하나님의 백성들이 순교의 자리로 나아갈 것입니다. 순교자의 수가 차는 것은 하나님의 왕국이 이 땅에 임하는 데 있어서 대단히 중요한 합법적 근거 중 하나입니다.

요한계시록 6:9-11 "다섯째 인을 떼실 때에 내가 보니 하나님의 말씀과 그들이 가진 증거로 말미암아 죽임을 당한 영혼들이 제단 아래에 있어 큰 소리로 불러 이르되 거룩하고 참되신 대주재여 땅에 거하는 자들을 심판하여 우리 피를 갚아 주지 아

---

9) 마태복음 24장 32-33절에서 이스라엘에서 여름은 1년의 마지막 계절이다. 무화과나무가 잎사귀를 내는 때가 곧 마지막 때가 될 것이라는 예수님의 비유적인 말씀이다. 이스라엘은 보통 9월, 10월에 신년(로쉬 하샤나)이 시작된다. 본인의 저서 『기도의 깃발』 뒷부분에 절기에 대한 이해를 돕는 내용이 있다.
10) 선교단체에 따라 미전도 종족 숫자가 다르다.

니하시기를 어느 때까지 하시려 하나이까 하니 각각 그들에게 흰 두루마기를 주
시며 이르시되 아직 잠시 동안 쉬되 그들의 동무 종들과 형제들도 자기처럼 죽임
을 당하여 그 수가 차기까지 하라 하시더라"

하나님의 말씀과 그들이 가진 증거로 순교를 당한 영혼들이 외칩니다. 땅에 거하는
자들을 심판해서 우리의 피를 갚아 달라는 질문에 하나님께서 이렇게 말씀하십니다.

"그들의 동무 종들과 형제들도

자기처럼 죽임을 당하여 그 수가 차기까지 하라"

이 말씀은 순교자의 피가 찰 때 하나님을 대적하고, 믿음의 사람들을 죽였던 세력
이 몰살을 당하게 될 것을 의미하는 것입니다. 순교자는 신앙을 지키기 위하여 자신
의 생명을 포기한 사람들입니다.

순교자의 피가 차면 심판이 임한다.

세계 교회는 순교자들의 피 위에 세워졌습니다. 한국교회도 영국 웨일스 출신의
토마스 목사가 평양 대동강에서 첫 순교의 피를 뿌렸기 때문에 세워질 수 있었습니
다. 순교자로서 피를 흘린 믿음의 선진들로 인해 한국교회가 성장할 수 있었던 것입
니다. 이 순교자들이 하늘에 있습니다. 이들의 부르짖음을 하나님께서는 외면하지
않으십니다.

순교자의 피는 교회의 씨앗입니다. 선교의 열매입니다. 하나님께서는 순교자의 피
를 헛되이 하지 않으십니다. 그래서 그 수가 차기까지 기다리고 계시는 것입니다. 그
러나 마냥 기다리는 것이 아닙니다. 때가 되면 마지막 때가 찾아올 것입니다. 유다가
원수의 목을 잡은 것처럼(창49:8), 사탄과 그의 추종자들이 완전히 말살당하는 때가

찾아옵니다. 그러나 그때는 하나님만 아십니다.[11]

6. 십자가를 지는 삶

예수님께서는 제자들이 자기 십자가를 지지 않으면 예수님의 제자가 아니라고 말씀하셨습니다. 십자가를 지는 사람은 날마다 순교하는 사람들입니다.

누가복음 14:27 "누구든지 자기 십자가를 지고 나를 따르지 않는 자도 능히 내 제자가 되지 못하리라"

이것이 바로 예수님을 따라가는 사람들의 법적 근거이자 합법적인 삶입니다. 예수님을 따라갈 수 있는 길이 바로 십자가를 지는 삶이기 때문입니다.

마가복음 8:34 "무리와 제자들을 불러 이르시되 누구든지 나를 따라오려거든 자기를 부인하고 자기 십자가를 지고 나를 따를 것이니라"

십자가를 지는 삶은 자신을 낮추고 죽어야만 가능한 삶입니다. 자아 중심적인 삶을 살아가는 것이 아닌 하나님 중심적인 삶을 살아가는 것을 말합니다.

빌립보서 2:8 "사람의 모양으로 나타나사 자기를 낮추시고 죽기까지 복종하셨으니 곧 십자가에 죽으심이라"

예수님께서 십자가의 피로 화평을 이루셨습니다. 십자가의 피는 하늘과 땅을 화목

---

11) 피기영, 『체계적 성경 공부 1』, 라이프링크, 2024, p.p.29-30.

하게 만듭니다. 예수님을 따라가는 자들은 제자입니다. 진정한 제자는 자기 십자가를 지고 예수님을 따라갑니다. 예수님께서 하신 것처럼 자기 십자가를 지고 따라가는 자들은 철저히 자신을 못 박고 하나님 중심적인 삶을 살아갑니다. 그럴 때 많은 것들이 회복됩니다.

골로새서 1:20 "그의 십자가의 피로 화평을 이루사 만물 곧 땅에 있는 것들이나 하늘에 있는 것들이 그로 말미암아 자기와 화목하게 되기를 기뻐하심이라"

연습 (Exercise)

다음 글을 읽으십시오.

영향력이 있는 침례교 목사 월트 J. 챈트리(Walt Chantry, 1938-2022)는 『자기 부인』에서 "'자기중심적인 그리스도인'이라는 말은 '존재할 수 없는 모순'을 담고 있는 말이다"라고 표현했다. 이는 우리가 너무나 쉽게 자기중심적 삶을 살아간다는 것을 표현한 것이다.

다음은 미국의 기독교 작가 필립 얀시(Philip Yancey, 1949-)가 그의 저서 『내가 알지 못했던 예수』에서 제자들에 관한 표현을 인용한 것이다.

"내가 관찰한 바를 말하자면,

제자들의 가장 명백한 특징은 그들의 우둔함이 아닌가 싶다."

"너희도 이렇게 깨달음이 없느냐"(막 7:18).

"내가 얼마나 너희와 함께 있으며 얼마나 너희에게 참으리요"(막 9:19).

"그는 제자들에게 섬김의 정신을 가르치려 하지만,

그들은 누가 큰 자리를 차지할 것인지 말다툼하고 있다."

"왜 예수는 이처럼 명백한 실패자들에게 그토록 많은 투자를 하는가?"

"현재의 시점에서 예수의 시대를 되돌아보면, 제자들은 지극히 평범한 사람들이었다."

"이렇게 평범한 제자들이 엄청난 변화를 하게 된다."

영성가 헨리 나우웬(Henri Nouwen, 1932–1996)이 그의 저서 『춤추시는 하나님』에서 이렇게 표현하고 있다.

"예수님의 제자들은 경제적 안정의 근거인 그물과 정서적 안정의 근거인 가족을 버리고
 심령의 가장 깊은 갈망을 채워 주겠다고 약속하신 그분을 따랐다."

어떻게 그물과 가족을 버릴 수 있단 말인가? 누군가가 당신에게 이와 같이 가족과 생계를 접어두고 그리스도를 위한 사역에 헌신하라면 어떻게 반응할 것인가? 위에서 열거한 것뿐만이 아니라, 유명한 저자 오스 기니스(Os Guiness, 1941–)의 『소명』에 나오는 내용을 살펴보자.

"예수님은 악이 자신에게 최악의 해를 입히도록 허용함으로써
 악과 싸우고 악을 무찌르셨다.
 그러고 나서 너무나 놀랍게도 그분은 우리도 똑같이 하라고 부르신다."

성경에도 이 사실은 명백하다.

"이에 예수께서 제자들에게 이르시되 누구든지 나를 따라오려거든
 자기를 부인하고 자기 십자가를 지고 나를 따를 것이니라"(마 16:24).

이 부르심에 어떻게 답해야 하는가?
이에 대해 필립 얀시의 다음 표현은 우리의 당혹스러움을 멈출 수 있게 해 준다.

"이상스러울지 모르지만,

제자들이 평범하고 우둔하기까지 한 바로 그 사실이 오히려 내게 희망을 준다.

예수는 오합지졸의 무리로 하여금 교회 성장의 일꾼으로 세웠다."

오스 기니스는 일의 결과나 과정보다는 누구를 위하는 것인지가 중요함을 강조한다.

"그 일이 자신의 소명에서 중요한 부분이라면

그 위상과 예상되는 결과와는 상관없다.

중요한 것은 그가 무엇을 하느냐가 아니라 누구를 위해 하느냐이다."

자기 중심적이고 평범하고 아둔한 무리들이 "하나님의 일을 생각하고, 자기를 부인하고 자기 십자가를 지고 예수님을 따르는"(마 16:23-24) 제자의 길을 택하였다. 이것이 예수님께서 이 땅에 오신 목적이다. 여기까지는 생각할 수 있는 내용이다. 그러나 어떻게 그 험한 제자의 길을 갈 수 있다는 것인가?

"도망갈 것인가, 남을 것인가?"

디트리히 본 회퍼와 몰트케가 히틀러 통치 시대 독일에서 했던 그 고민은 오늘날 우리에게도 똑같이 적용된다. 예수님을 따르는 자에게 합리성, 온전함 등 그 모든 것에 대한 기준을 결정하는 이는 교수나 여론, 정치가가 아니라 바로 예수님이다. 그러므로 오스 기니스의 다음 표현은 제자의 길을 갈 수 있는 방안을 제시한다.

"자아를 버리고, 자기 자신을 고난받고 배척당한 예수님과 동일시하라.

그리고 나사렛 예수의 음성에 귀 기울이고, 그분의 부르심에 응답하라."

주향교회 김수일 목사

위의 글을 읽고 느낀 점을 서로 나누시기 바랍니다.

7. 십자가의 삶을 회복하라[12]

자아를 못 박는 것은 오직 십자가로만 가능합니다. 이 십자가를 날마다 짊어지고 살 때 우리는 철저하게 주님 안에서 살 수 있습니다. 주님을 닮아갑니다. 십자가의 삶을 산다는 것은 무엇을 의미하는 것입니까?

1) 기도와 말씀

십자가를 짊어지고 산다는 것은 기도와 말씀 생활을 말합니다.

자아가 죽으면 하나님의 형상으로 회복될 수 있습니다. 놀라운 일입니다. 우리는 새로운 자아로 온전하게 회복되어야 합니다. 이것은 우리가 하루하루 십자가의 삶을 살아갈 때 가능한 일입니다. 십자가는 능력입니다. 십자가는 치유입니다. 십자가는 회복입니다.

내가(Self) 죽을 수 있는 방법은 십자가라고 말씀드렸습니다. 이 십자가가 성령의 불로 태워지면 내가 죽는 것입니다. 십자가를 지속적으로 공급하면 성령의 불이 계속해서 타오르게 됩니다. 성령의 불이 타는 것은 나를 계속 십자가에 못 박을 때 가능합니다. 결국 나를 태우는 것은 성령의 불입니다. 이 불로 나를 태우는 것입니다. 내 자아가 완전히 소각되는 것입니다. 성령의 불이 타오르는 것은 결국 기도, 경배, 제단을 쌓을 때 가능합니다.

---

12) 본인의 저서 「기도의 깃발」에서 발췌했다.

 "제자들이 감람원이라 하는 산으로부터 예루살렘에 돌아오니 이 산은 예루살렘에서 가까워 안식일에 가기 알맞은 길이라 들어가 그들이 유하는 다락방으로 올라가니 베드로, 요한, 야고보, 안드레와 빌립, 도마와 바돌로매, 마태와 및 알패오의 아들 야고보, 셀롯인 시몬, 야고보의 아들 유다가 다 거기 있어 여자들과 예수의 어머니 마리아와 예수의 아우들과 더불어 마음을 같이하여 오로지 기도에 힘쓰더라"

마가의 다락방에 성령의 불이 임할 때 이들이 한 일은 오직 기도밖에 없었습니다. 기도 중에 성령의 불이 임했습니다. 성령의 불이 강력한 일들을 행하셨습니다.

성령의 불은 내 자아를 태워버립니다. 옛사람을 죽입니다. 옛 자아를 없애버립니다. 예수님께서도 십자가를 지시기 전에 겟세마네 동산에서 땀이 핏방울이 되도록 기도하셨습니다. 기도의 십자가를 먼저 지셨습니다. 기도가 자신의 뜻을 못 박기 위한 십자가가 된 것입니다. 그래서 내 자아를 못 박는 것은 십자가인데 십자가를 지는 것은 기도로 가능할 수 있습니다.

기도하면 성령의 불로 나를 태워버리고, 오직 하나님의 뜻에 순종하게 됩니다. 기도하면 나를 십자가에 날마다 못 박을 수 있게 됩니다. 기도는 나를 죽입니다. 나를 철저하게 하나님께 순종하게 만듭니다. 또한 말씀으로 우리가 거듭납니다. 새로운 자아로 태어나는 것입니다. 완전히 새로운 피조물이 되는 것입니다. 존재론적 혁명이 일어나는 것입니다.

예수님께서는 말씀으로 우리를 낳으셨다고 하십니다.

 "그가 그 피조물 중에 우리로 한 첫 열매가 되게 하시려고 자기의 뜻을 따라 진리의 말씀으로 우리를 낳으셨느니라."

그래서 우리는 기도와 말씀으로 새로운 자아가 될 수 있습니다. 존재가 바뀌는 것입니다. 옛사람에서 새 사람으로 변하는 것입니다. 새로운 자아(new self)로 살게 됩니다.

2) 거룩과 영광

더욱 놀라운 것은 기도와 진리의 말씀으로 우리는 거룩해집니다.

요한복음 17:17-19 "그들을 진리로 거룩하게 하옵소서 아버지의 말씀은 진리니이다 아버지께서 나를 세상에 보내신 것 같이 나도 그들을 세상에 보내었고 또 그들을 위하여 내가 나를 거룩하게 하오니 이는 그들도 진리로 거룩함을 얻게 하려 함이니이다"

새로운 자아가 하나님을 따라 의와 진리 그리고 거룩함으로 지음을 받는다고 하셨는데, 이 거룩함은 기도와 말씀으로 옷 입게 되는 것입니다. 삶이 정결하게 변합니다. 성화하는 것입니다.

디모데전서 4:5 "하나님의 말씀과 기도로 거룩하여 짐(consecrate - 성화)이니라."

거룩해지면 우리는 하나님을 만나는 자리로 나가게 됩니다.

히브리서 12:14b "이것(거룩함)이 없이는 아무도 주를 보지 못하리라"(without holiness no one will see the Lord)"

하나님을 볼 수 있다는 것은 너무나 놀라운 것입니다. 얼굴과 얼굴이 대면한다는 것입니다.

출애굽기 24장을 반드시 기억하시기 바랍니다. 하나님께서는 이스라엘의 백성들 가운데 특별한 사람을 택하십니다. 그리고 만나기를 원하셨습니다. 직접 보기를 원하셨습니다.

출애굽기 24:1-2 "또 모세에게 이르시되 너는 아론과 나답과 아비후와 이스라엘 장
로 칠십 명과 함께 여호와께로 올라와 멀리서 경배하고 너 모세만 여호와께 가까
이 나아오고 그들은 가까이 나아오지 말며 백성은 너와 함께 올라오지 말지니라"

출애굽기 24:9-11 "모세와 아론과 나답과 아비후와 이스라엘 장로 칠십 인이 올라
가서 이스라엘의 하나님을 보니 그의 발아래에는 청옥을 편 듯하고 하늘같이 청
명하더라 하나님이 이스라엘 자손들의 존귀한 자들에게 손을 대지 아니하셨고 그
들은 하나님을 뵙고 먹고 마셨더라"

하나님의 발아래에서 74명이나 되는 사람들이 먹고 마시게 됩니다. 정말로 엄청난
일입니다. 하나님을 보았지만 아무도 죽지 않았습니다. 하나님께서 손을 대지 않으
신 것입니다. 또한 하나님을 보는 것으로 그치지 않았습니다. 먹고 마셨다고 합니다.
하나님의 보좌 앞에서 74명이나 되는 사람들이 하나님을 보고 먹고 마셨습니다.

하나님을 직접 뵐 수 있다는 것은 대단한 일입니다. 하나님의 거룩함에 동참하면
하나님을 볼 수 있게 된다고 히브리서는 말하고 있습니다. 그 영광에 동참하시기 바
랍니다. 그렇게 살면, 주님께서 다시 오실 때 여러분들이 그 거룩한 영광에 동참하게
되는 것입니다.

3) 새로운 자아와 하나님의 형상 회복

거룩해져야 귀하게 쓰임을 받습니다. 곧 기도와 말씀으로 살 때, 하나님의 성령으
로 충만함을 받을 때 귀하게 쓰임 받는다는 것입니다. 자아 중심적인 삶을 십자가에
못 박아야 합니다. 그래야 하나님 왕국이 이 땅에 임하도록 하는데 쓰임을 받게 됩
니다.

 "큰 집에는 금 그릇과 은 그릇뿐 아니라 나무 그릇과 질그릇도 있어 귀하게 쓰는 것도 있고 천하게 쓰는 것도 있나니 그러므로 누구든지 이런 것에서 자기를 깨끗하게 하면 귀히 쓰는 그릇이 되어 거룩하고 주인의 쓰심에 합당하며 모든 선한 일에 준비함이 되리라"

성령님께서 강하게 임재하시면, 사람들이 몇 시간씩 일어나지도 못합니다. 날카로운 칼에 찔린 것 같이 뒹굴고, 울며 회개합니다. 땅이 진동하고, 하늘이 열리면서 환상과 계시가 일어납니다. 더 깊고 진지한 회개가 일어납니다. 내 자아가 완전히 죽어버립니다. 말씀의 검에 찔려 깨뜨려 집니다. 보혈에 잠기어 씻기게 됩니다. 성령의 불로 뜨거워져 소멸합니다. 상한 마음이 치유되어 고침을 받고 변화됩니다.

새로운 자아가 되는 것은 결국 하나님의 형상대로 회복되는 것을 의미합니다.

우리가 하나님의 말씀의 법도를 지키고 의의 길로 행하는 삶을 살아가는 것은 하나님 왕국이 이 땅에 임하도록 하는 합법적인 삶인 것입니다. 합법적 삶을 살아가기 위해서는 하나님 왕국에 속한 시민의 정체성을 가지고 살아가야 합니다.

하나님의 뜻과 목적에 정렬된 그리스도인들이 이 세상을 살아가면서 하나님 왕국이 드러날 떠 '믿음'과 '소망'과 '사랑'이 우리 삶의 열매로 맺어지게 될 것입니다.

데살로니가전서 1:3 "너희의 믿음의 역사와 사랑의 수고와 우리 주 예수 그리스도에 대한 소망의 인내를 우리 하나님 아버지 앞에서 끊임없이 기억함이니"

믿음	소망	사랑
역사	인내	수고

'믿음', '소망', '사랑'의 삶은 '성령의 아홉 가지 열매'를 맺는 삶으로 확장될 것입니다.

갈라디아서 5:22-23 "오직 성령의 열매는 사랑과 희락과 화평과 오래 참음과 자비

와 양선과 충성과 온유와 절제니 이같은 것을 금지할 법이 없느니라"

초대교회에서 바울은 각 사람을 그리스도 안에서 완전한 자, 하나님의 형상을 닮
은 자들로 세우려 했던 것입니다.

골로새서 1:28-29 "우리가 그를 전파하여 각 사람을 권하고 모든 지혜로 각 사람을

가르침은 각 사람을 그리스도 안에서 완전한 자로 세우려 함이니 이를 위하여 나

도 내 속에서 능력으로 역사하시는 이의 역사를 따라 힘을 다하여 수고하노라"

진정한 교육(가르침)의 목적은 '그리스도의 형상을 닮은 왕들로 세워지는' 것입니다.
사도 바울은 하나님의 형상을 보유하는 것이 우리의 정체성 그리고 우리가 수행하는
일과 관련됨을 보여주고 있습니다.[13]

바울은 왕의 형상을 회복해서 그리스도를 닮은 자들을 세우는 것에 자신의 모든
것을 걸었습니다.

갈라디아서 4:19 "나의 자녀들아 너희 속에 그리스도의 형상을 이루기까지 다시 너

희를 위하여 해산하는 수고를 하노니"

고린도전서 4:8 "너희가 이미 배 부르며 이미 풍성하며 우리 없이도 왕이 되었도다

우리가 너희와 함께 왕 노릇 하기 위하여 참으로 너희가 왕이 되기를 원하노라"

디모데후서 2:12 "참으면 또한 함께 왕 노릇 할 것이요 우리가 주를 부인하면 주도

우리를 부인하실 것이라"

---

13) 피기영, 『왕 같은 제사장』, 라이프링크, 2025, p.37.

진정한 왕이신 예수 그리스도를 증거하고 하나님 왕국을 선포할 때 온 열방에 하나님의 형상을 닮은 왕들이 일어날 것입니다.